U0505509

江西财经大学财税与公共管理学院
财税文库

新型城镇化进程中
基本公共服务均等化的
测度与优化

程 岚 罗晓华 文雨辰 著

中国财经出版传媒集团
经济科学出版社
Economic Science Press

图书在版编目（CIP）数据

新型城镇化进程中基本公共服务均等化的测度与优化/
程岚，罗晓华，文雨辰著 . —北京：经济科学出版社，
2021.12
ISBN 978 - 7 - 5218 - 3335 - 5

Ⅰ.①新⋯ Ⅱ.①程⋯ ②罗⋯ ③文⋯ Ⅲ.①城市化
-关系-公共服务-研究-中国 Ⅳ.①D669.3

中国版本图书馆 CIP 数据核字（2021）第 260804 号

责任编辑：顾瑞兰
责任校对：隗立娜 蒋子明
责任印制：邱 天

新型城镇化进程中基本公共服务均等化的测度与优化

程 岚 罗晓华 文雨辰 著

经济科学出版社出版、发行 新华书店经销

社址：北京市海淀区阜成路甲 28 号 邮编：100142

总编部电话：010-88191217 发行部电话：010-88191522

网址：www. esp. com. cn

电子邮箱：esp@ esp. com. cn

天猫网店：经济科学出版社旗舰店

网址：http://jjkxcbs. tmall. com

固安华明印业有限公司印装

710×1000 16 开 21. 25 印张 350000 字

2021 年 12 月第 1 版 2021 年 12 月第 1 次印刷

ISBN 978 - 7 - 5218 - 3335 - 5 定价：85. 00 元

（图书出现印装问题，本社负责调换。电话：010 - 88191510）

（版权所有 侵权必究 打击盗版 举报热线：010 - 88191661

QQ：2242791300 营销中心电话：010 - 88191537

电子邮箱：dbts@ esp. com. cn）

总　序

习近平总书记在哲学社会科学工作座谈会上指出，一个国家的发展水平，既取决于自然科学发展水平，也取决于哲学社会科学发展水平。坚持和发展中国特色社会主义，需要不断在理论和实践上进行探索，用发展着的理论指导发展着的实践。在这个过程中，哲学社会科学具有不可替代的重要地位，哲学社会科学工作者具有不可替代的重要作用。

习近平新时代中国特色社会主义思想，为我国哲学社会科学的发展提供了理论指南。党的十九大宣告："经过长期努力，中国特色社会主义进入了新时代，这是我国发展新的历史方位。"中国特色社会主义进入新时代，意味着近代以来久经磨难的中华民族迎来了从站起来、富起来到强起来的伟大飞跃。新时代是中国特色社会主义承前启后、继往开来的时代，是全面建成小康社会、进而全面建设社会主义现代化强国的时代，是中国人民过上更加美好生活、实现共同富裕的时代。

江西财经大学历来重视哲学社会科学研究，尤其是在经济学和管理学领域投入了大量的研究力量，取得了丰硕的研究成果。财税与公共管理学院是江西财经大学办学历史较为悠久的学院，学院最早可追溯至江西省立商业学校（1923 年）财政信贷科，历经近百年的积淀和传承，现已形成应用经济和公共管理比翼齐飞的学科发展格局。教师是办学之基、学院之本。近年来，该学院科研成果丰硕，学科优势凸显，已培育出一支创新能力强、学术水平高的教学科研队伍。正因为有了一支敬业勤业精业、求真求实求新的教师队伍，在教育与学术研究领域勤于耕耘、勇于探索，形成了一批高质量、经受得住历史检验的成果，学院的事业发展才有了强大的根基。

为增进学术交流，财税与公共管理学院推出面向应用经济学科的"财税文库"和面向公共管理学科的"尚公文库"，遴选了一批高质量成果收录进两大文库。本次出版的财政学、公共管理两类专著中，既有资深教授的成果，也有年轻骨干教师的新作；既有视野开阔的理论研究，也有对策精准的应用研究。这反映了学院强劲的创新能力，体现着教研队伍老中青的衔接与共进。

　　繁荣发展哲学社会科学，要激发哲学社会科学工作者的热情与智慧，推进学科体系、学术观点、科研方法创新。我相信，本次"财税文库"和"尚公文库"的出版，必将进一步推动财税与公共管理相关领域的学术交流和深入探讨，为我国应用经济、公共管理学科的发展做出积极贡献。展望未来，期待财税与公共管理学院教师，以更加昂扬的斗志，在实现中华民族伟大复兴的历史征程中，在实现"百年名校"江财梦的孜孜追求中，有更大的作为，为学校事业振兴做出新的更大贡献。

江西财经大学党委书记

2019 年 9 月

前　言

城镇化既是经济发展的持久动力，也是重大民生工程，是维护社会经济和谐健康发展的核心力量。伴随着中国经济的快速发展，我国城镇化建设也在有条不紊地加以推进。然而，传统的城镇化所显示出来的城乡割裂和地方政府主导两大特质成为阻碍城镇化进一步发展的制约因素，并由此带来区域发展及居民基本公共服务的不平衡，这无疑构成了新时代实施新型城镇化发展战略的现实背景。新型城镇化的实质是要实现"人的城镇化"，其核心是要实现农业转移人口市民化。这有两条路径选择：一是推进户籍制度改革；二是促进基本公共服务均等化。而无论是从实际意义看还是从客观需求看，加快基本公共服务均等化改革显然具有优先价值。因此，在新型城镇化发展进程中，如何实现并优化基本公共服务均等化就具有了十分重要的现实意义。当前，基本公共服务均等化已成为世界大多数国家社会政策的发展趋势，优化基本公共服务的供给已成为治理国家的重要内容。我国也已清楚意识到基本公共服务均等化对社会稳定的重要意义，因此，在我国加速实行并优化这项制度安排是一个必然趋势。

尽管无论在政策安排上还是在实践运行中，新型城镇化与基本公共服务均等化都有着非常紧密的关系，但有关两者互动性的实证研究和分析却寥寥无几。因此，本书在中央强调着力加强"国家治理体系和治理能力现代化建设"的背景下，基于新型城镇化的视角，在对我国基本公共服务均等化状况进行统计分析的基础上，对均等化的实现水平与新型城镇化的相互关系及其影响因素等进行全面测度与论证，根据论证结果设计出新型城镇化进程中优化基本公共服务均等化的实现机制和对策建议，以期为完善政府财政支出结构、深化财政体制改革提供决策参考。本书的研究对实现党的十九大确立的"建立权责清晰、财力协调、区域均衡的中央和地方财政关系"目标，稳步推进中央与地方财政事权与支出责任相匹配的制度改革具有重要理论意义和实践价值；也顺应了党的十九届四中全会决议提出的"坚持和完善统筹城乡的民生保障制度，满足人民日益增长的美好生活需要，促进人的全面发展，建立健全国家基本公共服务制度体系"的要求。本书以问题为导向，围绕以下内容而展开。

其一，什么样的理论分析框架适用于新型城镇化下基本公共服务均等化问题的研究？旨在确立新型城镇化下基本公共服务均等化的研究起点、理论依据和现实逻辑。通过大量的文献梳理我们了解，围绕新型城镇化和基本公共服务均等化，国内外众多学者开展了大量研究，积累了不少有价值的研究成果，这在很大程度上推动了新型城镇化发展和均等化水平的提高，也为本书研究奠定了坚实的基础。尽管如此，该领域的研究仍有巨大潜力和政策需求，尤其是在如何促进两大战略之间形成合力方面。为此，本书一方面科学界定了新型城镇化及基本公共服务均等化的内涵及构成，并从福利经济学、公平正义理论、公共财政以及国家治理等多个维度确定本书研究的理论依据；另一方面，梳理城镇化与均等化的内在关联，明确城镇化建设中优先推进基本公共服务均等化的理论逻辑及其影响系统，为本书研究的进一步展开提供理论框架和分析思路。

其二，如何评价当前我国新型城镇化和基本公共服务均等化的实际状况？旨在为接下来的互动分析提供现实基础。为实现这一研究目标，本书突出解决了以下几个关键问题：一是创新性地进行样本区域及模式划分。本书一改传统的中、东、西部区域划分，选择新型城镇化实现的质量和速度两个维度的匹配度，以及新型城镇化质量和基本公共服务均等化两个维度匹配度，构建了两个层次的"双高""双低""一高一低""一低一高"四个象限区域，分别用来直观反映分属于各区域的省份新型城镇化模式和基本公共服务均等化的水平特质，以及新型城镇化和基本公共服务均等化之间可能存在的关联，为后续的实证检验分析提供主观预判。二是科学构建评价指标体系。围绕新型城镇化和基本公共服务均等化的发展目标，结合数字资料来源的可得性和年度间口径的一致性，本书分别构建了两套评价的指标体系。其中，新型城镇化从经济发展、城市设施、人口优化、资源环境、生活条件、社会进步等方面设计了7个测评的一级指标和 18 个二级指标，构成新型城镇化水平的评价指标体系；基本公共服务均等化则是以基本公共教育、基本医疗卫生、基本公共文化体育、基本社会服务等 7 个方面作为一级指标，并在此基础上设计了 15 个二级指标，以此构建均等化水平的评价指标体系。两套指标体系的二级指标采用的都是相对数指标，可直接用于反映年度间的纵向差异和同一年不同省份的横向差异。三是改进了测度评价方法。本书采用最小相对信息熵组合赋权法对层次分析法和熵值法计算的指标权重进行了组合，有效地避免了单一主观或客观方式可能带来的统计偏差和局限，使新型城镇化和基本公共服务均等化水平测度和评价更加科学合理。评价分析分别从全国、分区域及分指标等不同层次展开。从结论看：我国总体城镇化发展趋势较快，但在不同区域仍然存在不均衡问题；基本公共服务所呈现的非均衡性与各区域的经济发展水平和城镇化水平差异基本吻合。

其三，新型城镇化和基本公共服务均等化是否存在互动效应？旨在对两者关系的理论假设和主观预判进行检验。首先，互动性的分析建立在样本选用城镇化和基本公共服务均等化作为双向维度的区域划分的基础上，将所有样本归属于"双高""双低""一高一低""一低一高"四个象限区域中。其次，运用 H-P 滤波、半稳性检验、协整检验、Granger 因果检验、脉冲响应等方法，分别从静态和动态两个层次对两者之间的关系进行科学合理的验证。检验分两个层次进行：一是对不同区域模式下新型城镇化与基本公共服务均等化水平协调状况进行一般分析；二是针对不同区域随机选择 6 个典型省份（北京、河南、山西、广西、山东、新疆）进行互动性个案分析。得出的结论是：新型城镇化和基本公共服务均等化之间的关系并非传统意义上的那样简单。城镇化和均等化水平"双高"地区及其典型省份两者之间相互促进的关系更为明显；"双低"地区及其典型省份两者关系则呈现显著的相互制约关系；而"高低"组合的地区及典型省份两者关系并不明显。据此，本书进一步揭示出我国新型城镇化进程中实现基本公共服务均等化面临的矛盾和难点，例如，各地新型城镇化进程与基本公共服务均等化并不完全同步、农村流动人口市民化仍然面临许多障碍、城乡间基本公共服务差距始终存在、全国和各省份基本公共服务标准化的建设有待加强。

其四，基本公共服务均等化受哪些因素的影响？旨在找寻基本公共服务均等化的影响因素，为解决差异性问题提供方向。本书在对国内外相关研究所涉及的影响因素进行梳理的基础上，从对实现基本公共服务均等化最具制约作用的财政体制、管理制度、经济水平、个人因素及城镇化水平5个方面选择人均税收收入、中央补助收入、人口净流入、人均GDP、乡城收入比、农村人口占比等指标作为影响均等化的解释变量，并通过建立多元回归模型进行实证分析。实证分析分为全国、区域及典型省份三个层次进行。从得出的结论看，不同视角的回归检验结果存有差别，即具有显著影响的解释变量各不相同。从全国看，相比于其他指标，人均税收、农村人口占比及中央补助支出对基本公共服务均等化的影响更为显著。分区域来看，"双高"区域城镇化水平的影响效果更加明显；"双低"及"一低一高"（城镇化质量低而均等化程度高）区域财政体制和相关制度安排的作用更为显著；"一高一低"（城镇化质量高而均等化程度低）区域财政体制和个人因素更加具有影响作用。典型省份的分析也基本符合这一结论。作为共性因素，财政体制的完善程度对不同城镇化模式下的基本公共服务均等化发展水平的影响最大，且这种影响的方向都体现为正向积极的促进作用。其中，"双低"和"一高一低"区域财政转移支付制度的完善效果更为明显，而对于城镇化质量和均等化程度"一低一高"区域来说，提高当地政府税收能力的作用则更为显著。这也验证了一个基本事实：不同地区基本公共服务均等化因素的影响作用不尽相同。因此，解决的路径也应有所侧重。对于改善我国基本公共服务均等化过程中所实施的财政政策，也应根据不同地区因地制宜地推行。

其五，新型城镇化进程中应该如何优化基本公共服务均等化？旨在构建新型城镇化进程中促进基本公共服务均等化的实现模式与路径。本书以完善财政政策为视角，以实现城镇化和均等化相互促进关系为基础，针对不同新型城镇化实现路径下均等化优化的重点和难点，深入思考并积极探讨解决方向和有效对策。首先，科学准确地确立均等化原则、目标及实现机制。坚持保住底线与提高水平相结合、突出重点与动态调整相结合、资源配置与制度建设相结合、政府主导与多方参与相结合的基本原则。围绕推进农村转移人口市民化、实现城乡统筹、规范健全制度、加强基本公共服务供需连接和多元化参与等主要目标，从实现机制上看，本书认为，一个"政府为主导、多元参与、多规合一、分阶段推进"的基本公共服务均等化实现模式是我国应有的现实选择。其次，科学确定实现路径。紧紧围绕基本公共服务均等化的目标和影响因素，力求在新型城镇化和均等化高度关联的农村转移人口市民化和转移支付等财政制度与政策方面有所突破，以期构成合力互相成就。为此，本书提出的政策主张主要集中在：一是解决均等化财力的合理分配和政府供给能力的提升。切实转变政府执政理念，加快服务型政府的建设；聚焦当前基本公共服务的重点和难点，调整优化财政支出结构；提高政府提供基本公共服务的能力和绩效。二是解决均等化与城镇化的合力推进。一方面，根据区域差异推进新型城镇化模式的升级转换，以内涵发展推动基本公共服务均等化目标的实现。从我国各区域新型城镇化发展的现实格局看，城镇化和均等化水平的"双高"地区，其发展的目标是要继续发挥其城镇化优势，并提升其对周边地区的辐射带动作用；"双低"地区应高度重视新型城镇化的内涵发展，谋求优化人口的城镇化、产业结构的合理配置，促使城镇化对均等化释放更大的积极作用；"一高一低"和"一低一高"地区则应该充分把握城镇化与均等化关系形成中的特定影响因素，并通过城镇化发展中的差异特色化的发展，实现两者关系的良性转换。另一方面，以基本公共服务为抓手，全面提升新型城镇化的发展水平。从基本公共服务均等化的影响因素分析来看，处于绝大多数省份比例的"双低"和"一低一高"地区，其人口流动和乡城收入比都显现出显著的影响。因此，要提高基本公共服务均等化来提升新型城镇化，其实现路径有二，即加快促进农村转移人口市民化和推进城乡融合发展。三是解决均等化的事权与财力的协调。首先，以基本公共服务为重点，进一步规范中央与地方事权与支出责任。现阶段重点在于统筹规划、分步推进各级政府基本公共服务领域共同事权划分，因地制宜地确定保障标准和支出分担方式，促进事权与支出责任的相互协调。其次，以调整中央和地方收入划分为契机，夯实地方基本公共服务财政基础。一方面，加强预算的全口径管理，确保地方财政收入充分有效配置；另一方面，调整中央与地方收入划分，完善分税制改革。最后，以均等化为目标，强化完善转移支付制度的调节功能。实现党的十九大提出的"建立权责清晰、财力协调、区域均衡的中央和地方财政关系"，"财力协调"的关键是要在权责和收入划分的基础上完善以均等化为目标的转移支付调节机制。从纵向看，各级政府应加快实现基本公共服务共同事权分类分档转移支付，推动构建完善与市民化挂钩的转移支付制度；从横向看，应鼓励探索建立横向援助及补偿机制，促进区域间均衡的实现。

基本公共服务均等化的实现是一个宏大的工程，除了财政因素，还涉及经济发展、城乡二元机制、流动人口、人的自身等众多因素。因此，在调整完善公共财政制度和政策的同时，还应注重其社会环境的建设，为基本公共服务均等化实现创造外部条件。

目　录

第 1 章

导　论

1.1　缘由：研究背景与意义

城镇化是世界工业化历史上的一个必经过程，它不仅对一个国家与地区工业化的发展具有一定的促进作用，也是维护社会经济和谐健康发展的核心力量，被认为是稳定经济增长、调整产业结构、促进市场改革、优惠民生的黄金结合点①，既是经济发展的持久动力，也是重大民生工程。

伴随着中国经济的快速发展，我国城镇化建设也在有条不紊地加以推进。从党的十六大提出要"逐步提高城镇化水平，走中国特色的城镇化道路"，到党的十八大提出要"坚持走中国特色新型工业化、信息化、城镇化、农业现代化道路，推动信息化和工业化深度融合、工业化和城镇化良性互动、城镇化和农业现代化相互协调，促进工业化、信息化、城镇化、农业现代化同步发展"，再到 2012 年中央经济工作会议明确要求，"要把生态文明理念和原则全面融入城镇化全过程，走集约、智能、绿色、低碳的新型城镇化道路"，中央始终持续高度关注城镇化建设问题，城镇化的发展目标和理念在不断深入与完善。

实践中，城镇化发展也日益成为推动中国未来经济增长的最大亮点。"十二五"期间，我国城镇化速度稳步推进，城镇化率年均提高 1.23 个百分点，

---

① 人民出版社编.国家新型城镇化规划（2014—2020 年）［M］.北京：人民出版社，2014.

·1·

每年城镇人口增加 2000 万人，规模显著提升。2017 年，我国人口城镇化率达到 58.5%，城镇常住人口达到 8.1 亿人，我国经济总量中的 80% 来源于城市。① 从需求角度看，城镇化的推进直接带来相关的基础设施和住房的大量需求，并提升农村转移人口的消费需求水平，成为中国未来经济发展中最大的内需；从供给角度看，由于城镇化一方面有利于规模经济产生和人力资本积累，另一方面随着产业结构的转移，农村中从事农业的人口流向城市从事第二、第三产业，都将带来生产效率的明显提高。由此可见，我国城镇化的快速推进，既提高了城乡生产要素配置效率、推动国民经济持续快速发展，也带来了社会结构的深刻变革、促进了城乡居民生活水平的全面提升。

然而，传统的城镇化所显示出来的城乡割裂和地方政府主导两大特质却成为阻碍城镇化进一步发展的制约因素，并由此带来区域发展及居民基本公共服务的不平衡。

首先，城乡割裂的城镇化模式直接导致城乡二元化。一方面，由于在城镇化发展过程中没能有效带动农业生产方式的集约化转变和农业生产率的提高，从而导致粮食安全、农产品供应的问题；另一方面，这一城镇化模式也往往因为容易过多侵占农田耕地、过多吸收农村地区的人力和资金等资源，使得农村地区的建设相对滞后，个别地区甚至出现农业发展相对不足，导致城镇化过程并未真正有效地带动农业和农村的现代化，农民也无法在其中享受到应有的利益。更为严重的是，由于这样的城镇化也没解决好农村转移人口市民化的问题，"只让农民进城务工、不解决他们的户籍"，从而带来了新的社会群体的三元阻隔（即农民、农民工、市民之间），甚至是在更大范围形成社会不同群体间的利益分化且固化，包括在进城与未进城农民之间、有房子与没房子市民之间、有基本社会保障与无基本社会保障市民和农民工之间。

其次，过于依赖地方政府主导的城镇化推进，往往受制于政府行为目标和权力层次。一方面，地方政府出于对经济指标和财政收入的追求，热衷于扩大城市建设规模，造成了土地财政和对房地产的过度依赖，对实体经济的发展形成一定的威胁，产业结构进入畸形演进，为未来的城市发展埋下了隐患。另一

---

① 数据来源于国家统计局《中华人民共和国 2017 年国民经济和社会发展统计公报》。

方面，由于地方政府存在行政权力的纵向差异，容易导致城镇体系发展的失衡，层级越高，推进城镇化的能力越强、可利用资源越丰富，包括土地、资金、人才等，使得大城市出现畸形扩张，而中小城市则呈现发展不足。由此可以看到，传统的城镇化不仅加剧了区域发展的不平衡，也让居民可以享受到的基本公共服务的差异化日益凸显。

2014 年，中共中央、国务院发布《国家新型城镇化规划（2014—2020年)》，成为我国城镇化发展过程中一个新的标志。该规划提出，未来我国的新型城镇化道路是发展以人为本的城镇化，即以人为本、公平共享。以人的城镇化为核心，合理引导人口流动，有序推进农业转移人口市民化，稳步推进城镇基本公共服务常住人口全覆盖，不断提高人口素质，促进人的全面发展和社会公平正义，使全体居民共享现代化建设成果。① 2017 年 1 月 23 日，国务院下发的《"十三五"推进基本公共服务均等化规划》再次将推进我国基本公共服务均等化作为"十三五"重要规划之一，进一步明确基本公共服务均等化对于国家经济、政治、社会稳定等方面的重要性。

在目前我国城镇化加速发展阶段，为摆脱城乡二元结构的发展方式、协调好城市和乡村间的发展关系、不断缓解基本公共服务水平非均衡增长，各地正在积极探索新型城镇化的发展模式。这其中就包括：按照试点区域做法形成的天津模式、成都模式、广东模式、温州模式和苏南模式等；按照城市群划分形成的长三角模式、珠三角模式和京津冀模式；按照农村城镇化采取方式形成的自发迁徙型、开发式非迁徙型和投入式非迁徙型等②；还有针对基层行政区域形成的诸城（山东）模式、平洋（吉林）模式和望城（湖南）模式③；等等。体现了同一目标下，新型城镇化实现的不同路径和选择。

随着我国经济的逐步发展，一个突出的问题在于：城镇化在不同的区域会产生不同的问题，影响城镇化发展进程因素在不断改变，原有的城镇化模式是否能解决当下的所有问题？不仅如此，不同的城镇化模式所带来的农村人口的

---

① 人民出版社编. 国家新型城镇化规划（2014—2020 年）［M］. 北京：人民出版社，2014.

② 中投顾问. 《2019—2023 年中国新型城镇化建设深度分析及发展规划咨询建议报告》. 中国投资咨询网. www.ocn.com.cn2018/5/8.

③ 张秀娥、李冬艳. 新型城镇化的发展模式及路径研究［J］. 经济纵横，2015（7）：27 – 30.

转移方式、市民化实现成本以及基本公共服务均等化水平如何？两者是否存在一定的关联度？这些问题都亟待分析和研究。因此，在此背景下，研究新型城镇化与基本公共服务均等化以及它们之间的逻辑关系具有一定的学术价值和实践意义。

本书学术价值主要在于，科学界定新型城镇化下的基本公共服务均等化的内涵及构成，明确其优先发展的理论逻辑，梳理城镇化与均等化的内在关联。在此基础上，构建城镇化与基本公共服务均等化的测量指标体系，并以全国整体情况作为样本，研究新型城镇化与基本公共服务均等化的互动性。这一理论模型的建立，对两者相互促进的逻辑关系进行了进一步的阐述，既丰富了城镇化与基本公共服务的相关理论，也为两者之后的研究提供了新的研究方向。

同时，本书研究也具备十分重要实践意义。推进以人为核心的新型城镇化实质上就是要实现农业转移人口市民化。这无疑有两条路径选择：一是推进户籍制度改革；二是优先发展基本公共服务均等化。无论是从实际意义看，还是从客观需求看，加快基本公共服务均等化改革显然具有优先的价值。当前，基本公共服务均等化已成为世界大多数国家社会政策的发展趋势，并把基本公共服务的供给作为治理国家的重要政策。我国也已清楚意识到基本公共服务均等化对社会稳定的重要意义，因此，在我国今后会加速实行这项制度安排是一个必然趋势。故而，通过对不同城镇化模式下基本公共服务水平影响因素的分析与梳理，并从财政、制度等方面提出建议与措施，对促进我国新型城镇化模式下基本公共服务均等化具有积极的实践价值。

综上，实证研究新型城镇化试点中的基本公共服务均等化实现水平以及对城镇化建设产生的影响、制约因素和存在的问题，并从财政、制度等方面提出建议与措施，对促进我国城镇化进程具有积极的现实意义和实践价值。

1.2　起点：国内外文献综述

1.2.1　国外研究状况

1.2.1.1　基本公共服务相关研究综述

目前，国外学者对"基本公共服务"的内涵、供给机制、评价指标体系及其实现机制等方面的内容进行了广泛研究，通过梳理国外相关学者对基本公共服务理论的研究，以及西方发达国家有关基本公共服务保障政策的实施等内容，对我国现阶段研究如何实现基本公共服务均等化具有重要的借鉴意义。

（1）基本公共服务含义的形成与内容体系。"经济学之父"亚当·斯密是公共服务理念的先驱，他最早涉及这一领域，并在《国富论》中提出在市场这只"无形的手"无法发挥成效的地方，国家必须弥补其不足，如国防安全、非营利性的工程、公共产品的提供等服务。① 这些服务大都具有公共品的特征，即非排他性和非竞争性，且具备正的外部效应，每个公民可以平等地对其消费。后来，学者通过不断的研究调查，大部分与亚当·斯密的观点相当。比如约翰·穆勒，他用灯塔的例子说明了国家应当介入公共服务的提供环节，以弥补市场这只"无形的手"的不足。② 到了 19 世纪下半叶，德国学者瓦格纳则第一次正式提出了基本公共服务的概念，并认为政府财政支出中一项重要内容便是提供基本公共服务。③ 20 世纪初，法国学者莱昂·狄骥从公法的角度阐述了基本公共服务，他认为基本公共服务是一项与社会团结紧密联系，并且必须由政府，即公共权力执行者，运用手中权力加以规范和保障的活动。同时指出，基本公共服务与社会的和谐公正的发展具有不可分割的联系，政府干预和设立法律是基本公共服务提供质量的保证。因此，统治者要想实现基本公共服务的有效提供和实现社会的和谐发展，就应当加强基本公共服务提供的法律建设，强调统治阶级必须承担公共服务提供的义务。④ 到了 20 世纪中期，基本公共服务的概念随着新公共管理运动的开展有了新的变化，萨缪尔森、马斯格雷夫、布坎南等西方经济学者从公共品的角度提出"由人民自发建立，为公民服务，维护整体利益"，同时，担负相应义务的一项活动就是基本公共服务。由此可以看出，国外学者此时已由技术层面过渡到价值层面来解读基本公共服务的含义了（詹姆斯·S. 鲍曼等，2005）。

---

① ［英］亚当·斯密. 国富论［M］. 武汉：中南大学出版社，2004.
② ［英］约翰·穆勒. 政治经济学原理及其在社会哲学上的应用［M］. 胡企林译. 北京：商务印书馆，1991.
③ ［德］瓦格纳. 财政学（第 1 卷）［M］. 德文版，1872.
④ ［法］莱昂·狄骥. 公法的变迁：法律与国家［M］. 郑戈，冷静译. 沈阳：辽海出版社，春风文艺出版社，1999.

关于基本公共服务的内容体系，即哪些具体项目应归于基本公共服务范围，在此方面，一些学者，如汉斯·范登·德尔和本·范·韦尔瑟芬从福利经济学的角度，认为那些需要利用社会共同资源、满足社会成员共同需要且具有排他性的社会福利性服务都应属于公共服务范畴。① 也有学者从具体项目的角度阐述基本公共服务应包含的范围，如科尔奈在主张政府应成为福利部门且公平地提供基本公共服务以确保机会均等时，便将基本教育和医疗保险作为阐述对象。② 罗伊娜·雅各布斯和玛利亚·戈达德则将失业、养老、住房、医疗和教育等方面纳入基本公共服务内容体系进行相关研究。③ 由此可见，国外学者普遍认为，基本公共服务的范围一般包括保障民生基本需求的项目，如国防、教育、医疗、文化体育等领域。

（2）基本公共服务均等化理念的研究。基本公共服务均等化这一理念主要是我国针对社会主义初级阶段，面对新的发展形势所提出的，而国外很少会有这种提法，但该理念和思想早已体现在一些国外学者的研究内容中。如庇古于1928年便在福利经济学中提出了均等化的思想，认为"均等化"字面上可以理解为均衡相等，但是在实际运行过程中只是大体相等，并不是绝对相等。④ 布坎南作为公共选择学派的重要代表人物，早在1951年，就在自己的代表作中用了"财政平衡"这一概念，即财政转移支付。他认为由于不同地区的历史环境、资源水平等条件的不均衡，必然会导致其经济发展水平的高低，地方财力会受其经济发展水平的影响，财政收入的高低必然会造成不同地区居民享受的基本公共服务的不均衡。⑤ 因此，国家要使得不同地区享受均等的基本公共服务，就必须进行财富的再分配，把财政收入相对较高地区的财力转移到财政收入较低的地区，通过不同地区间的财力均衡来实现基本公共服务均等

① ［荷］汉斯·范登·德尔，本·范·韦尔瑟芬. 民主与福利经济学［M］. 陈刚，沈华珊，吴志明，黄文红译. 北京：中国社会科学出版社，1999.

② ［匈］雅诺什·科尔奈，翁笙和. 转轨中的福利、选择和一致性——东欧国家卫生部门改革［M］. 北京：中信出版社，2003.

③ Rowena Jacobs and Maria Goddard. How Do Performance Indicators Add Up? An Examination of Composite Indicators in Public Services［J］. Public Money & Management, 2007, 27 (2): 103 – 110.

④ ［英］庇古. 福利经济学［M］. 北京：商务印书馆，2006.

⑤ James M. Buchanan. Federalism and Fiscal Equity［J］. The American Economic Review, 1950, 40 (14): 583 – 599.

化，这一财政平衡的理念也体现了基本公共服务均等化的思想基础。加拿大著名经济学家贝夫·达尔比和伦纳德·S.威尔逊提出了"地区间公共服务均等化"的概念，他们认为，公共服务是一种相对的均等，并非绝对的均等，而且这种相对的均等化是通过不同地区财力均衡这一手段实现的。在这种方式下，社会的福利达到最大，同时，社会的总成本达到最小。① 此外，著名经济学家保罗·萨缪尔森在其著作中对纯公共产品进行定义时提出：纯公共产品在一个集体内必须被每一位成员均等地消费，如果集体内任何一个成员消费了一单位该产品，那么其他成员也必须享有一单位该产品。这一定义充分体现出了基本公共服务均等化的思想和理念。② 雅诺什·科尔奈、翁笙和也在其著作中充分反映了基本公共服务均等化这一理念，指出政府为了构造一个美好稳定的社会，必须充分发挥其职责帮助社会中的弱势群体，以保障每一位公民都有权利和机会平等地享有各项公共服务。③

（3）基本公共服务的供给研究。西方国家对公共服务的供给方式先后出现市场化→反市场化→再市场化三个阶段。英国早在1663年便建立了第一条收费公路，这是西方国家为推进公共服务市场化首次做的有益尝试。但到了20世纪30年代，西方出现了经济大萧条，以凯恩斯主义为代表的国家干预论在西方国家开始盛行，许多学者提出"公共服务的提供是国家的职责，是公民的权利"。其中，马斯格雷夫认为，公共产品自身所具备的特性使得市场对其无法有效提供，只能由政府充当唯一的公共服务主体。④ 随着20世纪70年代末石油危机的出现，西方国家普遍出现了经济"滞胀"的状态，各国政府在"万能政府"的口号下出现了机构庞大、臃肿、行政效率低下以及财政支出压力日益增长等现象，使得改革不得不进行。此时，新公共管理思想开始兴起，各位学者重新提出公共服务的供给应遵循市场化规律。如萨瓦斯提出，在

---

① B. Dahlby, L S Wilson Fiscal Capacity, Tax Effort, and Optimal Equalization Grants [J]. The Canadan Journal of Economics, 1994, 27 (3): 657 –672.

② ［美］萨缪尔森. 经济学（第17版）[M]. 北京：人民邮电出版社，2000.

③ ［匈］雅诺什·科尔奈，翁笙和. 转轨中的福利、选择和一致性——东欧国家卫生部门改革 [M]. 北京：中信出版社，2003.

④ Musgrave, Richard Abel. The Theory of Public Finance: A Study in Public Economy [M]. New York: McGraw-Hill, 1959.

将某些公共服务推向市场化过程中，不仅可以提高公共服务的供给质量，也能缩减当前政府规模。[①] 也有学者开始提出 PPP 公共品供给模式（Reymont，1992）。PPP 模式的核心思想是通过政府与私人企业间签订契约，建立起一种长期稳定的合作伙伴关系，其中，由私营企业负责提供公共品，并在此期间获得来自政府的补助和公共品的预期收益，政府则要确保所提供的公共品符合大众数量和质量上的需求。[②] 到了 21 世纪，更有学者通过具体模型验证了中央政府由于存在偏好认知上的偏差，所提供的公共品会存在最优数量的偏离，因此，需将市场机制引入公共品的提供领域（Tresch，2002；Ronlad J. Oakerson，2005）。

随着相关研究的发展，部分学者开始从公共服务的供给主体转向供给效率，并提出要以供需匹配为原则，通过电子化改善公共服务提供效率（Ajay Kumar Bharti & Sanjay K. Dwjvedi，2013）。拉菲亚·纳兹在对斐济这样的发展中小国的研究背景下，提出在所有公共机构中采用电子治理，以提高公共服务的供需匹配。[③] 加里多·劳拉等学者则提出，利用现代金融支持以提高公共服务的提供绩效。[④]

（4）基本公共服务均等化的测算与评价。国外学者常采用多层次、全面化的指标体系对基本公共服务均等化情况加以测算。如哈特马赫·瓦洛等学者在对国家和地区间义务教育均等化进行评价时，构建了三维度（群体、个体、弱势群体）和四层次（教育内外部影响、教育过程、政治背景、社会文化背景）指标体系。[⑤] 在相关指标权重系数的确定上，20 世纪 70 年代，匹兹堡大学教授萨蒂所提出的层次分析法（AHP）是目前运用最广、影响最深的一种

① E. S. Savas. Privatization：The Key to Better Government ［M］. Chatham, NJ：Chatham House, 1987.

② R. B. Denhardt, J. V. Denhardt. The New Public Service：Serving Rather than Steering ［J］. Public Adminisrtation Review, 2000, 60（6）：549 – 559.

③ Rafia Naz. E-Governance for Improved Public Service Delivery in Fiji ［J］. Service Science & Management, 2009（3）：190 – 203.

④ Garrido L. et al. Is EU Financial Support Enhancing the Economic Performance of PPP Project? An Empirical Analysis on the Case of Spanish Road Infrastructure ［J］. Transport Policy, 2017, 56：19 – 28.

⑤ H. Walo, C. Douglas, B. Norberto. In Pursuit of Equity in Education：Using International Indicators to Compare Equity Policies ［M］. Dordrecht/Boston：Kluwer Academic, 2001.

方法。之后，托马斯·L. 萨蒂在此基础上提出了一种新的方法，即网络层次分析法（ANP）。[①] 此外，可量化衡量均等化水平的其他方法包括皮尔森相关系数、泰尔指数、阿特金森指数等，这些方法也都被国内学者广泛运用。

通过指标的构建和方法的确定，国外学者就各国基本公共服务均等化现状进行评价并得出相应结论。例如，在挪威，地方政府的主要职能便是向本地区提供基本公共服务，且地方政府的财政支出达到整个 GDP 的 17.4%。又如，由于丹麦、挪威等北欧国家长期坚持"公平"与"效率"兼顾原则以及"普遍"原则，使得各地方之间的发展较为均衡（Clemens et al.，2006）。也有学者以美国、加拿大为研究对象，认为这些国家的大多数基本公共服务已基本达到均等化水平，其具体表现为：一是在基本教育方面，每个孩子均有享受义务教育的权利；二是在基本养老方面，每位老人均有较为稳定和有保障性的收入来源；三是在失业方面，确保每位失业人员都能拥有维持基本生活的失业救济金；四是在住房方面，每位公民均有基本的住房保障；五是在看病方面，保证每位公民得以享受基本医疗服务（Rowena Jacobs & Maria Goddard，2007）。但也有不少学者认为，基本公共服务在地区间、城乡间，以及城市内部不同群体、不同阶层间的提供不平衡现象在世界各国均有出现，且由于世界各国在经济发展水平和对基本公共服务均等化所追求的目标等方面存在不同，因此，这种基本公共服务不均等现象在许多国家的存在程度也有所不同，但总体而言，这种公共服务的不均等现象会对各方面产生严重的影响（Grand，1982；John Boyle & David Jacobs，1982；Vande Walle，2005）。

（5）基本公共服务均等化的实现机制。针对目前相当一部分国家的基本公共服务还存在非均等化这一现象，国外学者对基本公共服务均等化的实现和保障机制展开了广泛的研究。纵观各位学者的研究成果可以看出，国外学者普遍认为，应从法律和制度设计两方面入手去保障基本公共服务均等化。

首先，从法律的角度去考虑保障广大群众都能得到均等化的基本公共服务是大多数国家普遍采取的方式。托尼·普罗瑟认为，要保障政府可以给全体公民提供公共服务，必须采取立法的手段，如制定《公共服务法》等类似法律制度。[②]

① T. L. Saaty. The Analytic Hieraychy Process［M］. New York：Mc Graw-Hill，1980.

② T. Prosser. The Limits of Competition Law. Markets and Public Services［M］. Oxford University Press，2005.

英国为保障本国居民享有均等化的教育、养老、失业、医疗等公共服务，于 1908 年制订了《老年赡养法》《职业介绍所法》等，1924 年推行了优惠住宅计划，1946 年颁布了《国家健康服务法案》。美国为保障本国公共服务的相对均衡，也制定并颁布了一系列相关法律，如 1946 年的《就业法》、1962 年的《人力资源开发与培训法》、1965 年的《患者保护与评价医疗法案》、1988 年的《教育改革法》等。在亚洲，此方面法律保障比较完善的有日本，为保障本国居民在社会保障、医疗卫生等方面享有大致均等的待遇，日本于 1922 年制订了《健康保险法》、1937 年制订了《保健所法》、1951 年制订了《社会福利事业法》、1970 年制订了《农村从业人员年金基金法》等。

其次，通过制度的设计和完善以实现基本公共服务均等化是国外普遍采取的另一重要手段。雷绍夫斯基·安德鲁认为，各地区会由于税基不同而存在财力上的差异，进而导致各地区公共服务不均等，可通过公平的财政转移支付制度来实现各地区间均等化的公共服务。[①] 塞巴斯蒂安·豪普特迈尔通过研究数据资料，发现公平的财政转移支付制度可明显减少地区间的恶性竞争。[②] 沼尾波子为了研究中国和日本的义务教育的财政保障制度，搜集了广泛的数据和相关资料，并且认为财政能力落后的地区，要想基本公共服务达到一定的水准，中央政府就必须对地方实行转移支付制度，为了达到地方教育质量提高的目的，中央政府不仅要在特定项目上支付一定的补助金，而且要定期检查补助金是否有效落实到位。[③] 当然，也有学者担心来自国家的大量补助会降低这部分资金的使用效率。如露西·加登利用巴西的相关数据并运用实证模型证实了税收收入的增加和非税收入（转移支付）的增加会对政府行为产生不同的影响，且非税收入的增加不会促进地方教育基础设施建设。[④]

---

① Andrew Reschovsky. Fiscal Equalization and School Finance [J]. National Tax Journal, 1994, 47 (1): 185 – 197.

② Sebastian Hauptmeier. The Impact of Fiscal Equalization on Local Expenditure Policies: Theory and Evidence from Germany [J]. Working Paper Centre for European Economic Research, 2007.

③ [日] 沼尾波子. 从义务教育制度上看中央与地方事权划分及财政保障. 财政转移支付和政府间事权财权关系研究 [M]. 北京: 中国财经出版社, 2007.

④ Lucie Gadenne. Tax Me, but Spend Wisely? Sources of Public Finance and Government Accountability [J]. American Economic Journal: Applied Economics, 2017, 9 (1): 274 – 314.

1.2.1.2 城镇化相关研究综述

（1）城镇化的概念与理论研究。自西班牙工程师艾·塞尔达（A. Serda）于 1867 年在其著作《城市化基本理论》中第一次提出"城市化（urbanization）"一词后，在世界范围内掀起了研究热潮。随后，不同学者分别从人口学、社会学、经济学、地理学等角度研究城镇化的概念。

从人口学的角度分析，"urbanization"的含义更侧重于人口在地理位置上的变化，如人类学家 J. O. 赫茨勒在《世界人口危机》一书中认为，城镇化是人口从农村移向城市以及人口在城市的集中。[①] 在众多的学者研究成果中，有很多支持这种观点的。经济学家西蒙·库兹涅兹在《现代经济增长》一书中也认为，城镇化就是城市与乡村的人口分布规模发生了转移，即居住在城市的人口占总人口的比重逐步提升。[②]

社会学领域的专家学者主要是从生活方式的转变来诠释"urbanization"，主流观点是实现人的意识从农村的生活方式到城市的生活方式的转变。早在 20 世纪 30 年代，美国著名社会学家路易斯·威尔斯就在其论文中提出自己的独到性见解，他认为城镇化就是实现乡村的生活方式向城市的生活方式的转变，进而人的意识也会发生实质性的改变。[③] 这一观点也得到后来社会学领域学者的大力支持，并提出城镇化是一个变化的过程，这个过程涵盖了人们的意识形态、生活态度以及生活方式转变的整个过程。

从经济学的角度来看，城镇化主要是分析生产要素的流动和经济结构的转变。著名城市经济学家 K. J. 巴顿在《城市经济学》一书中以生产要素流动为切入点，将城镇化定义为劳动力的高度集中和经济结构的调整性变化。[④] 后期学者在此基础上再次深入了对城镇化的理论探索，沃纳·赫希主要是以经济结构的转变为研究方向，他认为城镇化是由以前的劳动力相对平均化的农村经济

---

① ［美］J. O. 赫茨勒. 世界人口危机 ［M］. 何新译. 北京：商务印书馆，1963.

② ［美］西蒙·库兹涅兹. 现代经济增长 ［M］. 戴睿，易城译. 北京：北京经济学院出版社，1989.

③ L. Wirth. Urbanism as a Way of Life ［J］. American Journal of Sociology, 1989, 49: 46–43.

④ ［英］K. J. 巴顿. 城市经济学 ［M］. 上海社科院城市经济研究室译. 北京：商务印刷出版，1984.

到现在劳动力相对密集化的城市经济结构的转变过程。①

地理学家则认为，城镇化是一种人口、产业从原本的农村领域转向并集中于城市地域的过程。其中，日本地理学家山鹿城次指出，现代的城市化概念应该包括四个方面的内容：原有市街的再组织、再开发；城市地域的扩大；城市关系的形成与变化；大城市地域的形成。②

如今，一些学者进一步扩展了城镇化的含义，并表示城镇化过程会涉及一系列的转变，包括人口由农村向城市的迁移、农村土地向城市的转化、资源在空间上的重新配置、政府治理的转变等。③ 通过对不同学者研究成果的归集可以看出，城镇化的内涵除了要反映城镇人口和规模的扩张外，更要体现人的生活方式、产业结构、居住环境等实现从"乡"到"城"的转变。

国外学者对于城镇化的基础理论研究较为成熟，形成了区位理论、结构理论、人口迁移理论、增长极理论等。

第一种是区位理论。区位理论将城市看成是社会各项活动的空间载体，各种社会活动中的物质要素通过合理地流动，并在一定空间上高度聚集，从而形成城市网络中各项节点和城市结构，各个城镇所形成的子系统最终构成社会的大系统。根据区位理论，城市化这一现象的动因便是这种城市的集中效应。目前，区位理论中比较有代表性的包括冯·图恩的农业区位论、韦伯的工业区位论、沃尔德·克里斯塔勒的中心地理论。其中，沃尔德·克里斯塔勒在其代表作《南部德国的中心地理论》一书中阐述了作为中心地区的城市如何对其周围产生影响，包含的主要观点有：（1）一个地域的发展离不开大大小小的城镇，而城镇一般位于某一经济区域的中心地带；（2）位于中心地的城镇围绕其服务中心的服务范围呈现出六边形；（3）这种六边形的边界和范围各不相同，从而形成了不同等级的中心地，导致各区域在生产产品和提供公共品时所发挥的职能也会存在差异；（4）相邻的两个中心地的距离由两者之间的等级

① ［美］沃纳·赫希. 城市经济学 ［M］. 刘世庆译. 北京：中国社会科学出版社，1990.
② ［日］山鹿城次. 城市地理学 ［M］. 朱德泽译. 武汉：湖北教育出版社，1986.
③ Gu C. L., Wu F. L. Urbanization in China：Processes and Policies ［J］. The China Review，2010，10（1）：1 – 10.

差所决定，差别越大，距离越远。[①]

第二种是人口迁移理论。人口迁移理论最早可以追溯到拉文斯坦的"迁移定律"，此后，学者们又从不同角度提出了一系列相应的理论，其中，"推—拉"人口流动理论较具代表性。埃弗雷特·李在其《迁移理论》一文中系统总结了"推—拉"理论，并将影响迁移者流动的因素分为了迁出地因素、迁入地因素、介入因素和个人因素四大类。[②] 随着迁移实践的不断积累，学者们开始从宏微观各个角度探讨人口迁移的原因、决定因素、决策过程以及迁移后果等，在此过程中，各代表学者普遍将城镇化看成一种有益的经济决策，即农村人口大量向城镇流动的主要动力源自迁移的好处（更好的工作、更美好的生活等）会大于迁移的成本（户籍的限制、政府的管控等）。

除了区位理论和人口迁移论外，城市化相关理论还包括结构理论、增长极理论、"点—轴"开发理论、城市偏向论等。结构理论主要以城市的经济结构和就业等内容为研究对象所形成的理论。具有代表性的是刘易斯针对发展中国家而建立的两部门——传统部门和现代部门经济发展模式。[③] 增长极理论是非均衡增长理论的依据之一，其主要观点认为，在一个国家内不可能实行平衡发展，应选择一个或数个特定的地理空间作为增长极，逐渐带动其他地区发展。最先提出这种观点的是法国经济学家佩鲁，随后，美国经济学家弗里德曼在此基础上形成了"中心—边缘"理论。"点—轴"开发理论则作为增长极理论的延伸，其中，"点"即增长极理论中可带动周边地区发展且具有先天优势的中心城镇，"轴"即点与点之间的各种交通干线、基础设施建设等。城市偏向论是由农村经济学家克尔·利普顿提出的，该理论认为，试图通过国家干预，以优先发展城市工业而达到促进经济发展的目标不仅无法实现，反而由于将各项资源偏向城市，最终会对农村经济产生重大损害，拉开城乡差距导致不

　　① ［德］沃尔德·克里斯塔勒. 德国南部中心地原理 ［M］. 常正文，王兴中，等译. 北京：商务印书馆，1989.

　　② Lee E. S. A Theory of Migration ［J］. Demography，1966，3（1）：47 – 57.

　　③ Lewis Arthur. Economic Development with Unlimited Supplies of Labour ［J］. The Manchester School，1954，11（2）：139 – 191.

公平。①

通过对国外相关学者在城镇化基础理论研究方面的梳理，一方面，有助于理解城镇化形成的原因，在这种国际城镇化大背景下，我国必然不能出现逆流行为，进一步促进我国以"人"为核心的新型城镇化发展是必然的趋势；另一方面，有利于为我国在推进新型城镇化进程中所作出的相关政策提供理论依据。

（2）不同国家或地区的城镇化特征。对于欧美等发达国家而言，由于其城镇化水平较高，所以更注重可持续发展。而发展中国家，由于政治、地理、经济各方面不同，使得各自的城镇化发展也各具特色。村上明等认为，雅加达已进入市郊化阶段，马尼拉仍然处在城镇化的早期阶段，曼谷处则在雅加达和马尼拉之间，并提出概念规划必须与每个城市的当地地形和城镇化阶段相适应。② 佐雷·范尼通过对德黑兰和伊朗城市的比较，得出两者差异较大，且会导致城市管理混乱；而非洲由于经济、战争、历史等背景环境，使得其城镇化呈现出起步晚、发展缓慢的特色。③ 伊西多尔认为，马尼拉的城镇化呈现出农业用地不断减少的特点，建议通过采用包括城市和农业土地的混合生态规划来保护绿色生态空间。④ 黛博拉·波茨发现，东非许多大型城市的增长率都低于全国平均水平，非洲许多国家城镇化水平增长缓慢或停滞，甚至出现逆城镇化的现象，如津巴布韦、马里等。⑤

（3）城镇化所产生的影响。国外学者对城镇化所产生的影响既有持积极态度也有持消极态度。消极态度认为，城镇化在实现过程中会存在大量的不可忽视的问题。首先，城镇化对自然环境和资源会造成负面影响。一是城镇化会

① M. Lipton. Why Poor People Stay Poor：Urban Bias in World Development ［R］. Harvard University Press, 1977：145 – 159.

② Murakamia, A. , Zain, A. M. , Takeuchi, K. , Tsunekawa, A. , Yokotad, S. Trends in Urbanization and Patterns of Land Use in the Asian Mega Cities Jakarta, Bangkok, and Metro Manila ［J］. Landscape and Urban Planning, 2005, 70 （3）：251 – 259.

③ Zohreh Fanni. Cities and Urbanization in Iran after the Islamic Revolution ［J］. Cities, 2006, 23 （6）：407 – 411.

④ Isidoro M. , MakotoY. Urbanization Process and the Changing Agricultural Landscape Pattern in the Urban Fringe of Metro Manila, Philippines ［J］. Environment and Urbanization, 2007, 19 （1）：191 – 206.

⑤ Deborah Potts. The Slowing of Sub-Saharan Africa's Urbanization：Evidence and Implications for Urban Livelihoods ［J］. Environment and Urbanization, 2009, 21 （1）：253 – 259.

导致环境污染加重，且越是落后的地区，其环境越会遭到城镇化破坏；二是一些地区的气候，包括风速、雨水量、湿度、气温等都在城镇化过程中发生了改变；三是两栖动物的生存和繁殖会严重受到威胁；四是城镇化会使得原先的农村土地资源变得支离破碎，降低其开发和利用价值，导致城镇化可持续性下降，同时会严重危害国家粮食安全等。经济学家利普顿对城镇化所带来的影响持消极态度，他表示，城镇化的快速发展已经跨越了经济的发展，没有达到实现城镇化内在的要求，这将会使得落后国家持续落后。[①] 其次，城镇化对于人口也会产生一定消极影响，主要体现在人口的出生率上。有学者通过研究发现：生育率会受到集聚经济和阻塞不经济的影响（Sato & Yamamoto，2005）。

积极态度却认为，城镇化过程不仅可以使劳动人口聚集化，而且能够给经济发展带来一系列积极的因素，从而促进经济的发展，最终会带动国家整体水平的跨越（哈德森，1969）。切纳里通过对世界各国的城镇化程度与其人均 GDP 的关系分析，发现城镇化的实现能够促进人均 GDP 的提升，即城镇化对经济的影响存在正面效应。[②] 美国地理学家贝利也支持这一观点，他认为城镇化水平与一国经济的发展存在相关关系。[③] 随着经济研究领域学问的进步，卢卡斯引进了内生增长模型分析城镇化与经济增长之间的关系，并得出一致的结论，即认为两者之间存在着不可分割的联系。[④] 罗纳德·L. 穆莫运用面板数据，从城市个数比例、城市集中程度和城市主导地位三个方面衡量城镇化，研究城镇化与经济发展的关系。结果发现，城市的人口比例随着人均国民生产总值、工业化以及出口倾向的增加而增加，但是对于人口在 10 万人以上的城市，工业化和农业的重要性对城市人口的集中有相同的正影响。[⑤]

[①]　M. Lipton. Why Poor People Stay Poor：Urban Bias in World Development ［R］. Harvard University Press，1977：145 – 159.

[②]　Chenery H B. Patterns of Development：1950 – 1970 ［M］. Oxford University Press，1957.

[③]　Berry B. City Classification Handbook：Methods and Application ［M］. John Wiley and Sons Inc，1971.

[④]　Lucas R. E. On the Mechanics of Economic Development ［J］. Journal of Monetary Economics，1988，（1）：3 – 42.

[⑤]　Ronald L. Moomaw，Ali M. Shatter. Urbanization and Economic Development：A Bias toward Large Cities？［J］. Journal of Urban Economics，1996，40（1）：13 – 37.

1.2.2 国内研究状况

1.2.2.1 基本公共服务均等化相关研究综述

（1）基本公共服务均等化的基础理论性研究。包括了对基本公共服务的含义、基本公共服务均等化的内涵、基本公共服务的构成体系及如何构建评价基本公共服务均等化水平指标体系等方面的内容。

对基本公共服务概念的探讨是深入研究基本公共服务均等化问题的逻辑起点。陈昌盛、蔡跃洲提出，基本公共服务是一国全体公民都应普遍且公平享有的服务，而不论其出身和背景存有怎样的差距，同时，基本公共服务的具体内容也会根据一国经济社会发展水平的变化而有所改变。[①] 魏福成、胡洪曙认为，基本公共服务是每一位公民生活中必不可少的基础和前提，它不仅作为公民的一项基本权利，其是否被公民均等化享有也对经济的稳定健康发展起到十分重要的促进作用。[②] 更多的学者则认为，在理解基本公共服务时要把握好不同的角度。姜晓萍、吴菁指出，在理解基本公共服务时，可分别从需求、权利、范围和职能几个角度加以界定。[③] 文敏、文波认为，要分别从公民权利角度、结果平等角度、主客体角度以及公共财政的角度理解基本公共服务的含义。[④] 根据各位学者的研究成果，对于基本公共服务的理解可概括为：一方面，从权力的角度，将基本公共服务看作通过政府或社会给予公民制度化、社会化的权利性保障；另一方面，从公民需求的角度，将基本公共服务看作政府或社会为满足全体公民对公共资源最低的需求而提供的一项公共服务（张迪，2017）。

对于基本公共服务均等化的内涵，众多学者已经进行了丰富和拓展，并达成一定共识。一是均等化不等于平均化。不少学者认为，均等化是一种相对平

① 陈昌盛，蔡跃洲. 中国政府公共服务：基本价值取向与综合绩效评估 [J]. 财政研究，2007（6）：20 - 24.

② 魏福成，胡洪曙. 我国基本公共服务均等化：评价指标与实证研究 [J]. 中南财经政法大学学报，2015（5）：26 - 36.

③ 姜晓萍，吴菁. 国内外基本公共服务均等化研究述评 [J]. 上海行政学院学报，2012（9）：4 - 16.

④ 文敏，文波. 国内外基本公共服务均等化研究综述 [J]. 昭通学院学报，2016（3）：73 - 78.

等，而非绝对的平均化，在任何外在条件下都一律均分的做法反而会阻碍社会公民作为一个整体所享有的基本公共服务水平的提高（王谦，2008；李一花，2008；韩淑梅，2008）。郭小聪、代凯提出，基本公共服务的"均等化"既要实现全体公民可以享有大致相同的基本公共服务，也要体现一定的地区差异、城乡差异和人群差异，因此，其实质是一种"底线均等"。① 二是均等化的内容包括多个方面，即权力均等、机会均等、过程均等、结果均等。例如，有学者认为，基本公共服务均等化即每个公民都平等享有基本公共服务的权利（楼继伟，2006；唐钧，2006）。也有学者提出，基本公共服务均等化包括三方面含义：一是居民在享受基本公共服务过程中的机会要均等；二是居民享受到的基本公共服务的结果要均等；三是还应尊重社会成员的自由选择权，切记将其搞成计划经济时期的"配给制"模式（常修泽，2007；陈文权、张欣，2008）。项继权则指出，若单独从不同角度对基本公共服务均等化加以理解，其效果会不尽人意，应将这些标准综合起来加以运用，全体公民不仅在基本公共服务提供过程中享有同等的权利和机会，其享有基本公共服务的结果也大体相当。②

对于基本公共服务的构成体系，其焦点在于应将哪些公共服务纳入基本公共服务的范畴。有学者指出，基本公共服务是与民生问题直接且密切相关的各种纯公共服务，因此，其构成体系应当包括规范且完善的社会保障体系、义务教育、广泛的就业渠道，并提供就业再就业服务（丁元竹，2000；安体富、任强，2007）。张长春认为，基本公共服务不仅包括了人在生活中必不可少的衣、食、住、行、基本医疗、基础教育等在内的基本经济社会益品，还应包括政治益品，即公民的基本权利和义务以及机会。③ 综合各位学者的研究成果，可将基本公共服务构成体系分成"窄""中""宽"三个层次。"窄"层次只将具有公民权利的社会性公共服务如公共教育、公共医疗和社会保障等纳入基本公

① 郭小聪，代凯. 国内近五年基本公共服务均等化研究：综述与评估 [J]. 中国人民大学学报，2013（1）：145－154.

② 项继权. 基本公共服务均等化：政策目标与制度保障 [J]. 华中师范大学学报，2008（1）：2－9.

③ 张长春. 倡导社会公正，促进公共服务设施配置的均等化 [J]. 中国经贸导刊，2006（21）：33－35.

共服务范畴。"中"层次对基本公共服务范围有所拓展，认为与社会保障、基本医疗、基本教育等相关的民生类公共服务、公共事业性公共服务，以及公益性基础设施、环境保护、公共安全性服务都应作为基本公共服务。"宽"层次则将基本公共服务分为三个部分，即社会性服务，如教育、住房、就业等；经济性服务，如环境保护、生活基础设施等；维持性服务，如司法、行政管理等（陈自强，2014）。此外，也有学者认为，基本公共服务的构成体系并非一成不变。谢波提出，各国的基本公共服务构成体系由于其本国历史、政治体制、财力等现实背景的不同，存在着较大的差异性。[①] 就我国目前而言，国务院所印发的《"十三五"推进基本公共服务均等化规划的通知》已明确将"基本公共教育""基本劳动就业创业""基本社会保险""基本医疗卫生""基本社会服务""基本住房保障""基本公共文化体育"以及"残疾人基本公共服务"作为我国当前改善基本公共服务水平的主要发展方向。[②]

对我国基本公共服务均等化水平进行评价首先需要构建出科学合理的指标体系。安体富、任强认为，要想真正反映出我国基本公共服务均等化水平，其评价指标体系应满足如下几点原则：一是要符合"公共性"的特征；二是侧重评价地区之间基本公共服务水平的不平等；三是要对公共服务产出进行注重评价。[③] 纵观各位学者在基本公共服务评价指标体系的研究，可以发现以下几方面的特点：一是会在省级、县级等多个层面进行设置；二是所涉及的基本公共服务领域较为全面，包括基础教育、住房保障、基础医疗、就业服务、公共服务等各个方面；三是在具体指标构建时，逐渐从以往纯粹考虑客观测量指标过渡到包含主客观综合测量指标。江易华以县级政府在基本公共服务方面的绩效为研究对象，构建关键绩效评价指标。[④] 卢洪友等在对我国各省、市、自治区的基本公共服务均等化进程进行测评时，分别以投入、产出和收益几方面为

① 谢波. 基本公共服务设施均等化的内涵及其规划策略——基于西方发达国家实践经验的思考[J]. 规划师，2014（5）：11-16.

② 国务院关于印发"十三五"推进基本公共服务均等化规划的通知 [EB/OL]. 中华人民共和国中央人民政府网，http://www.gov.cn/zhengce/content/2017-03/01/content_5172013.htm.

③ 安体富，任强. 中国公共服务均等化水平指标体系的构建——基于地区差别视角的量化分析[J]. 财贸经济，2008（6）：79-82.

④ 江易华. 县级政府基本公共服务绩效分析——一种理论模型对老河口市的实证检测 [J]. 华中师范大学学报（人文社会科学版），2009（5）：20-27.

切入点，建立起包括教育、卫生、就业等方面的基本公共服务指标体系。① 杨光运用泰尔指数对我国各省份之间均等化绩效进行评价，选用各省份基本公共服务供给项目 2000 ~ 2012 年的面板数据，分别就基础设施建设、基础教育服务、公共卫生服务等几项一级指标的均等化绩效进行评价。② 韩增林等在对我国 2012 年 31 个省份城乡基本公共服务水平进行综合评价后，认为我国各省份除了城乡基本公共服务均等化指数普遍偏低，且省际差异十分显著外，还提出城乡基本公共服务均等化程度与农村基本公共服务水平的关系类似马太效应。③ 除以客观指标为研究对象外，也有学者从主观指标的角度进行相关体系的构建。如何华兵以公民满意度、公民预期、公民抱怨等 5 个量表为基础，构建了衡量基本公共服务满意度的评价指标模型。④ 相比而言，项继权、袁方成在构建评价指标时更具综合性，即从基本公共服务的设施与条件的均等化测评、基本公共服务满意度与公平度的主观测评、基本公共服务财政能力与投入均衡性测评三个层面设计基本公共服务均等化的具体指标。⑤

（2）基本公共服务均等化的实践研究。其一，关于基本公共服务供给制度的演变。自 1949 年新中国成立以来，我国在基本公共服务供给制度上也发生着阶段性的变化。综合各位学者的研究可以看出，不同学者在时间划分上有所不同，但都会以 1978 年改革开放作为分水岭。李春指出，我国公共服务供给模式经历了从"集权融合—公平至上"型向"解制分立—效率优先"型，并最终向"多元竞争—均等共享"型转变的过程。⑥ 郁建兴从总体上将我国公共服务供给体系划分为四个阶段：1949 ~ 1978 年，国家统一包办的平均主义供给体系；1978 ~ 1994 年，一方面，在经济优先发展背景下公共服务供给被

① 卢洪友，等 . 中国基本公共服务均等化进程报告 ［M］. 北京：人民出版社，2012.

② 杨光 . 省际间基本公共服务供给均等化绩效评价 ［J］. 财经问题研究，2015（1）：111 – 116.

③ 韩增林，李彬，张坤领 . 中国城乡基本公共服务均等化及其空间格局分析 ［J］. 地理研究，2015（11）：2035 – 2048.

④ 何华兵 . 基本公共服务均等化满意度测评体系的建构与应用 ［J］. 中国行政管理，2012（11）：25 – 29.

⑤ 项继权，袁方成 . 我国基本公共服务均等化的财政投入与需求分析 ［J］. 公共行政评论，2008（3）：89 – 123.

⑥ 李春 . 新中国成立以来公共服务模式转型分析 ［J］. 中共天津市委党校学报，2010（2）：77 – 80.

严重忽略，另一方面，二元化、社会化、市场化、地方化的公共服务体系逐步形成；1994～2002年，新的社会保障制度在城市建立；2002年至今，更具全民性、普遍性的公共服务体系成为政府的目标。① 李杰刚、李志勇将我国公共服务供给演化阶段分为两大阶段和六小阶段：1978年以前，我国公共服务的供给在计划经济体制下呈现出高度集中、城乡有别和低水平平均的特点；1978年以后，则出现体制转轨、统筹发展和均等化取向。② 通过对我国基本公共服务供给制度演变的研究，可进一步说明我国当前基本公共服务呈现出非均等化现象的原因，也为此现象的改善提供制度层面的依据。

其二，关于实现基本公共服务均等化的国际经验。国内学者主要以美国、日本、加拿大、澳大利亚等发达国家为借鉴对象，研究方向主要集中于：一是对他国相关做法和经验进行总结；二是通过相关经验得出我国进一步实现基本公共服务服务均等化的启示。其中，张启春以加拿大为研究对象，并通过介绍加拿大如何通过解决各级政府间财政所存在的纵向和横向之间的不均衡现象，以实现各地区公共服务水平大体相等的均等化目标，认为我国可以在借鉴加拿大的成功经验基础上，通过完善我国当前财政转移支付制度，构建财政平衡机制，让地方政府拥有适当的自主权，以更好地实现我国基本公共服务均等化。③ 樊丽明、郭健介绍了美国、澳大利亚、日本在实现基本公共服务均等化方面的经验，并提出要分别从经济发展水平、制度、供给主体多样化、法律保障等方面推进我国基本公共服务均等化。④ 张华、张桂文则指出，以英国为代表的西欧模式——市场机制调节下地区创新、以瑞典为代表的北欧模式——全面发展福利社会、以美国为代表的北美模式——政府引导下的多元化供给，以及日本模式——政府主导与法律监督，是当今世界比较典型的公共服务供给模

---

① 郁建兴. 中国的公共服务体系：发展历程、社会政策与体制机制 [J]. 学术月刊，2011 (3)：5 – 17.

② 李杰刚，李志勇. 新中国基本公共服务供给：演化阶段及未来走向 [J]. 财政研究，2012 (1)：13 – 16.

③ 张启春. 区域基本公共服务均等化的财政平衡机制——以加拿大的经验为视角 [J]. 华中师范大学学报（人文社会科学版），2011 (6)：29 – 37.

④ 樊丽明，郭健. 城乡基本公共服务均等化的国际比较：进程与经验 [J]. 中央财经大学学报，2012 (7)：1 – 8.

式；并在基本公共服务的质量提升、财政保障和政策落实等方面总结了相关经验。①

（3）我国基本公共服务的现实状况及原因分析。对于我国基本公共服务的现实状况，学者普遍认为，存在地区间、城乡间、群体间、供需间等不均等现象，且各政府间财力保障也存在横向和纵向不均等。

关于地区间的基本公共服务不均等。地区间的基本公共服务非均等化现象表现在区域间、省际间、同一省内不同地区之间等方面。赵怡虹、李峰以全国27 个省份 1995 年和 2006 年的截面数据为实证分析对象，考察了我国基本公共服务水平地区间差异与各地区财政能力差异之间的关系。② 常忠哲、丁广文通过分析得出我国的社会保障明显存在地区性差别，即东部的社会保障水平最为完善，西部其次，中部地区最为落后。③ 詹国辉以江苏省 13 个地级市为研究对象，得出当前江苏省地区间公共服务非均等化的结论。④

关于城乡间基本公共服务不均等。不少学者认为，城乡间基本公共服务的不均等是该研究领域的一大难点。胡仙芝表示，我国基本公共服务非均等化的主要表现在于城乡之间差距过大，农村仍然作为我国要实现基本公共服务均等化的关键环节，农民已成为对基本公共服务最渴望的群体。⑤ 党秀云、马子博认为，我国城乡基本公共服务之所以存在非均等化现象，其约束因素主要有城乡二元结构体制、自上而下的基本公共服务供给机制、畸形化的公共财政体制。⑥ 吴平根提出，城乡之间发展的不平衡已不限于经济上的不平衡，更在于

① 张华，张桂文. 城乡基本公共服务均等化的国际经验比较与启示 ［J］. 当今经济研究，2018（3）：60 – 65.

② 赵怡虹，李峰. 中国基本公共服务地区差距影响因素分析——基于财政能力差异的视角 ［J］. 山西财经大学学报，2009（8）：15 – 22.

③ 常忠哲，丁广文. 基于 PSR 模型的社会保障基本公共服务均等化水平研究 ［J］. 广西社会科学，2015（12）：167 – 172.

④ 詹国辉. 区域间公共服务均等化的影响因素分析——基于江苏省 13 个地级市的面板数据 ［J］. 公共管理与政策评论，2017（6）：62 – 71.

⑤ 胡仙芝. 中国基本公共服务均等化现状与改革方向 ［J］. 北京联合大学学报（人文社会科学版），2010（3）：82 – 87.

⑥ 党秀云，马子博. 我国城乡基本公共服务均等化的制度困境及改革路径 ［J］. 西北大学学报（哲学社会科学版），2013（6）：154 – 159.

农村与城市相比，村民所享有的基本公共服务存在过大的缺失。[①] 梁永郭等也指出，我国农村基本公共服务普遍存在总体供给水平低下，基础设施较为落后，教育、医疗领域从业人员素质较低等问题。[②]

关于群体间基本公共服务不均等。我国当前不同社会身份、不同群体间所享有的基本公共服务明显存有差异，尤其在我国近年来不断推进城镇化的背景下，出现了农民工这一特殊群体，该群体与城市居民之间在基本公共服务享有方面还存在着一定差距。孙德超、毛素杰在比较了农民工和城镇职工享有的子女义务教育、社会保障等方面的基本公共服务水平后，认为农民工群体相较于城镇职工群体而言所获得的基本公共服务水平明显偏低。[③]

关于基本公共服务供需不均等。我国的基本公共服务供给是以政府为主导的基本公共服务供给模式，这种供给模式下使得政府的供给结构与群众的需求之间存在偏差（郭小聪、代凯，2012）。师玉朋指出，我国随着经济的发展，一方面，居民对公共服务的需求不论从规模上还是结构上都在不断提升，并向多元化方向发展；另一方面，公共服务的供给却达不到群众的满意度。[④]

关于不同基本公共服务项目非均等化。除了研究基本公共服务整体层面现状外，也有不少学者具体到基本公共服务的某些具体项目上探讨其均等化水平。雷晓康、曲靖分析了我国基础教育公共服务均等化问题。[⑤] 王洛忠、李帆则以基本公共文化服务为研究对象，通过具体指标体系的构建和不同地区的测量，得出相关结论：我国地区间基本公共服务不均等特征明显，且东部地区差异化水平要高于中西部地区。[⑥]

上述学者的研究结论充分展示出，我国基本公共服务不仅从整体角度存在

① 吴平根. 我国城乡一体化发展中基本公共服务均等化的困境与出路 [J]. 农业现代化研究，2014（1）：33 – 37.

② 梁永郭，等. 我国城镇化进程中城乡基本公共服务均等化研究 [J]. 新余学院学报，2016（5）：69 – 71.

③ 孙德超，毛素杰. 农民工群体享有基本公共服务的现状及改进途径 [J]. 吉林大学社会科学学报，2012（3）：153 – 158.

④ 师玉朋. 基本公共服务供需结构匹配度研究 [D]. 昆明：云南财经大学，2014.

⑤ 雷晓康，曲靖. 基础教育公共服务均等化问题研究——以陕北几县为例 [J]. 西北大学学报（哲学社会科学版），2011（1）：20 – 25.

⑥ 王洛忠，李帆. 我国基本公共文化服务：指标体系构建与地区差距测量 [J]. 经济社会体制比较，2013（1）：184 – 195.

非均等化问题，具体到某一项目上也存在非均等化现象。同时，还有学者提出，在基本公共服务的财力保障上我国当前也存在不均等现象，主要表现在两个方面：一是省级之间相关财政支出存在横向、纵向不均衡；二是地区间财政支出效率不同，导致各地区不同水平的基本公共服务（张迪，2017）。这些不均等现状的存在，也引起了不少学者开始探究其中的原因，具体观点可概括为以下两点。

一是政府管理制度上的缺陷。不少学者在研究中指出，我国当前基本公共服务非均等化的直接原因之一就是政府的基本公共服务管理制度上存有缺陷。总体表现为：一方面，长期以来以 GDP 为主要业绩考核指标的做法，使得各级政府缺乏推进基本公共服务均等化的动力；另一方面，目前政府依然是基本公共服务供给中的主要一方，使得相应的供给在进行决策时存在不科学、不合理现象（管延莲、吴淑君，2010；郭小聪，刘述良，2010；杨弘、胡永保，2012，闫春晓等，2014）。

二是城乡二元化体制的缺陷。在这种体制下，拥有城市户籍的居民在基本公共服务获取方面往往更为有利，相较而言，农村居民更多只能依赖于自身或通过农村集体众筹的方式去获得低水平的公共服务，导致了我国城乡居民之间所拥有的基本公共服务存有相当大的差别。如今，伴随着我国各地都在积极地推动城镇化建设，大量的农村居民进入了城市，但在户籍制度的约束下，这些进城农民依然无法享有和城市居民同等化的基本公共服务（拓志超，2011；徐越倩，2011；许仁家，2014）。

除上述原因外，还有学者提出，应从基本公共服务的需求方角度来分析非均等化的原因。如王晓慧指出，我国城乡居民存在认知差异、需求差异和利益表达机制差异，因此，会导致城乡基本公共服务的差异化。[1] 也有学者从资金使用效率的角度进行分析，如徐琰超、杨龙见通过实证分析提出，中央在采用财政转移支付手段提供基本公共服务时，会存在信息上的劣势，从而使其财政转移资金使用效率低下，更进一步使得地区间的基本公共服务均等化水平差异扩大。[2]

---

① 王晓慧. 城乡基本公共服务非均等化的原因及路径分析 [J]. 现代商业，2013 (10)：54 - 55.

② 徐琰超，杨龙见. 财政分权、转移支付与地方政府福利性支出效率 [J]. 金融评论，2014 (2)：37 - 49.

（4）基本公共服务均等化的实现路径。在探究基本公共服务均等化的实现路径方面，多数学者认为应从两方面入手：一方面，对我国政府财政体制加以完善；另一方面，继续健全政府的管理机制。

关于完善公共服务财政体制方面，纵观各位学者的研究成果，可以看出主要包括以下几个方面：一是对于基本公共服务的提供要合理划分中央和地方政府间，以及省以下各级政府间相应的财权和事权（胡均民、艾洪山，2009；戚建华，2012，孙德超、曹志立，2017；刘承礼，2019）。童光辉、赵海利认为，不同类型的基本公共服务应由相应级别的政府负担，并将基本公共服务按照边际成本和流动性划分为四类，进而明确不同层次政府对不同类型基本公共服务的责任机制。[1] 二是从转移支付制度的设计着手，包括纵向和横向两个维度，以提高基层政府在提供基本公共服务上的能力，这也是目前大多数学者研究的重点（贺小林、马西恒，2016；裴育、史梦昱，2018；张薇，2019；李军鹏，2019）。李伟、燕星池认为，我国目前财政转移支付中还存在许多问题，应通过将税收返还制度取消、科学合理地制定转移支付资金数额、并在此过程中对转移支付资金的使用严格监控等措施逐步改善这些问题。[2] 刘佳萍认为，在促进城乡基本公共服务均等化过程中要对我国当前转移支付制度加以改革，将一般性转移支付的比重逐渐提高，同时增加对农村地带的转移支付力度，以改善城乡基本公共服务不均等的现象。[3] 三是要完善政府支出结构，合理设置经济投入与民生投入，将更多的财政资金转向基本公共服务项目上，并且这种投入绝非一种盲目投入，而是要以人民获得感为目标（朱云飞、赵宁，2020；缪小林等，2020）。和立道、李妍提出，在解决城乡公共服务差距化问题上，加大对农村基础设施建设的支出是工作的重中之重。[4] 此外，通过对我国目前地方税体系的改进，为各地方政府在本地区基本公共服务供给过程中提供稳定的财

① 童光辉，赵海利. 新型城镇化进程中的基本公共服务均等化：财政支出责任及其分担机制——以城市非户籍人口为中心 [J]. 经济学家, 2014（11）：32-36.

② 李伟，燕星池. 完善财政转移支付制度促进基本公共服务均等化 [J]. 经济纵横, 2014（2）：17-21.

③ 刘佳萍. 城乡基本公共服务均等化问题及对策研究 [J]. 探求, 2018（1）：116-120.

④ 和立道，李妍. 城乡公共服务均等化影响因素及其路径选择 [J]. 云南师范大学学报（哲学社会科学版）, 2012（6）：107-114.

力保障（程岚，2008；彭健，2010；裴育、史梦昱，2018）。

关于完善政府管理机制方面，总结各位学者的研究成果，可以归纳为：其一，要尽快转变政府的角色，时刻关注人民群众最关切的需求，切忌做出一些不切实际的目标，以纠正"政府本位"倾向。同时，要防止政府大包大揽，将非基本公共服务更多地放手，通过多元化的协作模式去提供，也可为基本公共服务的均等化任务聚集更多的财政资金。（张迪，2017；樊继达，2019）。杨弘、胡永保提出，在推进基本公共服务均等化时要将民主的因素考虑在内，即政府在提供公共品时要本着责任的态度，将群众利益摆在首要位置，使基本公共服务提供这一过程规范化。① 其二，仅向各地方政府转移财政资金以求得财力上的平衡并不能保证这些资金在基本公共服务建设中的使用效率，故而，还应多从政府激励的角度去思考这一问题。在考核地方政府政绩时，通过建立科学的评价体系将基本公共服务的提供工作考虑进来，使得相应的财政拨款用得恰到好处，并在决策基本公共服务的提供过程中积极地引导群众参与其中，完善外部监督机制，改变以往从上到下的单一供给制度（范逢春，2016；梁波，2018；谢贞发，2019）。万玲、何华兵构建了一套有利于形成公众参与渠道的机制，将社会评价机制、信息公开和反馈机制包含在内，以使得基本公共服务均等化这一工作更加有效地开展。② 其二，对于我国当前出现的城乡基本公共服务差异化现象，很多学者认为，城乡二元化制度是导致这一现象的根本因素，因此，必须对此项制度加以改革，以统筹城乡共同发展（梁永郭等，2016；刘佳萍，2018；刘承礼，2019）。其四，要确保推进基本公共服务均等化工作的法制化。曾保根提出，应将政府责任分工的界定、建立相关标准体系、制定相应的问责机制等五个方面纳入基本公共服务均等化的相关法律中。③ 范逢春认为，在推进基本公共服务过程中，先要以立法的形式确立其基本原则，再将基本公共服务的具体范围、推行手段等进行法定化，进而构建起

---

① 杨弘，胡永保. 实现基本公共服务均等化的民主维度——以政府角色和地位为视角 [J]. 吉林大学社会科学学报，2012（4）：13 – 19.

② 万玲，何华兵. 公众参与基本公共服务均等化的制度设计 [J]. 云南行政学院学报，2013（3）：112 – 114.

③ 曾保根. 论基本公共服务均等化的立法基础、模式和内容 [J]. 湖北行政学院学报，2013（1）：68 – 72.

"宪法—法律—政策"这一系统全方位化的基本公共服务制度体系。① 除此之外，实现基本公共服务均等化，需要制定出一定的标准，以标准化作为实现基本公共服务均等化的重要手段，通过标准建设让基本公共服务的供给更具量化，从而促使政府在提供基本公共服务时由粗放型转向精细型（张启春、山雪艳，2018；张文亮等，2019；马晓鸥，2020）。

1.2.2.2 城镇化及其新型发展模式相关研究综述

（1）城镇化的基础性理论研究。国内学者对城镇化的基础性理论研究主要体现在其内涵和特征上。

对于城镇化的理解。我国的城镇化在实践中先后出现了"城市化""城镇化""新型城镇化"等概念。当前，我国学者对于城镇化的含义在理解上还有所区别，但也达成了两点共识：一是对于城镇化的内涵在理解上应从多维度出发。城镇化，尤其是我国当前推行的新型城镇化，是以一种以信息化为主要发展动力，坚持以工促农、城乡协调发展、大中小城市和小城镇统筹发展、城市间及城市内部合理布局、资源节约型、环境宜居友好型、社会和谐、不同城镇个性化鲜明的高质量发展模式（张占仓，2010；余学友，2011；梁前广，2012；喻新安等，2012）。辜胜阻也认为，城镇化过程绝不能以破坏生态环境为代价，而应该打造出以绿色生态和现代化职能水平为特征的新宜居城市。同时，城镇化过程并非只是生产要素向城市的空间堆砌，而是城市生活向农村推进的过程中，促进农民向市民的转型。② 二是"城镇化"比"城市化"更加符合我国当前国情，且新型城镇化将成为我国未来的发展方向。谢天成、施祖麟认为，我国很多地区的"镇"，其在规模、经济实力等指标方面已符合"市"的标准，故使用"城镇化"一词更为准确。③ 张荣天、焦华富在总结了"传统城镇化"与"新型城镇化"两者之间的共性与差别的基础上，认为新型城镇化是对传统城镇化的"取其精华，去其糟粕"。新型城镇化的核心内涵是"以

---

① 范逢春. 建国以来基本公共服务均等化政策的回顾与反思：基于文本分析的视角 [J]. 上海行政学院学报，2016（1）：46 – 57.
② 辜胜阻. 中国城镇化机遇、问题与路径 [J]. 中国市场，2013（3）：49 – 51.
③ 谢天成，施祖麟. 中国特色新型城镇化概念、目标与速度研究 [J]. 经济问题探索，2015（6）：112 – 117.

人为本"，更加关注城镇化过程中的"软件"而非"硬件"，更加强调"人"而非"物"的城镇化。① 由此可见，"新型城镇化"作为我国发展方向已得到了国内学者的认同。

对于城镇化的特征。随着我国城镇化的发展，不少学者指出，我国传统的城镇化发展模式是一种相对滞后的发展模式，其特点主要表现为：城镇化率滞后于经济增长率，质量的提升滞后于速度的提升，且各区域间城镇化水平十分不平衡等（王家庭、唐袁，2009；方创琳、王德利，2011；肖文、王平，2011）。鉴于此，党的十八届三中全会强调要坚持走中国特色的新型城镇化道路，这一"新"的主要突出特征是"以人为本"，各位学者在此基础上纷纷提出新型城镇化发展的以下特征。

一是要让我国更多居民享受城镇化改革带来的成果，改善人民的生活水平和条件，实现人民的利益，促进人民的全面发展（王素斋，2013）。

二是突破传统城镇化的弊端，倡导绿色发展。在追求经济发展和城镇化率提高的同时，更要注重城镇的生态文明建设，使城镇形成一种低碳发展、循环发展、可持续发展的模式，从而更加适宜人的居住（张秀娥、李东艳，2015；丁瑞红，2016）。

三是在新型城镇化发展过程中要突出方式方法的创新，促使我国形成以信息化、创新驱动为主要发展动力的新型城镇化模式（丁瑞红，2016）。

四是各城镇要形成自己的鲜明特色。即城镇化的发展要突出当地文化习俗特点，使各城镇的发展在反映历史的基础上有所差异，进而更好传承当地的传统优秀文化（张秀娥、李东艳，2015）。

五是要形成以市场为导向、多元化主体的新格局。党中央已多次提到要让市场在资源配置中起决定性作用，因此，在推动新型城镇化发展过程中要强化以市场为导向，发挥社会多元主体的合力，共同建设新型城镇化道路（徐选国、杨君，2014；龚征旗等，2016）。

此外，还有学者认为，新型城镇化的特征要突出在此过程中人的社会待遇均等化、资源配置的均衡化、城市布局的科学化等（周彦国等，2013；周冲、

---

① 张荣天，焦华富. 中国新型城镇化研究综述与展望［J］. 世界地理研究，2016（1）：59 – 66.

吴玲，2014）。

（2）反思传统城镇化过程中存在的问题。我国传统城镇化是在农业经济和计划经济为主导体制的背景下产生的，其发展的侧重点是实现城镇规模和空间上的扩张，在这种发展模式下所产生的问题是多方面的。

第一，关于制度上的弊端。我国城镇化进程中存在不少制度上的缺陷：一是二元化户籍制度使得农村居民进入城市后无法享有与城市居民同等的待遇，许多进城农民处于"半市民化的状态"。二是农村土地制度严重损害了进城农民的利益，使其无法获得城镇化过程中通过土地流转而带来的进城资本。三是政策过度向城市倾斜阻碍了城乡协调发展。四是政策之间缺乏协同性，与目前已有的其他政策和法律法规未能良好配合（辜胜阻，2013；杨静，2014；焦晓云，2015；裴玮、邓玲，2017）。

第二，关于认知上的偏差。首先，当前城镇化以 GDP 为导向，因此在发展理念上追求城镇空间范围和人口规模上的增长，忽视了环境、能源和城市承载能力等问题，导致我国城镇化过程中资源被破坏，环境被污染，某些大都市人口出现过度膨胀等问题。其次，忽略了"三农"问题。由于过度城镇化造成农业用地的大量减少，直接影响粮食和其他农产品的产出量，损害农民的土地利益，阻碍了农村的发展。最后，城镇化进程中生搬硬套，忽视了本地区实际情况，造成城镇化发展没有形成各自鲜明的特点，同质化问题严重，很多城市文化遗产遭到破坏（辜胜阻，2013；王兰英、杨帆，2014；王劭霞，2014；陈诗波等，2014；刘成军，2016）。除了认知上偏差外，也有学者针对进城农民思想认识上的误区展开分析。焦晓云认为，受传统城镇化思想的误导，许多农村青年纷纷前往城市去实现他们的"城市梦"，但在融入城市过程中往往发现自己的生活习惯、行为方式、思想理念等与当地城市不符，无法成为真正意义上的城市人，并被孤立和边缘化。[①]

第三，关于城镇内部与城镇之间布局体系不合理。一方面，传统的城镇化过度依赖大城市，忽略了小城镇的发展，造成大城市、特大城市过度拥挤，而小城镇基础设施不完备等问题。另一方面，区域间的城镇化发展也极不平衡，

---

① 焦晓云．新型城镇化进程中农村就地城镇化的困境、重点与对策探析——"城市病"治理的另一种思路［J］．城市发展研究，2015（1）：108－115.

我国东、中、西部地区的城镇化发展速度和水平明显存在差别，东部地区相较之下城镇化水平最高，而西部地区城镇化水平最为落后。此外，城镇布局中的产业结构也存有不合理现象。不少小城镇人仍以传统工业为主，极大地破坏了当地生态环境，不利于城镇化的可持续发展。同时，产业布局分散，无法形成集聚效应，导致当地产业无法支撑起本地区就地城镇化（王鹤等，2013；李若愚，2013；杨静，2014；焦晓云，2015；王明为，2015；张杰，2018）。

第四，无法形成长期资金保障。新型城镇化的发展必须建设大量配套的基础设施去满足进城农民的需求，然而，传统依靠土地财政，利用土地红利，已然快速推高了城市房价，单靠土地财政无法持续补充城镇化过程中的所需资金。与此同时，我国当前还未建立起完善的转移支付制度和金融支持体系。以上种种资金上的困境都会阻碍新型城镇化的发展（厉以宁，2011；辜胜阻，2013；张秀娥、李冬艳，2015；王钧超，2015）。

（3）新型城镇化发展的必要性分析与动力机制探究。通过反思传统城镇化所带来的问题可发现，虽然城镇化进程为我国经济发展带来了动力，但传统城镇化也给我国居民生活环境、健康等方面产生了一定的负面影响，必须依靠新型城镇化的发展以减少传统城镇化带来的负面效应。此外，还有学者提出，考虑到我国当前面临人口、资源、经济发展状况等方面不平衡问题，因此需要走新型城镇化道路，以使得城镇化进程与我国当前的发展阶段相适应，从而推动我国国民经济健康持续发展。同时，由于走新型城镇化道路要以新型工业化、信息化、农业现代化为动力机制，故而加快新型城镇化发展，有助于我国更好地实现现代化建设目标（王素斋，2013；黄桂婵、胡卫东，2013；李彦东、刘小新，2013；杜金金，2018）。

如今，走新型城镇化道路已得到了国内学术界的一致认可，许多学者纷纷对新型城镇化发展的动力机制展开研究。赖扬恩提出，在构造我国新型城镇化发展道路时，应将其动力机制的总体思路设定为几个转变：一是单元动力转向多元动力，二是外生动力转向内生动力，三是数量速度性动力转向质量效益性动力。① 所谓新型城镇化的动力机制，就是在推动新型城镇化过程中必要的动

---

① 赖扬恩. 论新常态下城镇化发展动力机制的转型与重塑［J］. 发展研究，2017（10）：63－72.

力元素，以保障新型城镇化中的各类社会关系、制度的稳定和改善，因此对这一方面的研究有助于进一步探究优化我国新型城镇化道路。其中，有学者以动力来源为研究方向，认为农业现代化、新型工业化以及信息化是我国未来新型城镇化发展的三大动力（倪鹏飞，2013；孙沛瑄，2014；张荣天、焦华富，2016）。丛茂昆、张明斗在对国外城镇化发展过程研究中发现，推动城镇化发展的主导动力来源于城镇内部系统和产业结构的改进、交通和基础设施的完善，而政府所颁布的一些法规、制定的一些政策将作为辅助性动力。[①] 也有学者从不同动力主体的角度探讨，认为新型城镇化的推动应当依靠多方力量，既需要政府的导向动力，也要发挥市场主体的能动作用。（杨发详、茹婧，2014；项继权、王明为，2015）。基于上述学者的研究成果可以看出，新型工业化、信息化、现代农业化、政府政策的制定、市场机制的完善、产业结构的升级、城镇布局的改善等，独立或通过相互作用，对我国新型城镇化发展产生重要推动作用。

（4）关于新型城镇化发展模式。自 2010 年新型城镇化的口号提出后，各地区纷纷投身于新型城镇化的开展当中，各位学者也从不同角度对新型城镇化模式展开研究，并形成了较为丰富的成果。其中，有学者以全国为研究对象。例如，孔翔云、王小龙在对我国改革开放以来的各个农村城镇化模式研究的基础上总结了四种模式，即自发迁移型城镇化、强制迁移型城镇化、开发式非迁移型城镇化、投入式非迁移型城镇化。[②] 李彦冬、刘小新按地区将我国城镇化模式概括为五类，分别为广东模式、天津模式、浙江模式、成都模式以及苏南模式。[③] 王雅莉、张明斗认为，在推动城镇化过程中不能一味依靠政府，要将市场与政府相结合，形成民生型的发展模式。[④] 也有学者以某一区域或某一具体省市为研究对象。例如，程遥等在分析我国中部地区未来新型城镇化走向

---

① 丛茂昆，张明斗.内生型城镇化：新型城镇化的模式选择 [J].南京农业大学学报（社会科学版），2016（3）：30-36.

② 孔翔云，王小龙.略论我国农村城镇化模式的选择 [J].农村经济，2013（2）：95-99.

③ 李彦冬，刘小新.新型城镇化发展模式及路径选择研究——基于吉林省松原市城镇化建设进程的调查与思考 [J].吉林金融研究，2013（4）：16-21.

④ 王雅莉，张明斗.中国民生型城镇化的框架设计与优化路径研究 [J].城市发展研究，2013（5）：62-69.

时，认为中部地区要以县域为单位，发挥中小城市的作用，引导县域开展具有特色的经济发展，增强县级市或县城对外出人口的吸引力。① 邓祥征等针对我国西部地区城镇化模式存在的问题，在借鉴西方发达国家经验的基础上，提出西部地区可采取的新型城镇化模式有：多功能资源型城镇化发展模式、贫困地区旅游型城镇化发展模式、依托交通干线发展城镇带发展模式、边贸型城镇化发展模式。② 王明浩等以天津新型城镇化模式建设为研究对象，并结合当地特色和背景，提出天津在新型城镇化模式选择上应形成："双核驱动"的空间布局模式、"产业融合"的经济增长模式、"政企共推"的城镇建设模式、"三区联动"的统筹发展模式、"绿色园区"的生态开发模式、"多方参与"的社区治理模式。③

纵观各位学者的研究成果，越来越多的学者在探究我国新型城镇化发展模式时，会结合时代背景、地区特色，并在总结国内外经验的基础上展开分析，因此更具实践性。

（5）关于新型城镇化实现路径的探讨。总体上，我国学者对新型城镇化实现路径的研究集中于以下方面。

第一，制度政策上的完善。新型城镇化的推进，首先必须破除当前制度上的弊端，包括户籍制度、农村土地制度、公共服务体制等，真正实现以"人"为核心的城镇化。与此同时，新型城镇化的发展模式下，会出现多元主体，形成"市场主导＋政府主导"的模式，因而，还需要政府通过法律、政策的制定完善市场，促进资本、土地、劳动力等要素的合理流动和聚集（邱爱军等，2011；隋平，2013；辜胜阻等，2014）。

第二，促进各方相互融合，协调发展。一是要促进农业现代化、信息化、新型工业化与新型城镇化同步发展。虞昌亮提出，可采取"互联网＋农村"的方式促进我国农民就地城镇化。④ 刘跃等通过对我国 30 个省际地区面板数

①　程遥，等 . 我国中部地区城镇化发展中的若干特征与趋势——基于皖北案例的初步探讨［J］. 城市规划学刊，2011（2）：67 – 76.

②　邓祥征，等 . 中国西部城镇化发展模式研究［J］. 农村金融研究，2012（2）：37 – 40.

③　王明浩，等 . 天津新型城镇化建设与发展模式研究［J］. 城市，2014（11）：3 – 8.

④　虞昌亮 . 新型城镇化的实现路径——基于"互联网＋农村"视角的思考［J］. 新乡学院学报，2016（7）：52 – 55.

据实证分析后，发现信息化与新型城镇化之间存在一定的互动关系。[1] 朱鹏华、刘学侠（2017）提出，农业现代化一方面可解决城镇化过程中粮食安全等问题，另一方面，也可释放更多农业转移人口进入城市。二是各产业间协同发展，形成产业群体，培育优势产业，增强城镇化中吸纳就业的能力。三是形成城乡之间、城市之间、物质与精神之间、市场与政府之间的协调发展（王素斋，2013；杨仪青，2015；朱鹏华、刘学侠，2017）。

第三，因地制宜，科学规划城市布局，形成各地特点。对于本地城镇化的发展不能一味跟风，追求速率而忽视城镇发展质量，因此，如何因地制宜地规划城市布局便成为一大重点。陆仰渊认为，在将农村剩余劳动力转移至城市时，应将不同的人合理分配至不同等级、不同需求的城市中，以减少外界压力。[2] 金兰、张秀娥认为，在城镇化过程中要合理规划城市群中各节点的功能定位、建设规模，使城市群与产业布局紧密衔接。[3] 此外，刘沛林提出，如何能在进一步推动我国城镇化进程中，在改善城乡居民生活环境条件的同时，还能将那些存在已久的民俗文化保留下来，是城市规划中亟待破解的一大难题。[4] 对此，不少学者指出，在推进城镇化的进程中，一方面要根据本地区的实际情况，制定有效的措施，如通过梯次搬迁与就地城镇化相结合的方法推进新型城镇化发展；另一方面，要在城镇化中彰显各地区当地特色，创新的同时也需传承当地历史文化传统，打造各具特色的地方城镇，以促进人与城的融合（廖永伦，2015；袁坤，2016；王晓玲、安春生，2017）。

第四，保护环境，绿色发展。随着我国进入经济发展新常态，更多学者意识到在城镇化中保护生态环境的重要性。沈清基提出，考虑到人类生存过程中生态环境作为最基本的要素和系统，因此，在城镇化规划中，其发展目标、速度、路径必须充分考虑生态文明建设。[5] 陈晓春、蒋道国认为，新型城镇化发展要以绿色发展、低碳环保为前提，政府在此过程中要发挥应有的作用，制定

① 刘跃，等. 信息化与新型城镇化的互动效应与路径 [J]. 城市问题，2016 (6)：24 - 32.

② 陆仰渊. 论中国新型城镇化的路径选择 [J]. 现代经济探讨，2015 (8)：15 - 19.

③ 金兰，张秀娥. 以人为核心的新型城镇化实现路径 [J]. 经济纵横，2015 (12)：14 - 17.

④ 刘沛林. 新型城镇化建设中"留住乡愁"的理论与实践探索 [J]. 地理研究，2015 (7)：1205 - 1212.

⑤ 沈清基. 论基于生态文明的新型城镇化 [J]. 城市规划学刊，2013 (1)：29 - 36.

低碳、环保、优化能源消耗、加强生态环境治理等有效措施推进城镇化绿色发展。① 陈俊梁等也表示，要以科学发展观和以人为本的理念，通过产业结构优化、完善基础设施建设、绿色低碳发展方式建设生态文明型的城镇化。②

第五，通过多方参与保障所需资金。对于如何解决城镇化发展中的长期资金支持问题，国内学者普遍认为，只靠单一方法和单一主体是远远不足的，必须通过多样化的手段和多方主体的参与共同加以解决（辜胜阻等，2013；徐选国、杨君，2014）。厉以宁提出，可通过中央政府、地方政府和金融机构共同构建公用事业投资基金，以解决城镇化中的资金筹集问题。③ 陈鹤松也认为，政府要采取多种形式的措施，以加大建设新型城镇化中的资金扶持力度。④

1.2.2.3 新型城镇化与基本公共服务均等化互动关系研究综述

目前，就新型城镇化和基本公共服务均等化两者之间的关系而言，绝大部分学者会从理论和实证两方面展开分析。从理论的角度，大部分学者的看法基本一致，普遍认为两者之间呈现出相互促进的关系，且城镇化进程会深受基本公共服务是否均等的影响（黎华亮，2009；张晓杰，2010；张赛予，2013）。而从实证的角度对两者之间的关系分析时，不同的学者由于研究的对象、采取的数据以及运用的方法等存在不同，故而所得到的结论也存在差别。具体包括以下几种观点。

第一种观点认为，基本公共服务均等化与城镇化之间相互促进。

李斌等基于全国 286 个城市，通过构建动态空间自回归与动态空间杜宾模型，对公共服务与城市化以及财政政策之间的关系进行了实证分析，在指标的设计和数据的选取上，以城市基础设施、居民生活、文化教育、医疗卫生、环境保护和科技通信六个方面为一级指标，并分别在各项一级指标下设置二级具体指标体系，具体包括公共交通、生活垃圾处理、燃气使用、互联网、高等院校等在内的 17 项内容，数据的来源则选自《中国城市统计年鉴》2003～2013

---

① 陈晓春，蒋道国. 新型城镇化低碳发展的内涵与实现路径 [J]. 学术论坛，2013（4）：123 – 127.

② 陈俊梁，等. 中国特色新型城镇化道路的生态文明特征 [J]. 农业经济，2015（4）：3 – 6.

③ 厉以宁. 关于中国城镇化的一些问题 [J]. 当代财经，2011（1）：5 – 6.

④ 陈鹤松. 以人民为中心视角的中国新型城镇化动力机制与路径重构 [J]. 改革与战略，2017（1）：113 – 116.

年的数据。在实证分析的基础上得出相关结论：一是我国地区间城市化在发展过程中存在的不平衡现象原因之一是地区间基本公共服务存在差异化，这种差异化一方面会限制小城市发展，另一方面也会导致大城市过度拥挤；二是基本公共服务均等化水平的提高会改善本地区城市化质量；三是在此过程中，财政政策也会通过对基本公共服务的作用影响城市化质量。[①] 相较而言，大部分学者在进行相关研究时会以部分地区为研究对象，如邹文杰、蔡鹏鸿将其研究范围定位于重庆地区，以基础教育、医疗卫生和社会保障作为公共服务的具体项目，通过收集 1992～2012 年各项目的具体数据，运用 Geweke 因果关系分解检验法，研究城镇化对公共服务均等化的提升效应，并提出结论：虽然从短期来看，城镇化发展只对基本公共服务中的基础教育具有均等化的促进作用，但在长期，两者之间协调水平更为明显。首先，城镇化对基础教育均等化和医疗卫生均等化都具有促进作用；其次，公共服务均等化，即基础教育均等化、医疗卫生均等化、社会保障均等化与城镇化之间均存在较强的因果关系，因此，公共服务可通过提升其均等化水平推动城镇化进程。[②] 周超、黄志亮也以重庆地区为研究对象，采用熵值法和变异系数，对各小城镇基本公共服务均等化程度展开测度，在构建相关指标时，以教育服务、医疗卫生、基础设施和生态环境四大方面评价基本公共服务水平，从结果中发现：越是靠近重庆主城区且经济发达的小城镇其基本公共服务水平越高，此外，人口规模越大的小城镇其基本公共服务建设水平越高。由此可以看出，城镇化水平越高，越有助于提高基本公共服务均等化水平。[③] 袁丹等以东部沿海地区为研究对象，通过收集 2003～2013 年相关数据，运用熵值法和空间自相关，对该地区人口城镇化和基本公共服务协调发展的空间特征和影响因素进行评价，在相关指标体系构建时，从城镇人口、城镇人口占总人口比重、第二和第三产业从业人员比重三个方面衡量城镇化水平，从教育、卫生、文化、环境、设施、社会保障六个方面衡量基

① 李斌，等. 公共服务均等化、民生财政支出与城市化——基于中国 286 个城市面板数据的动态空间计量检测 [J]. 中国软科学，2015 (6)：79－90.

② 邹文杰，蔡鹏鸿. 我国城镇化对公共服务均等化的提升效应研究——以重庆户籍人口为例 [J]. 现代财经（天津财经大学学报），2015 (5)：15－22.

③ 周超，黄志亮. 三峡库区小城镇基本公共服务设施分布特征研究——以三峡库区重庆段 385 个小城镇为样本 [J]. 西部论坛，2017 (3)：96－105.

本公共服务水平，在定量分析的基础上得出如下结论：一是人口城镇化和基本公共服务协调发展水平较高的地方主要集中在城市群和内部核心城市，从演化格局来看，2003~2013 年，人口城镇化与基本公共服务协调发展水平的较高值逐渐从点状分布的省会城市转变为群状分布的城市群；二是人口城镇化与基本公共服务总体协调水平波动上升，呈现出较强的空间正相关性；三是经济发展水平、政府的相关政策实施、对外开放程度、工业化水平都会对两者之间的良性互动发展起到正向作用，其中，经济发展水平和政府的相关政策实施产生的影响性最大。① 徐越倩、彭艳将研究对象定位于浙江省 11 个地市，运用耦合协调度模型，探究该地区人口城镇化与基本公共服务均等化自 2007 年以来的关系特征。在指标的选取上，将某一区域的城镇人口占该区域总人口比重作为人口城镇化指标，将基本教育服务、基本医疗卫生服务、基本文化体育服务、基本社会保障服务、基本市政设施服务作为评价基本公共服务水平的五大维度，并在此基础上，构建涵盖小学在校学生数、教育支出、医疗机构数、医疗保险参保人数、文化支出、移动电话用户数等在内的具体指标层。通过对相关指标数据的分析，发现基本公共服务的可及性和可获得性对该地区人口城镇化水平的影响程度很大，并进一步提出建议，即发展城镇化的关键在于改善基本公共服务的供给体制，实现基本公共服务的均等化。②

第二种观点认为，城镇化与基本公共服务均等化之间不存在较强的协调关系。

崔治文、韩清通过构建相关指标体系，从社会保障水平、义务教育水平、基础设施水平、公共安全水平等七大维度评价我国基本公共服务均等化水平，以城镇人口占总人口比重表示各省市城镇化率，在此基础上，对我国 8 个区域 2000~2012 年数据进行采集，并采用面板向量自回归方法，建立一阶滞后 PVAR 模型，对我国基本公共服务均等化水平与城镇化水平之间的关系加以实证分析，提出了与上述学者相悖的观点，即基本公共服务均等化水平的变动几乎

---

① 袁丹，等. 东部沿海人口城镇化与公共服务协调发展的空间特征及影响因素 [J]. 经济地理，2017 (3)：32-39.

② 徐越倩，彭艳. 户籍人口城镇化与基本公共服务耦合协调度研究——以浙江省 11 个地市为例 [J]. 浙江社会科学，2017 (7)：74-83.

不影响城镇化率，同时，城镇化水平的提高反而降低了地区间的基本公共服务均等化水平。[①] 得出这一类似结论的不少学者都是以某一地区为研究对象。如付占辉等在以河南省为研究背景分析该省南阳市县域城镇化与基本公共服务均等化之间的关系时，将城镇人口比重、建成区占土地面积比重、非农产业 GDP 密度作为城镇化衡量指标，将公共医疗、基础教育、社会保障、通信服务、市政设施作为衡量基本公共服务子系统层，在各子系统层下又分别设置了包括每万人拥有医生数量、人均教育支出、人均城市道路面积、人均公共绿地面积等在内的 10 项具体指标。通过采集该地区各项指标 1997～2015 年相关数据，运用熵值法、耦合协调度模型、脱钩模型等方法，对两者之间相互关系进行实证分析，并证明两者之间协调水平较低，其中，某些县域基本公共服务水平提高速度快于城镇化发展速度，某些县域两者之间发展则呈现出负向发展趋势。因此，认为政府在制定相关政策时，往往只注意单方面发展，而忽视了两者之间的协调发展。[②] 许恒周等将研究范围定位于京津冀城市圈，对该区域公共服务资源配置与人口城镇化协调效率展开实证研究。为测算基本公共服务效率，将投入指标定为人均城市建设财政支出、每千人公共管理和社会服务从业人员；将产出指标定为每千人拥有的教师数量、每千人拥有的医师执业资格人数、居民人均用电量等以衡量城镇教育、医疗、基础设施等方面基本公共服务水平。在测算人口城镇化效率时，将投入指标设定为资本要素——人均固定资产投资、基础设施资源——人均用电量和用水量等、土地要素——人均建成区面积；将产出指标设定为城镇人口比重、建成区人口密度。基于超效率的 SBM 网络模型探索各效率值的变化趋势，得出相关结论：首先，北京及其以南地区协调效率值较高，随着时间推移，其周边城市的协调效率逐渐减弱。其次，北京、天津地区呈现出公共服务资源配置效率较低，而人口城镇化效率较高的状态，同时，其周边城市往往呈现出相反的态势。由此可以看出，在京津冀城市圈地带，一些城市的公共服务资源配置与其快速的城镇化相比存在滞后，而另

---

① 崔治文，韩清. 基本公共服务均等化水平与城镇化互动关系研究 [J]. 华中农业大学学报（社会科学版），2016（2）：118－125.

② 付占辉，等. 河南省南阳市县域城镇化与基本公共服务时空格局及耦合关系 [J]. 地域研究与开发，2018（3）：75－79.

一些城市却在盲目地对本地区公共服务进行财政投入，忽视了周边城市的辐射性，同样降低了当地公共资源与人口城镇化的协调效率。[①]

从上述各位学者的研究成果可以看出：一是不同学者在实证分析时会采取不同的方法，如 Geweke 因果关系分解检验法、熵值法、耦合协调度模型、一阶滞后 PVAR 模型等，其中，熵值法和耦合协调度模型更加广泛被使用。二是建立相关分析指标体系时，在基本公共服务方面，多数学者会将基本教育服务、基本医疗卫生服务、基础设施服务、基本社会保障服务等方面作为评价的维度，而在城镇化方面，城镇人口所占比重则是多数学者都会使用的一项重要衡量标准。三是在对相关问题展开研究时，更多的学者会将研究对象定位于某一特定地区或区域，以全国为研究背景的学者相对较少。四是虽然从理论的角度，众多学者都认为新型城镇化与基本公共服务均等化之间必然存在相互依赖且协调度较高的关系，但从实证分析的角度却发现结论存有争议，鉴于此，探究如何在新型城镇化模式下进一步提高我国基本公共服务均等化水平时，还需对两者之间的具体关系展开进一步探讨。

1.2.3 文献评述

从上述国内外学者对基本公共服务、新型城镇化以及两者之间的关系的研究综述中可以看出，以往的研究具有十分重要的实际意义和价值：一是在研究过程中，国外学者不论是在城镇化的研究上还是在基本公共服务均等化的研究上，都有着较为前沿的理论和方法，为我国学者的探究提供了很好的参考依据。二是对于城镇化与基本公共服务均等化的研究，不论是国外还是国内，采用的方式方法种类较多，既有定性方法，也有大量的定量方法。其中，定性分析所得出的研究结论可形成本书进一步探究相关问题的理论基础，定量分析过程和结果可作为本书相关研究的参考依据。但从上述研究中，也能发现一定的不足。

一是由于国外这些理论与方法的运用并不以中国为主要研究对象，或是在研究中国相关问题时未将我国经济转轨和农民人口比重较高等实际背景考虑在

---

① 许恒周，等. 京津冀城市圈公共服务资源配置与人口城镇化协调效率研究 [J]. 中国人口，2018（3）：22 – 30.

内，因此，不论是假设前提还是相关结论，都与我国现实存有一定的差距。

二是从指标上看，在城镇化率研究问题上，多数学者选择城镇人口比重作为研究的一项重要指标，也有学者将人均建成区面积、非农产业 GDP 密度等纳入相关研究指标范围内；在基本公共服务均等化问题研究上，基础教育、基础医疗、基础社会保障、基础设施建设等方面被普遍作为国内外学者研究中使用的指标。这些指标的选择，明显未将我国现实状况考虑在内。

三是在数据的选取上，大多采取地方和区域面板数据，如我国东部地区、重庆市、美国俄勒冈州等。考虑到我国地区间差异较大，单单对某一地区的研究无法具有全国代表性，因此本书在研究中未采取以往大多数学者的做法，而以全国范围为研究对象，并采集相关数据，使问题的研究结果更具真实性。

四是在方法层面，国内外学者在对相关问题探究时，采用的方法较为单一，且运用动态计量模型进行实证的相关文献相对偏少。本书通过设定新型城镇化和基本公共服务相关评价指标体系，分别对各自实际情况量化分析，之后运用各省市最新的面板数据建立起动态计量模型，验证基本公共服务均等化和新型城镇化以及各假定因素对基本公共服务均等化的影响。因此，本书不论在研究的视角上还是实证方法上，都具有一定的创新和突破，对我国如何在新型城镇化背景下进一步完善基本公共服务均等化这一重大性任务也更具现实参考价值。

1.3　聚焦：方法、内容、创新与不足

1.3.1　研究框架及内容

本书以新型城镇化建设为背景、以基本公共服务均等化测度及优化为主题开展研究。研究的思路及框架以问题为导向，力求以专业的理论为先导、以科学的方法为手段，围绕主题着力解决以下问题：为什么要研究新型城镇化下的基本公共服务均等化问题？我国新型城镇化发展的总体情况怎样？如何衡量基本公共服务均等化水平？新型城镇化不同模式下基本公共服务均等化的实现路径和水平怎样？两者关系如何？影响我国城镇化建设中基本公共服务均等化因素主要有哪些？新型城镇化进程中应如何优化基本公共服务均等化？本书研究

的主要内容包括以下部分。

1.3.1.1 新型城镇化与基本公共服务均等化的理论分析框架

旨在确立新型城镇化与基本公共服务均等化的研究起点、理论依据和现实逻辑。(1) 全面梳理新型城镇化与基本公共服务均等化的国内外研究文献，为本书研究提供起点和基础。(2) 科学界定新型城镇化与基本公共服务均等化的内涵及构成。(3) 确定实现基本公共服务均等化的理论依据。(4) 梳理城镇化与基本公共服务均等化的内在关联，明确城镇化建设中优先推进基本公共服务均等化的理论逻辑及其影响系统。

1.3.1.2 我国新型城镇化发展的现实状况及分类分析

旨在对我国新型城镇化进程进行总体判断。新型城镇化建设中多种模式，需在实践中加以遴选和完善。本书通过实证分析，从我国新型城镇化的速度和质量的匹配模式，分析了新型城镇化的不同实现路径和不同效果，为进一步分析公共服务均等化提供现实基础。(1) 新型城镇化测度的指标体系构建、数据采集 (2006~2017 年)。其中，新型城镇化测度的一级指标设计以人为中心，突出质量考核，选择涵盖经济提升、生活便利、环境改善、保障公平等方面的 7 个一级指标，下设二级指标和二级指标若干。(2) 将搜集到的全国 30 个省份（不包括西藏及港、澳、台地区，下同）的全部数据利用层次分析和熵值法相结合，测算各省份新型城镇化水平得分，反映总体发展趋势。(3) 根据实证结果分析，从全国、分区域及分指标等不同层次，深入揭示城镇化发展中的问题。

1.3.1.3 我国基本公共服务均等化水平的测定及差异分析

旨在对我国基本公共服务均等化的状况进行基本判断。我国公共服务均等化的推进与各省份的经济发展水平有着密切关系，因此出现了非均衡性。本书通过实证分析，从我国公共服务均等化的效果测度角度，分析了我国公共服务非均衡化和差异化的状态。(1) 基本公共服务均等化测度的指标体系构建、数据采集 (2006~2017 年)。基本公共服务均等化的指标选择主要体现"十三五"基本公共服务体系的规划要求，同时注重与城镇化指标之间的关联。(2) 运用层次分析和熵值法主客观相结合的组合分析方法，对全国 30 个省份

2006～2017 年相关均等化指标数据进行处理，测算各省份基本公共服务均等化水平得分，反映总体发展状况。（3）根据实证结果，分别从全国、分区域及分指标等不同层次，进一步分析基本公共服务均等化的实现状况和存在的差异性。

1.3.1.4 不同模式下新型城镇化与基本公共服务均等化的互动性分析

旨在通过对典型地区的选取与比较，论证新型城镇化与基本公共服务均等化之间的交互关系。（1）不同类别新型城镇化模式的比较及代表地区现状。（2）运用所建立的指标体系对各省份城镇化与基本公共服务均等化状况进行统计描述，数据采集跨度为 2006～2017 年。（3）典型地区新型城镇化与公共服务均等化相关性的实证分析，主要方法有 H-P 滤波、协整检验、Granger因果检验、脉冲响应、方差分解等。（4）结合分析得出的结论进行综合分析。

1.3.1.5 我国新型城镇化进程中基本公共服务均等化影响因素分析

旨在寻找影响均等化的制约因子，进而进行制度优化。基本公共服务均等化是一个多重因子相互作用和耦合的复杂过程，是经济发展、财政能力、公共支出偏好、人口增长等诸多因素共同作用的综合体。本书就新型城镇化背景下的基本公共服务均等化影响效应进行分析。（1）确定影响因子指标并进行相关数据处理（数据跨度为 2006～2017 年）。（2）确定理论模型和实证分析方法（回归分析法），进行实证分析。（3）从全国、分区域、典型省份等不同层次对实证结果进行分析讨论，揭示影响因素作用的普遍性和差异性。

1.3.1.6 新型城镇化进程中优化基本公共服务均等化的对策建议

旨在聚焦财政政策就如何在新型城镇化进程中进一步优化基本公共服务均等化提出建议及主张。（1）明确我国新型城镇化进程中优化基本公共服务均等化的原则与目标重点。（2）优化基本公共服务均等化实现机制的总体设计。（3）聚焦财政政策提出措施和建议。

本书研究的技术路线及组织架构如图 1–1 所示。

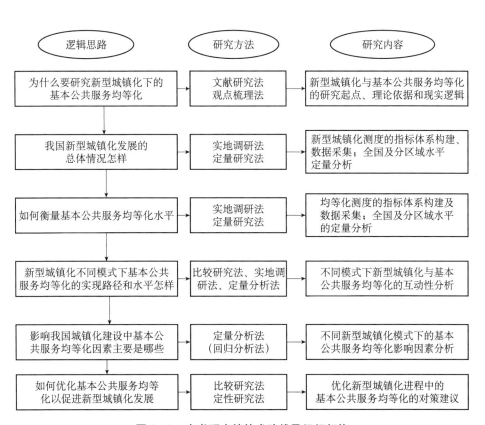

图 1-1　本书研究的技术路线及组织架构

1.3.2　研究方法

（1）文献研究和定性研究法。运用文献研究收集和整理相关研究成果，为本书研究提供切入点和研究基础；通过规范分析和定性研究，梳理新型城镇化与基本公共服务均等化的内在逻辑关系，从应然和实然的不同层面分析问题，提出对策。

（2）实证研究和定量研究法。针对不同模式下的典型地区，通过实地调研和问卷调查获取研究数据和资料，并采用层次分析和熵值赋权组合法、回归分析法等计量手段对分析数据进行定量研究，验证城镇化与基本公共服务均等化之间的互动关系，以及影响均等化水平的因子。

（3）比较研究法。通过国内外评价方法和标准的比较、对我国城镇化水平进行比较分析，并对基本公共服务提供能力进行比较分析之后，建立一个新型城镇化和基本公共服务均等化测定指标体系；并以此分析全国各省份的城镇化和基本公共服务均等化水平，探究两者的关联度以及均等化效应的影响因子，为政策研究提供实践依据。

1.3.3　创新与不足

本书的创新之处主要体现在以下几点。

（1）聚焦社会发展热点，研究视角独特。本书以新型城镇化与基本公共服务均等化的测度与关联性研究为切入点，探讨新型城镇化推进的重点和优先路径选择，该主题紧扣党的十八届三中全会关于推进以人为核心的城镇化的指导思想和《"十三五"推进基本公共服务均等化规划》，选题角度独特，在视野和内容上对国内相关问题的研究是一种拓展和完善。

（2）研究方法的综合使用。一是主客观研究方法的组合及运用。本书采取了最小相对信息熵组合赋权法来对各省份的城镇化和公共服务均等化程度进行分析，将层次分析法和熵值法计算的指标权重进行组合，从而消除了单一主观分析法和客观分析法的局限与偏差，以求城镇化和公共服务均等化的分析结论更加准确合理。二是运用 H-P 滤波、平稳性检验、协整检验、Granger 因果检验、脉冲响应等方法，对新型城镇化和公共服务均等化的互动性进行检验和分析，通过这些检验方法的运用，能够从静态和动态对二者之间的关系进行科学合理的验证。三是在以上方法基础上，进一步结合回归分析法，分析问题的影响因素，对实践有着优化与指导作用。并且，本书还结合了比较研究和实证研究等多种方法和手段，针对各省份的实践结果进行对比分析，有助于为现实发展模式与路径的优化和选择提供理论依据。

（3）创新了研究样本的区域及模式的划分。基于本书"新型城镇化下的基本公共服务均等化"这一主题，相关研究突破了传统的东、中、西部的区域划分，也不局限于某一地区基本公共服务非均等化问题的分析，而是以我国30个省份的数据为样本，运用了新型城镇化的速度和质量匹配、新型城镇化和公共服务均等化的匹配，来划分区域、总结模式，凸显不同区域模式下的两者关系及其影响因素，并提出相应的完善建议及对策，以确保研究的思路与主题更贴切，同时更有针对性。

但是，本书还可能存在以下不足。

一是在指标数据的选取方面，由于新型城镇化和基本公共服务均等化实现水平涉及多个领域，范围宽泛，有交叉又自成体系，需要在众多观察点中遴选评价指标，以保证它的代表性和完整性，同时便于进行互动性分析；基本公共服务均等化的影响因素分析同样涉及供给和需求两个不同角度，需要充分考量被解释变量、解释变量、控制变量等各指标的代表性。但因为受到实证研究数据获取的局限性，本书使用的指标选取可能存在遗漏缺失，一定程度上可能对研究结果产生影响。而且，在样本选择上也排除了西藏及港、澳、台地区，在完整性上仍有瑕疵。因此，随着研究的深入和数据库中指标数据的不断更新完善，可以使各部分研究结果更准确。

二是在计量模型分析上，对均等化差异性分析仍不够深入问题考虑不够，只是在宏观上建立了一个相对科学合理的指标体系进行测度。而关于基本公共服务均等化的影响因素分析也只是选择了较为简单传统的多元回归模型，而没有运用如面板门槛模型、空间计量模型等，方法较为单一，得到的结论也没有充分体现关键影响因素的作用效果。

另外，基于学术视野和研究经验的局限，在撰写过程中可能存在诸多不足，如理论分析仍需推敲完善、措辞观点不够严谨明确、论点论据不尽完备、对策建议的针对性仍需要加强。

第 2 章

新型城镇化进程中基本公共服务
均等化研究的理论基础

在充分了解研究的现实必要性以及全面把握国内外相关研究现状的基础上，如何从理论的层面确立一个研究的基本分析框架，成为本书研究的首要任务。为此，本章在总结和归纳国内外学者的相关研究观点之后，对基本公共服务、公共服务均等化、新型城镇化等基本概念进行界定，并构建本书研究的理论逻辑框架，以期为我国新型城镇化进程中的公共服务均等化研究提供理论支撑。

2.1 相关概念界定

2.1.1 基本公共服务、基本公共服务均等化

2.1.1.1 基本公共服务

基本公共服务是公共服务中必不可少的重要组成部分，它解决的是在特定阶段应提供何种公共服务的问题。一般而言，公共服务多从市场失灵与政府职能的理论层面理解，不涉及时间、阶段的具体考虑；而基本公共服务则是一国政府在一定历史时期提供公共服务的阶段性目标，是政府在特定阶段确定的公共服务应尽职责。就我国而言，基本公共服务偏重于现阶段我国的基本国情约束。

对于基本公共服务的理解，可以把握以下几个方面：首先，基本公共服务

对应的是社会公众的低层次的或基本的公共需求。我国现阶段，基本公共服务是指那些与民生直接相关的公共服务，它直接关乎公民生存与发展的基本需求的满足，与人类的基本人权密切相关，也是国家利益与社会制度的基本要求。对于这部分基本公共服务，国家必须承担责任并予以切实保障。而非基本公共服务，则存在着可调性与不定性，国家可以根据经济发展的水平和供给能力做出适当调整和取舍。其次，基本公共服务应具有同质性。不同地区、不同阶层和不同财富水平的公民不仅都有资格享受同质的服务，而且也能够以合理的价格获得同质的服务。与之相对应的非基本公共服务则具有需求的差异性。最后，基本公共服务的范围不是绝对固定的，而是会因时间、地点的变化而变化，因而存在一个动态的发展过程。它既与社会成员的公共需求以及政府的供给能力有关，也与社会的共同价值信念有着密切联系。随着社会共同的价值信念的转变，基本公共服务的内容也会发生改变。以住房为例，在市场经济初期，住房作为竞争性和排他性鲜明的私人产品主要由市场来提供，住房商品化成为人们普遍接受的一种社会共同的价值信念，即便是有人由此买不起房，也被社会认为是市场竞争的正常结果。但随着市场经济的深入发展，公平与正义越来越成为人们共同的价值信念和社会判断标准，于是确保每个人的基本住房权利逐渐成为社会全体成员或大部分成员持有的价值标准，以及对政府行为的价值规范。在这种价值信念引导下，各国政府纷纷出台各种措施保障个人的住房权利，由此最基本的住房保障也就衍生为了特定时期一种基本公共服务。

基于以上理解，基本公共服务主要是指政府在特定社会发展阶段的供求水平下，根据社会共同价值信念向全体公民提供的最基本层次的公共服务，也即政府为满足社会公众最基本的需求而提供的服务。

2.1.1.2　基本公共服务均等化

庞古（1928）在福利经济学中就提出了均等化的思想，"均等化"字面上可以理解为均衡相等，但是在实际运行过程中只是大体相等，并不是绝对相等。本书认为，基本公共服务均等化是指政府要为全体社会公众提供基本的、在不同阶段具有不同标准的、最终在使用价值形态上大体相同水平的公共服务。

对基本公共服务均等化的理解有以下几个方面：一是基本公共服务均等化

并不是平均化，而是具备一定层次性的均等化。由于每个国家都存在地区性的差异、生活习惯的差异等因素，这就使得每个地区对基本公共服务的需求出现差异，如果政府采取统一标准对其进行提供，必然会导致效率的损失。二是基本公共服务均等化的基本要求是实现公平，保证公民的基本权利，这就要求政府提供满足社会公共需求的公共服务，但是不是保证公民消费平均化，而是人人都有消费的权利。三是均等化是个动态的过程。每一个时段公众都有不同的需求。在经济发展水平较低的条件下，基本公共服务的保障水平可以偏低，但是随着人民经济文化水平的提高，基本公共服务均等化的标准应该不断提高，并最终实现结果的均等化。四是基本公共服务均等化包含机会、过程和结果的均等。首先是机会的均等，每一个公民，无论其财富、工作阶层的差异，都应该享有消费公共服务的权利。比如教育，每个人都应当享受受教育的权利。其次是过程的均等，强调的是社会公众在基本公共服务供给政策制定过程中的参与权，可以参与到政策制定的过程中，通过表达自身的偏好来促进供给决策的有效性，而且政府应当尊重每一个公民的权利。最后是结果的均等，公民消费基本公共服务后应当达到一定差异的效应均等，但是并不是享受完后的效应完全相等。

为此，实现基本公共服务的均等化需确定三个层次的目标：首先是实现不同区域之间基本公共服务的均等化；其次是实现城乡之间基本公共服务均等化，促进我国城镇化的建设；最后是实现全民基本公共服务均等化。公共财政的首要目标是实现对全体公民需求的供给，其最终目标就是实现基本公共服务的均等化。而要实现这些目标，理论上的逻辑方向有三：一是明确划分各级政府的相应责任，将公共服务供给的责任按照一定的原则在不同层级之间划分。财政分权理论指出，按照公共产品的受益范围不同，不同类型的公共品由不同层次的政府提供，有利于财政效率的提高。全国范围内受益的公共服务应该由中央政府负责提供，地区或地方性的公共产品应当交给地方政府来提供。而对于一些具有效益外溢性的地方公共服务或产品，为避免地方无力或无愿提供，则需要作为共同事权由上下级政府共同承担。二是实现政府间财政能力的均等化。地方政府财力的均衡是实现基本公共服务均等化的基础。这一方面是需要通过财权（包括一部分税权）的合理划分，确保地方在经济发展的同时其基本公共服务提供有充足的财力支撑；另一方面，考虑到各地经济水平和文化水平的差异，以及一部分基本公共服务可能存在的外部性，需要建立相应的财力调节机制，包括横向转移支付和纵向转移支付，以弥补实现基本公共服务均等化可能存在的地方财力不足或动力不足的问题。三是建立良好的基本公共服务需求表达机制和政府财政支出激励与约束制度。通过需求表达机制，政府可以及时了解和掌握当地居民的实际需求，并且提供与需求相匹配的基本公共服务。同时，为了避免地方政府作为一个"经济人"而可能出现的将财政支出更多地投向能给政府带来直接收益的领域，进而偏离公众基本需求，导致基本公共服务提供的不足，还有必要建立地方政府财政支出的激励与约束制度，来引导财政支出在实际基本公共服务领域发挥作用。只有合理地划分中央政府与地方政府的财权与事权，同时建立良好的财政转移支付制度，并且建立其需求表达机制和政府财政支出激励和约束机制，才能从根本上实现基本公共服务的均等化。

2.1.2　城镇化、新型城镇化

2.1.2.1　城镇化

透过前面文献梳理可知，自 1867 年西班牙工程师艾·塞尔达（A. Serda）提出城镇化后，至 20 世纪，这一名词已经在全世界范围内被多数学者所接受。而对它的定义，不同学科却有着不同的诠释。人口学认为，城镇化是农村人口转变为城镇人口的过程，关注的是居住城市人口在人口总量中所占的比例及其变化趋势；地理学秉持城镇化即人口的空间物理位置的转移，也就是农村地区转变为城镇地区的过程；社会学强调，城镇化的实现不仅是人的物理位置的转移，更是生活方式的整体转移；人类学认为，城镇化就是由农村的生活习惯转变为城市的生活习惯；经济学则更注重经济对其产生的影响，认为城镇化是由农业经济向工业经济的转向过程；历史学家从文明的角度理解这一问题，认为城镇化是由小文明发展为大文明的必要过程。由此可见，城镇化现象反映的是社会生产和生活的各个方面，不能简单地只从单个角度去理解。城镇化是社会生产力发展所带来的一系列社会经济现象的组合，这其中包括人口由农村向城市的迁移、农村土地向城市的转化、资源在空间上的重新配置、政府治理的转变等。

这也为我们科学认识和理解城镇化的含义提供了基本思路和要件。一是人口分布结构的变化。人口逐步由农村向城镇聚集，在农村人口数量减少的同时，城镇数量和规模不断增多扩大。二是城镇空间形态的改变。城市空间形态由简单向复杂逐步演变，由单中心向多核心发展的模式转变，城市地域功能结构日趋合理化，城镇基础设施、服务设施不断完善。三是资源要素配置的重组与变迁。在制度创新与技术革命的双重驱动下，人力、资本等经济要素在城乡之间得以更加合理且高效地流动与重组。四是产业及社会结构的转换。随着越来越多的劳动力从第一产业转向第二、第三产业，整个社会逐步实现由传统农业社会向工业化社会的转变。五是价值观念和生活方式的改善。在城镇化发展过程中，城市生活方式和价值观念得以渗透与扩散，民生问题得以重视和改善，传统乡村文明逐步向现代城镇文明靠近，最终实现城乡一体化和"人"的城镇化和现代化。

在我国，城镇化是对改革开放以来全国各地经济社会发展及社会结构变迁的特殊概括与总结，是城市化概念的本土化与中国化。本书认为，它专门指在中国这样一个人口大国将农村人口、财富、活动逐步向城镇地带集中，向非农化方向发展的过程，在此过程中，伴随着生活基础设施和生产基本设施的变化，以及社会分工和组织结构的深层变化。

从国家的政策层面，城镇化经历了一个由小城镇发展到城镇化战略、由农村视角转向城市视角的发展历程。1995 年，国家体改委等 11 个部委联合颁布了《小城镇综合改革试点指导意见》，以"减少农民才能富裕农民"为出发点，通过建设小城镇，吸引农民进入，发展中小企业、乡镇企业，进而发展为中小城市，推进城镇化的实现。2001 年，国家颁布的"十五"计划纲要提出"大中小城市和小城镇协调发展的多样化城镇化道路"，第一次把城镇化作为国家战略，并且突破了传统以农村视角推进城镇发展的局限，开始从城市发展的角度去规划城镇化发展，提出要"完善区域性中心城市功能，发挥大城市的辐射带动作用"，同时关注农民进城后公共服务的享有的权益及均等化问题。自此以后，城镇化成为国家历次五年规划和历次全国党代表大会报告的必要内容，"新型城镇化"也日益成为城镇化发展的新的重要形态。

2.1.2.2　新型城镇化

新型城镇化是"以人为核心"的城镇化，注重保护农民利益，与农业现代化相辅相成。与传统城镇化不同，新型城镇化不是简单的"造城"，而是重在提高城镇化质量，强调在产业支撑、人居环境、社会保障、生活方式等方面实现由"乡"到"城"的转变，实现城乡统筹和可持续发展，最终实现"人的无差别发展"。

本书以为，新型城镇化的"新"集中体现在以下方面。

一是重视"人口"的城市化。因为我国房地产行业的不断发展，土地的价格也水涨船高，各地城镇的建筑面积也在逐渐扩大，但土地的总面积是固定的，城市土地的增多也就意味着农村土地的减少。也就是说，传统城镇化仅仅是土地的逐步城镇化，而新型城镇化强调却是"人口"的城镇化，即"以人为本"真正将城镇化的工作重心转移到进城人口权益的市民化上来。通过实现城乡基础设施一体化和公共服务均等化，促进经济社会发展，实现共同富裕，从而确保农村人口转化为城镇人口的过程不仅要有"广度"更要有"深度"。

二是重视城镇化的内在动力。马克思主义唯物论告诉我们，要想推动事物的发展，需要找到其内在影响因素。要寻求推动新型城镇化健康发展的内在因素，首先必须克服传统城镇化带来的问题和挑战。一方面，是土地的城镇化导致城镇化的恶性发展；另一方面，是"以 GDP 论英雄"的思想导致各地政府盲目跟风而忽视了社会的幸福感。其次，高度重视寻求其内在可持续发展的动力，根据自身的经济发展水平和精神文化需求对城镇化发展作出合理的规划。一方面，要走集约、节能、生态的新路子，着力提高内在承载力，要实现产业发展和城镇建设融合；另一方面，实现城乡一体化发展，要为农业现代化创造条件、提供市场，实现新型城镇化和农业现代化相辅相成。此外，在新型城镇化建设中，还应注重传承自身的文脉，打造自身历史文化、自然资源及产业发展的优势特色，增强城镇化发展的比较优势。

三是重视城镇化布局的均衡性。新型城镇化的本质是用科学发展观来统领城镇化建设。从目前的城市规划布局来看，北上广深等经济发达城市人口密度较大，这种人口分布的不合理和城市规划的不科学造成了部分城市的拥挤现象，不利于城市的健康发展。为解决拥挤现象带来的交通、住房、教育、医疗等一系列社会问题，积极引导城镇化健康发展，新型城镇化强调科学合理布局，打造新型的城镇发展格局。确保大中小城市和小城镇、城市群科学布局，协调发展；区域经济发展和产业布局紧密衔接，互为促进；与资源环境承载能力相互适应，相得益彰。

因此，新型城镇化不是对以往城镇化的否定，而是对它的全面优化和深入发展，它更强调"人"的城镇化和城市发展质量的全面提升。

2.1.3　农业转移人口、农业转移人口市民化

2.1.3.1　农业转移人口

从字面上看，"农业转移人口"是指从包括农业、林业、牧业、渔业在内的所有第一产业转向从事第二、第三产业并脱离农村进入城镇生活的人口群体，其概念有狭义和广义之分。从狭义来看，"农业转移人口"是"农民工"一词的另一种中性表达，它从较为关注进城务工经商人员的身份和职业，转向更多地关注农业人口脱离农村进入城镇居住、生活和就业并逐步成为城市居民的过程。而其中的"转移"既有就地由农村到城镇的流动转移，也有跨县、跨省的异地流动转移。从广义来看，农业转移人口包括除农业内部各系统之间的转移（如种植业向养殖业的转移）之外所有向外部转移的群体。这其中包括：一是从农村转移到城镇的所有人口，既有进城务工经商人员，也包含随迁子女及家属，以及在城市向外扩张的过程中，因为承包地、宅基地被征用而失地的农民；二是虽仍在农村居住却已从事非农产业的人口。

本书所指的农业转移人口为狭义的概念。特指户籍在农村，主要从事非农工作，大部分收入来源于非农部门，且主要生活地域是城市的外出务工及经商人员。这样的农业转移人口主要包括两类：一是在城市从事第二产业的农村户籍人口；二是在城市从事第三产业的农村户籍人口。[①] 其中，农村户籍高校毕业生不属于本书所指的农村转移人口。

---

① 段浩，许偲炜. 新型城镇化中的"人地钱"挂钩制度：回应、困境与完善 [J]. 农村经济，2018 (10)：36 –43.

基于以上定义，本书所指的农村转移人口应具有以下特征：第一，户籍原本就在农村（农转非的人群不在此列）；第二，主要从事非农工作，基本不从事或者很少从事农业活动；第三，收入主要来源于非农部门，不排除农业加工部门；第四，主要生活地域在城市（在乡镇当地产业转移的不在其列）；第五，福利待遇方面，这一群体虽在城镇工作，但并未享受市民所享有的住房公积金、医疗保险等社会保障待遇。

2.1.3.2　农业转移人口市民化

农业转移人口市民化也即农民工市民化，它是指农业转移人口向城市市民转化的动态转化过程。关于其内涵，不同的学者有不同的看法，有从职业性质和身份认同方面表述的，有从价值观念和生活方式方面表述的，也有从收入和地域方面表述的。[①]

本书认为，农业转移人口市民化的概念也有广义和狭义的区别。狭义的"市民化"是指非城市市民获得市民的身份和权利，如获得居住权、选举权、受教育权、社会保障等。在我国，它涉及的是所在地的城市户籍，反映的是农业转移人口如何转变为城镇居民这一具体的过程。广义的"市民化"则反映了农业转移人口最终具有市民意识及能够成为拥有城市权利的主体。它休现的是农业转移人口真正转变为城镇居民这一结果。在由"以物为核心"的传统城镇化转为"以人为核心"的新型城镇化进程中，农业转移人口市民化意味着农业转移人口首先必须通过实现基本公共服务均等化，享有与城市居民相同的权利，然后才能考虑如何最终成为真正意义上的市民。

从这个意义上讲，就户籍所在地变动来界定农业转移人口市民化的内涵显然是不够全面的。至少应该包含以下方面的理解：首先是户籍所在地发生改变，由农村迁至城镇；其次是这一转移群体的就业状态日趋稳定，其中非正规就业、临时性就业的人口比例大大减少，整体就业逐步正规化和固定化；再次是享有与城镇居民同等的社会福利和基本权利，并在生活方式和行为习惯上与城镇居民趋同，社会地位不再边缘化，并逐步被城镇社会和居民接受和认同；

---

① 张兴龙. 包容性增长视角下农民工市民化与城市公共服务供给研究［D］. 咸阳：西北农林科技大学，2012.

最后是整体价值观念和综合素质得到显著的改变与提升,"三观"和文化程度以及相关能力的养成与城市工作生活日趋和谐。因此,完整地理解农业转移人口市民化,它应该是指农村人口在经历生产生活地域空间的转移、户籍身份的转换、综合素质的提升、市民价值观念的形成、职业与就业状态的转变、生活方式与行为习惯的转型后,真正融入城市生活,被城市居民所接受的过程和结果。

农业转移人口市民化作为政府的政策主张,最早可以追溯到2009年12月召开的中央经济工作会议。会议明确提出,"要把解决符合条件的农业转移人口逐步在城镇就业和落户作为推进城镇化的重要任务"。而后,"推进农业转移人口市民化"为中共中央和国务院以各种文件的方式再三重申并已经成为我国"十二五""十三五"乃至更长一个时期积极稳妥推进城镇化的核心任务。2016年,国务院下发的《关于实施支持农业转移人口市民化若干财政政策的通知》、财政部印发的《中央财政农业转移人口市民化奖励资金管理办法》,提出强化地方政府特别是人口流入地政府主体责任,建立农业转移人口市民化的财政政策体系,创新公共资源配置的体制机制,扩大公共服务保障范围和内容。至此,农业转移人口市民化不仅与新型城镇化紧密联系起来,而且在理顺中央和地方事权关系的基础上,与进一步明确各级财政的公共服务支出责任和财力匹配结合起来。

2.2　基本公共服务均等化的理论依据[①]

基本公共服务均等化理论基础的研究路径主要来自经济学和政治学相关领域,其中,福利经济学、公平正义理论、公共财政理论以及国家治理理论分别为基本公共服务均等化的研究提供了经济学基础、社会价值标准、实现路径的选择和政府执政理念的确定,进而成为研究基本公共服务均等化理论基础的几个主要组成部分。

---

① 程岚. 公共财政视角下基本公共服务均等化研究［M］. 北京:经济科学出版社,2010.

2.2.1　福利经济学理论

福利经济学是西方经济学家从福利观点或最大化原则出发，对经济体系的运行予以社会评价的经济学分支学科。福利经济学最早出现于 20 世纪初期的英国；1929～1933 年资本主义世界经济危机以后，得到了许多修改和补充；第二次世界大战以来，正在经历着新的发展和变化。其演变和发展可以分为三个时期，即旧福利经济学、新福利经济学和后福利经济学。在今天的社会经济背景下，回顾福利经济学的发展及主要成就，虽然具有非常强烈的时代特征和认知局限，但它的许多思想和某些基本命题，以及对实现最大化社会经济福利目标的路径所做的不懈的探究，依旧对世界各国资源配置、收入分配、社会保障等领域的理论与政策的发展，具有深刻的启发意义和指导价值，同样，也为基本公共服务均等化研究提供了经济学基础。

2.2.1.1　旧福利经济学

旧福利经济学代表人物庇古，把福利经济学的对象规定为对增进世界或一个国家经济福利的研究，并建立起福利经济学的理论体系。其主要思想观点包括：一是认为福利实质上是一种个人的意识状态，是对享受或满足的心理反应。为了确保这样的福利状况可以衡量，庇古将福利等同于效用，并用货币来加以表示，同时，把边际效用递减规律推广到货币上来，断言高收入者的货币边际效用小于低收入者的货币边际效用。由此得出的观点是：一方面，个人实际收入的增加会使其满足程度增大；另一方面，转移富人的货币收入给穷人会使社会总体满足程度增大。二是提出福利主义的两大基本命题，即国民收入总量越大，社会经济福利就越大；国民收入分配越是均等化，社会经济福利也就越大。在这两大命题中，前者提出的是社会生产资源最优配置的问题，认为要增加国民收入，就必须增加社会产量；后者提出的是收入分配均等化的问题，认为要增大社会经济福利，必须实现收入均等化，即国家通过向富人征税来举办社会福利设施，以实现"把富人的一部分钱转移给穷人"享用，最终促进社会经济福利极大化。由此可见，按照庇古的观点，生活经济福利在相当大的程度上取决于国民收入的数量和国民收入在社会成员之间的分配情况。

从经济学角度看，旧福利主义的两大基本命题无疑对我们今天诠释基本公共服务均等化的必要性和合理性提供了最适依据。首先，为什么要提出基本服务均等化目标？公共服务作为国民收入和社会福利中间环节，一方面，公共服务的价值源泉来自国民收入，一定时期国民收入的水平直接影响着公共服务提供的能力和范围；另一方面，公共服务供给的数量与质量也会通过改变社会经济福利状态，进而影响到国民经济发展条件和国民收入的高低。因此，促进基本公共服务均等化，既是当今中国社会经济快速发展的必然结果，同时也是进一步更优更好的发展社会经济、不断改善人们的生存条件和发展环境的必然选择。其次，为什么基本公共服务均等化是一种合理的主张？从公共服务与社会经济福利的关系看，社会福利的改善无疑是公共服务的目的所在，而公共服务均等化又是社会经济福利目标实现的重要手段和路径。因此，透过庇古两大命题，我们可以进一步推导出：公共服务总量越大，社会经济福利也就越大；公共服务越均等，社会经济福利也就越大。按照庇古兼顾效率与公平的思想和国家应干预收入分配的主张，公共服务作为由政府掌握的社会资源的一部分，它的合理配置，能够有效地增进社会经济福利，促进社会福利最大化。特别是在地方经济发展及政府财力状况存在差异的情况下，如何透过明确全国基本公共服务均等化的最低标准并建立政府间财力调节机制加以合理配置，无疑对确保社会成员福利得到最大保障以实现社会福利最大化具有更加重要的作用。从这种意义上说，庇古的这一思想和主张对我国基本公共服务均等化起到了基础性的影响。

2.2.1.2 新福利经济学

与庇古相比，新福利经济学更加强调市场的作用，对收入的再分配问题则主张"价值中立"。其代表人物有萨缪尔森、希克斯、卡尔多等。他们运用"帕累托最优""补偿原理""序数效用论"等方法研究实现社会福利最大化的有效途径。其主要思想内容有：一是帕累托最优标准。认为福利经济学应当研究效率，只有经济效率问题才是最大福利的内容。当整个社会同时满足生产和交换的帕累托最优状态所需具备的最优条件时，整个社会便达到了最大福利的状态。二是补偿原则。其核心观点是当国家实施的任何政策使得社会中一部分人群福利增加而另一部分人群福利减少时，只要减少的福利小于增加的福利，那么社会总体福利水平便是得以改善和增加。三是社会福利函数。该理论认为效率并非是社会所追求的唯一目标，效率只是获取福利最大化的必要条件，而获取福利最大化的充分条件是分配的合理性。四是次优理论。指出在帕累托最优条件无法满足时，按照某些福利目标设计适宜的政策追求次优，比起刻意排除干扰创造条件反而能避免加大扭曲。

新福利经济学方法和标准的改进为基本公共服务均等化目标和实现路径的选择提供了指导与借鉴。包括帕累托最优、补偿原则、社会函数理论、次优理论等各项理论在内的新福利经济学的发展，从多个不同角度为基本公共服务均等化的实现提供了理论基础和实践引导。其中，帕累托最优定理强调从效率的角度对社会公平程度加以改进。其本质就是将优化资源配置作为增进社会福利的措施，只有实现公共服务资源的最优配置，才能保障经济快速发展，进而增加社会所需要的公共服务数量，促进社会福利最大化。补偿原则则为在现实中如何选择基本公共服务均等化实现路径提供了依据。这其中包括：其一，应逐步提高公共服务支出所占政府财政支出的比例。按照补偿理论，通过社会成员从公共服务增加中获得的满足是能够补偿原有利益结构改变可能导致的既得利益的减少，最终确保社会福利的改善。其二，应通过财政转移支付实现公共服务在地区间的合理分配。为消除地区间经济发展差异可能造成的基本公共服务提供水平的失衡，财政转移支付制度就是一种补偿安排，它既可以消除"马太效应"下可能出现的地区间社会福利贫富差距的加剧，也能够确保国家主体功能区建设下总体社会经济效率目标的最大化。社会福利函数理论对基本公共服务均等化的重要意义在于强调了效率与公平并重。一方面，明确效率对现实社会福利最大化的必要性；另一方面，提出政府如何保证分配的合理性同样至关重要。而这个合理，并非是完全的"平均分配"，而是"相对均等"，它不应该是政府单一因素考量的结果，而是基于多方面因素的综合考量，在多项政策中选择出的最优福利改善。而针对现实中实现帕累托最优状态所受各种条件的限制，以及改善这些条件的困难和成本，次优理论为研究基本公共服务均等化提供了更具操作性的理论框架。比如，针对我国当前存在的政府提供公共服务的数量和内容上的信息不对称、执行成本高昂等问题，以及经济发展所处社会主义初级阶段的特殊性，我国目前提出并努力加以实现的基本公共服务均等化就是在这些限制性条件下所作出的政策与制度的现实选择。

2.2.1.3 后福利经济学

自 20 世纪下半叶来，福利经济学研究取得了重大进展。民主社会主义、新自由主义和中间道路均对福利问题提出过独到的见解，其中阿马蒂亚·森的研究尤为重要。他在批判以往福利经济学的基础上，开辟了福利研究的新视角和新方法。具体表现在：首先，对福利主义的批判。认为在无法准确获取每个人福利完全信息的情况下，不可能仅通过对收入和财富的比较便能对社会福利获取一个准确的判断。其次，对福利函数理论的批判，他反对仅用个人效用指标对社会福利加以衡量，认为功利主义会产生"反公平现象"。主张以"能力"中心观取代幸福的效用观，将人置于经济学分析和评价的中心位置，强调社会福利水平的提高来自个人能力的培养和个人能力的提高。再次，对"价值中立"原则的批判。他提出应该把基本价值判断，即在任何条件下都被认为是正确的价值判断，如反对压迫、崇尚自由等引入福利经济学的研究领域，只有如此，社会福利才会在经济福利改进的情况下被视作改善。最后，挑战"财富万能"观点。主张对贫困与饥荒问题的研究，认为人均收入的增加并不必然会带来社会福利的增加和贫困问题的解决。强调收入和财富、社会技术进步等虽是人们追求的目标，但其只是为人的发展和福祉所服务的工具。

后福利经济学所回归的对人的关注不仅提升了福利主义的人文色彩，而且也为基本公共服务均等化实现提供了着眼点。与以往福利经济学所倡导的重物质利益、财富、经济增长、效率以及收入均等化不同，后福利经济学更关注个人生存和发展的能力；关注基本的价值判断，关注真正意义上的人；关注公平、正义等与福利攸关问题。在后福利经济学的视野中，福利的构成不仅包括物质方面，还包括人在精神文化、政治参与、社会机会和社会交往等各个方面的需要。这一从经济伦理和道德哲学高度论述的福利内涵及其展现出的价值理念极大地开阔了人们的研究视野，对我国公共服务政策的制定和实践具有非常重要的启发。人们开始更加注重从个人能力、社会权利、生活质量等角度对社会福利问题进行研究，并且日益认识到基本公共服务均等化正是现实社会促进"以人为本"的社会福利全面发展和人类发展良性循环的桥梁和政府制度保障。一方面，强调基本公共服务的供给范围应着眼于有效促进人的各项能力的提高；另一方面，通过实现基本公共服务均等化保障社会公众所享有的各项权利和机会的公平。

2.2.2　公平与正义理论

对公平正义的追求，其本质是构建出一个相对和谐且有序的社会，以使得社会中的每个成员都具备生存和发展的条件。而这其中有两种公平正义理论在当代西方尤为经典：一种是以罗尔斯为代表的以平等为取向的公平正义理论；另一种是马克思以实现人的自由全面发展的社会正义理论。这两种理论对于探讨我们在基本公共服务均等化具有十分重要的借鉴意义。

2.2.2.1　罗尔斯社会正义理论

作为现代西方最重要的哲学家之一，罗尔斯对现代西方正义理论研究起了十分关键的推进作用。在 1971 年出版了其代表作《正义论》中，罗尔斯阐释了自己对公平和正义的看法。他认为，正义就是一种分配正义，事关如何在一种具体的社会制度下建构一种合理的社会财富、权利和资源的分配方式。为此，他提出了三个原则：一是平等自由原则。主张所有的社会基本权利和自由应该平等地分配给每一个人，包括选举权与被选举权、言论自由、结社自由、思想自由、拥有财产的自由、不受非法任意拘捕和搜查的自由等。二是机会均等原则，又称开放原则。即在机会平等的条件下，社会公共职务和地位要向所有人开放。作为一项重要资源，公共职务不仅关系到人们有无机会奉献自己履行社会义务的热情，而且它还涉及社会其他资源的分配、个人威望、社会地位等相关利益。因此，现实中公共职务的有限性让开放和机会均等变得十分重要。三是差别原则。这是为了解决现实中人们在社会经济方面的不平等而作出的平等安排。强调这一安排应该切合每一个人的利益，尤其是要优先关照社会地位最不利者（社会弱势群体）的利益。①

根据罗尔斯正义理论，在自由、平等和幸福之间统筹协调的三条原则中，平等自由原则最为优先，而机会均等原则又优先于差别原则。在他看来，在开放的市场经济条件下，收入和财富虽然无法做到平等地分配，但必须与每个人的利益相符合，且每个人都拥有平等的受教育、培训、就业升迁、领导性地位

---

① ［美］约翰·罗尔斯. 正义论［M］. 何怀宏，等译. 北京：中国社会科学出版社，1998.

的机会，而在这一条件的约束下，对社会与经济中的不公平进行安排，以使得每个社会成员都有从中获取利益的权利，以达到实质上的公平。透过这三大原则不难发现，罗尔斯的正义理论包含着两个关键词：一是平等，二是国家。他强调在社会正义实践中国家的再分配功能作用和执行角色的特殊意义。尤其在差别原则上最能体现出国家功能的存在。国家通过再分配制度设计和体制安排，促进资源适当向那些社会不利阶层、弱势群体倾斜，采用实质平等的方式来改善他们因先天禀赋不公平而导致的收入分配不公的状况。这种优先关照显然依靠市场机制那只"无形的手"是无法自发实现的，只有依靠人为的制度安排，借助国家这只"有形之手"才能实现。

通过以上分析可以看出，罗尔斯的社会正义观覆盖了几乎所有的社会基本价值，如自由和机会、收入和财富、自尊的基础等。不仅体现了他的平等主义倾向，而且展示了政府及社会的理想状态，对探讨基本公共服务均等化以及政府在其中的功能作用提供了价值标准。一是受益均等。根据罗尔斯平等自由原则，每一成员享受的基本公共服务都应该大致相等。这应该是一种"底线完全平等"，包括品种和受益程度两个层面，确保所有地区和所有个人都应该享受到这一水平以上的公共服务。二是主体广泛。根据罗尔斯机会均等原则，全体社会成员作为社会契约的签订方，在接受（或拒绝）政府提供的某种服务上具有大致均等的机会。该原则保证所有社会成员在基本公共服务的分配上具有起点公正，无人被排除在外，即保障最广泛的主体、社会的最大多数成员能够享受到政府提供的基本公共服务。三是优惠合理。根据罗尔斯的差别原则，考虑到现实中城乡差别、区域差别、行业差别所带来的人们获取资源的机会不同，不排除某一特殊群体（如老少边穷地区居民、下岗职工、特殊疾病者）通过政府额外的照顾和优惠政策享受更多的基本公共服务。基本公共服务均等化概念的提出，其初衷正是为了解决公众受益严重不均、部分居民明显受到歧视的公共服务供给问题，它意味着基本公共服务均等化最终体现为结果公正。当然，享受额外的照顾和优惠也必须有合理合法的理由和程序。政府必须公开特殊优惠的合理标准和享受范围，并经过有关认可程序得到全社会公认或多数成员认可，以保证程序公正（即过程公正）。

2.2.2.2 马克思社会正义理论

作为一个把一生献给人类解放事业、把人类的解放和自由作为自己永恒追求的人，马克思建构了自己独特的社会正义理论，正义问题在马克思哲学中具有十分重要的地位。马克思把自己的人生使命定位为"批判旧世界，建设新世界"。"批判旧世界"在于揭露了资本主义的种种罪恶和不公现象，透过对资本主义进行的严厉批判，向世人展示了资本主义的现实困境和未来必然灭亡的命运；"建设新世界"则是为人类指明了一条解放的道路，并描绘了新社会的蓝图，这就是共产主义。因此可以说，共产主义就是马克思的社会正义理论，是马克思正义学说的根本所在。

由此可见，马克思正义理论与罗尔斯社会正义理论所有不同。罗尔斯社会正义是一种社会改良理论，它主要立足于对现有社会的理论改造和建构，是对现有不平等的矫正，以实现在现有社会框架下的最终的公平与正义；而马克思社会正义理论则是主张通过对现有社会的革命终结现有社会，从根本上消除现有社会的剥削与不公，最终进入一个全新的未来社会。马克思以未来社会的本质特征即共产主义社会的本质特征来确定其社会正义原则，而这个特征便是人的全面自由发展，也就是自我个性的充分实现。对此，马克思和恩格斯有着明确的阐述："代替那存在着阶级和阶级对立的资产阶级旧社会的，将是这样一个联合体，在那里，每个人的自由发展是一切人的自由发展的条件。"① 在他们看来，资本主义的生产在根本上是非正义的，它以追求剩余价值为生产目的。生产中人往往被异化为"必要劳动"条件下劳动资料，整个社会分配方式从属于资本的增殖以及资本家对剩余价值的攫取，而将人的自我发展的需要压制在最低的限度。作为一种全新的未来社会，马克思关注的重点就是要结束这种人的发展的异化状态，使之回到人的自由全面发展上来，这也成为马克思在构建未来新社会的正义机制时的根本指针。而从这个意义上看，共产主义不是一种空想，它体现的是一种"科学社会主义"观，强调的是未来的共产主义社会就是全面自由个性的社会，在其中每个人都可以充分实现自我的个性发展，这是共产主义社会的根本追求，也是共产主义最吸引人之处。因此，人的发展才是马克思社会正义论的根本关怀。②

正是凭借着对人的发展的根本关怀，马克思主义的社会正义理论为中国共

---

① 　马克思恩格斯选集（第 1 卷）［M］．北京：人民出版社，2012.
② 　葛宇宁．现代社会正义理论的三种基本进路［J］．学术交流，2017（10）：49 - 55.

产党在社会主义事业发展中的执政提供了远大的奋斗目标，也为中国政府致力于领导人民摆脱贫困实现基本公共服务均等化提供了重要的价值标准和理论基础。从形式上看，马克思这一社会正义理论似乎是关注未来社会，但它却有强烈的现实基础，是对现实社会的切实关照。如果没有现代社会长期的资本积累和大量的财富增长，人类是难以提出自我实现和自由个性发展的需要的；即便提出，人的自我实现与发展需求的实践也没有坚实的物质基础与保障。马克思正是看到了现代社会对财富的无限追求和对人本身发展的极度压制，因此提出了解放思想、摆脱资本统治、真正实现人的"自由个性"的社会这一根本出路。在马克思社会正义理论构建中，问题的提出和解决聚焦的都是人的发展，进而确保了这一正义理论的科学性和现实性。马克思把人的自由全面发展、每一个人的自我实现看作真正的正义，这无疑是一种最高的正义，它达到了人类社会正义理想在现有理论范围内的可能性的极限。它让我们能够正视现实社会的发展局限性，透过关照现代社会，从长远目标出发建立科学发展观，立足解决人的发展问题。现阶段，我国提出的新农村建设、新型城镇化发展战略，以及基本公共服务均等化目标的确立等都是马克思社会正义理论的现实关照，那就是社会发展要服务于人的发展，而不是人服务于社会的发展，人是发展的主体而不是客体。

2.2.3 公共财政理论

公共财政理论源于西方，它是以市场经济为前提，以"公共品"理论为依据，弥补"市场缺陷"和实现政府职能为目的的财政理论。

2.2.3.1 西方公共财政理论的发展阶段

公共财政理论与实践经历了自由放任—全面干预—福利财政的发展过程。围绕着市场经济下政府与市场的关系这一主线，人们对政府及财政的定位和职责范围的认知得以不断深化，推动着公共财政理论和各国财政制度的变迁与完善。

（1）自由放任。在资本主义自由上升时期，"自由竞争"和"自由放任"成为社会经济发展的主旋律，市场机制被普遍认为可以自发的操纵和调节社会的运行，从而实现资源配置帕累托最优的社会结果。为确保市场机制的充分作用，这一时期反对国家干预成为经济自由主义的重要主张。作为这一阶段财政理论的重要代表人物，有着"西方财政学之父"地位的亚当·斯密更是提出了"廉价政府"理论，为这一阶段的政府及财政职能限定了最小的范围，即成为"守夜人"，仅仅履行防止外来侵略和维护公共治安的有限责任。而财政的重点也被确定为如何通过最少的税收征收来满足政府实现其职能最低廉的成本资金需要，以保证市场资源配置的充分性和有效性。

（2）全面干预。1929～1933 年资本主义经济危机的爆发颠覆了市场机制自发调节的神话，经济自由主义的主张逐步被凯恩斯宏观调控理论所取代，资本主义社会进入国家全面干预的新时期。在这一时期，政府及财政职能日益扩大，开始广泛参与市场活动，直接发挥引领社会投资、调节消费倾向的重要作用。与此同时，财政政策成为公共财政理论的重要组成部分，赤字财政也成为西方各国政府解决解决危机的必要政策选择。扩大财政支出、人为预先安排支大于收的预算，以及充分利用公债筹措资金等活动在这一阶段公共财政中占据了重要位置。

（3）福利财政。20 世纪 70 年代经济"滞胀"出现并席卷西方世界，福利国家面临危机，凯恩斯干预理论遭遇挑战。以詹姆斯·麦吉尔·布坎南和戈登·图洛克为代表的一批经济学家创立了公共选择理论，并在公共财政领域取得重大突破。他们重新审视政府与市场的关系，反思国家干预的路径和成效，不仅提出了"政府失灵"的思考，而且将财政作为公共部门经济，从市场失灵理论角度，集中研究社会公共需要及满足这一需要的公共产品的问题。在这一过程中，政府及财政的职责得到更加清晰的界定，主要在于弥补市场失灵、提供公共产品。正如世界银行的专题报告所指出：有五项基础性服务处于每个政府使命的核心地位，如果这五项任务完不成，就不可能取得可持续的发展。一是建立法律基础；二是保持非扭曲性的政策环境，包括宏观经济的稳定；三是投资于基本的社会服务与基础设施；四是保护承受力差的阶层；五是保护环境。[①]

通过对西方公共财政理论发展的梳理，我们可以看到在市场经济发展的历

① 世界银行. 变革世界中的政府［M］. 北京：中国财经出版社，1997.

史进程中，随着人们对市场和政府认识的不断深入，如何正确处理两者关系、明确划分市场和政府的活动边界，决定了公共财政理论的发展方向，继而也为不同时期财政职能的实现范围和重点提供了依据。当前，我国提出基本公共服务均等化战略对于处于经济体制转型中的政府来说，就是要在有限的财力条件下，一方面确保市场机制在资源配置中的基础作用和主导作用能够有效发挥；另一方面，又能保障人们日益增长的公共需求得以满足，最大限度地兼顾效率与公平。这无疑是当下我国公共财政必须要解决的重大课题，而西方公共财政理论与实践的发展为我们提供了现实的参照与借鉴。

2.2.3.2 我国公共财政定位及职能

作为市场经济下的政府财政，公共财政的经济实质就是市场经济财政。因此，随着我国市场经济改革目标的确定，1998 年 12 月 15 日全国财政工作会议上，中央政府第一次明确提出"要积极创造条件，逐步建立公共财政基本框架"。自此，开启了我国公共财政改革和理论发展的新时期。与当代西方公共财政理论相一致，我们认为：公共财政是为弥补市场失效、提供公共产品的政府分配行为，是满足社会公共需要的政府收支或财政运行机制模式，它是与市场经济相适应的一种财政类型，是市场经济国家通行的财政体系及制度安排。

公共财政的基本特征表现在四个方面：一是公共性，即公共财政的活动范围应着眼于满足社会公共需要。公共性是公共财政的本质特征，表明公共财政的职能范围必须以满足社会公共需要为口径加以界定，政府提供公共产品的领域只限于市场无法满足的公共服务领域。二是公平性，即要求公共财政必须遵循"一视同仁"的原则，对所有经济主体和社会成员提供均等化公共服务。这一方面是因为政府满足的社会公共需求是社会公众整体所提出来的；另一方面，市场经济是无数经济主体的大家交换活动而连成的有机统一体，公平性有助于维护市场交换的等价性。三是非营利性，即公共财政的活动性质是公益性，强调政府作为社会管理者只能以追求公共利益为己任。通过确定与市场其他经济主体性质的不同，以此为标准决定政府参与社会经济活动的广度与深度。四是法治性，即公共财政应以法治为基础。市场经济是法治经济，公共财政活动必须受到法律的约束和规范。这其中包括政府一切活动安排都应纳入国家预算的统筹安排，而社会成员对于公共需要有表达诉求、对财政运行的全过程都拥有监督的权利和义务。从这个意义上讲，公共财政的实际要义不在于"市场失效"这一经济逻辑起因，而在于其"预算法治"和"民主财政"的政治实质内涵。公共财政的特征不仅反映了市场经济下财政活动特殊性，也为我国公共财政公共指明了方向。

市场经济下的公共财政体现出政府活动对经济社会各方面产生的影响与变化，在经济和社会生活中具有一定的职责与功能。具体包括：资源配置、收入分配和经济稳定。其中，资源配置是财政通过收支活动动员并安排使用一部分社会资源以生产提供公共产品、满足公共需要、实现资源优化配置的功能。它体现了在发挥市场机制基础作用的前提下，通过政府和公共财政的介入，确保社会资源配置效率性实现的途径。收入分配则是财政通过建立不同于市场的合理分配模式，运用各种收支政策和手段参与国民收入和社会财富的分配和调节，以期达到收入分配的经济公平和社会公平的功能。公共财政的经济稳定职能，指的是财政在市场经济条件下承担的实施国民经济宏观调控、实现国家宏观经济政策目标的职责。政府通过对财政政策的制定、实施和调整，影响社会生产、消费、储蓄和投资，缓解市场机制自发作用下的经济波动，实现充分就业、物价稳定和国际收支平衡，促进经济适度增长。

显然，公共财政理论不仅从财政的角度赋予了政府提供公共服务的合理性和必要性，也为政府构建基本公共服务均等化的实现机制提供了理论支撑和实践依据。透过公共财政理论，我们可以解决基本公共服务均等化实现机制中相关核心问题。比如：客体内容及范围界限如何确定？提供的方式如何选择？成本如何分担？如何进行效果评价？等等。

首先，基本公共服务均等化实现的责任主体是谁？从公共财政理论发展可以了解到，国家负有保障社会公民基本公共服务提供的最终职责。为全体社会成员提供基本的、必要的公共服务保障，是任何一个现代政府所义不容辞的责任，甚至是政府产生、存在的重要原因之一。这既是公共服务的属性所决定的，也是人类社会不断谋求政府与市场关系发展中的共识。我国在市场化的进程中，政能否府高效优质地向社会公众提供公共服务已成为评价考量政府是否称职的一个重要的指标。当然，这并不意味着政府将作为公共服务唯一的提供主体，市场力量、公众和社会组织也是公共服务产品供给机制中不可缺少的主体，并具有效率较高和形式灵活的优势，能够适应数量庞大和多样化的公共服务需求。但其中，政府因为其代表着的国家意志的公共性和其机制运行中所拥有的公共权力，所以在基本公共服务的供给过程中仍应居主导地位。

其次，基本公共服务均等化的客体范围如何确定？公共财政的职责实现范围决定了基本公共服务的具体内容。满足社会成员对于公共产品的需求，也决定着政府活动的范围。一方面，应本着服务于并服从于市场的原则，从公益性的角度真正将政府提供的公共服务的活动范围限定在"市场失灵"的领域；另一方面，应充分考虑经济发展的阶段性的客观限制，将社会公众的实际需求和财力的可能性结合起来，确保基本公共服务供给范围覆盖的科学性和可得性。

再次，基本公共服务提供的方式如何选择？成本如何分担？由于基本公共服务满足的是社会的公共需要，而公共财政所进行的资源配置活动也是出于同一目标，这就客观上将公共财政与保障基本公共服务的提供联系起来了。一方面，公共财政是提供基本公共服务所需的公共资金和公共资源的重要保障，通过公共收入、公共支出和转移支付制度承担着基本公共服务均等化实现的所有成本；另一方面，政府是整个社会的利益代表，而财政收入来自全体社会成员，因此政府及其公共财政在为社会提供服务的过程中，对所有的社会成员应该是公平对待。

最后，基本公共服务供给机制如何构建？怎样提供基本公共服务？这需要有一整套规有序、科学、民主的机制。理论上看，公共财政的法治性与公共选择理论为这样的机制建立提供了依据；实践上看，公共财政的公共决策机制、协调机制、监督与评价机制等为基本公共服务的高效优质提供加以保障。自改革开放以来，我国东部地区与中西部地区发展差距逐步拉大，为保障各地区间能获取大致公平的基本公共服务，也唯有依靠公共财政和政策的实施加以解决。具体的方向应该是：促进财政的民主与法治进程，保障基本公共服务决策程序的民主、公开、透明和公正；应能保持税收中性，并提高支出效益，保证公共服务成本分担的持续优化；应能对信息的披露形成正向激励；应能有助于私人与公共部门在提供公共产服务中的良好协调与可持续互动。

2.2.4　国家治理理论

国家治理理论基于对新公共管理的价值理念进行重新考量，摒弃了其中顾客导向和企业家政府理论等的固有缺陷，在"民主"与"效率"两大价值观之间进行平衡博弈。该理论以民主社会的公民权为基础，关注民主价值和公共利益，把公民看作治理系统的核心，认为国家治理是一场基于民主的治理过程。① 强调政府治理角色和单纯管理职能的转变，通过向公民提供必要的公共服务，帮助公民实现公共利益及自身发展的需求。以上述价值取向为核心，国家治理理论在思想内容上构建了一个重视民主和公民权，推崇公共服务精神，追求公共利益，重视政府与公民对话沟通、协商共治的理论框架。

2.2.4.1　国家治理、国家治理体系及国家治理能力的内涵

"国家治理"概念的产生是国家理论与治理理论融合发展的直接结果，指的是在理性政府建设和现代国家构建的基础上，通过政府、市场、社会之间的分工协作，实现公共事务有效治理、公共利益全面增进的活动与过程。与传统国家管理的概念不同，国家治理更强调社会公共事务多主体共同参与（既包括管理的主体，也包括所有利益相关者）；治理的基础既依靠权威、权力的作用，但更多的则是通过市场和社会的契约机制来实现，即依法治国。国家治理的具体内涵包含有以下几方面：一是以解决公共问题、管理公共事务、提供公共服务为逻辑起点；二是以重构并实现政府、市场、社会之间的合理分工与有效协作，最大限度地增进公共利益为根本目标；三是以国家与社会的合作、政府与非政府的合作、公共部门与私人部门的合作、强制力与主动性的合作、正式制度与非正式机制的合作作为其实现途径。一般而言，对一国国家治理水平的衡量可以从设施、秩序、效率、法治和创新等方面进行。其中，设施是第一位的基础项条件，保证人与人、人与物之间的一种临近性和便利性，没有基础设施保障，国家治理便是空谈；秩序可以保障人、设施以及社会的稳定运行；在设施和秩序的基础上，效率便是国家治理的核心；法治是前三项基础性条件长期有效运行的制度化保障；创新则是国家治理持久发展的动力。

国家治理作为一种实现公共事务有效治理的活动与过程，它涉及治理权威、治理形式、治理规则、治理机制和治理水平等内容，而正是与这些内容密切相关的所有主体、资源以及各种正式与非正式的制度关系，构成了国家治理

---

① 周丽娜. 新型城镇化背景下社会组织参与社会治理的研究 [J]. 智库时代, 2019 (27): 13 – 14.

体系。2013 年 12 月 31 日，在党的十八届三中全会第二次全体会议上，习近平总书记发表了题为"切实把思想统一到党的十八届三中全会精神上来"的讲话，首次全面界定了"国家治理体系"和"国家治理能力"的基本内涵。"国家治理体系和治理能力是一个国家制度和制度执行能力的集中体现。国家治理体系是在党领导下管理国家的制度体系，包括经济、政治、文化、社会、生态文明和党的建设等各领域体制机制、法律法规的安排，也就是一整套紧密相连、相互协调的国家制度；国家治理能力则是运用国家制度管理社会各方面事务的能力，包括改革发展稳定、内政外交国防、治党治国治军等各个方面。国家治理体系和治理能力是一个有机整体，相辅相成，有了好的国家治理体系才能提高治理能力，提高国家治理能力才能充分发挥国家治理体系的效能。"①

当然，国家治理能力并不否认政府权力，而是着眼于政府在实现公共治理的规划和协调中发挥更积极、更有效的作用，加强与其他组织和机构的沟通与协调，以便从整体上增强在政府牵头和主导下协调各方面力量来共同应对问题的能力。其所追求的目标不仅包括政府自身能力的增强，还有对社会发展中出现问题的回应、处理能力的不断加强。

结合我国国情和发展实际，国家治理理论无疑为政府树立了全新的执政理念，强化政府基本公共服务的职能，并明确了政府实现基本公共服务均等化必要性和合理性。首先，从核心价值观念来看。国家治理理论强调人的价值应当受到充分的尊重，公共财政制度作为政府行政的重要手段，是政府向公众提供公共服务的一种保障和工具，因此，公共财政制度机制的设计需要始终坚持以人为本的核心价值观，其管理系统绩效和效率的提高也是为满足人的需要、体现人的价值而服务的。其次，从目标定位来看。国家治理理论坚持公平、正义的价值观，认为政府的目标应在于追求公共利益，作为政府提供公共服务的财政工具，其制度设计应以实现并维护公共利益为目的，其核心目标在于实现基本公共服务均等化，确保全体公民公平、公正地享有最基本的公共服务资源。最后，从政府角色和职能重心来看。国家治理理论下的政府角色不应该是社会掌舵者，而是为实现公民利益共享的服务者。在我国推动新型城镇化建设的新

---

① 十八大以来重要文献选编（上）[M]. 北京：中央文献出版社，2014.

时代，政府应立足于公共服务领域，以满足社会需求、为居民提供公共服务为工作重心，因此，公共财政制度的设计应逐步消除地区间财力差距，促进区域平衡发展，致力于实现全国范围的基本公共服务均等化。同时，也应避免上级政府对下级政府财政的过度管控，应在有效的监督下赋予地方政府充分的财政自主权，财政制度从更广泛的角度发挥作用，提供基本公共服务。

2.2.4.2 推进中国国家治理体系和治理能力现代化

从本质上说，国家治理是建立在市场原则、公共利益和社会认同之上的多主体合作，其权力向度是多元的、相互的，而不是单一的和自上而下的。这一特质本身就体现着法治精神、多元和包容意识以及公民参与等现代化要素。因此，从根本上说，推进中国国家治理体系和治理能力现代化，就是要进一步发扬法治精神、培育多元和包容意识、鼓励公民参与；要促使国家治理能力在国家各个职能领域中更合法、更合理、更高效地运行；在增强整个国家治理体系的合法性基础的同时，提高国家治理体系中各种制度的理性化程度。在这个基础上，坚持以下基本原则。

一是创新原则。根据现实中公共性问题产生和演变方式显现出的新特征和层出不穷的新问题，应按照推进国家治理体系和治理能力现代化的总体要求，不断创新治理方式和治理工具，有效提升应对能力。

二是协同原则。在治理能力建设中应充分运用协同思维，在应对挑战和问题的时候，不仅要充分与其他社会组织、企事业单位等在沟通、协商基础上进行协同，在多元共治中寻求绩效最大化，而且要在共同利益的基础上，探求合作解决问题的途径和方式，进而提升应对和处置问题的能力。

三是法治原则。所有国家治理的参与方在履行职能、开展治理活动并加强治理能力建设过程中，都必须确保其在法治轨道上进行。一方面，应坚持"法定职责必须为、法无授权不可为"的原则，确保治理工作和创新都在法律规定的职责和职权范围内进行；另一方面，各方面力量在协调推进、共同应对公共领域中的各项问题时也应依法而为，确保各项活动的决策制定科学民主，实施过程公开透明。

国家治理体系和治理能力现代化的建设目标为我国进一步推进完善基本公共服务均等化提出了具体的实现要求和实现路径。基本公共服务是由政府主导提供，政府在社会发展中承担相应的责任。通过公共财政给公民在养老、医疗、教育、住房等方面的保障，一方面，旨在构筑保障全体公民生存和发展基本需求的民生基线；另一方面，确保社会领域基本公民权的实现，即生存权、健康权、居住权、受教育权、工作权和资产形成权等权利。由此可见，基本公共服务作为政府治理的核心内容，不仅是改善民生、保障政府治理有效性的关键，也是赢得民心、保障执政党群众基础的关键。现实中，公众对政府治理能力的评价很大程度上是通过对政府提供基本公共服务的数量和质量来感知的。政府供给的基本公共服务能否满足公众需求，是直接影响政府公信力与治理效能的关键因素。因此，从这个意义上讲，基本公共服务均等化的实现能力和满足社会公共需要的水平与国家治理的能力及现代化的水平密切相关。随着我国经济改革的不断深入，社会矛盾也在集中凸显。而在这种背景下，基本公共服务均等化实践中存在的一系列突出问题难以充分体现社会公平原则和社会安定与和谐，诸如：同时缺乏基本公共服务供给约束机制、均等化实现的激励机制以及政府与社会的协同机制；社会公众尤其是弱势群体在基本公共服务的公共决策中仍然缺乏话语权，有关基本公共服务的诉求难以得到有效的表达，基本公共服务供给的总量与结构存在失衡；等等。因此，按照国家治理体系和能力现代化要求，加快推进基本公共服务均等化不仅十分迫切而且具备客观的要求与目标。首先，围绕基本公共服务的职责，理顺政府间关系。在明确划分基本公共服务范围和标准的基础上，从效率出发明确各级政府相关事权和支出责任，并匹配相应的财力，保证基本公共服务责任能够得到全面落实。与此同时，建立基本公共服务均等化评价和考核机制，以此作为评估政府绩效的约束性指标，激励地方政府促进务均等化目标的实现。其次，实现基本公共服务均等化实践中政府、市场与社会协同治理。国家与社会的良性互动是实现国家治理现代化的重要体现。这就要求在基本公共服务均等化实现过程中，应充分发挥政府、市场与社会各自的优势，取长补短形成合力，共同应对基本公共服务均等化面临的困难和挑战。政府应采取更加灵活的方式引导市场参与基本公共服务的生产，提高基本公共服务配置效率。并通过推进政府改革，积极培育社会公益组织和团体参与基本公共服务的提供活动，最大限度地满足社会公众对公共服务的增长性和多样性要求。再次，应建立公民参与和回应机制。为改变基本公共服务均等化实践中存在的信息不对称，以及政府为主导自上而下的决策机制，一方面，应积极拓展政府基本公共服务供给中公众参与的意愿与渠道。通过推行政策听证、民主恳谈、公民议事会等方式，构建公众对服务需求的表达机制，避免基本公共服务供给与需求的错位；另一方面，构建基本公共服务的回应机制，增强公众诉求表达在公共决策机制中的实际作用。避免国家和地方基本公共服务供给的范围、标准、方式的固化或"一刀切"做法，确保其可以根据公众需求进行动态调整。最后，全面推进基本公共服务均等化的法治化。应以《中华人民共和国宪法》为依据，通过构建基本公共服务均等化的法治体系，全面落实公民的各项基本权利；以《中华人民共和国预算法》为准绳，建立基本公共服务均等化的事权与支出责任相匹配的财力保障体系和财力调节机制，全面落实政府的首要义务与兜底责任；建立基本公共服务均等化绩效考核和问责机制，保障均等化效果目标的实现与责任追究。

2.3　新型城镇化与基本公共服务均等化实现的相互关系[①]

2.3.1　新型城镇化推动基本公共服务均等化的转换升级

如果说在一个静态社会基本公共服务均等化是指保证在一个区域范围内所有的居民都享有大体相同的基本公共服务的话，那么随着新型城镇化建设以及农业转移人口的出现，社会形态必然由静态转向动态，与此同时，有关基本公共服务均等化的目标人群、政府的责任划分、财政支持力度、成本负担方式将随之发生变化。由此可见，新型城镇化的发展必然会对基本公共服务均等化的转化升级有着巨大的推动作用。

（1）新型城镇化明确了基本公共服务均等化的质量要求。在城镇化进程中，提高基本公共服务水平已然被纳入了新型城镇化的内涵之中，作为衡量城镇化发展水平的一项重要考核指标。在我国传统的城镇化发展模式卜，人口、资本不断向城镇聚集和积累，这在很大程度上带动了我国的消费需求，促进了

---

① 文雨辰. 基本公共服务均等化影响因素及财政对策的研究——基于不同城镇化模式的视角[D]. 南昌：江西财经大学，2017.

我国的经济增长，但同时也出现了许多问题，其中农业转移人口的基本公共服务的缺失尤为突出，这也客观上促使了新型城镇化发展趋势的形成。在建设新型城镇化的过程中，虽然同样伴随着城镇范围的扩大和城镇人口的增加，但与传统城镇化过程不同，其对基本公共服务的提供与社会管理的层次也提出了新的高度。这一点对于新型城镇化发展尤为重要。一方面，根据结构转换理论，产业结构势必会在城镇化进程中由第一产业向第三产业过渡并促使大量劳动力得以释放，同时，在此过程中，人民的生活水平与收入会不断上涨，这就要求政府部门在进行经济基础建设的同时，更加关注与民生密切相关的基本公共服务，提升政府的社会服务职能，以便满足公众在就业、文化、生活环境、社会保障等方面不断增长的现实需求。另一方面，新型城镇化发展要求我国大中小城市及乡镇的协调乃至一体化发展，这必然会促使我国基本公共服务的辐射范围不断扩大，同时也会使得相应的质量不断提高。其中，教育体制的优化、社会保险的改善，以及住房、就业保障渠道的拓宽等已然成为优先解决的问题，随着这些情况的逐步改善，无不体现着基本公共服务均等化的理念。在城镇化发展中，随着大量农业转移人口进入城市，他们原本由于生活基础设施落后而无法享受到的交通设施、网络设备、医疗服务、文化教育等服务在进入城镇后得以享受，而新型城镇化进程又提高了农业人口享受基本公共服务的便捷性，使其在获取基本公共服务时的成本有所降低，这无疑有助于缩小基本公共服务的差异化水平。

（2）新型城镇化给予了基本公共服务均等化制度上的支持。由于基本公共服务体现着新型城镇化的质量内涵，因此，为促进我国新型城镇化质量上的提高，必须保障基本公共服务能够被合理有效地提供给公众。2014年3月16日，新华社发布的《国家新型城镇化规划（2014—2020年）》明确将我国新型城镇化的目标定位于要实现进城农民的市民化转变，将城镇化发展战略的核心由经济发展转为人的发展，通过让进城农民和市民享有同等的基本公共服务，从而让每个人感受到新型城镇化发展带来的成果。自此，基本公共服务均等化的实现已成为国家层面上新型城镇化战略的一项重要目标，而新型城镇化强调城乡一体化发展，更是为解决由二元城乡经济体制带来的城乡基本公共服务非均等化提供了制度上的保障。一方面，新型城镇化为城乡间基本公共服务均等化的实现提供了客观条件。由于新型城镇化更加注重城乡统筹发展，确保城乡居民享有同等的权利，因此会使得我国建立起更加完善的公共财政制度，将更多的资源向乡村倾斜，以解决我国农村基本公共服务不到位等现象。此外，在城镇化过程中，会使得不少农村居民大量向城镇聚集，此时，对应城镇在提供某些基本公共服务时可达到规模经济效益，以促使更好地提供公共服务。① 另一方面，城镇化和工业化发展也会进一步促进基本公共服务在不同项目间的均等化。随着城镇化的发展进入中期阶段，农业水平现状会成为工业化发展过程中的"瓶颈"，而为了促使农业进一步发展，就必须改善农村基础设施建设；到了城镇化发展中期阶段之后，产业结构会发生更新改造，此时，工业化发展对劳动力素质的要求会不断提高，对农村基础教育的需求便会逐渐凸显；伴随着城镇化的进一步发展，城乡之间生活水平、贫富差距会渐渐拉大，这就要求政府开始重视城乡之间在基本医疗卫生、社会保障、养老等基本公共服务方面均等化问题。因此，在城镇化的推动之下，基本公共服务的具体项目会呈现出从城乡基础设施建设均等化转变为城乡基础教育均等化再转变为城乡基本医疗卫生、社会保障、养老等均等化的过程。②

均等化、一体化的基本公共服务水平是我国在推进新型城镇化发展的重要组成部分，新型城镇化必须体现出"人"的城镇化，为此，确保进城农民享有均等化的基本公共服务是一项必须解决的难关。因此，新型城镇化必须要进一步完善公共财政体制的改革，强调城市带动农村发展，工业带动农业发展，统筹规划城乡交通、水电、通信网络、医疗教育和社会保障等方面的建设，从制度上，通过改革促进广大人民群众能够彻底享有城乡一体化无差别的基本公共服务，将新型城镇化带来的美好成果分享给每一位城乡居民。

（3）新型城镇化给予了基本公共服务均等化资金上的保障。实现基本公共服务均等化离不开财力的支持与保障，而新型城镇化发展无疑为这样的财力需求夯实了现实的基础。

---

① 刘双柳，等. 新型城镇化背景下城乡环境基本公共服务均等推进路径［J］. 环境保护科学，2017（5）：1 - 5.

② 樊丽明，郭健. 城乡基本公共服务均等化的国际比较：进程与经验［J］. 中央财经大学学报，2012（7）：1 - 8.

首先，这是由新型城镇化发展促进经济增长带来的必然结果。新型城镇化进程的稳步推进，使我国经济发展的内生动力得到了有效增强。一方面，随着常住人口城镇化水平的稳步提升，越来越多的农业转移人口在城镇安家就业，这不仅有助于其提高收入和消费能力，而且还会因为消费环境的改善和消费意愿的改变，有助于消费结构的升级以及生活性服务业消费需求的增长。另一方面，随着城镇消费群体不断扩大和消费潜力不断释放，也会在带来城市基础设施、公共服务设施和住宅建设等巨大投资需求的同时，扩大生产性服务需求，增强创新活力，驱动传统产业升级和新兴产业发展。由此可见，从扩内需的角度看，我国新型城镇化隐含着大量的投资消费需求，具有拉动内需、推动产业结构升级及改善民生的重要优势，具有化解各种经济发展瓶颈问题的巨大潜质，能对经济持续健康发展产生深远的影响。而在为经济发展提供持续动力的同时，新型城镇化也必然因为经济的发展有助于地方财政能力的增强，确保基本公共服务均等化的实现有可靠的经济基础。

其次，新型城镇化建设所需要的多元化可持续的资金保障机制正在逐步建立，而这其中充分体现了对实现"人"的城镇化的重要考量。推进新型城镇化涉及人口转移、劳动就业、社会保障、基础设施建设、住房建设等诸多方面，是一项投入巨大的系统工程。扩大城镇化建设资金来源离不开社会各界大力支持和广泛参与，需要建立多元、高效、可持续的资金保障机制。《国家新型城镇化规划（2014—2020年）》提出，推进新型城镇化发展必须构建新型资金保障机制，即打破依靠土地转让获得收入作为资金支撑的传统做法，从而建立起一种多元化和可持续的资金供应机制。具体包括：一是建立财政转移支付同农业转移人口市民化挂钩机制，完善财政转移支付制度。应明确划分各级政府在教育、基本医疗、社会保障等基本公共服务方面的事权，建立健全城镇基本公共服务支出分担机制。对于均等化中地方财力缺口，中央和省级财政在安排转移支付时必须充分考虑常住人口因素，通过与农业转移人口挂钩的方式，增强人口流入地政府实现基本公共服务均等化的财政能力。二是积极培育地方主体税种。在改革现行财政体制中，应兼顾人口城镇化因素，通过完善地方税体系，增强地方政府提供基本公共服务能力，确保基本公共服务事权与支出责任相匹配。三是以《预算法》为依据，建立完善规范的地方政府举债融资机制。为弥补地方在城市基础建设发展中财力不足的问题，根据《预算法》的要求，地方政府可以依法合规地拥有适度举债融资权限，逐步建立以政府债券为主体的地方政府举债融资机制，拓宽城市建设融资渠道。地方政府举债资金的使用必须严格限定用于城市建设等公益性资本支出，并实行中央限额管理和风险控制。四是创新城镇化融资模式。对于市政公共产品和服务需求的不断增长，应逐步改变过去由政府单一供给的方式，协同政府和社会的共同力量，通过发挥各自资本优势提升城市配套服务水平，提高公共设施和服务的效率与质量，为改善民生创造良好环境。在发挥财政资金的引导作用的基础上，对城市基础设施和公用设施等公共服务建设，应积极创新融资模式，放宽市场准入，运用政府与社会资本合作模式（PPP），鼓励社会资本通过特许经营权参与城市基础设施等的投资和运营。这样既能激发民间投资活力、拓展企业发展空间，又能拓宽城镇化建设融资手段和渠道，形成多元化、可持续的资金投入机制，最终提高公共服务水平，确保城镇居民和常住人口能够享有更加优质和充足的基础设施服务，避免"拥挤性"问题的产生。综上本书认为：该机制的构建必然有助于解决新型城镇化推进中基本公共服务均等化的资金问题。

2.3.2　基本公共服务均等化加快新型城镇化的全面实现

新型城镇化建设的关键是以人为本，即摒弃过去一味追求城市人口规模的扩大和城镇人口比例的提高，而是在注重城镇经济发展、第三产业结构优化升级、空间布局合理规划的同时，实现各城镇中人口、资源、经济、环境的协调发展。在此过程中，通过均等化的基本公共服务不断提高城乡居民的生活水平和生活质量，形成适当的劳动就业与现代生活方式，促进城乡统筹协调发展，既是新型城镇化以人为本的关键所在，也是新型城镇化建设中基本公共服务均等化的重要内容。[①] 如果无法享有公平的公共服务，特别是基本公共服务不能实现均等化，进城农民就难以切身感受到新型城镇化带来的好处，也就无法真诚地支持和投身到新型城镇化的建设当中，继而难以形成新型城镇化发展中可

---

① 宋连胜，金月华. 论新型城镇化视角下的公共服务均等化［J］. 探索，2016（2）：123 – 127.

持续的内生动力。由此可见，基本公共服务均等化无疑有助于加快新型城镇化的全面发展。

（1）基本公共服务均等化是新型城镇化的现实基础。推行"以人为中心"的新型城镇化要求将基本公共服务均等化纳入其内涵范围，因此，实现基本公共服务均等化成为进一步推进新型城镇化进程中必不可少的环节。而其中农业人口市民化作为均等化的重点内容和核心，它能否带来城镇居民素质和生活质量的提高，以及促进有能力在城镇获取稳定收入和生活的常住人口逐步实现市民化都直接关系到新型城镇化的实现状况和发展水平。新型城镇化的"新"就是要打破过去单纯追求高的经济总量、一味提高第二和第三产业占比、简单堆砌高楼大厦以及单一注重农村人口非农化的传统城镇化模式。新型城镇化更加注重城乡之间的统筹、协调与可持续发展，更加注重以人为本，切实做到围绕人的服务为中心，建设注重公平、绿色环保、生态共享的现代化城镇，在提高人均居住面积的同时，改善居住环境的品质，进而提高人民群众的整体生活水平与生活质量。同时，新型城镇化也不同于以往大拆大建、千篇一律的造城运动，而是以一种充满人文关怀的理念去实现人与环境、人与自然、人与城镇的和谐统一。由此可知，新型城镇化是以均等化的基本公共服务体系作为基础和载体，进而实现在产业支撑、劳动就业、社会保障及公共服务等方面由"乡"到"城"转变的基础上，把乡村发展成为各具特色、规模适度、宜居宜业的现代城镇，真正做到"人类生产生活方式的根本转变"[①]，使得民众充分享受到新型城镇化的发展成果，更好地推动新型城镇化建设。

（2）基本公共服务均等化是新型城镇化所要解决的关键问题。从城镇化发展规律来看，基本公共服务是否能够实现均等化，已然成为城镇化建设过程中所需解决的关键问题。我国近年来的快速城镇化发展，虽然加速了经济结构的转型与升级，引发了世界范围内规模最大的城乡人口流动，很多生活在农村的居民涌向城市、从农业转向工业和服务业。但是，在此过程中，由于基本公共服务的非均等化提供，导致部分问题开始凸显：一是城乡基本公共服务呈现出明显的非均等化。乡镇没有提供与大中城市相配套的基本公共服务，使得城

---

① 吴秋明，黄灿煌．新型城镇化背景下的基本公共服务水平提升研究［J］．发展研究，2017（11）：63－67．

与镇、镇与村发展极为不均衡，迫使农业人口大量离乡迁徙到大城市，乡镇建设则失去了必要的劳动力。二是这些进城务工人员绝大多数没有城市户籍，也就无法享受城市基本公共服务和社会保障，使得他们不得不在城乡之间进行流动。再加之我国有着规模巨大的总人口数量，而这一数量中占比较大的还属农村人口，致使上述矛盾愈发突出与严重。因此，我国的新型城镇化要想实现发展目标，就必须在促进产业转型、经济发展的同时，牢牢抓住基本公共服务均等化供给这个关键问题，切实规划并实施好基本公共服务均等化。从现实性上看，经过改革开放 40 多年的经济发展，我国已经有了建设均等化基本公共服务的经济基础与社会基础，因而，需尽快通过均等化的基本公共服务供给反过来促进新型城镇化的健康发展。

（3）基本公共服务均等化是新型城镇化的实现路径。新型城镇化作为一个复杂的整体，体现在经济、政治、文化、社会以及生态等各个方面，如此复杂的整体需要一个抓手去开展建设并加以测量，而基本公共服务均等化便是其中的一个重要实现途径。从基本公共服务供给上看，作为城镇化发展的一个新阶段，新型城镇化需要反思以往城镇化建设中存在的不足，特别要着力解决以往城镇化建设中农村人口身份户籍所带来的子女教育、社会保险、住房政策、社会救助及社会服务等供给不足及不均等问题。注重城乡统筹，将基本公共服务的供给满足那些转变为城镇居民的实际需求，注重均等地给予民众基本公共服务，避免城乡发展不平衡势头的再度蔓延，让民众真正享受到周全而便利的基本公共服务。从基本公共服务供给项目上看，新型城镇化需要将基础设施的建设与社会福利体系的完善、社会治理能力的提升、人居生态环境的修复、优秀传统文化的传承、社会安全体系的建设等各个层面整合、协调起来，实现各服务项目之间的协同发展，进而实现经济、政治、文化、社会和生态五个层面的统筹发展，让城乡居民、城镇中不同群体享受到全面而均等的基本公共服务。从基本公共服务获得方面来说，新型城镇化过程中最重要的是在投入与均衡基础上如何做到让民众获得并实际感受到均等化的基本公共服务，使人民群众真切感受到自己的生活在发生积极改变，自身的幸福感与获得感有所增强，这是以人为核心的新型城镇化建设的关键所在。综上所述，基本公共服务均等化是新型城镇化的催化剂，是新型城镇化的落脚点，也是新型城镇化得到发展并广为认同的有力措施。①

（4）基本公共服务均等化是新型城镇化的重要保证。新型城镇化就是在吸纳农村富余人口前往城镇就业、居住的同时，提高城镇民众的生活水平与生活质量。这固然需要较快的经济发展速度、较大的经济发展总量以及较高的经济发展水平，但更为关键的是需要优质的基础教育、良好的就业质量、完善的就业服务、便捷的生活设施、舒适的生活环境、良好的医疗保障，并保障所有人都能平等地享受到这些服务。鉴于此，只有实现基本公共服务均等化，才可以让流动到城镇的农民感到幸福与满意，并安心扎根于城镇。反之，如果缺乏公共服务，尤其是缺乏均等化的基本公共服务，那么城镇化进程中的人口流动依然是基于简单物质利益的片面流动，而不是扎根于就业地的人口迁移，这将使得地域之间、城乡之间、人与人之间的差距继续扩大。城镇化最终将沦落为产业化，所谓的城镇最多只是一个个经济实体，或是一个个产业园区，而绝非真正意义的现代城镇。因此，基本公共服务均等化是新型城镇化的助推力，通过基本公共服务均等化的建设，将统筹推进城镇各个方面及各个层次的发展，确保以人为本新型城镇化目标的实现，基本公共服务均等化由此成为新型城镇化的坚强保证。②

---

　① 宋连胜，金月华. 论新型城镇化视角下的公共服务均等化［J］. 探索，2016（2）：123 – 127.

　② 金月华. 中国特色新型城镇化道路研究［D］. 长春：吉林大学，2016.

第 3 章

我国新型城镇化发展的
现实状况及分析

透过理论分析我们了解到，新型城镇化与基本公共服务均等化存在相互作用和影响。但现实中，我国新型城镇化发展状况如何？它有着怎样的发展路径和模式？不同模式下的新型城镇化又有什么样的发展特征和现实问题？这些是本书研究中首先需要解决的议题。本章在分析我国城镇化进程的历史阶段基础上，通过构建一个测度我国新型城镇化程度的指标体系，并结合 2006～2017 年我国城镇化相关数据，从不同角度对我国的新型城镇化发展水平及其相关问题予以破解。

3.1 我国新型城镇化进程的一般概述

城市化程度是一个国家经济发展，特别是工业生产发展的重要标志。由于自然条件、地理环境、总人口数量的差异和社会经济发展的不平衡，各国城市化的水平和速度相差很大，经济发达的工业化国家城市化程度远远高于经济比较落后的农业国家。[①] 中国真正意义上的城市化进程，开始于 20 世纪 70 年代的改革开放，随着我国社会经济的发展，我国的城市化进程经历了 40 余年的高速发展，截至 2017 年底，我国城市化水平为 58.52%。[②] 但是，我国城市化

---

① 王宾，李群："十三五"时期中国新型城镇化发展速度研究 [J]. 重庆理工大学学报（社会科学），2017（1）：45-51.

② 数据来源于国家统计局《中华人民共和国 2017 年国民经济和社会发展统计公报》。

的进程并没有结束，如果以发达国家的 80% 城市化率作为参照，那么我国的城市化水平还要提高 21.48%。

根据"诺瑟姆"曲线理论，对欧美等国家 200 多年的城市人口占总人口比重的变化规律进行深入研究后指出：城市发展过程的轨迹是一条被拉长的"S"形曲线，而两个重要的拐点分别出现在城镇化率达到 30% 和 70% 的阶段。[①] 根据这一理论，两个拐点将城镇化分为三个阶段：在城镇化初始阶段，城市人口增长缓慢。城市人口占总人口的比重在 30% 以下，城镇化水平较低，生产力水平也较低，这一阶段农村人口占绝对优势，工业提供的就业机会有限，农村剩余劳动力释放缓慢。而当城市人口比重超过 30% 以后，城镇化进程逐渐加快，这种加快一直要持续到城市人口达到 70%。当城镇化水平超过 70% 以后，发展速度又开始趋缓，进入城镇化水平较高且发展平缓的最终阶段，这一阶段也称为城镇化的稳定阶段。虽然并不是所有国家的城镇化发展都能契合诺瑟姆的"S 曲线"理论，但大部分国家的数据基本上都支持了这一论断。[②]

中国改革开放的 40 余年，也是城镇化过程中农民向城市大规模流动的 40 余年。从农村经营体制改革到城市经济体制改革，可以说改革是推动城镇化的最大动力之一。现阶段，中国城乡差距、区域差距依然较大，城镇化发展的内在动力依然较强。整个国家仍然处在城镇化快速发展的时期。由于我国城镇化率正处在 30% ~70%，尚未达到诺瑟姆第二个阶段的末期，即 70%，因此无法按照国际标准定义为三个阶段。同时，由于在改革开放以前，我国城镇化率增长过于缓慢，一般对此也不进行过多研究。我国城镇化率有自身发展的规律，从 1978 年以后我国城镇化的发展进程来看，可以将城镇化分为起步阶段、改革推进阶段、快速推进阶段和新型城镇化四个阶段。

3.1.1　城镇化起步阶段（1979~1987 年）

改革开放前，我国实行严格的城乡户籍管理制度，农民被束缚在土地上，"自由迁徙"受到严格限制，加上大量的城市知识青年下乡，曾出现了"逆城

---

①②　闫明明. 中国新型城镇化的进程及模式研究［M］. 北京：中国经济出版社，2017.

镇化"的倾向。1978 年，我国的城镇化率只有 17.92%。20 世纪 80 年代初进入城镇化的恢复阶段，知识青年和下放干部返城掀起了城乡人口迁移的浪潮，从农村向城市转移的超大规模剩余劳动力成为全国城镇化的主体力量，人口红利得以初步释放。1979 年初到 1987 年底的 9 年，是中国城镇化的初始化阶段。尤其是在 1984 年以后，国家逐步放宽对人口迁移的制度限制，允许农民自理口粮在小城镇落户，同时乡镇企业迅速发展，为农村剩余劳动力向城镇的转移创造了条件。

中国的改革首先从农村开始，农村经济体制改革推动了城镇化的发展，出现了"先进城后城建"的现象。具体表现：一是大约有 2000 万"上山下乡"的知识青年和干部返城并就业；二是放开城乡集贸市场后，出现了大量的城镇暂住人口；三是乡镇企业异军突起带动了小城镇的发展；四是国家提高了城镇维护建设费，按专款用于城镇住房补贴，结束了城镇建设多年徘徊的局面。这一时期，城镇化率由 1978 年底的 17.92% 上升到 1987 年底的 25.32%，年均提高 0.82 个百分点。与此同时，乡镇企业迅速发展，成为吸收农业剩余劳动力的重要力量，并带动了城镇的发展。在这种背景下，政府提出了积极发展小城镇的基本战略。①

几乎与农村的改革同步，1980 年，深圳、珠海、汕头和厦门 4 个经济特区建立，成为改革开放后城镇化的前沿阵地。随着这些沿海地区经济的快速发展，越来越多的农民从农业部门转向非农部门，从农村进入城市，演变成为持续至今、声势浩大的"农民工进城潮"。从区域来看，北京、上海、天津、广东等省份的人口吸引力开始初步显现，而人口迁出最大的省份包括四川、浙江、黑龙江等中东部区域，"离土又离乡、进厂又进城"成为当时小城镇发展模式的典型。不过，由于当时户籍制度、粮油供应制度、城市就业和社会福利制度的限制，使得大多数农村剩余劳动力只能流入小城镇，城市的大门仍然没有完全打开。

3.1.2　经济改革推进城镇化阶段（1988～1996 年）

1988～1996 年，中国城镇化发展进入了缓慢增长阶段。这一时期，工

---

① 闫明明. 中国新型城镇化的进程及模式研究 [M]. 北京：中国经济出版社，2017.

业化对城镇化的推动作用比较明显。在国内市场需求推动和外向型经济发展模式的支持下，劳动密集型轻工业迅速发展，带动了工业就业人口迅速增长，沿海地区出现了大量由新兴小城镇组成的"工业化地区"。但是，这一时期的工业化是在城乡二元背景下推进的，农村工业发展主要采取"离土不离乡"的模式，因此，城镇化增速明显低于工业化推进速度。1987年底（1988年初）城镇化率为25.32%，到1996年底，城镇化率上升仅至30.48%。同时，国际政治环境对于经济发展也有一定的抑制作用，9年的年均城镇化率仅提高了0.57个百分点，为中国改革开放以后城镇化发展最慢的阶段。[①]

在这个阶段，继广东省之后，长三角地区的产业集聚效应开始初步显现。人口向东部沿海城市的集中化趋势进一步强化，东部地区迁入人口比重持续增加，而中西部区域人口则保持净迁出，其中，中部地区的人口迁出比例持续扩大，总体流向呈现出的特点是：以中西部人口大省为出发点，以经济发达的特大中心城市和东部发达省份为目的地。

这一时期的经济体制改革带动了城镇化的进程，打造出了像"长三角"这样的快速工业化、现代化、开放型的核心区域。20世纪90年代到21世纪初，虽然农民工为城市创造了巨大的财富，却遭遇到一系列以限制农民工流动为主的政策出台，为农民工进城设置门槛。当时，农村劳动力向城市转移有各种费用，包括暂住费、流动人口管理费、计划生育管理费、城市增容费等，这些费用直到2001年才被有关部门宣布取消。

3.1.3 城镇化快速推进阶段（1997～2011年）

从1997年开始，中国城镇化速度再次加快。1997～2011年长达15年的时间，是中国城镇化发展最快的时期。20世纪90年代中期，中国社会主义市场经济体制初步建立，在随后的几年，中国经济进入黄金发展期，涌进城镇的农民工规模急剧扩张，每年增加约2000万人。到2002年以后，从城镇化理论上讲，2006年我国的城镇化率正式超过"诺瑟姆曲线"理论的第一个拐点，即

---

① 闫明明. 中国新型城镇化的进程及模式研究［M］. 北京：中国经济出版社，2017.

30%，城镇化的聚集效应开始显现。

这一时期是我国城镇化加速发展阶段，工业产业结构升级的特点比较明显，工业化进程速度加快，工业化与城镇化的联系更加紧密。农村人口向城镇的转移数量增大，城乡之间的流动人口增加，保护外出务工人员的政策不断完善，城镇基础设施建设力度加大，这些都有力地推动了城镇化进程。1996 年底的城镇化率是 30.48%，到 2011 年，城镇化率达到 51.27%[①]，年均提高 1.39 个百分点。中国城镇化的加速发展，也导致了城市住宅的供不应求矛盾逐渐激化。

在此期间，非正式迁移（在人口普查中根据户口登记状况离析出来的"人户分离"的人群）对总迁移的贡献度逐步加大，到 2000 年，非正式迁移的占比高达 70%，远远超过 20 世纪 80 年代。到 2010 年，离开户口登记地半年以上的人数达到 2.61 亿人，其中流动人口数达到 2.21 亿人，相对于改革开放初期增长了 34 倍。[②]

随着外商直接投资力度的增强以及电子和汽车产业的兴起，地区经济发展水平的差异成为人口流迁的核心动力，人口迁移原因也从原来的工作调动、随迁家属等转变为"务工经商"。[③]

3.1.4 新型城镇化阶段（2012 年初至今）

到 2011 年，中国的人口城镇化率正式超过 50%，到达了"诺瑟姆曲线"理论 30% 和 70% 两个大拐点的中间点。很多国家在城镇化率达到 50% 以后，都出现了城镇化速度放缓迹象。

中国的城镇化增长率从 2012 年开始大幅度放缓，2012 年末的城镇化率仅比上年提高了 1.3 个百分点。城镇化率从 2011 年末的 51.27%，到 2015 年末的 56.1%，年均提高 1.21 个百分点。到 2016 年末，城镇化率比 2015 年末提高了 1.25 个百分点，达到 57.35%。[④]从 2012 年开始，连续五年再没有一年达到上一个阶段的平均数 1.39。可以看出，随着中国城镇化水平的不断提高，"重物轻人"的传统城镇化进程逐步进入慢车道，这主要因为城市工业发展已

---

①④ 数据来源于国家统计局历年《国民经济和社会发展统计公报》。
②③ 闫明明. 中国新型城镇化的进程及模式研究［M］. 北京：中国经济出版社，2017.

经到达天花板，环境资源约束，传统产业难以维持，整体劳动力需求减弱，从而对农村劳动力的吸纳作用降低。同时，随着老龄化进程的加快，劳动人口也呈现出逐渐下降的趋势，农村劳动力供给将不断下降，进一步影响农村人口向城镇人口的转化，导致城镇化进程减缓。

新型城镇化的本质是人的全面现代化、人类社会与自然和谐的现代化，也是以人的城镇化为核心的社会变革，涉及一系列亟待突破的改革，包括土地制度改革、户籍制度改革、行政体制改革、财税体制改革等。其中，土地制度改革和户籍制度改革最关键，通过这两项改革，将进一步打破农村和城市、农民和市民之间的界线，改变我国城镇入城的农民工和新市民的待遇。

3.2 新型城镇化水平的分析

3.2.1 构建新型城镇化水平评价指标的依据与原则

目前，国内学者在研究评估城镇化水平的指标方面注重点各有不同，但纵观各位学者所建立的指标体系会发现，其评价指标已不再使用单一人口或城市面积之类的手段，而普遍采用复合性指标加以评估。此外，也更加强调"质"而非"量"的评价。刘婧在测度我国城镇化质量水平时构建了包含经济发展水平、城镇生活质量、社会公平性、城镇文化教育水平等在内的七个一级指标，以及城镇人口比重、城镇居民人均消费性支出、城镇居民人均住宅面积、人均公共绿地面积等在内的 21 个二级指标体系。通过以上指标的实证分析，认为我国整体城镇化质量与数量水平较为协调，但部分地区，如广东的城镇化质量水平远不及数量水平。① 刘雅静在建立评估我国城镇化水平的综合指标时，首先提出要符合系统性、科学性、可行性、可比性、层次性和简要性六大原则，并分别从经济、人口、社会、环境和城乡协调发展水平这五大方面构建

---

① 刘婧. 关于城镇化发展的"数量"与"质量"——基于复合指标体系的测度与解读［A］. 中国城市规划学会编. 城市规划和科学发展——2009 中国城市规划年会论文集［C］. 天津：天津科学技术出版社，2009.

评估我国地域城镇化水平综合指标体系。① 吕丹等则选取了人口城镇化指数、经济发展指数、生态环境支持指数、城乡统筹指数、基本公共服务均等化指数这五大方面作为评价我国新型城镇化质量的指标体系。② 可见，新型城镇化指标体系的构建应是多视角、全方位的。此外，也有学者针对不同地区或城市构建符合当地特色的城镇化评测指标体系。其中，张向东等对河北省各市的新型城镇化水平评价时，在构建相关指标过程中结合了当地实际发展状况，以基础设施、经济发展、生活方式、环境状况、城乡统筹等在内的六大维度为基础，设计了 27 个具体操作指标，对河北省的新型城镇化水平进行测评，并找出存在的问题，提出相应改善建议。③ 闫海龙、胡青江在对新疆地区新型城镇化评估时，构建了包含人口、经济、基础设施设备以及生态环境等在内的七大指标体系。④ 刘敏等在构建指标体系评价山西新型城镇化时，认为应该从多方面展开，并将资源、环保和智慧等六大方面作为研究的维度，在这六大维度下又设立了 19 个具体指标。⑤ 纵观各位学者在此方面的研究，可见这些评价指标已然更加凸显出城镇化的质量要求，且能根据不同地区的特点构建各具地方特色的指标体系，但也存在一定的问题，如张荣天、焦华富（2016）指出，指标体系的构建偏向静态，无法动态的反映城镇化水平。

由于优先发展大中型城市、限制小城镇发展，优先发展重工业，以及不完善的土地制度等历史问题，使得我国城镇化在传统发展模式下呈现出一种滞后性状态，严重制约了我国城乡和各地区间的统筹发展。故而，2010 年新型城镇化的口号被提出后，各地区也积极投身于新型城镇化发展当中，而对新型城镇化的研究也取得了较多的成果，各位学者从不同角度对新型城镇化模式展开

① 刘雅静. 城镇化发展水平综合评估指标体系研究［J］. 中共银川市委党校学报，2012（2）：50 – 52.

② 吕丹，等. 新型城镇化质量评价指标体系综述与重构［J］. 财经问题研究，2014（9）：72 – 78.

③ 张向东，等. 河北省新型城镇化水平测度指标体系及评价［J］. 中国市场，2013（20）：76 – 79.

④ 闫海龙，胡青江. 新疆新型城镇化发展指标体系构建和评价分析［J］. 改革与战略，2014（2）：100 – 104.

⑤ 刘敏，等. 多维视角的山西新型城镇化实证研究——以山西省 11 个地级以上城市为例［J］. 山西财经大学学报，2017（S2）：1 – 10.

研究。其中，包括对我国泛长江三角地区的江苏、浙江等地的发展模式的全面总结；也有学者对我国整体模式划分为现代农业模式、新型工业化模式以及生态旅游模式①；还有学者从我国整体出发，按地区划分为东部、中部和西部三种城镇化及新型发展模式，并对其特点进行描述。

在社会建设领域，不同的主体面临新型城镇化的任务有所不同，政府注重基本经济建设及普遍化公共服务供给，而企业、社会组织以及个人则注重个别专项福利及公共服务的供给。同时，不同的研究视角所设定的新型城镇化目标有所侧重，有的侧重于基础普惠，有的侧重于全面普惠，而有的侧重于高福利。这种差异化的观点成为我们深化新型城镇化认识、拓展新型城镇化研究的基础与前提。根据新型城镇化视角下公共服务均等化的内涵，本书认为，构建测定新型城镇化的指标体系应遵循以下原则。

（1）普遍化原则。普遍化是均等化的前提，新型城镇化包含普遍化，没有普遍化的城镇化不能保证全面的公共服务均等化，只有新型城镇化普遍才能保证公共服务均等化的实现。公共服务与生俱来的公共性包含着公平理念的自觉追求、公平权利的普遍获得，这构成了公共服务的出发点和落脚点，也是新型城镇化的目标所在。新型城镇化视角下公共服务普遍化体现在三个方面：一是服务对象的普遍化。它要求城市所提供的公共服务项目要能够普遍覆盖镇村居民、外来务工人员乃至外来灵活就业人员，能够覆盖各个阶层、各个群体，尤其是老年人、妇女、儿童、身心障碍人士以及其他需要帮扶的群体，让城乡之间全体社会成员普遍地享有均等的公共服务，各类公共服务特别是事关民众基本生活的公共服务项目不能只覆盖城镇而不涉及乡村，当然也不能只保障村民而不顾及城镇居民。这是公民权利的基本要求，是社会平等的集中体现，也是公共服务均等化建设的前提。二是服务项目的普遍化。新型城镇化强调以人为本、以人为核心，这其实就是要求能够让不同地区以及同一地区内部城乡居民普遍性地享受到他所需要的教育、医疗卫生、文化、就业、社会保障、生态环境及社会治安等基本公共服务项目，不能有的城镇提供的服务项目多，有的提供的服务项目少；更不能出现为城镇居民提供的服务项目多而

---

① 张荣天，焦华富. 中国新型城镇化研究综述与展望［J］. 世界地理研究，2016，25（1）：59 – 66.

为农村居民提供的服务项目少的现象。特别要注重优先倾斜于特殊群体的公共服务供给，着力改善这类人员的基本生活，使他们能够尽快地融入社会，享受新型城镇化所带来的便利生活。三是服务种类的普遍化。新型城镇化是全面的城镇化，它也要求齐全的公共服务类型，不仅包括教育、医疗、环境等社会性公共服务项目，也包括水电气、路桥、通信、邮电、气象等基础性公共服务项目，还包括各类经济性公共服务以及安全性公共服务项目，前者涉及政务服务、技术交换与服务平台及金融服务等，后者则包括警察、消防、国安等服务，以便让民众能够生活在更加安全的环境中，保障群众的安全需求。

（2）差异化原则。新型城镇化的差异化又是普遍化的客观要求，也是公共服务均等化的现实需求，承认普遍化并不排斥差异化，差异化是普遍性基础上的差异，普遍是承认差异性基础上的普遍。一方面，我国幅员辽阔，区域之间、城乡之间的经济基础、地理环境、生活习俗等方面差异较大，每个街、镇、村拥有区别于其他街、镇、村的自然禀赋及文化资源，不同街、镇、村在新型城镇化建设中所诉求的公共服务均等化要求并不完全一致，对一个街、镇、村适用的公共服务项目及标准并不一定完全适合于其他地方。同样，适用于一个乡村的公共服务项目也不可能完全适合于其他乡村，如果用同一标准建设所有城镇的公共服务不仅不能满足民众差异化及多样化的需求，反而得不到民众的认同，造成公共资源的浪费。另一方面，从服务对象角度看，不同群体在性别、年龄、民族、阶层、学历、生活方式、生活习惯等方面的差别势必会形成公共服务项目需求的差异，我们理当针对不同群体进行差异化的公共服务提供，采取个性化的公共服务供给。比如，与青壮年相比，老年人更加需要养老和医疗等方面的公共服务；与男性相比，女性对就业与生育问题更为关注；与成年人相比，儿童对于道路、校园、食品、公共卫生等方面的安全保障需求更为迫切。甚至，不同个体之间对于公共服务的需求与偏好也有差异，同一项目提供给不同个体时应该采取异质化的服务以便更好地满足个体的差异化需求，允许个体根据自身的需求与偏好选择适合自己需求的公共服务项目。换言之，从来也没有放之四海而皆准的新型城镇化，新型城镇化并不是把供给城市的公共服务项目、内容、方式及标准简单地照搬到镇街及村庄，也不是给不同的对象提供同等的项目与内容，而是在城乡差异型公共服务方面坚持采取"差异性供给"。只有因地制宜、区别对待，针对不同个体、不同需求提供差异化公共服务，才能真正体现新型城镇化的实质。

（3）整合化原则。公共服务均等化需要对新型城镇化进程中各种单一而零碎的公共服务项目、内容、供给方式等加以必要的整合，优化公共服务配置，提升公共服务供给质量。首先，公共服务的整合要把政府、市场、企业、社会以及个人等力量整合起来，充分发挥他们在新型城镇化建设中的作用，形成公共服务供给的合力，减轻单一主体在资金、资源以及能力等方面的投入不足难题。实际上，整合后的供给主体还可以统筹配置公共服务资源，使得各类公共服务资源能够均等地覆盖所有供给对象，避免出现公共服务资源过度供给或供给不足甚至没有供给等问题，最大限度地促进公共服务均等化。其次，要整合公共服务项目，实现精准供给。新型城镇化的公共服务是一个有机整体，绝不只是社会保障、社会救助等社会生活类公共服务，它还包括基础设施类、经济建设类以及安全保护类公共服务，这就要根据各地实际加以选择性供给，有的城镇经济基础较好、社会类公共服务供给充足，但社会治安等安全类公共服务不足，就需要补强这类公共服务；有的城镇则需要加强基础设施类公共服务，当然也有的城镇需要重点加强社会类公共服务。再次，要整合公共服务供给规则，改善公共服务供给分散化局面，将城乡居民享有的公共服务待遇差距控制在可接受、比较合理的范围内，形成"区域、城乡统一的公共服务制度和规则"。这就需要改变原来分散规划的局面，尤其是基础设施类公共服务要真正实施"多规合一"，强化城乡建设、土地利用、环境保护、文物保护、综合交通、水资源、文化旅游、社会事业等各类规划的衔接与整合，确保城镇规模、开发边界、水电气等设施统一配置，切实做到"一张蓝图干到底"，推进新型城镇治理能力与治理水平的现代化。

（4）合理化原则。新型城镇化不是无差别的均等，不是高标准的一致，也不是低层次的供给，而是要适应城乡居民需求、满足城乡居民需要，因而合理化是新型城镇化的最好诠释，也是新型城镇化的现实要求。它不仅强调社会的公共服务对全体城乡居民的普遍覆盖与普遍享有，而且注重人与人之间公共服务享有的相对合理。一方面，新型城镇化的合理化要求公共服务设置的合理化。公共服务主要面向社会公众，特别是转变为城镇户籍身份的农民，公共服务的供给要以这类人员的需求为导向，最大限度地满足他们的需求，既要防止项目不足导致公共服务无法满足城镇居民的需要，又要防止供给不均衡甚至个别项目的过度供给而造成这类公共服务资源的浪费。另一方面，新型城镇化要求服务水平的合理化。新型城镇化内含衡量标准与评价尺度的均等化，公共服务水平既要考虑城镇居民的需要，保障和满足他们的生产、生活和发展，又要与特定的生产力水平相适应，还要能够适合城镇居民及村民的生活方式与生活习惯，"适度""适当""适应""适合"构成了公共服务供给合理化的重要标志，它是新型城镇化建设中公共服务具有适用性的重要表现与集中体现。

（5）可持续性。可持续是新型城镇化的客观要求，也是新型城镇化建设的内在尺度与评价标准。评价一个地方的新型城镇化水平不能只看它是否项目齐全、经济发展水平是高还是低，更要看新型城镇化的发展方式是否可持续。一个不可持续的发展方式无论它的水平高还是低、全面还是不全面都没有任何的价值可言。从建设以人为本的新型城镇化角度看，就是要致力于保证城乡社会经济发展的可持续，建设城乡统筹、城乡一体、产业互动、节约集约、生态宜居、和谐发展为基本特征的城镇化，是大中小城市、小城镇、新型农村社区协调发展、互促共进的可持续的城镇化。

3.2.2 相关指标的具体说明和数据来源

本书根据《国家新型城镇化规划（2014—2020 年）》及"十三五"规划相关文件，从七个方面设计了测评城镇化的一级指标体系，它们分别是经济发展指标、城市设施指标、人口优化、资源环境指标、生活指标、社会进步指标和城乡统筹。并在此基础上，充分考虑指标体系的系统性、数据的可获得性和年度间的一致性，进一步构建以我国 30 个省份（由于各年度数据的不完整性，因此不包括西藏及港、澳、台地区）新型城镇化水平为研究对象的 18 个二级指标，以此构建出我国 30 个省份新型城镇化水平的评价指标体系（见表 3 - 1），由于在设置该指标体系的二级指标时采用的是相对数指标，因此可直接对每一年我国 30 个省份各项城镇化项目进行横向比较，从而可以更加直观地看出我国城镇化的速度,以及我国新型城镇化的质量水平。

表 3 – 1 城镇化质量评价指标体系

序号	一级指标	二级指标
X_1	经济发展	第二产业增加值占 GDP 比重（%）
X_2		第三产业增加值占 GDP 比重（%）
X_3		城镇固定资产投资增长率（%）
X_4	城市设施	城市人口密度（人/平方公里）
X_5		人均城镇道路面积（平方米）
X_6		城市用水普及率（%）
X_7		每万人拥有公共交通车辆台数（标台）
X_8		城市建成区绿化覆盖率（%）
X_9	人口优化	城镇人口增长率（%）
X_{10}	资源环境	城市污水日处理能力（万立方米）
X_{11}		生活垃圾无害化处理率（%）
X_{12}		工业污染治理完成投资（万元）
X_{13}	社会进步	城镇登记失业率（%）
X_{14}		每十万人中有普通高等学校在校生数（人）
X_{15}		医疗卫生机构数（个）
X_{16}	生活质量	居民人均可支配支出（消费支出）（元）
X_{17}	城乡统筹	非农产业就业比（%）
X_{18}		乡城人均收入比（%）

在对我国新型城镇化水平进行测算前,需要对各项测算指标的数据来源和计算过程加以说明。考虑到后续章节在对基本公共服务均等化研究过程中采用的时间跨度为 2006～2017 年,因此,为保持研究前后时间跨度的一致性,本章研究所包含的各项指标涉及的年份跨度也均为 2006～2017 年。

(1) 经济发展评价指标。主要有:一是工业化程度指标,包括工业增加值和工业化率,这两个指标越大,就说明城市的工业化程度越高;二是产业增加值指标,包括第二产业增加值、第三产业增加值和其各自所占的比例,这些指标可以反映城市中各大产业在经济发展中所做的贡献。为了能更确切地说明非农产业在城市经济中的贡献情况,本书选取了第二产业、第三产业增加值占 GDP 比重两项指标,这两个指标的数据可首先在国家数据网(http://data.stats.gov.cn/index.htm)找到各省份各年第二、第三产业的增加值,再根据每一年的 GDP 计算而来。此外,本书增加了城镇固定资产投资增长率指标来进一步测算城镇化水平，2006～2010 年可通过发展公报直接获取该指标的数据，由于 2011 年开始国家统计局将该指标更替为固定资产投资（不含农户），因此，之后年份数据也可从国家统计年鉴中固定资产投资指标中获得。

（2）城市设施评价指标。主要有：一是城市建设类指标，包括城市建设建成区面积、城市建成区绿化覆盖率、人均城市道路面积等指标，这些指标数越大，说明城市建设越好；二是城市水处理类指标，包括城市供水综合生成能力、城市供污水日处理能力，以此衡量城市的供水能力和处理污水能力；三是城市人口与交通类指标，包括城市人口密度和城市公共交通车辆运营数，这些指标可以反映城市的人口承载度和交通拥挤度。本书主要选取了城市人口密度、人均城镇道路面积、城市用水普及率、每万人拥有公共交通车辆台数、城市建成区绿化覆盖率五个指标，通过 2006～2017 年《全国城市建设统计年鉴》中"全国城市市政公用设施水平（按省分列）"一项可直接查找相应数据。

（3）人口优化评价指标。主要有：一是城镇化指标，包括城镇人口、年末常住人口和城镇化率，城镇化率指标数越大，说明城镇化水平越高；二是文盲人数指标，包括 15 岁及以上文盲人口数、15 岁及以上男性文盲人口数和 15 岁及以上女性文盲人口数，这些指标可以反映该城市的教育水平；三是儿童抚养指标，这里主要是分析城市的总抚养比，该指标数值越大，说明城市对儿童的关心度越高。考虑到研究指标的关联性，这方面本书主要选取了城镇人口增长率，通过国家数据网找到 2005～2017 年每年的常住人口，再按以下公式计算得出相应数据：（本年城镇人口 - 上年城镇人口）/上年城镇人口。

（4）资源环境指标。主要有：一是水资源指标，包括人均水资源量和供水总量，这两项指标越高，说明城市的水资源含量丰富；二是污染处理能力指标，包括生活垃圾无害化处理率、工业污染治理完成投资和治理废水、废气、废物完成投资，这些指标可以切实反映城市的环境处理能力。本书主要选择了城市污水日处理能力，可以直接在国家数据网查找；生活垃圾无害化处理率，可以在 2006～2017 年《全国城市建设统计年鉴》中"全国城市市政公用设施水平（按省分列）"一项获取直接数据；工业污染治理完成投资，可以直接在国家数据网查找。通过上述三个指标来进测算城镇化的环境质量。

（5）社会进步指标。主要有：一是失业率指标，包括城镇登记失业人数和城镇登记失业率，这两项指标可以很有效地反映城市的就业情况；二是教育、医疗和文化，包括普通高等学校本科招生数、普通高等学校教职工总数、医疗卫生机构数、卫生人员数、公共图书馆机构数和国内专利申请受理量，这些指标数越大，说明城市的社会公共服务发展水平越高。本书选取了城镇登记失业率、每十万人中有普通高等学校在校生数和医疗卫生机构数三个指标。城镇登记失业率和每十万人中有普通高等学校在校生数两个指标可以直接在国家数据网找到每一年的各省数据；医疗卫生机构数则要划分为：2006～2007 年《中国统计年鉴》上的医疗卫生机构不包括村卫生室，需单独在各省统计年鉴寻找；2008 年为《中国统计年鉴》的医疗卫生机构和村卫生室两个指标的加总而来；2009～2017 年可直接通过《中国统计年鉴》查找直接数据（指标数据包括村卫生室）。

（6）生活质量指标。主要有：一是收入支出指标，包括城镇居民人均可支配收入和人均消费支出，这两个指标可以切实反映人民生活水平的高低；二是人均 GDP 指标，包括地区生产总值、年末常住人口和人均 GDP，其中，人均 GDP 指标更能反映人民生活的真实水平；三是固定资产拥有量指标，包括城镇居民家庭平均每百户家用汽车拥有量和移动电话拥有量，这两项指标也可以有效地反映人民的生活条件。本书选取了居民人均可支配支出（消费支出）来测度城镇化的质量。2013 年之前，该指标数据需按公式：（城镇居民人均消费支出×城镇人口＋农村居民人均消费支出×农村人口）/（城镇＋农村人口）计算所得；2013 年及以后的数据可直接在国家数据网获取。

（7）城乡统筹指标。本书选择了以下两项指标进行测算：一是非农产业就业比。该项指标需要在各年统计年鉴的就业指标中分别获得第二、第三产业就业比、第一产业就业人数、总就业人数，再根据公式：第二产业就业比＋第三产业就业比或 ＝100％ －第一产业就业比或 ＝100％ －第一产业就业人数/总就业人数计算而来。二是乡城人均收入比。城乡居民人均收入都可以在各年统计年鉴的人民生活指标中获得，然后根据公式：农村居民年人均收入（纯收入）/同期城镇居民年均可支配收入计算而来。

3.2.3　评价新型城镇化水平的数据处理过程

根据表 3 - 1 所列示的指标，在搜集到 2006～2017 年我国 30 个省份的全部数据之后，为了能更加准确地确定城镇化质量各指标权重，本章将定量与定性相结合，先分别运用层次分析法和熵值法计算各指标的权重，再用最小相对信息熵原理将两种方法确定的权重组合，从而计算出组合权重。其中，熵值法是根据各项指标值的变异程度来确定指标权数的，这是一种客观赋权法，避免了人为因素带来的偏差，但由于忽略了指标本身重要程度，有时确定的指标权数会与预期的结果相差甚远。层次分析法在运用中会涉及主观判断相关指标的重要性，因此，通过运用两种方法可互相弥补不足。

3.2.3.1　层次分析法确定权重

将城镇化作为目标层，将经济发展、城市设施、人口优化等一级指标作为准则层，再将各二级指标作为子准则层。根据层次分析法思路和 Delphi 法（即专家评判法）确定准则层 B 对目标层 A 的权重集 A：A = $\{U_1$、U_2、U_3、U_4、U_5、U_6、$U_7\}$，以及子准则层 C 对二级指标层 B 的权重集 A_p。在确定准则层 B 对目标层 A 的权重集时，首先根据相关专家评判结果和各文献资料查找结果确定准则层中元素的相对重要性，并用定量的方法表示，进而建立各指标的判断矩阵：

$$A = \begin{pmatrix} 1 & 1/4 & 1/5 & 3 & 2 & 1/2 & 1/3 \\ 4 & 1 & 1/2 & 6 & 5 & 3 & 2 \\ 5 & 2 & 1 & 7 & 6 & 4 & 3 \\ 1/3 & 1/6 & 1/7 & 1 & 1/2 & 1/4 & 1/5 \\ 1/2 & 1/5 & 1/6 & 2 & 1 & 1/3 & 1/4 \\ 2 & 1/3 & 1/4 & 4 & 3 & 1 & 1/2 \\ 3 & 1/2 & 1/3 & 5 & 4 & 2 & 1 \end{pmatrix}$$

运用 Excel 软件求解出判断矩阵的最大特征向量：W = (0.07　0.23　0.35　0.03　0.05　0.11　0.16)，即相对于目标层 A 而言，准则层 B 中的七个要素经济发展 U_1、城市设施 U_2、人口优化 U_3、资源环境 U_4、社会进步 U_5、生活质量 U_6、城乡统筹 U_7 各自的权重。对此结果还需进行一致性检验，通过

$AW = \lambda_{max}W$ 可计算出判断矩阵 A 的最大特征根 $\lambda_{max} = 7.21$，又由于所列因素为 7，则 $n = 7$，由此便可求出 $CI = \dfrac{\lambda_{max} - n}{n - 1} = 0.035$，同时，由表 3-2 得出平均随机一致性指标 RI 的值为 1.36，那么随机一致性比率 $CR = CI/RI = 0.035/1.36 = 0.026 < 0.1$，因此，可认为层次单排序的结构有满意的一致性。

表 3-2　　　　　　　　　　矩阵阶数对应的 RI 值

矩阵阶数	1	2	3	4	5	6	7	8
R. I.	0	0	0.52	0.89	1.12	1.26	1.36	1.41
矩阵阶数	9	10	11		12	13	14	15
R. I.	1.46	1.49	1.52		1.54	1.56	1.58	1.59

在确定准则层各因素主次关系后，接下来求出各子准则层因素相对于其准则层目标的权重。确定方法同上（子准则层因素不足三项的，如人口优化子准则层，可直接或通过判断得出）由此可得出各二级指标所赋权重，见表 3-3。

表 3-3　　　　　　　　　熵值法确定城镇化各指标权重结果

指标	2006 年	2007 年	2008 年	2009 年	2010 年	2011 年
C_1	0.075	0.069	0.065	0.062	0.054	0.053
C_2	0.132	0.154	0.164	0.161	0.144	0.160
C_3	0.043	0.038	0.023	0.021	0.013	0.031
C_4	0.042	0.050	0.053	0.059	0.061	0.048
C_5	0.032	0.030	0.027	0.026	0.025	0.028
C_6	0.038	0.025	0.034	0.035	0.036	0.047
C_7	0.087	0.078	0.068	0.077	0.065	0.055
C_8	0.010	0.010	0.010	0.010	0.010	0.010
C_9	0.009	0.054	0.038	0.043	0.067	0.040
C_{10}	0.082	0.081	0.091	0.089	0.094	0.095
C_{11}	0.046	0.038	0.030	0.031	0.027	0.029
C_{12}	0.084	0.078	0.073	0.058	0.070	0.078
C_{13}	0.015	0.014	0.014	0.011	0.012	0.018
C_{14}	0.088	0.088	0.080	0.079	0.086	0.071
C_{15}	0.064	0.068	0.073	0.078	0.077	0.081
C_{16}	0.085	0.048	0.076	0.077	0.078	0.076
C_{17}	0.031	0.034	0.033	0.032	0.035	0.037
C_{18}	0.038	0.042	0.048	0.047	0.047	0.045

续表

指标	2012 年	2013 年	2014 年	2015 年	2016 年	2017 年	均值
C_1	0.055	0.061	0.060	0.066	0.062	0.057	0.062
C_2	0.152	0.156	0.149	0.145	0.140	0.1296	0.149
C_3	0.021	0.019	0.023	0.031	0.058	0.0475	0.031
C_4	0.058	0.057	0.070	0.069	0.051	0.0464	0.055
C_5	0.025	0.023	0.022	0.022	0.021	0.020	0.025
C_6	0.053	0.031	0.021	0.028	0.032	0.0381	0.035
C_7	0.048	0.069	0.066	0.063	0.056	0.0542	0.065
C_8	0.009	0.010	0.009	0.009	0.009	0.0087	0.010
C_9	0.058	0.040	0.048	0.041	0.048	0.0538	0.045
C_{10}	0.091	0.087	0.086	0.086	0.086	0.1012	0.089
C_{11}	0.023	0.016	0.022	0.014	0.014	0.0109	0.025
C_{12}	0.090	0.078	0.099	0.074	0.094	0.1122	0.082
C_{13}	0.016	0.016	0.016	0.019	0.018	0.0181	0.016
C_{14}	0.069	0.076	0.062	0.077	0.061	0.0558	0.074
C_{15}	0.077	0.079	0.077	0.077	0.073	0.0734	0.075
C_{16}	0.070	0.097	0.099	0.106	0.114	0.112	0.086
C_{17}	0.041	0.043	0.041	0.035	0.029	0.026	0.035
C_{18}	0.044	0.043	0.029	0.038	0.035	0.034	0.041

3.2.3.2 熵值法确定权重

首先对各指标进行归一化处理，由于各项指标的计量单位并不统一，因此在用它们计算综合指标前，先要对它们进行标准化处理，从而解决各项不同质指标值的同质化问题。而且，由于正向指标和负向指标数值代表的含义不同（正向指标数值越高越好，负向指标数值越低越好），因此，对于正负指标我们用不同的算法进行数据标准化处理。具体方法如下。

正向指标：$X_{ij} = (a_{ij} - min)/(max - min)$

负向指标：$X_{ij} = (max - a_{ij})/(max - min)$

X_{ij} 为第 i 个省份的第 j 个指标的数值。

计算第 j 项指标下第 i 个省份占该指标的比重：$p_{ij} = X_{ij} / \sum_{i=1}^{30} X_{ij}$。之后，计算第 j 项指标的熵值和信息熵冗余度：

$$e_j = -k \sum p_{ij} \ln(p_{ij}), \text{ 其中 } k = 1/\ln(n), \text{ 满足 } e_j \geq 0;$$

$d_j = 1 - e_j$。

最后，计算出各项二级指标的权值：$p_{ij} = d_{ij} / \sum_{j=1}^{18} d_{ij}$。计算结果见表3-3。

3.2.3.3 最小相对信息熵确定组合权重

令层次分析法确定的主观权重为 W_{1i}，熵值法确定的客观权重为 W_{2i}，且考虑到熵值法下确定的权重结果虽为截面数据，但各年度确定的权重结果具有趋同性，并能够反映各省份城镇化水平的一般性，因此，将2006～2017年各年度熵值法所确定的各项指标权重平均化结果作为熵值法下的权重，将两者结合可得组合权重 W_j。目前，将熵值法与层次分析法结合起来确定权重是常采用的方法，并被运用于各研究领域，相关文献有：基于层次分析法和熵值法的产品广义质量综合评价方法（刘杨等，2009）、基于层次分析法和熵权法的宁夏城市人居环境质量评价（李帅等，2014）、基于熵值法和 AHP 建立 CSMT 零件管理模型与实例（成骁彬，2014），且不同学者将二者结合时采取的做法不同。本书则是根据最小相对信息熵原理，用拉格朗日乘子法优化，从而得出组合权重计算式：$W_i = (W_{1i} W_{2i})^{0.5} / \sum (W_{1i} W_{2i})^{0.5}$。通过以上步骤，即可得出不同方法下城镇化质量评价体系中各指标权重，结果见表3-4。

表3-4 城镇化组合权重结果

准则层 B	权重（组合法）	指标层 C	权重		
			层次分析法	熵值法	组合法
B_1	0.154	C_1	0.018	0.062	0.039
		C_2	0.043	0.149	0.095
		C_3	0.009	0.031	0.020
B_2	0.249	C_4	0.067	0.055	0.073
		C_5	0.030	0.025	0.032
		C_6	0.042	0.035	0.045
		C_7	0.079	0.065	0.086
		C_8	0.012	0.010	0.013
B_3	0.15	C_9	0.350	0.045	0.150
B_4	0.091	C_{10}	0.014	0.089	0.042
		C_{11}	0.004	0.025	0.012
		C_{12}	0.012	0.082	0.037

续表

准则层 B	权重（组合法）	指标层 C	权重		
			层次分析法	熵值法	组合法
B₅	0.109	C₁₃	0.005	0.016	0.011
		C₁₄	0.022	0.074	0.048
		C₁₅	0.023	0.075	0.050
B₆	0.116	C₁₆	0.110	0.086	0.116
B₇	0.131	C₁₇	0.074	0.035	0.061
		C₁₈	0.086	0.041	0.070

在确定新型城镇化质量各项指标所赋权值后，便可通过将各指标权重与其归一化结果相乘并加总，从而得到我国 30 个省份 2006～2017 年新型城镇化质量各年得分情况，结果见表 3 - 5。

表 3 - 5 　　　　30 个省份新型城镇化质量 2006～2017 年得分情况

省份	2006 年	2007 年	2008 年	2009 年	2010 年	2011 年
广东	0.4256	0.3815	0.3936	0.4097	0.4153	0.4249
江苏	0.5208	0.5300	0.4914	0.5138	0.5697	0.4961
山东	0.4943	0.4456	0.4503	0.4461	0.4563	0.4825
浙江	0.4795	0.4925	0.4572	0.4734	0.5644	0.4701
河南	0.4337	0.4722	0.4236	0.4269	0.3029	0.4056
四川	0.3636	0.2958	0.2971	0.3016	0.2793	0.3002
湖北	0.3682	0.3264	0.3322	0.3419	0.4019	0.3866
湖南	0.3979	0.4289	0.3958	0.3677	0.3235	0.3786
河北	0.4131	0.4545	0.4241	0.4551	0.3820	0.3963
福建	0.4067	0.4095	0.4088	0.4625	0.4108	0.3825
上海	0.6131	0.6436	0.5761	0.5848	0.5572	0.5120
北京	0.5401	0.6712	0.6740	0.6795	0.5972	0.5947
安徽	0.3665	0.4091	0.3824	0.3700	0.2773	0.3595
辽宁	0.4405	0.3544	0.3705	0.3566	0.3856	0.4087
陕西	0.3972	0.4036	0.3944	0.4117	0.4224	0.4162
江西	0.3669	0.3086	0.3244	0.3194	0.3054	0.3137
重庆	0.3126	0.3426	0.3585	0.3478	0.3084	0.3598
广西	0.3146	0.3634	0.3414	0.3247	0.2489	0.3074
天津	0.5354	0.5514	0.5882	0.5938	0.5572	0.5738
云南	0.3141	0.3578	0.3409	0.3265	0.2696	0.3620
内蒙古	0.3205	0.3101	0.2947	0.3356	0.2813	0.2822
黑龙江	0.3452	0.2686	0.3286	0.2720	0.3051	0.3249

续表

省份	2006 年	2007 年	2008 年	2009 年	2010 年	2011 年
山西	0.3664	0.3594	0.3394	0.3524	0.4041	0.3675
吉林	0.3156	0.2114	0.2315	0.2203	0.2273	0.2223
贵州	0.2413	0.1801	0.1987	0.1797	0.32851	0.2407
新疆	0.3826	0.4393	0.3183	0.3141	0.4136	0.3378
甘肃	0.3274	0.3216	0.2851	0.3057	0.2524	0.2498
海南	0.3098	0.2200	0.2332	0.2259	0.1984	0.2145
宁夏	0.3922	0.3072	0.2786	0.3288	0.3368	0.3519
青海	0.3501	0.3561	0.3112	0.3590	0.4156	0.3917
平均值	0.3952	0.3872	0.3748	0.3802	0.3733	0.3771

省份	2012 年	2013 年	2014 年	2015 年	2016 年	2017 年	各年平均值
广东	0.4225	0.4322	0.4246	0.4335	0.4381	0.4527	0.4212
江苏	0.4669	0.4962	0.4846	0.5045	0.5154	0.5237	0.5094
山东	0.4747	0.4846	0.4664	0.5259	0.5290	0.5142	0.4808
浙江	0.4563	0.4968	0.4838	0.5015	0.5279	0.5357	0.4949
河南	0.3702	0.3835	0.3836	0.3956	0.4103	0.4271	0.4029
四川	0.2907	0.3097	0.3106	0.2793	0.3088	0.3305	0.3056
湖北	0.3527	0.3498	0.3576	0.3591	0.3756	0.3794	0.3610
湖南	0.3630	0.3990	0.3804	0.4008	0.4099	0.4107	0.3880
河北	0.3928	0.4426	0.4037	0.4500	0.4396	0.4442	0.4248
福建	0.4068	0.4405	0.4224	0.4245	0.4313	0.4651	0.4226
上海	0.4853	0.5356	0.4942	0.5542	0.5209	0.5177	0.5496
北京	0.5704	0.5593	0.5216	0.5037	0.4855	0.4904	0.5740
安徽	0.3614	0.4006	0.3684	0.3635	0.3829	0.4139	0.3713
辽宁	0.3917	0.3383	0.3107	0.3067	0.2948	0.2647	0.3519
陕西	0.4527	0.4086	0.3838	0.3497	0.3537	0.3670	0.3968
江西	0.3145	0.3014	0.3017	0.3067	0.3092	0.3388	0.3176
重庆	0.3410	0.3475	0.3190	0.3293	0.3344	0.3545	0.3380
广西	0.2902	0.2943	0.2603	0.2771	0.2708	0.2915	0.2987
天津	0.5802	0.6352	0.5684	0.5357	0.5169	0.4891	0.5604
云南	0.3669	0.3054	0.2985	0.3115	0.3062	0.3132	0.3227
内蒙古	0.2818	0.3230	0.3259	0.3179	0.3238	0.3193	0.3097
黑龙江	0.3173	0.3266	0.3171	0.3135	0.3104	0.2989	0.3107
山西	0.3553	0.3888	0.3464	0.3429	0.3383	0.3360	0.3581
吉林	0.2429	0.2498	0.2686	0.2523	0.2216	0.2300	0.2411
贵州	0.2592	0.3074	0.3204	0.3177	0.3244	0.3277	0.2688
新疆	0.3267	0.3611	0.4169	0.3820	0.3270	0.3554	0.3646

续表

省份	2012 年	2013 年	2014 年	2015 年	2016 年	2017 年	各年平均值
甘肃	0.2920	0.2923	0.2710	0.2737	0.2529	0.3765	0.2917
海南	0.2249	0.2094	0.2120	0.2591	0.2825	0.2612	0.2376
宁夏	0.2707	0.3548	0.3626	0.3323	0.2968	0.3405	0.3294
青海	0.3624	0.3627	0.3594	0.2965	0.3433	0.3549	0.3552
平均值	0.3695	0.3846	0.3715	0.3734	0.3727	0.3841	0.3786

3.3　具体分析及基本结论

3.3.1　总体水平

从全国来看，一方面，就新型城镇化质量而言，2006～2017 年整体存在波动性；另一方面，就城镇化速度而言，根据前面的数据处理，可以由图 3-1 清晰看出，2006 年以来，中国城镇化率总体呈上升趋势。从城乡结构看，2018 年我国城镇常住人口 83137 万人，比上年末增加 1790 万人；乡村常住人口 56401 万人，同比减少 1260 万人；城镇人口占总人口比重（城镇化率）为 59.58%，比 2017 年的 59.27% 提高 0.31 个百分点。城镇化率提升将带来技术进步和效率改进，带动生产性服务业和消费性服务业强劲增长，也更容易实现包容和普惠性的经济增长。

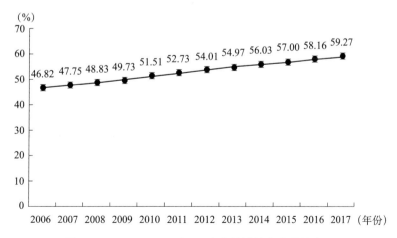

图 3-1　2006～2017 年 30 个省份城镇化率平均水平

资料来源：历年的《中国统计年鉴》。

与此同时，本书发现，2006～2017年我国城镇化增长率是曲折波动的（如图3-2所示），其中，除了2009～2010年增长率较高之外，其他年份增长率均较低，甚至在2008年以后，此增长率一直处于震荡曲折之中。这说明，我国城镇化已经进入了低速发展期。

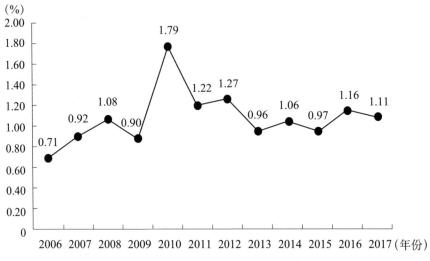

图3-2　2006～2017年30个省份城镇化增长率平均水平

资料来源：历年的《中国统计年鉴》。

图3-3再次印证了本书对城镇化整体水平的基本判定，我国不仅进入了城镇化低速发展水平，而且30个省份的新型城镇化质量与速度的匹配中，处于质量与速度较低的区域所占比重较大（13个省份）。

3.3.2　分区域分析情况

为了能够更加准确和清晰地描述我国城镇化水平，本书选择了2006～2017年30个省份的平均人口城镇化率代表各省份新型城镇化平均速度作为横轴，纵轴则选取了各省份平均城镇化质量指标，对各省份新型城镇化的质量和速度进行匹配（见表3-6）。此外，本书以2006～2017年各省份城镇化质量的平均得分与人口城镇化率的均值（速度）为正交坐标轴，以散点图描述各省份的相对水平（如图3-3所示）。

表3－6　　　2006～2017年各省份新型城镇化平均质量速度匹配度情况

省份	平均城镇化质量	平均人口城镇化率
广东	0.421	0.66
江苏	0.509	0.61
山东	0.481	0.52
浙江	0.495	0.62
河南	0.403	0.41
四川	0.306	0.43
湖北	0.361	0.52
湖南	0.388	0.46
河北	0.425	0.47
福建	0.423	0.58
上海	0.55	0.89
北京	0.574	0.86
安徽	0.371	0.45
辽宁	0.352	0.64
陕西	0.397	0.48
江西	0.318	0.47
重庆	0.338	0.56
广西	0.299	0.42
天津	0.56	0.8
云南	0.323	0.38
内蒙古	0.31	0.56
黑龙江	0.311	0.57
山西	0.358	0.5
吉林	0.241	0.54
贵州	0.269	0.36
新疆	0.365	0.44
甘肃	0.292	0.38
海南	0.238	0.38
宁夏	0.33	0.5
青海	0.355	0.46
平均值	0.379	0.53

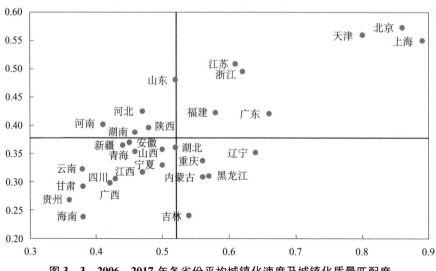

图 3 - 3　2006 ~ 2017 年各省份平均城镇化速度及城镇化质量匹配度

图 3 - 3 中，用 30 个省份的城镇化平均速度和城镇化质量平均水平划分成了四个区域，其中在平均线之上有两个区域，线下有两个区域，越往上、往右，则代表城镇化速度越高，质量也越高，越往下、往左，则城镇化速度越慢，质量也越差。从匹配图的散点分布情况来看，明显左下方的点比较密集，这说明无论是在城镇化速度还是城镇化质量上，各省份还有很大的改善空间。具体分析如下。

（1）双高模式。城镇化速度与质量均高于平均水平的地区（见图 3 - 3 右上角），为我国东部地区的北京、天津、上海、江苏、浙江、福建和广东 7 个省份。由于东部地区拥有优越的地理位置、雄厚的工农业基础，以及丰富的水产品、石油等资源，因而在我国经济发展中始终保持着领先水平，这一地区的城镇化发展以聚集化模式为主。即在原有城镇的基础上，以工业化发展为基础、服务业为主体，通过聚集相关产业，扩大城市规模、扩充城镇人口数量的城镇发展模式，在这种模式的导向下，大城市逐渐发展为特大城市，中小城市逐渐发展为大城市，小型城镇逐渐发展成小城市。而作为东部地区的新型城镇化发展模式表现为以乡镇为中心的小范围城镇扩张式发展，这种发展模式可为东部地区城乡一体化发展提供动力，并为实现沿海发达地区经济社会发展方式转变提供重要的战略支撑。

（2）一高一低模式。城镇化质量高于平均水平，但城镇化速度慢于平均水平的地区（见图 3 - 3 左上角），包括河南、河北、湖南、陕西和山东 5 个省份。该区域的城镇化演进模式较为相似，大致路径为：初始时期，依托于自然、资源和重化工业项目而先行发展起来的城镇形成中部地区点状式布局模式；随后，依托于中部地区的地理特征，并在进一步改善中部地区基础交通设施的基础上，以交通干线和沿河流水系为依托点——轴式城镇化布局逐渐形成，并发展为主要模式；进入到新型城镇化发展阶段，虽然中部地区依然以点轴式城镇化模式的发展为主，但欲形成初始化的网状布局，并依靠城市群拓展社会经济发展空间。这个区域城镇化模式的发展特征可归纳如下。

①人口资源流向逐渐体现市场调配功能。长期以来，城乡二元化的户籍管理体制影响着城镇化及其过程中基本公共服务均等化水平，随着我国中部地区城镇化向新型模式转换，户籍管理体制得以改善，虽未完全打破城乡二元化体制，但对乡村居民流入城市产生抑制作用的户籍门槛正在消失，与此同时，乡村人口外出流向正逐渐取决于市场因素，即流入地与该地区的平均收入、生活水平、所能提供的就业岗位数目相挂钩。

②农民的"身份红利"渐渐彰显。由于城乡一体化发展模式尚未形成，城乡之间的壁垒尚未破除，外出农民无法享受到城市居民相同水平的社会保障，使得他们不得不为其长远生活保障做打算，而此时，农民身份所拥有的承包地则成为农民在城市无法生存时的最后一道保障。

③小城镇发展薄弱。省会城市"一市独大"的现象普遍存在于这类地区城镇化进程中，进入新时期，这种趋势虽在逆转当中，但此区域各级城市发展水平仍有差异，而小城镇发展尤为薄弱，主要表现为公共服务建设相对落后、产业基础薄弱、规模偏小等。

（3）一低一高模式。城镇化质量低于平均水平，但城镇化速度却快于平均水平的地区（见图 3 - 3 的右下角），包括重庆、辽宁、吉林、黑龙江和内蒙古 5 个省份。由于历史的原因，这些省份的城镇化速度快于平均水平，但是质量却普遍低于平均水平，除重庆是新直辖市外，其余省份城镇化发展在城市间存在着阶梯式的差异，公共服务设施也相对落后。

（4）双低模式。城镇化速度与质量均低于平均水平的地区（见图 3 - 3 左下角），既包括西部的新疆、青海、宁夏、甘肃、山西、广西、贵州、云南、四川，也有中部的江西、湖北、安徽和海南等省份，这个区域占比最大，共13个省份。其中，有的省份地形复杂，拥有丰富的能源和矿产资源，因此具有很好的开发潜力；有的省份发展十分不平衡；有的省份则是少数民族聚居地。故而在城镇化模式上并不一致，既包括产业导向式发展模式，依托某一产业或产业聚集体，以此形成集工作、生活和相关服务为一体的产业园区；也包括以休闲旅游为导向的就地城镇化模式，借助于本地区优美的自然景色、舒适的休闲环境以及便捷的交通等条件，通过向大型消费群体提供一体化的休闲旅游服务，以此来带动本地区经济发展。在西部大开发，尤其是在新型城镇化的推动下，我国这些地区不论是经济增长还是城镇化水平都有所提高，但由于生态环境脆弱，城市基础建设落后，开发难度大，因此依然存在以下问题。

①城镇化率与经济增长速度明显不相适应。西部地区 GDP 自大开发以来基本保持在 10% 左右的年均增长率，而城镇化率的年均增长率只稳定在 3% 左右。[1]

②城镇化发展存在较大差异。其中，四川等地城镇化水平已与东部地区水平相接近，而青海等地区城镇密度却不及 2%[2]，这也导致西部地区整体城镇密度较低。省会城市"一市独大"的现象也普遍存在于这类地区城镇化进程中。

③城镇化发展缺乏内在动力。一方面，西部地区区位存在明显劣势，以沙漠、高原、戈壁为主，且突发性地质灾害发生频繁，故面积虽大，但真正有利于扩张城镇的空间较小。另一方面，由于依靠产业来带动城市发展，对能源的依赖性过大，无法形成可持续性城镇化发展，且造成资源的大量消耗。

3.3.3　重点领域分析

3.3.3.1　我国 30 个省份 2006～2017 年城镇化质量得分的变化分析

通过观察 2006～2017 年 30 个省份新型城镇化质量得分情况（见表 3-5）和各省份新型城镇化质量最终得分折线（如图 3-4 所示），可以看出以下特点。

---

①② 邓祥征，等. 中国西部城镇化发展模式研究 [J]. 农村金融研究，2012 (2)：37-40.

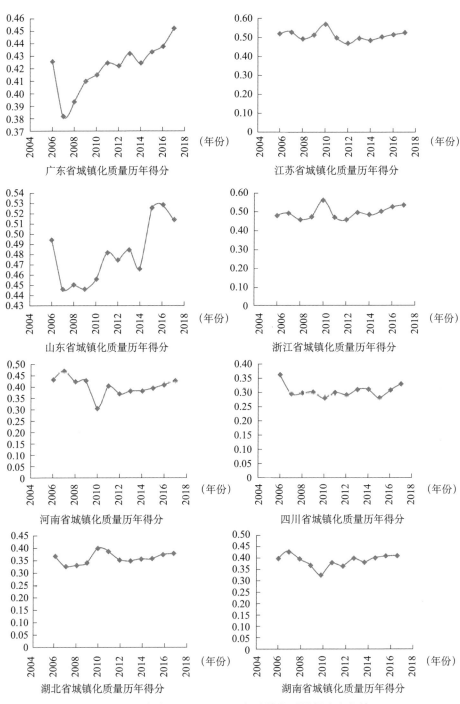

广东省城镇化质量历年得分

江苏省城镇化质量历年得分

山东省城镇化质量历年得分

浙江省城镇化质量历年得分

河南省城镇化质量历年得分

四川省城镇化质量历年得分

湖北省城镇化质量历年得分

湖南省城镇化质量历年得分

图 3－4　30 个省份 2006～2017 年城镇化质量得分变化情况

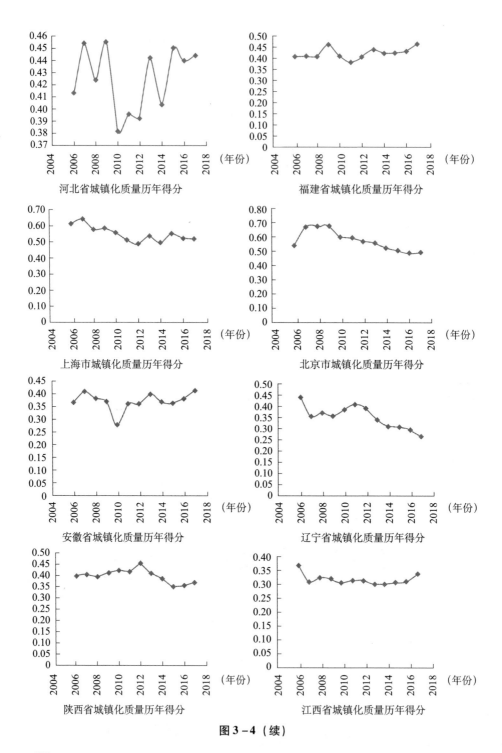

河北省城镇化质量历年得分

福建省城镇化质量历年得分

上海市城镇化质量历年得分

北京市城镇化质量历年得分

安徽省城镇化质量历年得分

辽宁省城镇化质量历年得分

陕西省城镇化质量历年得分

江西省城镇化质量历年得分

图 3 - 4（续）

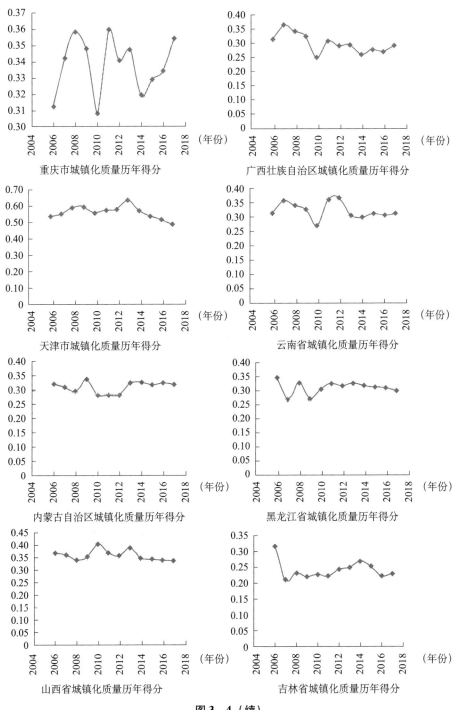

图 3-4 （续）

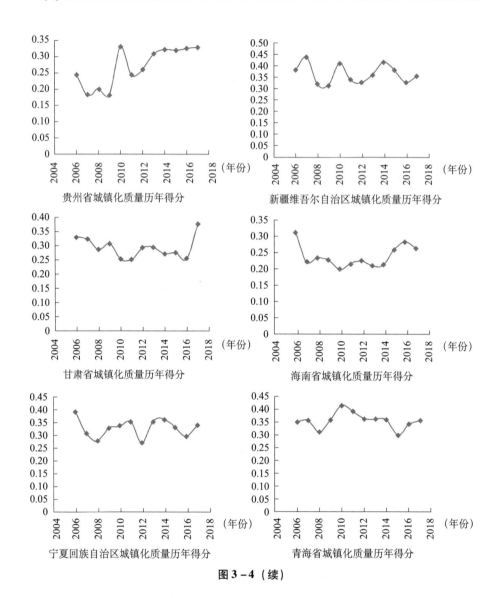

图3-4（续）

（1）新型城镇化质量得分先升后降，整体质量有所下滑，且存在一定的
波动。根据本书采用的最小信息熵值赋权法，不同年份之间的指标具备可
比性。

首先，年度间总体趋势。根据各省份2006～2017年城镇化质量得分情况
来看，2006年的最高分为0.61（上海），其中在2009年上升到0.68（北京），
但是2010年开始下降，到2013年回升到0.64（天津），继而又开始下降，直

到 2017 年的最高分只有 0.54（浙江）。整体质量得分的最高分有所下降，且存在一定的波动。

其次，省际间的差异。通过观察各省份 2006～2017 年城镇化质量得分变化情况发现：前十名的省份绝大多数为东部省份，第一名的省份与第十名的省份之间得分相差 0.2 以上，且各省份差异较大。就排名在中间的 10 个省份而言，在此期间，城镇化质量基本保持稳定，最高分基本保持在 0.40 左右，最低分保持在 0.33 左右，相差 0.07 的水平，差异化最小，城镇化质量基本稳定。就排名在后面的 10 个省份而言，在此期间，城镇化质量也基本保持稳定，最高分基本保持在 0.32 左右，最低分保持在 0.20 左右，相差 0.12 的水平，也基本稳定。

（2）新型城镇化水平与地区经济情况基本对应。根据前述，再结合我国 30 个省份 2006～2017 年城镇化质量得分排名变化的对比，可以看出：新型城镇化水平与地区经济情况基本对应。我国东部发达地区城镇化质量普遍较高。上海、北京、天津、江苏、浙江、山东等省份排名一直处于前六位，但北京在 2015 年之后排名发生后移，一直未能进入前三名。东北三省出现了城镇化质量越来越差的情形，其中，吉林省排名一直落后，到 2017 年全国垫底；黑龙江省虽没有大起大落，但也基本处于越来越落后的状态，2017 年排名倒数第五；辽宁省城镇化则出现极大的落差，由曾经在 2006 年排名全国第七，逐渐落后至排名中间，到 2017 年排名全国倒数第三。与此同时，西部欠发达地区中也有部分省份城镇化水平较高情况出现，其中，陕西在 2009～2013 年排名进入前 10 名，新疆也曾经在 2007 年、2010 年、2013 年排名进入前十名。这种现象的出现主要有两点原因：其一，我国近年来不断加强对西部偏远地区的政策支持；其二，在设置指标过程中，为了让各省份能进行更加客观的横向比较，所采用的二级指标都是相对数指标，因此对于人数较少的西部偏远地区反而有了一定优势。但是在 2015 年之后，陕西、新疆的这一优势都没能够持续，陕西排名重回中部，而新疆则排名更落后一些。与此同时，其他的中西部省份排名也基本与当地的经济发展状况保持一致。

（3）不同省份历年城镇化质量水平也存在不同的变化。根据图 3－4 中各省份的城镇化质量得分历年变动情况，一是整体得分呈现下降的省份有：青海、宁夏、海南、新疆、黑龙江、吉林、山西、广西、四川、天津、北京、上海、内蒙古、江西、陕西、河南、辽宁；二是得分上升的省份有：安徽、甘肃、贵州、重庆、河北、福建、湖南、湖北、浙江、山东、广东；三是变化不大的省份有：云南、江苏。城镇化质量水平下降的省份虽然有的表现出起伏很大，有的表现较为平稳，但是数量达到了17个省份，同时在得分上升的省份中，重庆、河北经历了大起大落，广东也是先降后升。因此可以看出，受经济进入低速增长期影响，我国整体新型城镇化质量也处于较低水平。

表3-7至表3-13分别是我国30个省份城镇化质量的具体指标情况，考虑到篇幅问题，这里只截取2006年、2011年和2017年相关数据，表中各具体指标三个年度下分别按照各省份对应数据降序进行排列，以使得各省份之间的比较更加清晰。需要注意的是：有些指标数值越大说明该项指标发展情况越好，如第二、第三产业增加值占GDP比重、固定资产投资增长率、人均城镇道路面积、城市用水普及率、每万人拥有公共交通车辆台数、城市建成区绿化覆盖率、城镇人口增长率、城市污水日处理能力、生活垃圾无害化处理率、工业污染治理完成投资、每十万人中有普通高等学校在校学生、医疗卫生机构数、人均可支配支出、非农产业就业比和乡城人均收入比等；有些指标数值越小说明该项指标发展情况越好，如城镇登记失业率、城市人口密度等。

表3-7　　　　　　　　　　30个省份经济发展指标情况　　　　　　　　　单位:%

第二产业增加值占 GDP 比重						第三产业增加值占 GDP 比重					
省份	2006 年	省份	2011 年	省份	2017 年	省份	2006 年	省份	2011 年	省份	2017 年
山东	57.42	青海	58.38	陕西	49.70	北京	72.27	北京	76.62	北京	80.56
江苏	56.49	河南	57.28	江西	48.12	上海	52.10	上海	58.05	上海	69.18
天津	55.06	内蒙古	55.97	福建	47.71	广东	45.29	贵州	48.66	天津	58.15
河南	54.39	陕西	55.43	安徽	47.52	天津	42.63	海南	47.91	海南	56.10
黑龙江	54.18	重庆	55.37	河南	47.37	贵州	42.30	天津	46.16	黑龙江	55.82
浙江	54.15	辽宁	54.67	吉林	46.83	重庆	42.21	广东	45.29	广东	53.60
河北	53.28	江西	54.61	河北	46.58	湖南	42.00	山西	44.71	浙江	53.32
陕西	51.70	安徽	54.31	宁夏	45.90	山西	41.89	浙江	43.88	辽宁	52.57
青海	51.62	河北	53.54	山东	45.35	海南	41.41	江苏	42.44	山西	51.93
广东	51.26	吉林	53.09	江苏	45.02	湖北	40.85	宁夏	41.00	江苏	50.27
辽宁	50.83	山东	52.95	青海	44.29	宁夏	40.61	福建	39.17	内蒙古	49.99
江西	49.69	四川	52.45	重庆	44.19	安徽	40.32	黑龙江	39.09	四川	49.73

续表

第二产业增加值占 GDP 比重						第三产业增加值占 GDP 比重					
省份	2006 年	省份	2011 年	省份	2017 年	省份	2006 年	省份	2011 年	省份	2017 年
福建	48.72	天津	52.43	湖北	43.52	浙江	39.96	湖南	38.33	湖南	49.43
宁夏	48.43	福建	51.65	浙江	42.95	福建	39.86	云南	38.31	重庆	49.24
内蒙古	48.03	江苏	51.32	广东	42.37	吉林	39.46	山东	38.29	山东	47.99
新疆	47.92	广东	51.26	湖南	41.72	内蒙古	39.12	湖北	36.91	云南	47.38
重庆	47.90	浙江	51.23	天津	40.94	广西	38.67	辽宁	36.71	宁夏	46.82
山西	47.65	宁夏	50.24	山西	40.57	云南	38.50	重庆	36.20	青海	46.63
上海	47.01	湖北	50.00	广西	40.22	辽宁	38.10	内蒙古	34.93	湖北	46.53
吉林	44.80	新疆	48.80	贵州	40.09	陕西	38.08	吉林	34.82	新疆	45.94
湖北	44.18	广西	48.42	新疆	39.80	四川	37.82	陕西	34.81	吉林	45.84
四川	43.71	湖南	47.60	内蒙古	39.76	青海	37.53	河北	34.60	福建	45.41
安徽	43.19	黑龙江	47.39	辽宁	39.30	江苏	36.40	广西	34.11	贵州	44.90
云南	42.73	山西	46.97	四川	38.75	新疆	34.75	新疆	33.97	广西	44.24
湖南	41.45	云南	45.61	云南	38.64	河北	33.97	江西	33.51	河北	44.21
贵州	41.37	上海	41.30	上海	30.46	黑龙江	33.75	四川	33.36	河南	43.34
广西	39.58	贵州	38.64	黑龙江	25.53	江西	33.48	安徽	32.52	安徽	42.92
海南	28.96	海南	26.56	海南	22.33	山东	32.82	青海	32.34	江西	42.70
北京	26.68	北京	22.57	北京	19.01	河南	30.10	河南	29.67	陕西	42.35
甘肃	12.00	甘肃	12.00	甘肃	10.00	甘肃	10.00	甘肃	10.00	甘肃	14.00

城镇固定资产投资增长率

省份	2006 年	省份	2011 年	省份	2017 年
青海	62.60	青海	62.60	陕西	29.70
吉林	49.60	浙江	61.79	贵州	18.24
安徽	43.42	贵州	54.31	新疆	18.15
河南	39.86	江苏	51.08	内蒙古	18.01
福建	37.48	新疆	45.02	云南	18.00
辽宁	35.76	甘肃	38.00	上海	16.07
河北	33.12	山东	37.48	福建	13.88
陕西	32.80	海南	35.80	广东	13.50
四川	31.30	湖南	32.31	湖南	13.14
广西	31.10	福建	31.02	广西	12.80
黑龙江	29.00	重庆	30.00	江西	12.30
内蒙古	27.77	陕西	29.70	四川	10.60
湖北	27.27	湖北	29.66	青海	10.50

续表

城镇固定资产投资增长率

省份	2006 年	省份	2011 年	省份	2017 年
云南	26.50	广西	29.40	河南	10.41
江西	25.00	江西	27.70	海南	10.10
重庆	24.90	云南	27.40	重庆	9.50
山西	24.80	山西	27.30	安徽	8.42
湖南	23.34	四川	23.70	湖北	8.03
天津	23.09	宁夏	22.92	江苏	7.35
江苏	20.27	河北	22.11	山西	6.30
山东	19.80	河南	21.53	黑龙江	6.20
甘肃	18.00	天津	19.40	河北	5.34
新疆	17.19	内蒙古	18.01	北京	5.31
贵州	17.06	广东	17.10	浙江	5.26
北京	16.07	安徽	16.79	山东	3.57
宁夏	14.85	辽宁	15.39	辽宁	0.13
浙江	13.47	黑龙江	13.80	宁夏	-1.86
广东	13.10	北京	12.27	吉林	-4.66
海南	12.90	上海	7.12	天津	-11.62
上海	9.35	吉林	-2.28	甘肃	-40.00

注：因图表排列篇幅所限，表中各自治区名称分别采用简称。下同。

（1）城镇化质量高于平均水平的省份各城镇化项目发展情况。根据图 3 - 3 中城镇化质量高于平均水平的省份在表 3 - 7 至表 3 - 13 各指标发展情况观察可发现：这些省份在资源环境、生活质量、城乡统筹等方面发展情况的排名较好；在经济发展方面第三产业增加值占 GDP 比重方面较有优势，在城市设施中的城市用水普及率、每万人拥有公共交通车辆台数和城市建成区绿化覆盖率方面也发展较好，但在人口优化和社会进步方面的情况较为落后，尤其是在医疗卫生机构数方面，部分东部省份甚至排名全国倒数。

（2）城镇化质量低于平均水平的省份各城镇化项目发展情况。相比于上述省份而言，城镇化质量低于平均水平的省份中大部分省份经济发展方面的第二产业增加值占 GDP 比重、城镇固定资产投资增长率情况更为良好，城市设施中的城市人口密度、人均城镇道路面积方面也较为良好，在人口优化和社会进步方面的情况较具优势，甚至在医疗卫生机构数方面普遍超过了前述省份，但在生活质量和城乡统筹方面的情况则更为落后。

表3-8　　　　　　　　　30个省份城市设施发展情况

城市人口密度（人/平方千米）						人均城镇道路面积（平方米）					
省份	2006年	省份	2011年	省份	2017年	省份	2006年	省份	2011年	省份	2017年
陕西	6307	陕西	5821	黑龙江	5515	江苏	18.60	山东	23.62	江苏	25.62
宁夏	6145	黑龙江	5146	河南	4871	山东	18.14	江苏	21.90	山东	25.13
新疆	5403	河南	5124	江西	4740	宁夏	15.49	海南	18.24	内蒙古	23.89
河南	5306	新疆	4563	陕西	4101	海南	14.21	安徽	18.00	安徽	22.19
江西	4547	江西	4527	甘肃	4066	天津	13.98	宁夏	17.90	宁夏	21.83
甘肃	3891	甘肃	3824	湖南	3883	河北	12.38	河北	17.84	新疆	19.78
黑龙江	3840	云南	3811	上海	3814	安徽	12.28	浙江	17.53	河北	18.88
海南	3230	上海	3702	山西	3454	浙江	12.21	天津	17.05	海南	18.79
湖南	3164	贵州	3502	天津	3276	新疆	12.13	内蒙古	15.77	江西	17.90
云南	3081	山西	2977	广东	3253	湖北	12.06	湖北	14.78	广西	17.56
贵州	3045	湖南	2908	云南	3000	上海	11.84	江西	14.40	福建	17.41
上海	2774	四川	2782	四川	2962	甘肃	11.34	广西	14.34	天津	17.41
广东	2674	海南	2639	青海	2777	广西	10.77	新疆	13.74	浙江	17.28
四川	2653	广东	2637	福建	2774	内蒙古	10.34	陕西	13.72	甘肃	16.51
天津	2590	天津	2636	湖北	2746	湖南	10.01	重庆	13.72	陕西	16.32
山西	2488	青海	2487	河北	2675	河南	10.00	湖南	13.62	重庆	16.32
河北	2444	吉林	2371	安徽	2535	广东	9.65	福建	13.46	山西	15.92
辽宁	2271	河北	2362	新疆	2436	福建	9.63	甘肃	12.58	湖北	15.74
青海	2113	福建	2306	贵州	2302	江西	9.61	广东	12.51	青海	14.40
浙江	2087	安徽	2265	吉林	2284	四川	9.46	四川	12.14	吉林	14.30
福建	2057	江苏	2013	浙江	2109	青海	9.33	云南	11.97	河南	13.90
安徽	2030	湖北	1969	江苏	2092	陕西	9.07	吉林	11.90	黑龙江	13.89
江苏	1953	重庆	1830	海南	2070	重庆	9.07	辽宁	11.27	四川	13.72
湖北	1890	浙江	1741	重庆	2017	山西	9.06	青海	11.22	湖南	13.72
山东	1860	辽宁	1712	广西	1950	辽宁	8.51	山西	11.21	辽宁	13.68
广西	1618	广西	1569	内蒙古	1824	吉林	8.51	黑龙江	11.20	广东	12.86
吉林	1547	北京	1464	辽宁	1770	黑龙江	8.47	河南	10.83	云南	12.52
重庆	1474	山东	1389	山东	1554	云南	7.47	贵州	6.63	贵州	12.18
北京	1094	宁夏	1147	宁夏	1388	北京	7.40	北京	5.26	北京	7.44
内蒙古	598	内蒙古	764	北京	1144	贵州	5.35	上海	4.04	上海	4.51

续表

城市用水普及率（%）						每万人拥有公共交通车辆台数（标台）					
省份	2006年	省份	2011年	省份	2017年	省份	2006年	省份	2011年	省份	2017年
北京	123.36	河北	100.00	江苏	100.00	北京	22.19	北京	22.38	北京	26.55
上海	100.00	上海	100.00	浙江	100.00	青海	18.32	青海	16.94	天津	19.64
天津	100.00	北京	100.00	上海	100.00	天津	14.23	陕西	15.59	浙江	16.93
江苏	99.20	天津	100.00	北京	100.00	新疆	13.41	天津	15.19	山东	16.36
山东	97.17	青海	99.86	天津	100.00	上海	12.52	浙江	13.55	江苏	16.00
辽宁	92.14	浙江	99.84	山东	99.82	湖北	10.55	新疆	13.46	福建	15.85
河北	92.01	山东	99.74	福建	99.56	山东	10.50	广东	12.90	陕西	15.63
湖北	91.45	江苏	99.60	安徽	99.43	江苏	10.40	四川	12.60	河北	15.34
江西	91.34	新疆	99.17	湖北	99.27	云南	9.69	山东	12.41	广东	15.30
青海	91.28	福建	99.11	内蒙古	99.10	浙江	9.33	江苏	12.00	宁夏	15.26
新疆	90.50	广东	98.39	河北	99.05	重庆	9.29	福建	11.86	新疆	14.58
湖南	90.27	辽宁	98.36	青海	98.93	辽宁	9.28	上海	11.79	四川	14.46
安徽	89.93	湖北	98.25	甘肃	98.81	陕西	9.10	宁夏	11.24	湖南	14.43
山西	89.58	江西	97.94	新疆	98.75	福建	9.04	湖北	11.17	青海	14.37
甘肃	88.66	山西	97.48	黑龙江	98.53	湖南	8.98	黑龙江	11.14	黑龙江	14.09
河南	87.16	安徽	96.55	辽宁	98.45	黑龙江	8.72	辽宁	11.03	上海	13.94
陕西	85.66	陕西	95.72	江西	98.11	四川	8.24	海南	10.76	安徽	13.61
重庆	85.66	重庆	95.72	山西	97.81	江西	8.06	河北	10.44	云南	13.60
贵州	84.24	湖南	95.68	广东	97.80	河北	8.05	湖南	10.36	海南	13.54
宁夏	84.03	宁夏	95.45	广西	97.63	海南	7.85	云南	10.06	辽宁	13.23
四川	80.83	云南	94.32	海南	97.59	宁夏	7.72	江西	9.78	江西	12.55
内蒙古	80.67	广西	93.91	云南	96.71	安徽	7.70	甘肃	9.76	湖北	12.38
吉林	80.53	海南	93.70	贵州	96.54	吉林	7.65	安徽	9.74	河南	12.28
海南	80.40	吉林	92.71	湖南	96.52	广西	7.41	吉林	9.31	重庆	11.50
广西	79.85	河南	92.64	陕西	95.95	河南	7.09	广西	8.90	吉林	11.15
黑龙江	79.20	甘肃	92.50	重庆	95.95	内蒙古	6.08	重庆	8.80	贵州	11.02
福建	78.37	四川	91.83	河南	95.88	甘肃	6.08	贵州	8.70	广西	10.74
广东	76.60	贵州	91.55	宁夏	95.66	贵州	5.81	河南	8.68	内蒙古	10.65
云南	74.46	内蒙古	91.39	四川	94.91	广东	5.74	山东	7.87	甘肃	10.52
浙江	70.96	黑龙江	90.78	吉林	94.85	山西	5.73	内蒙古	7.20	山西	9.74

城市建成区绿化覆盖率（%）					
省份	2006年	省份	2011年	省份	2017年
北京	42.39	江西	46.80	北京	48.42
江苏	41.70	北京	45.60	江西	45.20

续表

城市建成区绿化覆盖率（％）					
省份	2006 年	省份	2011 年	省份	2017 年
海南	38.90	江苏	42.10	福建	43.70
广东	38.00	河北	42.10	广东	43.50
山东	37.50	海南	41.80	江苏	43.00
上海	37.30	山东	41.50	安徽	42.15
湖北	37.11	福建	41.40	山东	42.10
天津	37.00	广东	41.10	河北	41.80
福建	36.60	重庆	40.20	湖南	41.21
陕西	36.20	辽宁	39.78	辽宁	40.73
河北	35.60	安徽	39.47	山西	40.60
浙江	35.50	云南	38.73	浙江	40.40
湖南	34.74	陕西	38.70	重庆	40.30
江西	34.60	浙江	38.40	内蒙古	40.20
辽宁	33.86	湖北	38.35	海南	40.10
四川	33.50	山西	38.30	四川	40.00
广西	32.90	四川	38.20	新疆	40.00
河南	32.79	上海	38.20	陕西	39.90
山西	31.90	广西	37.40	河南	39.44
吉林	31.60	湖南	36.84	上海	39.10
新疆	30.00	河南	36.64	广西	39.10
贵州	29.40	新疆	36.60	云南	38.87
安徽	29.24	黑龙江	36.30	湖北	38.43
黑龙江	28.70	天津	34.50	贵州	37.00
甘肃	28.60	吉林	34.20	天津	36.80
青海	26.70	内蒙古	34.10	吉林	35.80
内蒙古	26.60	贵州	32.30	黑龙江	35.50
云南	25.83	青海	31.10	甘肃	33.30
重庆	23.50	甘肃	27.90	青海	32.60
宁夏	0.84	宁夏	1.84	宁夏	2.64

表 3-9　　　　　　　　　30 个省份人口优化发展情况　　　　　　　单位：%

城镇人口增长率					
省份	2006 年	省份	2011 年	省份	2017 年
河南	6.09	云南	6.70	甘肃	5.00
陕西	5.31	天津	5.42	贵州	4.97

续表

城镇人口增长率					
省份	2006 年	省份	2011 年	省份	2017 年
湖南	4.87	广西	5.31	云南	4.33
广西	4.34	宁夏	5.28	新疆	4.14
安徽	4.33	河南	5.19	湖南	4.11
新疆	4.15	重庆	5.04	宁夏	3.95
云南	4.11	湖北	4.81	安徽	3.88
甘肃	4.00	湖南	4.57	河北	3.84
天津	3.96	安徽	4.37	河南	3.72
江苏	3.68	青海	4.37	青海	3.59
重庆	3.64	甘肃	4.00	广西	3.35
内蒙古	3.62	山西	3.96	重庆	3.30
河北	3.56	陕西	3.57	山东	3.25
上海	3.44	辽宁	3.31	陕西	3.22
宁夏	3.17	北京	3.20	福建	2.84
山东	3.10	河北	3.16	浙江	2.72
福建	2.85	贵州	3.15	山西	2.56
山西	2.69	山东	3.04	湖北	2.37
浙江	2.50	江苏	2.56	江苏	1.92
海南	2.43	福建	2.47	海南	1.71
辽宁	1.65	内蒙古	2.41	内蒙古	1.69
广东	1.63	新疆	2.34	广东	1.61
吉林	1.12	上海	1.95	四川	1.27
江西	1.12	广东	1.62	江西	1.21
贵州	1.10	黑龙江	1.50	吉林	0.59
湖北	1.09	浙江	1.40	黑龙江	0.04
四川	1.02	四川	1.09	辽宁	0.00
青海	0.94	江西	0.98	北京	-0.11
黑龙江	0.80	海南	0.78	上海	-0.28
北京	-12.22	吉林	0.20	天津	-0.31

表 3-10　　　　　　　　30 个省份资源环境发展情况

城市污水日处理能力（万立方米）						生活垃圾无害化处理率（%）					
省份	2006 年	省份	2011 年	省份	2017 年	省份	2006 年	省份	2011 年	省份	2017 年
江苏	1225	广东	1716	广东	2180	青海	94.60	天津	100.00	江苏	100.00
广东	967	江苏	1556	江苏	1774	北京	92.48	重庆	99.60	山东	100.00
山东	629	山东	895	山东	1156	浙江	86.30	北京	98.24	浙江	100.00

续表

城市污水日处理能力（万立方米）						生活垃圾无害化处理率（%）					
省份	2006年	省份	2011年	省份	2017年	省份	2006年	省份	2011年	省份	2017年
广西	622	广西	706	浙江	1007	江苏	83.80	浙江	96.40	上海	100.00
上海	510	上海	694	辽宁	823	天津	81.00	广西	95.50	海南	99.98
湖北	510	浙江	663	上海	821	山东	70.10	福建	94.60	安徽	99.94
湖南	483	辽宁	635	河南	744	贵州	68.00	江苏	93.80	广西	99.90
浙江	480	湖北	562	湖北	697	海南	62.54	山东	92.50	湖北	99.89
辽宁	446	湖南	555	广西	697	陕西	60.20	海南	91.35	北京	99.88
北京	383	河北	527	北京	688	重庆	58.90	陕西	90.30	河北	99.80
河北	378	河南	498	四川	671	福建	58.10	青海	89.50	湖南	99.75
安徽	336	安徽	491	河北	587	上海	57.90	贵州	88.60	河南	99.65
河南	323	四川	391	湖南	566	广西	57.50	四川	88.40	福建	99.40
福建	322	北京	382	安徽	544	四川	57.00	江西	88.30	重庆	99.40
黑龙江	285	黑龙江	337	黑龙江	429	广东	55.80	安徽	86.99	内蒙古	99.40
四川	239	福建	333	福建	422	宁夏	55.40	湖南	86.35	宁夏	99.10
云南	179	吉林	233	吉林	409	辽宁	54.08	河南	84.42	辽宁	99.05
陕西	161	云南	231	陕西	319	江西	50.70	内蒙古	83.50	陕西	99.00
山西	155	江西	226	重庆	304	内蒙古	48.30	辽宁	80.45	四川	98.50
新疆	150	陕西	220	江西	278	河北	46.50	新疆	79.50	甘肃	98.40
重庆	142	重庆	213	新疆	258	湖南	46.31	山东	77.50	广东	98.00
江西	135	新疆	198	山西	257	河南	46.28	云南	74.10	江西	97.60
吉林	123	山西	196	云南	255	湖北	34.83	河北	72.60	贵州	95.20
甘肃	111	内蒙古	158	内蒙古	248	云南	34.30	广东	72.10	山西	94.90
内蒙古	100	甘肃	137	贵州	202	安徽	31.41	宁夏	67.00	青海	94.80
宁夏	63	贵州	123	甘肃	143	新疆	27.00	湖北	61.02	天津	94.40
天津	59	宁夏	90	青海	131	黑龙江	23.30	上海	61.00	云南	92.70
海南	43	天津	87	海南	103	山西	23.10	吉林	49.20	新疆	88.60
贵州	32	海南	77	天津	93	甘肃	18.30	黑龙江	43.70	黑龙江	82.70
青海	14	青海	32	宁夏	93	吉林	17.80	甘肃	41.70	吉林	71.80

工业污染治理完成投资（万元）					
省份	2006年	省份	2011年	省份	2017年
山东	596643	山东	624466	山东	1130995
辽宁	520470	内蒙古	310164	山西	515241
江苏	397126	江苏	310062	河南	504559
山西	367603	山西	279450	上海	448240
广东	313708	河北	243399	江苏	447999
浙江	250363	陕西	237248	内蒙古	421211

续表

工业污染治理完成投资（万元）					
省份	2006 年	省份	2011 年	省份	2017 年
河南	247335	河南	213728	广东	420272
四川	203008	浙江	178373	浙江	369011
福建	196035	四川	166537	河北	342738
河北	190689	广东	166420	安徽	258955
内蒙古	177235	天津	152848	湖北	174632
湖南	173309	福建	142599	陕西	172274
天津	149534	云南	137331	北京	156666
湖北	148873	贵州	131970	福建	147394
甘肃	136468	辽宁	116032	新疆	134775
北京	101397	新疆	106276	四川	126934
贵州	100771	甘肃	105338	江西	106395
云南	94089	黑龙江	100891	黑龙江	91220
广西	86604	湖南	97039	吉林	90702
陕西	73747	湖北	92873	湖南	86090
江西	68579	安徽	92793	宁夏	85551
上海	59269	广西	86230	天津	78305
黑龙江	58189	江西	66235	广西	75847
安徽	54555	吉林	65624	甘肃	74957
新疆	45229	上海	63602	重庆	60702
宁夏	39886	重庆	49384	云南	59617
吉林	39810	宁夏	38735	贵州	53360
重庆	36742	青海	27858	海南	34253
海南	21389	海南	27534	辽宁	30471
青海	7773	北京	10946	青海	15285

表 3－11　　　　　　　　30 个省份社会进步发展情况

城镇登记失业率（％）						每十万人中有普通高等学校在校生数（人）					
省份	2006 年	省份	2011 年	省份	2017 年	省份	2006 年	省份	2011 年	省份	2017 年
辽宁	5.10	黑龙江	4.38	黑龙江	4.21	北京	68970	北京	56130	北京	53000
四川	4.50	宁夏	4.24	四川	4.00	辽宁	23790	辽宁	27120	辽宁	28590
上海	4.40	四川	4.20	湖南	4.00	安徽	13510	安徽	20070	安徽	22500
黑龙江	4.35	湖南	4.20	福建	3.90	上海	2374	上海	3556	上海	3498
宁夏	4.31	湖北	4.10	上海	3.90	陕西	1963	陕西	2578	陕西	2789
湖南	4.30	云南	4.10	宁夏	3.87	湖北	1919	湖北	2328	重庆	2429

城镇登记失业率（%）						每十万人中有普通高等学校在校生数（人）					
省份	2006 年	省份	2011 年	省份	2017 年	省份	2006 年	省份	2011 年	省份	2017 年
云南	4.30	河北	3.80	辽宁	3.80	甘肃	1830	福建	2200	湖北	2374
湖北	4.20	内蒙古	3.80	河北	3.70	江西	1776	江苏	2101	吉林	2370
安徽	4.20	青海	3.76	内蒙古	3.60	广西	1774	海南	2079	福建	2352
广西	4.20	福建	3.70	天津	3.50	江苏	1706	吉林	2047	河北	2328
吉林	4.20	安徽	3.70	吉林	3.50	吉林	1598	甘肃	2041	江西	2268
内蒙古	4.10	吉林	3.70	山东	3.40	黑龙江	1548	河北	2006	海南	2261
贵州	4.10	辽宁	3.60	重庆	3.40	山东	1437	重庆	1945	甘肃	2217
陕西	4.00	陕西	3.60	山西	3.40	浙江	1419	黑龙江	1851	江苏	2202
重庆	4.00	天津	3.60	陕西	3.30	海南	1374	江西	1846	贵州	2129
福建	3.90	贵州	3.60	江西	3.30	重庆	1339	山东	1708	河南	2097
新疆	3.90	上海	3.50	云南	3.20	山西	1323	浙江	1661	山西	2061
青海	3.90	重庆	3.50	贵州	3.20	湖南	1309	山西	1655	山东	2014
河北	3.80	广西	3.50	青海	3.10	福建	1287	湖南	1619	黑龙江	1938
江西	3.60	山西	3.50	江苏	3.00	河北	1251	河南	1598	湖南	1856
天津	3.60	山东	3.40	安徽	2.90	广东	1068	内蒙古	1549	宁夏	1854
甘肃	3.60	河南	3.40	河南	2.80	四川	1053	广东	1454	四川	1806
海南	3.60	江苏	3.20	浙江	2.70	内蒙古	1047	宁夏	1429	内蒙古	1772
浙江	3.50	新疆	3.20	甘肃	2.70	河南	1037	四川	1415	浙江	1772
河南	3.50	浙江	3.10	湖北	2.60	新疆	972	广西	1344	广东	1/24
江苏	3.40	甘肃	3.10	新疆	2.60	宁夏	926	贵州	1254	云南	1470
山东	3.30	江西	2.98	广东	2.50	青海	657	新疆	1171	新疆	1415
山西	3.20	广东	2.50	海南	2.30	云南	634	云南	1053	青海	1120
广东	2.60	海南	1.70	广西	2.20	贵州	600	青海	805	广西	821
北京	2.00	北京	1.40	北京	1.40	天津	36	天津	45	天津	51

医疗卫生机构数（个）					
省份	2006 年	省份	2011 年	省份	2017 年
河南	75965	河北	80185	河北	80912
四川	75262	河南	76128	四川	80481
河北	70640	四川	75815	山东	79050
山东	57806	山东	68275	河南	71089
湖南	53558	湖南	59634	湖南	58624
广东	41763	广东	45930	广东	49874
陕西	36911	山西	40339	山西	42490
辽宁	35073	江西	39154	江西	37791
湖北	34278	陕西	36396	湖北	36357

续表

医疗卫生机构数（个）					
省份	2006 年	省份	2011 年	省份	2017 年
江西	33019	湖北	35625	陕西	35861
山西	31899	辽宁	35229	辽宁	35767
安徽	31660	广西	34026	广西	34008
广西	30800	江苏	31680	江苏	32037
江苏	28980	浙江	30515	浙江	31979
浙江	28157	福建	27147	甘肃	28857
福建	27122	甘肃	26632	贵州	28034
甘肃	25803	贵州	25943	福建	27217
贵州	25413	云南	23248	云南	24684
云南	23628	内蒙古	22908	安徽	24491
内蒙古	21024	安徽	22884	内蒙古	24218
黑龙江	20729	黑龙江	21749	吉林	20828
吉林	18290	吉林	19785	黑龙江	20283
重庆	15852	重庆	17650	重庆	19682
新疆	13507	新疆	17412	新疆	18724
北京	7639	北京	9495	北京	9976
青海	5823	青海	5887	青海	6375
宁夏	4346	海南	4816	天津	5539
海南	4242	上海	4740	海南	5180
上海	4161	天津	4428	上海	5144
天津	2367	宁夏	4132	宁夏	4271

表 3 - 12　　　　　　　　**30 个省份生活质量发展情况**　　　　　　单位：元

居民人均可支配支出（消费支出）					
省份	2006 年	省份	2011 年	省份	2017 年
北京	16542	北京	27365	上海	39792
上海	13998	上海	23623	北京	37425
浙江	10010	浙江	16300	天津	27841
广东	9270	天津	16143	浙江	27079
天津	8798	广东	15721	广东	24820
宁夏	7362	辽宁	15620	江苏	23469
辽宁	6889	江苏	13319	福建	21249
福建	6725	宁夏	13305	辽宁	20463
山东	6648	内蒙古	13237	宁夏	20219

续表

居民人均可支配支出（消费支出）					
省份	2006 年	省份	2011 年	省份	2017 年
内蒙古	5732	山东	12470	内蒙古	18946
吉林	5710	福建	12420	重庆	17898
江苏	5585	重庆	11964	山东	17281
重庆	5465	吉林	10811	湖南	17160
黑龙江	5139	黑龙江	10630	湖北	16938
湖南	5009	陕西	10143	四川	16180
陕西	4874	安徽	10045	安徽	15752
山西	4843	山西	9746	吉林	15632
湖北	4776	广西	9274	黑龙江	15577
安徽	4444	湖北	9236	青海	15503
河北	4375	青海	9035	河北	15437
广西	4358	新疆	8923	新疆	15087
江西	4293	湖南	8888	陕西	14900
新疆	4174	江西	8546	江西	14459
云南	4157	四川	8448	广西	13822
四川	4155	云南	8252	海南	13792
海南	4120	河北	7857	河南	13730
青海	3908	河南	7572	山西	13664
甘肃	3890	甘肃	7484	甘肃	13120
河南	3676	海南	7374	贵州	12970
贵州	3060	贵州	6217	云南	12658

表 3 - 13　　　　　　　　　30 个省份城乡统筹发展情况　　　　　　单位:%

非农产业就业比						乡城人均收入比					
省份	2006 年	省份	2011 年	省份	2017 年	省份	2006 年	省份	2011 年	省份	2017 年
山西	99.13	山西	96.77	上海	96.91	上海	44.58	黑龙江	48.36	天津	53.67
上海	93.75	上海	96.62	北京	96.10	天津	43.60	天津	45.77	浙江	48.68
北京	93.40	北京	94.50	重庆	93.10	北京	41.42	北京	44.79	黑龙江	46.15
天津	85.60	天津	90.40	天津	93.00	江苏	40.27	上海	43.18	吉林	45.73
浙江	77.37	浙江	85.43	山西	91.31	浙江	40.16	浙江	42.20	上海	44.45
江苏	71.40	江苏	78.50	浙江	88.20	辽宁	39.37	吉林	42.20	江苏	43.92
广东	69.63	广东	76.05	江苏	83.20	黑龙江	38.68	江苏	41.02	湖北	43.31
辽宁	66.30	福建	73.70	广东	78.57	江西	37.53	辽宁	40.54	河南	43.03

续表

非农产业就业比						乡城人均收入比					
省份	2006 年	省份	2011 年	省份	2017 年	省份	2006 年	省份	2011 年	省份	2017 年
福建	64.80	辽宁	70.40	福建	78.30	吉林	37.25	江西	39.39	江西	42.44
山东	60.90	山东	65.90	山东	71.70	河北	36.89	河北	38.92	河北	42.17
江西	60.90	江西	65.60	江西	71.50	山东	35.83	湖北	37.54	福建	41.88
河北	57.76	河北	63.67	安徽	68.90	福建	35.16	山东	36.60	海南	41.87
黑龙江	54.80	重庆	61.90	辽宁	68.70	湖北	34.88	河南	36.30	山东	41.09
吉林	54.80	安徽	61.20	河北	67.51	海南	34.66	重庆	35.66	安徽	40.32
宁夏	54.50	青海	60.60	吉林	66.99	河南	33.24	福建	35.25	四川	39.79
安徽	53.50	陕西	59.98	青海	64.90	湖南	32.27	海南	35.09	辽宁	39.28
湖南	53.40	湖南	58.10	湖北	64.60	内蒙古	32.26	新疆	35.00	重庆	39.26
青海	52.70	四川	57.30	四川	63.20	四川	32.22	湖南	34.85	北京	38.84
陕西	52.50	吉林	57.10	河南	63.10	山西	31.72	广东	34.84	广东	38.51
湖北	52.45	河南	56.90	黑龙江	62.80	广东	31.72	四川	34.24	湖南	38.10
重庆	51.60	湖北	54.30	湖南	60.30	新疆	31.00	宁夏	34.00	广西	37.13
四川	51.10	内蒙古	54.10	海南	59.69	安徽	30.39	安徽	33.50	山西	37.03
云南	49.20	新疆	51.34	新疆	59.12	宁夏	30.00	内蒙古	32.54	新疆	36.00
新疆	48.94	宁夏	51.10	宁夏	59.10	广西	27.99	山西	30.91	宁夏	36.00
河南	46.70	海南	51.01	内蒙古	58.60	重庆	26.76	陕西	30.74	内蒙古	35.28
内蒙古	46.20	广西	46.70	陕西	56.94	青海	26.20	青海	29.51	陕西	33.32
广西	44.89	云南	40.60	广西	50.30	陕西	24.38	广西	27.74	青海	32.44
海南	43.77	甘肃	38.74	甘肃	45.14	甘肃	24.00	甘肃	26.00	云南	31.82
甘肃	36.33	贵州	33.00	贵州	44.00	云南	22.35	云南	25.42	贵州	30.50
贵州	27.00	黑龙江	—	云南	32.60	贵州	21.77	贵州	25.13	甘肃	29.00

3.3.3.2　我国 30 个省份新型城镇化质量的差异程度分析

在对我国新型城镇化质量的差异情况分析时，一方面，从整体指标体系角度，通过熵值法确定各二级指标在 2006～2017 年各年度的权重值，以此显示各个二级指标在 2006～2017 年相对于其他指标的差异化变动情况，图 3-5 中的纵轴数字代表的就是二级指标的权重值，横轴数字分别对应于表 3-1 中各新型城镇化的二级指标 $X_1 \sim X_{18}$；另一方面，根据各项指标 2006～2017 年的原始数据测算出方差（见表 3-14），以此独立说明各项衡量新型城镇化质量具体指标在不同年度间的差异化趋势。

表 3－14 各二级指标 2006～2017 年各年度方差

方差	2006 年	2007 年	2008 年	2009 年	2010 年	2011 年
C_1	45.55	46.01	46.49	45.56	46.98	47.58
C_2	39.63	39.38	40.09	40.85	39.91	39.66
C_3	24.60	26.39	26.95	31.27	26.14	28.29
C_4	2816.77	2607.32	2641.65	2634.16	2707.03	2724.74
C_5	11.06	11.47	11.97	12.47	13.13	13.74
C_6	86.59	93.16	93.60	95.53	96.29	96.29
C_7	9.68	10.58	11.04	10.99	10.25	11.44
C_8	31.95	32.54	34.19	35.50	36.19	36.60
C_9	2.42	3.10	3.30	2.81	4.29	3.15
C_{10}	320.13	340.17	367.75	402.71	441.80	438.62
C_{11}	51.98	63.08	67.55	71.20	78.47	80.94
C_{12}	159888.94	178755.23	183528.9	147540.3	132325.73	143342.35
C_{13}	3.87	3.74	3.75	3.74	3.62	3.46
C_{14}	4591.84	4706.03	4963.11	4960.08	4984.18	4862.14
C_{15}	28727.06	28729.06	28469.16	29566.81	30223.61	30786.74
C_{16}	5966.90	6727.54	7936.80	8611.40	9791.52	11441.93
C_{17}	58.59	59.41	61.38	61.60	62.27	63.46
C_{18}	33.07	32.97	33.19	32.98	34.30	35.70
方差	2012 年	2013 年	2014 年	2015 年	2016 年	2017 年
C_1	46.69	45.38	44.46	42.21	40.65	39.80
C_2	40.65	42.27	43.43	45.79	47.45	49.11
C_3	23.59	20.76	15.37	11.05	8.27	6.69
C_4	2804.61	2817.61	2850.03	2775.55	2809.45	2796.58
C_5	14.31	14.87	15.52	15.97	16.04	16.33
C_6	96.02	97.27	97.19	97.58	96.79	97.88
C_7	11.79	12.37	12.56	12.73	13.09	14.05
C_8	37.28	36.96	38.13	37.96	37.95	38.60
C_9	3.04	2.56	2.56	2.40	2.61	2.43
C_{10}	436.26	467.13	482.32	511.97	534.83	545.89
C_{11}	84.88	88.49	91.22	92.99	94.74	96.35
C_{12}	161437.80	279891.87	321822.87	249573.84	264194.87	216624.03
C_{13}	3.32	3.31	3.27	3.26	3.26	3.18
C_{14}	4950.33	5035.16	5437.10	5375.09	5326.97	5101.11
C_{15}	30654.87	31432.41	31660.45	31727.03	31722.97	31827.39
C_{16}	12810.67	13493.63	14752.62	15981.70	17345.16	18489.79

续表

方差	2012 年	2013 年	2014 年	2015 年	2016 年	2017 年
C_{17}	64.05	65.07	65.88	66.58	67.17	68.42
C_{18}	36.08	37.66	38.96	39.20	39.36	39.51

根据熵值法原理，其所确定的指标权重可判断某一指标值的离散程度，且所附权重越小说明该指标值差异程度越小，因此，通过观察图 3 - 5 中的各项指标在 2006 ~ 2017 年的权重分布情况，可从整体对比的角度反映出各指标与其他指标相比之下差异化程度的大小。

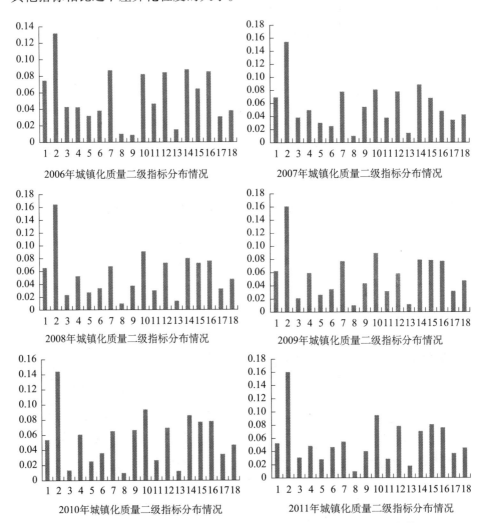

图 3 - 5　各省份 2006 ~ 2017 年新型城镇化二级指标熵值法权重分布情况

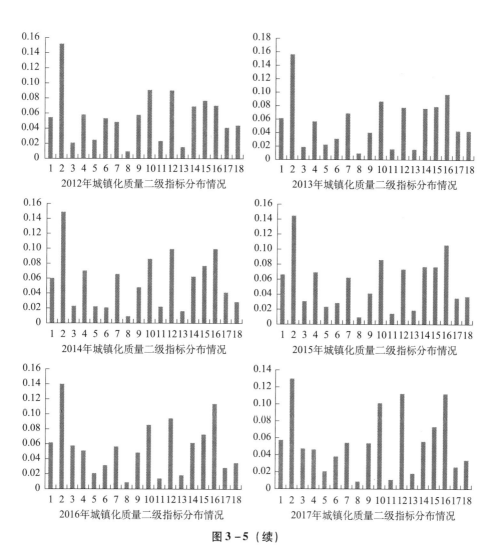

图 3 - 5 （续）

（1）经济发展方面存在一定程度差异化，且差异化程度呈现上升趋势。在评价我国新型城镇化质量中的经济发展情况时选用的二级指标是第二产业增加值占 GDP 比重、第三产业增加值占 GDP 比重和城镇固定投资增长率。观察 2006 ~ 2017 年各经济发展二级指标权重分布情况柱形图可以看出：第二产业增加值占 GDP 比重这一指标变动不大，而第三产业增加值占 GDP 比重一直处于领先位置，说明对于第三产业增加值占 GDP 比重这一指标而言，我国各省份之间的经济发展差异化程度较大，结合方差计算结果来看，这一差异有扩大化的趋势。

（2）城市设施方面水平差异化较小，且基本稳定。在对此项新型城镇化质量进行评价时主要根据城市人口密度、人均城镇道路面积、城市用水普及率、每万人拥有公共交通车辆台数和城市建成区绿化覆盖率五大指标。从柱形图中可以观察到，权重都处于较低水平，说明我国在城市设施方面各省份2006～2017年差距程度较小，尤其是城市建成区绿化覆盖率，基本上接近于均等化水平。

（3）人口优化方面存在一定差异性，且差异化基本稳定。在评价新型城镇化质量中这一方面情况时，涉及的二级指标只选取了城镇人口增长率这一指标。在观察这项指标的权重高度以及方差变化时可以发现：每年此指标方差变化不大，说明差异化基本稳定，但依然存在一定程度的差异性。

（4）资源环境方面差异程度较为明显。在对我国新型城镇化质量中的资源环境水平进行衡量时，选取的二级指标为城市污水日处理能力、生活垃圾无害化处理率和工业污染治理完成投资这三项。从柱形图中三项指标历年的高度水平可以说明，我国在资源环境方面各省份每年度的差异程度较大，结合方差计算结果来看，这一差异化基本稳定。但是明显可以看出的是：生活垃圾无害化处理率权重显然偏低，说明各省份在此方面的差异较小。该项目应成为今后城镇化推进中需大力加强的工作。

（5）社会进步方面差异程度较为明显。本书选取了城镇失业登记率、每十万人中有普通高等学校在校生数和医疗卫生机构数三项二级指标作为衡量我国社会进步的分析指标。从这些二级指标每年在柱形图中的高度可以看出，我国各省份各年度在这三项指标中只有城镇失业登记率权重一直偏低，其余指标差异化程度较大。且结合方差计算结果来看，这三项指标的差异化程度变化不明显，说明各省份在推进新型城镇化过程中需强化这方面的工作。

（6）生活质量方面存在一定程度差异化，且差异存在扩大趋势。在评价我国各省份2006～2017年新型城镇化中的生活质量方面情况时，主要依据的是居民人均可支配支出（消费支出）这一项具体指标。从柱形图中可明显发现，这项指标权重水平较高，说明各省份在居民人均可支配支出方面存在一定程度差异化现象，结合方差计算结果来看，这种差异有不断上升的迹象。

（7）城乡统筹方面差异程度较低，但差异化呈现上升趋势。在对我国新型城镇化质量中的城乡统筹水平进行衡量时，选用的指标分别为非农产业就业比和乡城人均收入比。从柱形图中两项指标高度的变化情况可以看出，差异化程度较低，结合方差计算结果来看，这种状态呈现不断上升的迹象。

3.4　本章主要结论

通过上述从不角度对我国当前新型城镇化进行的分析中可以得出以下结论。

（1）我国新型城镇化发展存在不均衡问题，仍然和经济发展水平相关度较高。我国不同省份之间新型城镇化质量的确存在较大差异，而这种差异随着时间的推移也有所改变。首先，从原先的东、中、西部的地区差异，即东部地区新型城镇化水平普遍较高，中、西部地区尤其是西部省份新型城镇化水平普遍较低，转变为不同省份之间的梯度差异，即东、中、西部各地区均有新型城镇化水平较高者和较低者。其次，不同地区的省份，其不同新型城镇化质量项目的发展水平也有所不同，东部地区居民的生活质量层次较高，故而该地区大部分省份更倾向于经济发展、城市设施、资源环境的建设；中、西部地区居民对经济发展的需求较高，故而这些地区的大部分省份更注重在城镇固定资产投资、人均城镇道路面积、医疗卫生机构等方面的投入。因此，对于我国各省级政府而言，在推进新型城镇化建设过程中，应更加注重从当地的实际需求情况。而从中央政府角度来看，一是要加快我国各地区经济协调发展，让中、西部地区经济发展速度得以提高的同时加快新型城镇化的建设，缩小与其他地区之间的城镇化质量的差距；二是要加快户籍制度改革，尽快实现新型城镇化目标中的"人"的城镇化目标。

（2）我国要坚持可持续发展策略，全面推进新型城镇化建设。新型城镇化应该是城乡统筹、城乡一体、产业互动、节约集约、生态宜居、和谐发展为基本特征的城镇化，是大中小城市、小城镇、新型农村社区协调发展、互促共进的城镇化。然而，我国当前各省份在不同指标下所对应的新型城镇化质量水平明显不同。如在城市设施发展、城乡统筹等方面，我国各省份近年来差异化程度较小，而在经济发展、资源环境等方面，我国各省份之间差异化程度依然较高。与此同时，同一项目下不同的二级指标变动趋势也存在不同，说明我国当前的新型城镇化建设推进工作虽然已取得了一定成效，但还需在今后将工作重心继续放在部分差异化程度较大的项目上。

第4章

我国基本公共服务均等化水平的
测定及差异分析

在全面分析了我国新型城镇化发展状况以及不同区域模式城镇化发展的特质和水平差异之后，本书就如何评判我国基本公共服务均等化的水平和现实差异进行了研究，其中包括发展阶段、评价体系的构建及实证方法的选择、不同层次下我国基本公共服务均等化水平的评价与差异分析，为接下来的两者互动性分析提供现实基础。

4.1 我国基本公共服务均等化发展的历史进程

在西方国家，公民享有均等化的公共服务成为一项基本性权利，并反映在国家的基本执政纲领之中，是漫长社会经济发展与政治文明进步所产生的结果。在中国，朴素的均等化理念早在古代便根植于传统的文化思想当中，如儒家思想所倡导的"大同"，即"人不独亲其亲，不独子其子；使老有所终，壮有所用，幼有所长，鳏寡、孤独、废疾者皆有所养"，便是一个代表。新中国成立之后，中国共产党以为人民谋福利作为初心，上下求索，使基本公共服务均等化这一理念不断被明确为政府的奋斗目标，并付诸了长期艰苦的努力。纵观新中国发展的历史，基本公共服务均等化的实践变迁大致可以分为以下几个阶段。

（1）1949~1978 年：平均化、低水平的基本公共服务供给阶段。1949 年中华人民共和国成立初期，受到经济发展水平落后的制约以及高度计划经济体制的影响，基本公共服务的平均主义色彩较为浓厚，基本处于一种低水平、平均化的状态，但城市和乡村在公共服务上的二元化体制在早期便已形成。对于城市方面的公共服务上的需求基本上由国家满足，农村方面的公共服务则主要依靠人民公社组织提供。

（2）1978～2002年：差异化的基本公共服务供给阶段。我国自1978年党的十一届三中全会以来，党中央和政府的中心工作转为解放和发展我国生产力，促进我国经济快速发展，并在坚持"效率优先，兼顾公平"的原则和"先富带后富"的理论指导下，我国进一步实行城乡分治的方式。在基本公共服务方面，则体现为差异化提供，整体形成"重城市、轻农村"的格局。在此期间，我国城市基本公共服务水平明显得到了较快的发展，但我国基本公共服务也整体上从"低水平的平均化"逐渐形成了"差异化"的状态。

（3）2003～2005年：均等化理念的初步形成与首次提出阶段。2003年10月，党的十六届三中全会上提出了"科学发展观"，其中，提到的"统筹城乡发展，统筹区域发展"思想，说明党中央已认识到"非均等化"不利于我国社会和谐稳定与发展。2004年，党的十六届四中全会上再次提出了要坚持科学发展观，强调重视扩大就业再就业和健全社会保障体系，重视发展教育、科技、文化、卫生、体育等各项社会事业，反映了党中央对于我国当前"非均等化"现状的重视。2005年10月11日，在党的十六届五中全会上所通过的《中共中央关于制定国民经济和社会发展第十一个五年规划的建议》中，首次提出"要按照公共服务均等化原则，加大国家对欠发达地区的支持力度，加快革命老区、民族地区、边疆地区和贫困地区经济社会发展"。[①] 自此，基本公共服务均等化的实现问题不断出现在党和政府的各项工作会议和报告当中。此次会议对于我国要实现基本公共服务均等化具有划时代的意义。

（4）2006～2011年：正式提出均等化与试点探索阶段。2006年3月，我国《十一五规划纲要》中正式提出"逐步推进基本公共服务均等化"，同年，党的十六届六中全会上所通过的《构建社会主义和谐社会若干重大问题的决定》对这一理念作出了更加详细的描述，表明为达到逐步实现我国基本公共

---

① 田旭，张传庆. 我国基本公共服务均等化理念的逻辑变迁及启示 [J]. 四川行政学院学报，2013（3）：24－27.

服务均等化这一目标，必须对我国当前财政体制进一步完善。2007 年 10 月，党的十七大报告中明确表示要提高对基本公共服务均等化的高度重视，以缩小我国当前地域间的差距，同时提出了相关完善我国目前公共财政体系的战略部署工作。次年 2 月，胡锦涛总书记在政治局第四次集体学习时的讲话中指出要把基本公共服务均等化作为我国建设服务型政府的重要理念，作为我国完善公共服务体系过程中需逐步实现的长远目标，且在目标的实现过程中将政府的财政水平、供给能力、公共服务的覆盖面三者之间协调处理。2009 年，全国财政会议中再次强调了实现基本公共服务均等化的重要性，要在住房、医疗、社会保障和教育等方面加大投入，并且在投入过程中要以中、西部地区为重点对象，进而改善居民的消费意识，拉动国内需求水平。

　　同一时期，我国各地也进入了基本公共服务均等化的试点阶段。2006 年，财政部启动了一系列重要举措，旨在加大对基本公共服务的资金投入力度。其中，包括要将我国农村地区义务教育逐步归入公共财政保障范围中；要继续推进新型农村合作医疗制度改革试点工作，将其范围覆盖至全国 40% 的县、区。2008 年 7 月 8 日，海南省通过了《关于大力改善民生推进基本公共服务均等化的意见》，浙江省也几乎在同一时间启动了全国首个《基本公共服务均等化行动计划（2008—2012）》。之后，我国多个省份，如江苏、黑龙江、吉林、广东等地也纷纷投入到实现基本公共服务均等化的工作当中。这些试点工作无疑为后面的进一步政策指导和实践工作打下了坚实的基础。[①]

　　（5）2012 年至今：均等化迈向规范化、制度化建设的新阶段。2012 年 7 月 11 日，国务院印发了《国家基本公共服务体系"十二五"规划》，对于实现基本公共服务的重大意义加以阐述，并对基本公共服务各具体项目的工作重点进行了详细说明。2012 年 11 月 8 日，党的十八大报告中阐述了基本公共服务均等化需要达到的更高层次的目标，从而再次将基本公共服务均等化推向我国重要战略位置上，同时给予了更加清晰的建设指引。2017 年，国务院印发了《国家基本公共服务体系"十三五"规划》，并具体将基本公共教育、基本医疗卫生等八项内容作为基本公共服务在"十三五"期间的主要发展指标，

---

　　① 孙艳伟 . 中国基本公共服务均等化改革：成就、问题与对策［D］. 长春：吉林大学，2009.

以此将我国各级政府在推进基本公共服务均等化中的主要任务更加清晰指明。同年10月，党的十九大报告中明确指明我国基本公共服务将于2020～2035年基本实现，同时指出，在实现该目标过程中的关键是以标准化推进基本公共服务均等化，以标准化手段优化配置资源、规范服务流程、提升服务质量、明确权责关系、创新治理方式，从而确保全体公民都能公平且可及地获得大致均等的基本公共服务。①

在规划的引导下，我国也不断加大对各项基本公共服务的投入力度。据2018年数据显示，国家财政社会保障和就业支出2018年达到27084.07亿元，比上年增长10.05%；国家财政城乡社区事务支出2018年达到22700.10亿元，比上年增长10.27%，且都高于财政一般性支出8.77%的增速。通过这些投入与建设，我国各地基本公共服务水平明显得到了改善。据2012年和2017年有关数据显示，贵州省社区服务机构覆盖率从2012年的57.9%上升至2017年的108.1%；湖南省的孕产妇死亡率从2012年的19.6%下降至2017年的12.7%；宁夏的每十万人口卫生机构床位数从2012年的429.1张上升至2017年的583.9张。②

以上充分说明了我国党中央和各级政府已意识到我国基本公共服务在不同地域间、城乡间以及不同人群间普遍存在非均等化现象，并开始施加各项政策手段、加大多项财政资金投入力度以扭转这一不良现象，并且已取得了一定成就。但我国当前基本公共服务还远远未达到均等化的目标，故而，本章要先对我国当前基本公共服务均等化水平进行测算，进而从不同角度对我国基本公共服务目前的差异化程度进行分析，以便为后续研究进行铺垫。

4.2 基本公共服务均等化测度的指标体系及方法

4.2.1 差异化测评指标体系的构建

本书根据"十三五"规划相关文件，分别从基本公共教育、基本医疗卫

---

① 以标准化促公共服务均等化［EB/OL］. 中国经济网，http：//www.ce.cn/xwzx/gnsz/gdxw/201902/20/t20190220_31516895.shtml.
② 数据来源于《中国统计年鉴》。

生、基本公共文化体育、基本社会服务等七个方面设置评价我国基本公共服务均等化的一级指标，并在此基础上，充分考虑指标体系的系统性、数据的可获得性和年度间的一致性，进一步建立起以我国30个省份（由于各年度数据存在缺失，因此不包括西藏和港、澳、台地区，下同）基本公共服务差异化水平为研究对象的15个二级指标，以此构建出我国30个省份基本公共服务均等化水平的评价指标体系，由于在设置该指标体系的二级指标时采用的都是相对数指标，因此可直接对每一年我国30个省份各项基本公共服务进行横向比较，从而可以更加直观地看出我国政府所提供的基本公共服务的覆盖面，以及我国基本公共服务均等化水平。具体内容见表4-1。

表4-1　　　　　　　　　　　基本公共服务均等化指标体系

序号	一级指标	二级指标
Y_1	基本公共教育	每十万人口小学在校人数（人）
Y_2		每十万人口初中在校人数（人）
Y_3	基本医疗卫生	孕产妇死亡率（0.01‰）
Y_4		围产儿死亡率（‰）
Y_5	基本公共文化体育	每十万人口公共图书馆年流通人次（人次）
Y_6		广播电视综合人口覆盖率（%）
Y_7		每十万人口博物馆年参观人次（人次）
Y_8		人均地方财政文化体育与传媒支出（元）
Y_9	基本社会服务	每十万人口卫生机构床位数（张）
Y_{10}		社区服务机构覆盖率（%）
Y_{11}	基本住房保障	人均地方财政住房保障支出（元）
Y_{12}	基本就业保障	每十万人口城镇新增就业人数（人）
Y_{13}		城镇登记失业率（%）
Y_{14}	基本社会保险	基本养老保险参保率（%）
Y_{15}		基本医疗保险参保率（%）

4.2.2　相关指标的具体说明和数据来源

在对我国基本公共服务均等化水平进行测算前，需要对各项测算指标的数据来源和计算过程加以说明。考虑到我国是从2006年正式提出"基本公共服务均等化"这一理念，因此，各项指标涉及的年份跨度均为2006~2017年，从而使得测算的结果在说明我国各年基本公共服务均等化情况的同时，也能反映出我国自这一理念提出后实施各项相关政策的效果。

（1）基本公共教育。该一级指标在测算时所涉及的二级具体指标：每十万人口小学在校人数和每十万人口初中在校人数的相关数据，2008 年之后的为国家统计局数据，可在国家数据网（http：//data. stats. gov. cn/index. htm）找到，而 2006 年和 2007 年由于相关数据无法直接查找，故通过具体计算公式加以得出：每十万人口小学在校人数＝当年小学在校生数（人）/［当年常住总人口（万人）/10］，每十万人口初中在校人数＝当年初中在校生数（人）/［当年常住总人口（万人）/10］。注意：考虑到所研究的基本公共服务均等化问题，更应该是倾向于某地区的各类人群，尤其应将进城农民（常年在该市居住但无本市户籍）考虑在内，因此，这里使用的是常住总人口而非户籍人口作为分母，下面使用常住人口的理由同上。

（2）基本医疗卫生。该一级指标在测算时所涉及的二级具体指标：孕产妇死亡率和围产儿死亡率的数据可从相关资料当中直接获取，其数据来源于各省份的统计年鉴、卫生应急体系建设与发展规划、医疗卫生服务体系规划、"十三五"卫生与健康规划、基本公共服务均等化"十三五"发展规划以及各省份财政厅官方网站。

（3）基本公共文化体育。该一级指标在测算时主要依据的二级具体指标的数据来源分别如下。

①每十万人口公共图书馆年流通人次需要通过具体计算公式得出相关数据：每十万人口公共图书馆年流通人次＝公共图书馆年流通人次（人）/［当年常住总人口（万人）/10］，且公共图书馆年流通人次的相关数据中 2006 年和 2007 年为中国社会统计年鉴数据，2008 年之后为国家统计局数据，可在国家数据网查找。

②广播电视综合人口覆盖率中的广播综合人口覆盖率和电视综合人口覆盖率的相关数据可在国家数据网查找，再通过（广播综合人口覆盖率＋电视综合人口覆盖率)/2 计算得出该项指标数据。

③每十万人口博物馆年参观人次的计算公式同上，而博物馆年参观人次的相关数据中 2006～2009 年为中国文化文物统计年鉴数据，2010 年之后为中国统计年鉴数据。

④在得到人均地方财政文化体育与传媒支出的数据时，首先通过相关网站查找地方财政文化体育与传媒支出的数据，其中，2006 年的有关数据见前瞻数据库（https：//d. qianzhan. com/），2006 年之后的有关数据可在国家数据网查找，之后在折合为人均数值时使用的依然是常住人口作为分子。

（4）基本社会服务。该项指标各基础数据的来源分别如下。

①每十万人口卫生机构床位数的基础数据首先可在国家数据网查找卫生机构床位数的相关数据，再通过公式：每十万人口卫生机构床位数 = 卫生机构床位数（张）/［当年常住总人口（万人）/10］计算得出。

②社区服务机构覆盖率的基础数据中 2006 ～ 2009 年需按公式计算，其计算公式为：社区服务机构覆盖率 = 社区服务机构（设施）数/（村委会数 + 居委会数）。其中，社区服务机构（设施）数来源于中国统计年鉴，村委会及居委会数据来源于中国民政统计年鉴；2010 ～ 2016 年为国家统计局数据；2017年为中国法律年鉴数据。

（5）基本住房保障。在获取该测算指标人均地方财政住房保障支出的相关数据时，首先通过相关资料获取地方财政住房保障支出的数据，其中，2011年之前为中国财政年鉴数据，2011 年之后为国家统计局数据。再通过常住人口进行折合为该项指标数值。

（6）基本就业保障。该项指标在测算时所涉及的二级具体指标，每十万人口城镇新增就业人数和城镇登记失业率的基础数据分别来源于：城镇登记失业率的基础数据可直接在国家数据网上搜索获取；对于每十万人口城镇新增就业人数这一指标相关数据在获取时同样需通过：城镇新增就业人数（人）/［当年常住总人口（万人）/10］计算得出，且城镇新增就业人数（人）的数据可在各省份国民经济与社会发展统计公报、人力资源与社会保障事业发展公报、政府工作报告以及中国人力资源和社会保障年鉴查询。要注意的是：城镇新增就业人数并非城镇就业人数的同比增量（不是增加量，而是具体数值）。

（7）基本社会保险。该项指标的基础数据来源分别如下。

①基本养老保险参保率需通过计算公式得出，即基本养老保险参保率 =（年末参加城镇职工基本养老保险人数 + 年末参加城乡居民基本养老保险人

数)/(15周岁以上人数－高中及高中以上在校生数）或基本养老保险参保率＝(年末参加城镇基本养老保险参保人数＋新型农村养老保险参保人数)/(15周岁以上人数－高中及高中以上在校生数）。公式中所涉及的各个项目的基础数据来源和说明为：2006～2012年城镇基本养老保险参保人数、2006～2011年新型农村社会养老保险参保人数、2012年城乡居民基本养老保险参保人数、2006～2012年城镇基本医疗保险参保人数来源于中国人力资源和社会保障年鉴，其余原始数据可通过国民经济与社会发展公报、人力资源与社会保障统计公报等途径获得。15周岁以上人数，可先在《中国统计年鉴》上得到各省份15～64岁、65岁及以上的抽样调查数，然后按照抽样比例推算该省份15周岁以上人数。高中及高中以上在校生数，包括研究生、成年教育、普通高等、普通中等、职业高中、技工学校人数。

②基本医疗保险参保率也需要通过计算公式得出，即基本医疗保险参保率＝(年末参加城镇职工基本医疗保险人数＋年末参加城乡居民基本医疗保险人数)/全省总人口或基本医疗保险参保率＝（城镇基本医疗保险参保人数＋新农合人数)/全省总人口。公式中所涉及的各个项目的基础数据来源和说明为：2006～2012年城镇基本医疗参保人数为中国人力资源和社会保障统计年鉴数据，其余年份见中国卫生健康统计年鉴、国家数据网以及两个公报，2007～2015年新农合参加人数为中国卫生健康统计年鉴数据，其余年份见各省份政府工作报告或人力资源和社会保障统计公报；城镇职工基本医疗保险参保人数和城乡居民基本医疗参保人数见各省份国民经济与社会发展统计公报或人力资源和社会保障事业统计公报。

4.2.3 差异化水平分析方法

在评价我国基本公共服务差异化程度时，首先对各评价指标赋予相应的权重，本章依然采取层次分析和熵值法相结合，进行以下数据处理。

4.2.3.1 层次分析法确定权重

将基本公共服务均等化作为目标层，并以基本公共教育、基本医疗卫生、基本公共文化体育等一级指标作为准则层，再将各二级指标作为子准则层。首先，通过上一章的类似方法建立准则层各指标的判断矩阵：

$$A = \begin{pmatrix} 1 & 1/2 & 2 & 3 & 1/3 & 1/4 & 1/4 \\ 1/2 & 1 & 3 & 4 & 1/2 & 1/3 & 1/3 \\ 1/2 & 1/3 & 1 & 2 & 1/4 & 1/5 & 1/5 \\ 1/3 & 1/4 & 1/2 & 1 & 1/5 & 1/6 & 1/6 \\ 3 & 2 & 4 & 5 & 1 & 1/2 & 1/2 \\ 4 & 3 & 5 & 6 & 2 & 1 & 1 \\ 4 & 3 & 5 & 6 & 2 & 1 & 1 \end{pmatrix}$$

运用 Excel 软件求解出判断矩阵的最大特征向量，W = (0.07　0.12　0.05　0.03　0.17　0.28　0.28)，即相对于目标层 A 而言，准则层 B 中的七个要素基本公共教育 U_1、基本医疗卫生 U_2、基本公共文化体育 U_3、基本社会服务 U_4、基本住房保障 U_5、基本就业保障 U_6、基本社会保险 U_7 各自的权重。对此结果根据相同方法进行一致性检验后，可认为层次单排序的结构有满意的一致性。

在确定准则层各因素主次关系后，接下来就要求出各子准则层因素相对于其准则层目标的权重了。由于各子准则层因素的个数基本不超过两个，因此，除基本公共文化体育服务 U_3 的二级指标继续运用上述步骤求出权重外，其余各二级指标所赋权重只需通过对其相对重要性的判断确定，最终结果见表 4 – 2。

表 4 – 2　　　　　　　　　　　基本公共服务组合权重结果

准则层 B	权重（组合法）	指标层 C	权重		
			层次分析法	熵值法	组合法
B_1	0.1787	C_1	0.03869525	0.04570564	0.0523
		C_2	0.03130475	0.03783452	0.0428
B_2	0.0817	C_3	0.07196537	0.03188679	0.0595
		C_4	0.04803463	0.01979910	0.0383
B_3	0.1336	C_5	0.02038878	0.13177153	0.0644
		C_6	0.00352348	0.02243501	0.0111
		C_7	0.01507802	0.07217657	0.0410
		C_8	0.01100972	0.12918235	0.0469
B_4	0.1374	C_9	0.02086907	0.06207509	0.0447
		C_{10}	0.00913093	0.15949007	0.0474
B_5	0.0995	C_{11}	0.17000000	0.11846122	0.1764

续表

准则层 B	权重（组合法）	指标层 C	权重		
			层次分析法	熵值法	组合法
B_6	0.204	C_{12}	0.15562214	0.07472707	0.1340
		C_{13}	0.12437786	0.01923738	0.0608
B_7	0.1651	C_{14}	0.17559061	0.04427129	0.1096
		C_{15}	0.10440939	0.03094638	0.0707

4.2.3.2 熵值法确定权重

本章采用同样方法确定基本公共服务各指标权重，计算结果见表4-3。

表4-3　　　　　　　　熵值法确定基本公共服务各指标权重结果

指标层	2006 年	2007 年	2008 年	2009 年	2010 年	2011 年
C_1	0.03505256	0.02837566	0.02674369	0.04538425	0.05193791	0.04786126
C_2	0.03305624	0.02950008	0.02780344	0.02992406	0.03383405	0.03865022
C_3	0.02909915	0.02405490	0.06690743	0.02979282	0.03531549	0.02318120
C_4	0.02484294	0.02150654	0.03354672	0.01764190	0.01802904	0.01990154
C_5	0.10342210	0.08346950	0.07866891	0.10864617	0.14144644	0.11031023
C_6	0.02602767	0.02148956	0.02025362	0.02079606	0.02117183	0.04164931
C_7	0.09888104	0.11018009	0.10384329	0.05153020	0.07593976	0.06789160
C_8	0.09352720	0.13483688	0.12708199	0.14568519	0.11788657	0.10681884
C_9	0.05990473	0.07963353	0.07505356	0.06862660	0.06033696	0.06102862
C_{10}	0.11564308	0.18005522	0.16969969	0.19480476	0.12904450	0.17406478
C_{11}	0.16338994	0.12880088	0.12139314	0.11645863	0.10989639	0.12389152
C_{12}	0.08848172	0.06412843	0.06044020	0.07816787	0.07728484	0.07997953
C_{13}	0.01763633	0.01427881	0.01345759	0.01252747	0.01482473	0.02224621
C_{14}	0.05668815	0.05392038	0.05081925	0.06259238	0.07187334	0.05617064
C_{15}	0.05434714	0.02576955	0.02428746	0.01742163	0.04117815	0.02635452
指标层	2012 年	2013 年	2014 年	2015 年	2016 年	2017 年	各年均值
C_1	0.05340061	0.0572698	0.05246486	0.04953208	0.04989141	0.05055355	0.04570564
C_2	0.0460181	0.04968604	0.04617172	0.04269187	0.03917543	0.03750294	0.03783452
C_3	0.03863561	0.01957578	0.0247715	0.02203501	0.03404125	0.03523139	0.03188679
C_4	0.02081871	0.01924998	0.01542549	0.01563231	0.01525859	0.01573545	0.0197991
C_5	0.12851909	0.16053254	0.16352019	0.17755486	0.16701586	0.1581525	0.13177153
C_6	0.01796938	0.02052852	0.02061749	0.02228667	0.02177899	0.01465104	0.02243501
C_7	0.05928851	0.05168432	0.07222092	0.06058769	0.05696322	0.05710814	0.07217657
C_8	0.13282689	0.13552441	0.1476549	0.14261305	0.12426033	0.14147198	0.12918235

续表

指标层	2012 年	2013 年	2014 年	2015 年	2016 年	2017 年	各年均值
C_9	0.06004622	0.05349248	0.05450877	0.05446810	0.06038979	0.05741169	0.06207509
C_{10}	0.19034072	0.16309425	0.15490980	0.14890741	0.14098255	0.15233408	0.15949007
C_{11}	0.10443291	0.10599645	0.09512589	0.11362726	0.12244289	0.11607876	0.11846122
C_{12}	0.07047579	0.07839148	0.07727734	0.07601208	0.07692468	0.06916086	0.07472707
C_{13}	0.02094052	0.02067117	0.02109809	0.02395088	0.02497725	0.02423951	0.01923738
C_{14}	0.02374851	0.03180282	0.02827245	0.01894399	0.03566235	0.04076118	0.04427129
C_{15}	0.03253843	0.03249995	0.02596060	0.03115674	0.0302354	0.02960696	0.03094638

4.2.3.3　最小相对信息熵确定组合权重

令层次分析法确定的主观权重为 W_{1i}。熵值法确定的客观权重为 W_{2i}，且将 2006～2017 年各年度熵值法所确定的各项指标权重平均化结果作为熵值法下的权重。根据相同的计算式：$W_i = (W_{1i}W_{2i})^{0.5} \sum (W_{1i}W_{2i})^{0.5}$，即可得出不同方法下基本公共服务均等化评价体系中各指标权重，结果见表 4 - 3。

在确定基本公共服务各项指标所附权值后，便可通过将各指标权重与其归一化结果相乘并加总，从而得到我国 30 个省份 2006～2017 年基本公共服务各年得分情况，结果见表 4 - 4。

表 4 - 4　　　　30 个省份基本公共服务 2006～2017 年得分情况

省份	2006 年	2007 年	2008 年	2009 年	2010 年	2011 年
广东	0.402993	0.418157	0.359323	0.383381	0.380864	0.407359
江苏	0.416140	0.386546	0.307724	0.430061	0.437254	0.460390
山东	0.319341	0.334953	0.268894	0.327865	0.323678	0.318642
浙江	0.444083	0.397659	0.320411	0.440250	0.424382	0.430646
河南	0.339893	0.308288	0.268519	0.345862	0.369111	0.433624
四川	0.311436	0.320429	0.317759	0.335631	0.348265	0.364453
湖北	0.325893	0.359804	0.300541	0.352804	0.367137	0.389244
湖南	0.276253	0.280223	0.258008	0.326515	0.344154	0.383987
河北	0.224314	0.241405	0.192337	0.269222	0.258148	0.306843
福建	0.331498	0.423322	0.381141	0.374499	0.367702	0.365036
上海	0.697066	0.657267	0.559385	0.604308	0.556297	0.531796
北京	0.518537	0.536721	0.462452	0.536323	0.533033	0.510485
安徽	0.267847	0.278009	0.229945	0.305829	0.302046	0.378737
辽宁	0.460574	0.426754	0.385889	0.425463	0.381967	0.397261

续表

省份	2006 年	2007 年	2008 年	2009 年	2010 年	2011 年
陕西	0.345840	0.312411	0.292213	0.342963	0.351698	0.413400
江西	0.268459	0.299402	0.248710	0.332083	0.336632	0.362668
重庆	0.293729	0.341223	0.329252	0.409074	0.456366	0.521562
广西	0.254842	0.273139	0.242938	0.287238	0.308279	0.321457
天津	0.482427	0.491069	0.414033	0.464449	0.415993	0.401812
云南	0.218318	0.269146	0.289420	0.279137	0.289788	0.291241
内蒙古	0.328586	0.299701	0.293608	0.310072	0.305825	0.323054
黑龙江	0.397137	0.366347	0.320308	0.349576	0.344981	0.349342
山西	0.341043	0.324174	0.309328	0.387436	0.340684	0.371285
吉林	0.344111	0.384736	0.350419	0.376625	0.344821	0.362599
贵州	0.263415	0.238372	0.282290	0.243740	0.287674	0.268798
新疆	0.301592	0.317454	0.406946	0.350452	0.358940	0.436106
甘肃	0.316336	0.281302	0.295402	0.317836	0.306879	0.334862
海南	0.342986	0.325248	0.291427	0.324159	0.315789	0.331106
宁夏	0.389515	0.357886	0.384588	0.385719	0.390009	0.419176
青海	0.427971	0.405218	0.486805	0.421198	0.428705	0.458226
各年方差	0.009759	0.008131	0.006379	0.005874	0.005874	0.004348

省份	2012 年	2013 年	2014 年	2015 年	2016 年	2017 年	各年均值
广东	0.420758	0.433954	0.465950	0.457534	0.479546	0.499882	0.4258
江苏	0.449724	0.478184	0.499901	0.514587	0.488603	0.500738	0.4475
山东	0.408324	0.416257	0.372417	0.401066	0.399191	0.411418	0.3585
浙江	0.497352	0.504770	0.513295	0.502489	0.499753	0.512290	0.4573
河南	0.468576	0.476409	0.483071	0.472873	0.477175	0.471629	0.4096
四川	0.419278	0.428013	0.426784	0.435419	0.433087	0.432943	0.3811
湖北	0.408898	0.399555	0.408633	0.407372	0.387602	0.400095	0.3756
湖南	0.417853	0.435353	0.443736	0.461775	0.449785	0.439310	0.3764
河北	0.333943	0.332583	0.377728	0.366628	0.345128	0.360300	0.3007
福建	0.417046	0.415196	0.440132	0.430521	0.432884	0.414902	0.3995
上海	0.531946	0.534309	0.555150	0.549783	0.587830	0.651377	0.5847
北京	0.471274	0.464538	0.481387	0.487349	0.589841	0.513723	0.5008
安徽	0.425299	0.425246	0.407561	0.413825	0.367886	0.361565	0.3470
辽宁	0.417127	0.391787	0.392662	0.380209	0.363281	0.356653	0.3983
陕西	0.472936	0.372185	0.403822	0.503817	0.422970	0.396087	0.3859
江西	0.400599	0.438626	0.445724	0.443650	0.411937	0.401028	0.3658
重庆	0.558808	0.467508	0.443106	0.520490	0.513194	0.513426	0.4473

续表

省份	2012 年	2013 年	2014 年	2015 年	2016 年	2017 年	各年均值
广西	0.366522	0.365980	0.375801	0.390473	0.290973	0.314656	0.3160
天津	0.372850	0.348687	0.378216	0.382708	0.422903	0.401202	0.4147
云南	0.291150	0.371293	0.365927	0.373140	0.357120	0.351176	0.3122
内蒙古	0.380914	0.410781	0.396325	0.423853	0.383468	0.370946	0.3523
黑龙江	0.394388	0.396948	0.393421	0.401019	0.364804	0.359238	0.3698
山西	0.359746	0.342372	0.351435	0.291592	0.315559	0.311113	0.3371
吉林	0.392722	0.388410	0.374614	0.395914	0.361373	0.359496	0.3697
贵州	0.375105	0.477372	0.549371	0.579651	0.548113	0.564663	0.3899
新疆	0.455818	0.482024	0.461889	0.453607	0.376441	0.444304	0.4038
甘肃	0.371256	0.389485	0.322849	0.375278	0.330305	0.369557	0.3343
海南	0.352613	0.388294	0.390059	0.419479	0.381700	0.400125	0.3552
宁夏	0.428861	0.476468	0.532905	0.522064	0.452662	0.507596	0.4373
青海	0.486574	0.476816	0.517141	0.514039	0.466796	0.489526	0.4649
各年方差	0.003360	0.002623	0.003857	0.004166	0.005792	0.006215	

4.3　差异分析过程

根据上述处理结果，按下来本节将从全国、各省际以及不同均等化指标等不同层次对我国基本公共服务差异化情况进行具体分析。

4.3.1　差异分析的整体概述

从各省份基本公共服务各年度最终得分情况可以看出：我国不同省份间基本公共服务水平存在一定差异性，且这种差异在不同年度间也存有不同体现。

首先，基本公共服务的差异性从地区间转为不同省份间。就不同地区基本公共服务水平情况进行比较时明显发现：在 2010 年之前，我国东部地区大部分省份基本公共服务水平较高，如北京、上海、天津、辽宁、浙江等，而中、西部地区明显较为落后，尤其是西部地区，如广西、贵州、云南等地常年位于全国倒数水平。但在 2010 年之后情况有所改变，我国东、中、西部地区基本公共服务排名情况各有高低。总体而言，中部各省份大部分排名保持中等水平，而东部和西部各省份排名出现参差不齐的情况，如东部地区的上海、浙江、北京等地排名虽依然保持领先水平，但也存在河北、吉林这样位于落后水平的省份。西部地区也存有类似情况，其广西、云南、甘肃等省份的基本公共服务水平排名虽然始终位于全国倒数，但也有重庆、贵州等排名位于全国水平前列的省份。这充分说明了我国近年来不断加大对西部地区基本公共服务的支持性工作已取得一定成效。

其次，我国基本公共服务在整体提升的基础上，其均等化水平近年来出现回落趋势。从表4-4中可以发现：各年度不同省份最终得分的方差变化呈现出由高到低再由低到高的现象，即2013年之前，各省份最终得分方差不断降低，但在2013年之后，该方差出现回升现象。其中，方差代表总体离散程度，其数值越大，说明各省份之间差异化程度越大，反之说明各省份之间差异化程度越小。因此，方差变化情况表明，我国各省份基本公共服务非均等化程度2006~2013年在不断改善，但2013~2017年这种非均等化现象又有所回落，表明随着基本公共服务提供水平的提高和基本保障底线的落实，许多省份的供给能力正在逐步加强并不断领跑全国的基本公共服务水平，拉大了省际距离。

4.3.2 我国省际之间基本公共服务差异化分析

4.3.2.1 我国30个省份2006~2017年基本公共服务总体得分排名情况

通过观察我国30个省份2006~2017年基本公共服务最终得分折线图（图4-1中并未将所有30个省份在横轴上标明，未标出省份可参照表4-4）可以看出：东、西部地区各省份之间基本公共服务水平差异化较大，且部分省份在此期间存在大幅波动。

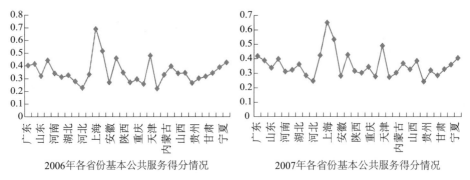

图4-1 各省份2006~2017年基本公共服务得分变化情况

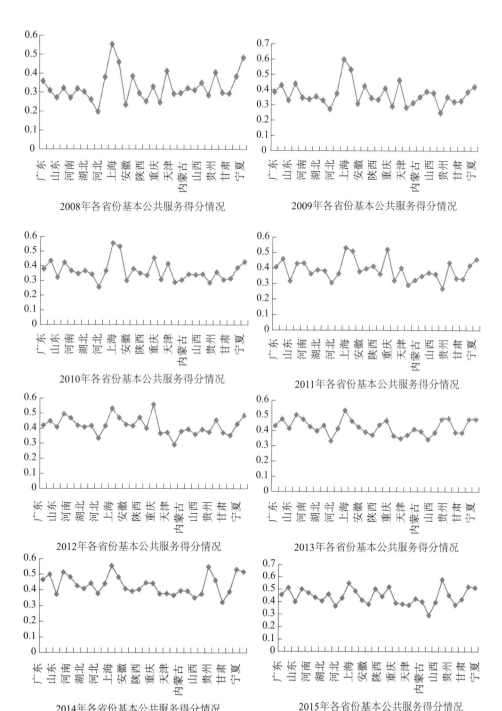

图 4-1（续）

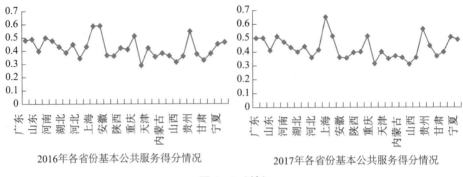

2016年各省份基本公共服务得分情况　　　　2017年各省份基本公共服务得分情况

图 4 – 1 （续）

首先，对于东部地区各省份，上海、北京、江苏、浙江四省份 2006 ~ 2017 年基本保持全国领先水平；福建和广东在此期间同样保持稳定，且分别位于中等和中等偏上水平；河北基本公共服务水平虽然在此期间保持稳定，但始终位于落后地位，从而整体拉低东部地区基本公共服务水平。除此之外，其余省份基本公共服务排名波动较大，其中，天津和辽宁四省的排名不断下滑，尤其是辽宁的下滑幅度最大，从原先位于全国先列水平降为全国落后水平；而山东和海南两省 2006 ~ 2017 年基本公共服务排名情况则处于不断波动中，但总体来看依然位于中等偏下水平。

其次，通过观察西部各省份 2006 ~ 2017 年基本公共服务得分变化情况发现：某些省份基本公共服务排名始终位于全国落后水平，如云南、广西和甘肃；也有部分省份始终保持中等或较高水平，如四川、青海、宁夏；其余省份则在此期间出现较大变动，其中，贵州、重庆保持良好发展态势，其基本公共服务水平排名不断提升，而陕西、新疆、内蒙古三省份则出现排名波动较大现象。

最后，就中部地区而言，大部分省份在此期间基本公共服务水平基本保持稳定，如江西、湖北、安徽等。其中，江西、湖北、湖南三省 2006 ~ 2017 年基本公共服务排名大致位于中等水平；河南省在此期间则出现了分水岭，其2010 年之前排名基本位于全国中等水平，但 2010 年之后其基本公共服务排名上升为全国前列水平；而安徽省 2006 ~ 2017 年虽出现一些浮动，但总体上只能保持在全国中等偏下水平。除此之外，山西省在此期间则出现较大下划现象，特别是在 2011 年之后，其排名降至全国落后水平。

通过对我国 30 个省份 2006~2017 年基本公共服务各年度排名变化的对比，可以得出以下结论。

一是地区经济情况与其基本公共服务水平并非完全对应。我国东部发达地区中也存在某些省份基本公共服务较为落后的现象，与此同时，西部欠发达地区中也有部分省份基本公共服务水平较高情况出现。这种现象的出现主要有两点原因：其一，我国近年来不断加强对西部偏远地区基本公共服务的支持；其二，在设置指标过程中考虑到为了让各省份能进行更加客观的横向比较，所采用的二级指标都是相对数指标，因此对于人数较少的西部偏远地区反而有了一定优势。

二是同一区域内不同省份基本公共服务水平也存在较大差别。如上所述，我国东部和西部地区的同一区域内部各省份之间排名具有很大差别，由此可见，我国当前基本公共服务并非是地域间的不均等，而是全国各省际间的不均等。

4.3.2.2 我国 30 个省份各基本公共服务项目发展情况

表 4-5 至表 4-11 分别是我国 30 个省份各基本公共服务项目发展情况，考虑到篇幅问题，这里只截取 2006 年、2011 年和 2017 年相关数据。表中各具体指标三个年度下分别按照各省份对应数据降序排列，以使得各省份之间的比较更加清晰。需要注意的是：有些指标数值越大说明该项指标发展情况越好，包括基本公共教育、基本公共文化体育、基本社会服务、基本住房保障和基本社会保险所对应的二级指标，以及基本就业保障中的每十万人口城镇新增就业数这一指标。而有些指标数值越小说明该项指标发展情况越好，包括孕产妇死亡率、围产儿死亡率和城镇登记失业率。

表 4-5　　　　　　　我国 30 个省份基本公共教育发展情况　　　　　　单位：人

每十万人口小学在校人数						每十万人口初中在校人数					
2006 年		2011 年		2017 年		2006 年		2011 年		2017 年	
贵州	12855	河南	11620	河南	10303	新疆	5822	甘肃	5021	贵州	5147
海南	12648	宁夏	10060	贵州	10185	河南	5756	河南	4976	河南	4502
甘肃	11717	江西	9727	广西	9586	海南	5741	宁夏	4682	广西	4206
宁夏	11541	广西	9262	新疆	9534	山西	5714	山西	4597	江西	4160
广东	11497	云南	9215	江西	9209	陕西	5705	广东	4588	宁夏	4095

续表

每十万人口小学在校人数						每十万人口初中在校人数					
2006 年		2011 年		2017 年		2006 年		2011 年		2017 年	
河南	10616	青海	9092	海南	8828	甘肃	5671	海南	4516	云南	3925
新疆	10438	海南	8810	广东	8564	安徽	5589	江西	4504	新疆	3761
云南	10088	新疆	8785	河北	8530	贵州	5507	新疆	4469	海南	3635
山西	10067	甘肃	8097	宁夏	8527	湖北	5289	云南	4460	河北	3481
广西	9874	广东	7873	福建	7927	广东	5175	广西	4356	青海	3471
青海	9614	山西	7756	云南	7864	广西	4920	安徽	4195	湖南	3366
江西	9277	河北	7521	青海	7843	河北	4883	重庆	4125	山东	3311
安徽	9137	湖南	7463	湖南	7500	宁夏	4810	四川	4060	甘肃	3280
重庆	9020	安徽	7446	山东	7122	重庆	4603	陕西	4013	安徽	3263
四川	8789	四川	7207	安徽	7110	福建	4556	青海	3968	重庆	3249
陕西	8739	陕西	6790	甘肃	7110	四川	4385	山东	3600	广东	3238
福建	7432	重庆	6776	重庆	6888	内蒙古	4316	湖北	3563	福建	3138
湖北	6874	山东	6718	江苏	6753	云南	4242	湖南	3293	四川	3015
河北	6817	福建	6664	四川	6679	江西	4194	内蒙古	3202	山西	2940
湖南	6769	湖北	6588	陕西	6617	青海	4148	黑龙江	3193	浙江	2788
山东	6712	浙江	6317	浙江	6333	黑龙江	4080	福建	3134	陕西	2753
浙江	6692	内蒙古	5685	山西	6196	湖南	3925	河北	2989	江苏	2609
内蒙古	6654	吉林	5239	湖北	6025	山东	3861	浙江	2838	湖北	2527
江苏	6037	贵州	5239	内蒙古	5260	吉林	3704	吉林	2736	内蒙古	2455
辽宁	5963	江苏	5205	吉林	4494	辽宁	3512	贵州	2736	黑龙江	2380
吉林	5715	辽宁	4956	辽宁	4445	天津	2935	辽宁	2734	吉林	2264
黑龙江	5501	黑龙江	4892	天津	4149	上海	2240	江苏	2683	辽宁	2201
天津	4995	天津	3992	北京	4031	浙江	2200	天津	2017	上海	1701
北京	2954	北京	3468	黑龙江	3623	北京	1799	上海	1870	天津	1679
上海	2666	上海	3175	上海	3243	江苏	1585	北京	1541	北京	1226

注：因图表排列篇幅所限，表中各自治区名称分别采用简称。下同。

表 4-6　　　　　我国 30 个省份基本医疗卫生发展情况

孕产妇死亡率（0.01‰）						围产儿死亡率（‰）					
2006 年		2011 年		2017 年		2006 年		2011 年		2017 年	
新疆	92.1	青海	46.1	新疆	30.9	新疆	19.8	新疆	16.3	新疆	12.9
青海	88.5	新疆	39.1	青海	29.4	甘肃	17.6	宁夏	11.4	宁夏	8.1
贵州	79.3	云南	34.7	海南	23.7	青海	16.3	青海	10.7	甘肃	7.5
云南	64.0	甘肃	26.1	贵州	23.5	宁夏	15.5	吉林	9.9	青海	7.3
重庆	63.5	四川	23.1	宁夏	23.3	贵州	13.6	贵州	9.9	广西	6.4

续表

孕产妇死亡率 (0.01‰)						围产儿死亡率 (‰)					
2006 年		2011 年		2017 年		2006 年		2011 年		2017 年	
四川	57.7	宁夏	22.8	黑龙江	21.3	云南	13.4	云南	9.6	山西	6.3
宁夏	44.7	重庆	21.6	云南	19.7	内蒙古	13.3	辽宁	9.6	云南	6.1
河南	41.2	湖南	18.8	甘肃	19.6	辽宁	11.9	甘肃	9.5	辽宁	5.9
甘肃	41.1	广西	18.7	安徽	15.3	陕西	11.5	山西	9.0	吉林	5.9
海南	41.0	黑龙江	16.8	重庆	15.0	广西	11.3	天津	8.5	天津	5.8
山西	39.3	内蒙古	16.7	广西	14.0	山西	10.8	广西	8.3	黑龙江	5.5
内蒙古	38.6	山西	16.6	辽宁	13.6	福建	10.1	内蒙古	8.0	内蒙古	5.4
湖南	34.6	吉林	16.5	山西	13.5	四川	10.0	黑龙江	7.7	贵州	4.9
陕西	32.9	贵州	16.5	四川	13.4	海南	9.8	海南	6.7	广东	4.4
江西	31.4	福建	14.2	内蒙古	13.1	湖南	9.5	湖南	6.5	湖南	4.4
吉林	30.3	安徽	13.7	吉林	12.9	河南	9.1	福建	6.3	福建	4.3
广西	29.0	海南	13.6	湖南	12.7	吉林	8.8	陕西	6.2	山东	4.3
湖北	27.1	陕西	13.3	江苏	10.4	广东	8.7	广东	5.9	重庆	4.2
黑龙江	27.0	江西	12.6	河南	10.4	河北	8.6	四川	5.8	湖北	4.1
福建	24.6	广东	11.4	湖北	9.6	黑龙江	8.4	河北	5.8	海南	3.9
河北	23.3	湖北	10.6	福建	9.5	江西	7.9	浙江	5.5	安徽	3.8
安徽	19.2	河南	10.2	陕西	9.3	安徽	7.9	安徽	5.3	浙江	3.7
广东	17.3	北京	10.2	山东	9.0	山东	7.4	湖北	5.1	陕西	3.7
山东	15.7	山东	9.7	河北	8.3	湖北	7.4	山东	4.8	河南	3.7
北京	15.0	河北	9.4	江西	8.2	浙江	7.2	重庆	4.6	四川	3.5
江苏	11.2	辽宁	8.3	北京	8.0	重庆	6.9	北京	4.3	江苏	3.4
浙江	10.3	天津	6.8	广东	6.8	北京	6.8	河南	4.2	河北	3.2
辽宁	10.0	浙江	6.4	天津	6.0	江苏	6.6	江西	4.1	北京	3.1
上海	9.5	上海	3.7	浙江	4.5	天津	5.2	江苏	3.9	江西	2.8
天津	6.6	江苏	1.2	上海	1.1	上海	2.9	上海	2.8	上海	2.0

表4－7　　　　我国30个省份基本公共文化体育发展情况

每十万人口公共图书馆年流通人次 (人次)						广播电视综合人口覆盖率 (%)					
2006 年		2011 年		2017 年		2006 年		2011 年		2017 年	
上海	68329.9	上海	82051.1	浙江	191736.1	上海	100.0	上海	100.0	江苏	100.0
广东	49724.6	浙江	72680.4	上海	123760.6	北京	100.0	北京	100.0	上海	100.0
北京	46658.3	广东	57800.6	江苏	99328.6	天津	100.0	天津	100.0	北京	100.0
天津	44093.0	江苏	44842.4	天津	90114.9	江苏	99.9	江苏	99.9	天津	100.0
浙江	32551.3	天津	42202.9	广东	81896.9	河北	99.1	浙江	99.3	广东	99.9

续表

每十万人口公共图书馆年流通人次（人次）			广播电视综合人口覆盖率（%）		
2006 年	2011 年	2017 年	2006 年	2011 年	2017 年
广西 29264.7	宁夏 36502.3	福建 75942.7	浙江 98.8	河北 99.3	浙江 99.8
辽宁 28307.2	北京 35970.8	北京 71651.1	黑龙江 98.6	黑龙江 98.7	河北 99.5
宁夏 26490.1	辽宁 35437.6	宁夏 68211.1	辽宁 98.3	吉林 98.6	湖北 99.4
江苏 22897.1	福建 35339.3	辽宁 59044.9	福建 98.0	贵州 98.6	内蒙古 99.2
湖北 21025.8	重庆 26612.9	海南 56587.5	吉林 97.8	辽宁 98.6	山西 99.2
吉林 20235.0	广西 264956	重庆 49561.9	广东 96.6	重庆 98.3	辽宁 99.2
福建 19888.4	湖北 23305.8	广西 47989.8	湖北 96.5	福建 98.3	福建 99.1
海南 16626.8	吉林 22226.3	湖北 40465.6	河南 96.5	湖北 98.2	安徽 99.1
云南 15503.0	河南 21965.5	山东 39698.5	四川 96.3	山东 98.1	重庆 99.1
湖南 15137.2	云南 21446.6	内蒙古 39662.7	山东 96.2	广东 98.0	海南 99.1
山东 14330.2	山东 19873.6	安徽 37990.9	安徽 96.1	河南 97.7	山东 99.0
黑龙江 14308.1	安徽 19713.3	江西 37258.8	江西 95.4	安徽 97.7	湖南 98.9
内蒙古 13167.7	新疆 19240.4	陕西 35396.4	海南 95.0	江西 97.7	吉林 98.9
重庆 11752.1	甘肃 18448.5	山西 32133.2	陕西 94.5	陕西 97.5	黑龙江 98.9
四川 10882.6	湖南 18423.7	吉林 31910.2	重庆 94.3	四川 97.2	陕西 98.8
江西 10601.5	黑龙江 18098.9	湖南 31731.8	山西 94.2	内蒙古 96.8	河南 98.7
青海 10401.5	四川 17804.6	四川 31331.1	新疆 93.2	云南 96.2	江西 98.7
陕西 9948.6	海南 17103.8	河南 30870.0	云南 92.9	广西 96.1	云南 98.6
甘肃 9900.7	青海 16945.4	河北 30693.5	宁夏 92.5	宁夏 96.1	甘肃 98.5
安徽 9165.3	江西 16847.6	甘肃 29507.2	内蒙古 92.0	山西 95.7	宁夏 98.5
河北 8524.2	内蒙古 15031.4	黑龙江 28287.0	湖南 91.2	海南 95.4	青海 98.4
河南 8304.9	陕西 14960.5	青海 26531.8	广西 91.1	新疆 95.1	四川 97.9
新疆 8146.3	山西 11077.1	云南 26270.6	甘肃 90.9	湖南 94.7	广西 97.9
山西 7614.8	河北 10990.6	新疆 22559.1	青海 90.3	甘肃 93.9	新疆 97.4
贵州 5149.1	贵州 9054.2	贵州 21897.2	贵州 87.2	青海 93.7	贵州 95.0

每十万人口博物馆年参观人次（人次）			人均地方财政文化体育与传媒支出（元）		
2006 年	2011 年	2017 年	2006 年	2011 年	2017 年
上海 23956.2	江苏 65979.6	陕西 151000.3	北京 253.0	北京 430.9	北京 962.6
浙江 20360.8	重庆 58957.9	浙江 114644.7	上海 147.2	上海 293.1	上海 791.2
陕西 19737.8	陕西 58842.9	江苏 113444.9	天津 125.8	内蒙古 277.1	青海 628.4
北京 17607.8	上海 49637.8	宁夏 108961.9	内蒙古 90.6	青海 252.1	内蒙古 461.8
山西 14432.6	四川 45158.5	甘肃 108038.8	青海 89.4	天津 219.6	天津 372.1
重庆 13443.7	甘肃 43408.7	重庆 100679.7	新疆 84.4	宁夏 218.2	宁夏 334.6
天津 11748.8	福建 43333.3	上海 93809.8	浙江 77.8	新疆 215.9	新疆 328.8

续表

每十万人口博物馆年参观人次（人次）						人均地方财政文化体育与传媒支出（元）					
2006 年		2011 年		2017 年		2006 年		2011 年		2017 年	
广东	11344.0	安徽	43083.6	北京	84456.2	宁夏	73.5	海南	196.5	陕西	318.0
青海	10766.4	湖南	42465.1	天津	82145.2	福建	66.9	陕西	163.7	海南	315.8
湖南	10542.4	江西	41168.2	四川	81325.3	吉林	66.4	广东	162.4	浙江	282.2
江苏	10404.9	浙江	40566.0	湖南	80364.4	陕西	64.1	吉林	161.0	吉林	260.2
四川	10392.9	黑龙江	31742.3	福建	77141.4	山西	63.9	辽宁	156.5	广东	255.9
河南	7681.0	山西	30699.8	江西	69949.4	甘肃	63.5	浙江	155.8	甘肃	245.9
辽宁	7373.0	天津	29963.1	山东	67596.0	广东	62.7	江苏	147.9	江苏	242.1
福建	7152.0	河南	28717.6	山西	66654.2	江苏	56.7	山西	134.1	福建	223.3
江西	6407.0	湖北	28343.2	黑龙江	61551.5	黑龙江	56.5	甘肃	128.9	湖南	217.0
甘肃	5410.3	贵州	28077.3	湖北	58810.6	山东	55.8	黑龙江	117.2	辽宁	197.8
湖北	5176.5	吉林	26991.6	河南	57987.2	贵州	55.1	四川	108.5	山西	194.3
河北	5078.3	北京	26412.6	贵州	51703.9	辽宁	53.5	重庆	106.8	贵州	180.8
山东	4697.6	广东	26285.9	安徽	50885.4	云南	53.3	安徽	104.5	四川	171.6
海南	4186.6	内蒙古	24568.1	内蒙古	49046.7	河南	47.0	贵州	101.8	江西	161.5
云南	4048.6	新疆	23087.4	云南	48787.9	广西	43.7	云南	97.9	湖北	161.4
广西	3460.5	海南	22234.9	广东	45766.9	重庆	43.2	福建	96.4	重庆	159
内蒙古	3354.0	云南	22036.1	吉林	41516.4	湖北	42.5	山东	95.0	云南	148.5
黑龙江	3133.7	广西	20976.3	河北	39783.0	河北	41.8	江西	88.4	山东	141.8
吉林	2794.7	辽宁	20447.2	广西	37417.8	四川	41.6	湖北	81.8	黑龙江	141.4
新疆	2565.9	河北	19982.5	辽宁	35213.6	湖南	40.9	广西	80.7	河北	137.2
贵州	2344.2	山东	16546.5	新疆	28670.8	安徽	35.4	河北	69.7	广西	131.8
宁夏	1705.3	青海	14336.3	青海	25083.6	江西	33.9	湖南	68.0	安徽	129.4
安徽	1667.8	宁夏	12197.2	海南	15766.7	海南	26.3	河南	61.3	河南	102.0

表 4 − 8　　　　　我国 30 个省份基本社会服务发展情况

每十万人口卫生机构床位数（张）						社区服务机构覆盖率（％）					
2006 年		2011 年		2017 年		2006 年		2011 年		2017 年	
北京	508.4	新疆	567.7	新疆	685.5	上海	100.2	北京	139.1	贵州	108.1
上海	480.6	辽宁	492.4	辽宁	683.5	江苏	90.6	广东	81.5	北京	94.5
辽宁	420.0	北京	469 0	四川	678 8	浙江	83.3	江苏	73.1	广东	90.2
新疆	406.3	上海	456.5	重庆	671.2	辽宁	42.4	上海	64.4	江苏	84.7
天津	405.6	吉林	440.9	湖南	659.6	天津	40.5	浙江	56.8	海南	78.5
吉林	332.4	山西	437.2	贵州	650.8	宁夏	39.2	宁夏	42.1	宁夏	74.4
山西	332.2	山东	431.8	青海	640.5	内蒙古	36.8	重庆	34.8	浙江	50.2

续表

每十万人口卫生机构床位数（张）						社区服务机构覆盖率（%）					
2006 年		2011 年		2017 年		2006 年		2011 年		2017 年	
黑龙江	322.3	黑龙江	431.1	黑龙江	637.9	广东	34.8	山东	28.3	上海	49.4
宁夏	303.1	四川	415.8	湖北	635.9	北京	33.9	天津	28.3	天津	39.7
陕西	299.8	陕西	410.9	陕西	629.2	黑龙江	33.3	湖北	27.0	辽宁	31.0
浙江	293.0	青海	406.7	内蒙古	594.3	湖北	24.3	辽宁	22.4	重庆	27.9
内蒙古	289.0	内蒙古	405.3	河南	584.8	安徽	23.7	安徽	21.5	安徽	23.3
青海	282.8	宁夏	405.0	山东	584.4	贵州	22.9	黑龙江	18.6	福建	22.5
山东	277.6	湖南	396.3	江苏	584.4	福建	22.0	新疆	17.9	四川	21.7
江苏	272.9	重庆	396.0	宁夏	583.9	湖南	19.9	湖南	16.4	新疆	17.5
甘肃	259.9	甘肃	394.3	云南	572.4	江西	14.8	江西	16.0	湖北	17.1
福建	255.3	湖北	389.0	吉林	565.7	重庆	14.8	内蒙古	15.1	吉林	16.4
湖南	252.6	江苏	375.2	甘肃	560.9	陕西	13.6	甘肃	14.6	甘肃	16.1
河北	250.8	云南	374.4	上海	556.7	河北	12.6	河北	11.8	黑龙江	15.8
湖北	250.1	河南	372.4	北京	555.6	海南	11.5	福建	11.1	内蒙古	15.5
云南	246.5	河北	368.0	浙江	554.2	山东	11.0	陕西	9.1	湖南	15.3
四川	245.2	天津	364.6	山西	533.5	四川	10.7	广西	7.8	陕西	14.9
重庆	243.2	浙江	356.6	河北	525.3	新疆	9.8	四川	7.2	广西	14.2
海南	238.4	安徽	342.2	江西	506.3	广西	8.5	山西	6.2	山东	13.1
河南	238.3	贵州	338.7	广西	493.6	甘肃	8.0	河南	6.1	云南	11.7
广东	233.3	福建	332.8	安徽	488.7	河南	6.9	云南	4.1	青海	10.2
安徽	218.2	广西	327.2	福建	468.9	吉林	6.63	吉林	4.00	山西	8.1
广西	205.1	海南	324.6	海南	453.6	山西	6.4	贵州	4.00	江西	7.2
江西	203.0	广东	309.4	广东	440.6	云南	3.0	青海	3.3	河北	4.9
贵州	179.4	江西	302.1	天津	439.3	青海	2.4	海南	2.2	河南	4.7

表 4－9　　　　　　　　我国 30 个省份基本住房保障发展情况　　　　　　　单位：元

人均地方财政住房保障支出					
2006 年		2011 年		2017 年	
青海	610.90	青海	1868.84	上海	1182.84
北京	256.56	新疆	769.76	青海	1125.75
宁夏	164.60	内蒙古	565.47	新疆	959.02
吉林	138.24	重庆	539.47	宁夏	884.40
重庆	134.94	宁夏	529.90	贵州	703.52
内蒙古	105.61	黑龙江	477.75	黑龙江	699.84
黑龙江	100.20	吉林	451.62	广东	682.27

续表

人均地方财政住房保障支出

2006 年		2011 年		2017 年	
贵州	88.28	陕西	401.50	北京	681.81
云南	87.7	海南	401.30	内蒙古	649.70
甘肃	84.54	甘肃	361.08	海南	596.20
上海	80.07	上海	351.34	陕西	519.84
辽宁	75.40	贵州	350.68	甘肃	509.67
山西	61.10	辽宁	347.80	吉林	471.26
海南	43.70	云南	327.60	云南	444.95
陕西	40.61	四川	287.28	江苏	438.17
江西	36.40	北京	270.23	湖北	422.80
广西	36.21	安徽	270.14	天津	411.56
湖南	35.80	江西	241.27	四川	391.66
新疆	34.08	山西	236.15	山西	373.28
安徽	33.39	广西	230.03	重庆	366.76
四川	33.26	河北	196.88	湖南	362.90
江苏	27.31	湖南	192.20	安徽	355.75
广东	25.23	湖北	179.00	江西	326.79
福建	24.51	天津	153.65	山东	309.70
湖北	24.03	河南	151.90	浙江	300.12
河南	18.21	福建	151.75	广西	287.37
天津	13.67	江苏	150.56	辽宁	285.58
河北	12.83	广东	139.38	河南	259.60
浙江	12.16	浙江	106.26	福建	234.19
山东	4.91	山东	70.11	河北	232.89

表 4 – 10　　　　我国 30 个省份基本就业保障发展情况

每十万人口城镇新增就业人数（人）			城镇登记失业率（%）		
2006 年	2011 年	2017 年	2006 年	2011 年	2017 年
上海 3375.8	天津 3476.0	天津 3143.9	辽宁 5.1	宁夏 4.4	黑龙江 4.2
天津 2743.3	上海 2733.7	重庆 24144.0	四川 4.5	四川 4.2	四川 4.0
北京 2148.0	新疆 2638.8	上海 2394.5	上海 4.4	湖南 4.2	湖南 4.0
新疆 2092.7	北京 2213.5	浙江 2248.5	黑龙江 4.4	湖北 4.1	上海 3.9
黑龙江 1851.9	黑龙江 2016.2	贵州 2148.1	湖南 4.3	云南 4.1	宁夏 3.9
福建 1728.0	重庆 1884.2	吉林 1956.2	安徽 4.3	黑龙江 4.1	福建 3.8
吉林 1659.6	吉林 1813.8	北京 1948.7	云南 4.3	河北 3.8	辽宁 3.8

续表

每十万人口城镇新增就业人数（人）						城镇登记失业率（%）					
2006 年		2011 年		2017 年		2006 年		2011 年		2017 年	
河南	1483.8	浙江	1731.7	新疆	1945.2	宁夏	4.3	内蒙古	3.8	河北	3.7
江苏	1439.4	江苏	1704.0	江苏	1850.3	湖北	4.2	青海	3.8	内蒙古	3.6
辽宁	1403.4	广东	1685.9	黑龙江	1639.1	广西	4.2	福建	3.7	天津	3.5
浙江	1321.0	福建	1673.4	湖北	1556.4	吉林	4.2	安徽	3.7	吉林	3.5
山西	1262.2	河南	1503.0	福建	15467.0	内蒙古	4.1	辽宁	3.7	山东	3.4
湖北	1247.1	辽宁	1432.8	河南	1508.6	贵州	4.1	吉林	3.7	重庆	3.4
广东	1185.1	山西	1391.6	山西	1399.2	陕西	4.0	陕西	3.6	山西	3.4
山东	1152.7	湖北	1330.3	广东	1333.2	重庆	4.0	天津	3.6	陕西	3.3
江西	1025.6	山东	1231.7	海南	1295.9	福建	3.9	贵州	3.6	江西	3.3
海南	1017.9	江西	1174.2	四川	1286.4	新疆	3.9	上海	3.5	云南	3.2
宁夏	1009.9	广西	1147.3	山东	1282.2	青海	3.9	重庆	3.5	贵州	3.2
湖南	986.4	宁夏	1126.8	宁夏	1209.7	河北	3.8	广西	3.5	青海	3.1
重庆	851.9	陕西	1099.4	江西	1207.3	江西	3.6	山西	3.5	江苏	3.0
内蒙古	790.9	湖南	1085.5	陕西	1187.5	天津	3.6	山东	3.4	安徽	2.9
四川	772.4	海南	1083.2	湖南	1094.8	甘肃	3.6	河南	3.4	河南	2.8
安徽	764.3	内蒙古	1059.6	河北	1091.3	海南	3.6	江苏	3.2	浙江	2.7
陕西	716.4	安徽	1043.9	安徽	1090.3	浙江	3.5	新疆	3.2	甘肃	2.7
甘肃	706.7	四川	945.3	内蒙古	1032.0	河南	3.5	浙江	3.1	湖北	2.6
广西	579.4	青海	915.5	辽宁	1025.4	江苏	3.4	甘肃	3.1	新疆	2.6
青海	565.7	贵州	817.8	云南	1021.0	山东	3.3	江西	3.0	广东	2.5
河北	472.6	甘肃	711.7	青海	1020.1	山西	3.2	广东	2.5	海南	2.6
云南	461.7	河北	700.0	广西	913.2	广东	2.6	海南	1.7	广西	2.2
贵州	444.2	云南	596.0	甘肃	717.7	北京	2.0	北京	1.4	北京	1.4

表 4－11　　　　　　　　我国 30 个省份基本社会保险发展情况　　　　　　　单位：%

基本养老保险参保率						基本养老医疗保险参保率					
2006 年		2011 年		2017 年		2006 年		2011 年		2017 年	
上海	62.9	北京	95	河南	99.5	甘肃	74.6	重庆	107.6	河南	108.9
辽宁	40.8	重庆	84.7	甘肃	95.7	四川	71.9	广西	106.3	广西	105.9
江苏	38.4	湖南	72.3	北京	93.9	河南	71.7	河南	105.7	重庆	105.6
天津	38.2	上海	72.1	安徽	92.7	浙江	71.6	四川	105.3	湖南	100.7
浙江	35.7	山东	70.9	山东	92.4	贵州	71.3	湖北	101.1	陕西	99.1
山东	32.7	山西	67	广东	90.5	江苏	70.2	湖南	100	四川	98.5
黑龙江	31.1	江苏	66.2	贵州	89.5	青海	69.8	陕西	99.4	辽宁	97.1

续表

基本养老保险参保率						基本养老医疗保险参保率					
2006 年		2011 年		2017 年		2006 年		2011 年		2017 年	
北京	29.3	河南	65.3	湖南	87.0	宁夏	69.2	江苏	98.3	吉林	96.5
山西	28.0	安徽	62.8	重庆	85.4	陕西	68.8	福建	98.1	福建	96.4
广东	29.0	陕西	62.7	江西	85.1	辽宁	64.8	甘肃	97.9	海南	95.9
湖北	25.9	辽宁	61.9	福建	84.7	内蒙古	62.3	北京	97.7	湖北	95.3
海南	25.4	湖北	60.8	河北	83.8	上海	61.8	吉林	96.5	江苏	94.9
内蒙古	22.1	宁夏	60.3	青海	83.7	海南	61.3	贵州	96.6	广东	93.0
福建	21.5	青海	60.3	四川	82.2	广东	58.9	辽宁	96.3	云南	93.0
吉林	21.5	浙江	60.2	浙江	81.5	北京	58.8	安徽	94.6	山东	92.9
江西	20.5	海南	59.6	江苏	81.5	山东	53.5	浙江	93.9	浙江	92.9
青海	18.2	江西	59.0	湖北	81.4	黑龙江	51.8	云南	93.3	青海	91.7
四川	17.8	河北	58.7	上海	80.0	新疆	44.4	海南	92.2	河北	91.4
湖南	17.5	广东	56.6	辽宁	79.6	天津	43.2	广东	91.5	江西	91.0
河北	17.3	新疆	54.8	云南	77.8	山西	42.2	江西	91.1	宁夏	90.7
重庆	16.8	甘肃	53.1	海南	76.1	湖南	38.1	河北	90.4	贵州	90.3
宁夏	16.3	福建	49.7	宁夏	72.3	湖北	37.8	青海	88.8	安徽	88.9
安徽	14.1	天津	48.9	新疆	70.9	吉林	36.8	山西	88.3	新疆	87.5
河南	14.1	四川	47.5	广西	70.5	福建	36.7	宁夏	87.4	山西	86.8
广西	13.5	云南	44.7	内蒙古	68.5	重庆	35.9	内蒙古	86.5	内蒙古	85.5
云南	12.5	吉林	44.7	山西	65.0	江西	35.4	新疆	85.4	甘肃	82.9
贵州	7.4	贵州	44.7	黑龙江	64.3	广西	32.1	黑龙江	77.7	北京	81.6
陕西	—	黑龙江	39.2	吉林	62.0	安徽	29.9	上海	73.7	上海	76.5
新疆	—	广西	37.4	天津	61.8	云南	28.9	天津	71.0	黑龙江	76.3
甘肃	—	内蒙古	35.9	陕西	56.2	河北	25.9	山东	64.2	天津	69.9

（1）东部地区省份各基本公共服务项目发展情况。通过观察东部各省份在表 4 - 5 至表 4 - 11 中的位置及所在位置的变化可发现：东部大部分省份在基本医疗卫生、基本公共文化体育方面的排名较好；在基本公共教育和基本住房保障方面的情况较为落后；在基本就业保障方面存在双高现象，即高就业和高失业；在基本社会服务方面，社区服务机构覆盖率的发展情况较为良好，而每十万人口卫生机构床位数这一指标呈现出下滑的现象；在基本社会保险方面，其基本养老服务方面排名较为适中，而在基本医疗服务方面的排名稍加逊色。

（2）中、西部地区省份各基本公共服务项目发展情况。相比于东部省份而言，中、西部大部分省份在基本公共教育和基本住房保障方面的情况更为良好，而在基本医疗卫生和基本公共文化体育方面的情况更为落后。基本社会服务、基本就业保障和基本社会保险方面则同样存有一项指标发展情况较为良好，而另一项指标发展情况更为逊色的现象。

在对我国各省份基本公共服务总体排名情况说明的基础上，进一步分析这些省份在不同基本公共服务项目上的发展情况，可更加清晰表明不同地区和省份居民在基本公共服务需求上的所处阶段。其中，东部地区大部分省份经济发展水平较为领先，因此，在基本公共服务方面，也表现为更高的需求层次，如对医疗健康、文化体育和社区服务等方面有着更高的需求。相较于东部地区，中、西部各省份的经济发展水平明显落后，这也映射出当地居民对基本公共服务的需求还更多处于基层阶段，如对住房、义务教育等方面的需求更多。此外，通过以上分析也反映出我国当前一直存在的户籍问题。如前文所述，本书在测算各省份基本公共服务水平时使用的人口为常住人口而非户籍人口。作为人口流入频繁的东部地区，尤其是东部沿海地区省份，许多外来人口因无法获取当地户籍，在许多基本公共服务方面都无法得以保障，这也成为东部地区在基本公共教育、住房保障和社会保险方面的排名水平较为落后的原因之一。

4.3.3 不同指标下我国基本公共服务差异化分析

在对不同指标下我国基本公共服务差异化情况分析时，一方面，从整体指标体系角度，通过熵值法确定的各二级指标在2006～2017年各年度的权重值，可以通过此不同指标权重值在图4－2中表现的高度对我国各项具体基本公共服务项目均等化水平在总体对比中加以评价（图4－2中横轴的数字分别表示表4－1中各基本公共服务二级指标）。另一方面，根据各项指标2006～2017年的原始数据测算出的方差，以此独自说明各项基本公共服务具体指标在各年度间的差异化趋势。

4.3.3.1 根据熵值法确定的权重对各指标下我国基本公共服务差异化进行分析

根据熵值法原理，其所确定的指标权重可判断某一指标值的离散程度，且所附权重越小说明该指标值变异程度越小，因此，通过观察图4－2中各项指标2006～2017年的权重分布情况，可从整体对比的角度反映出各基本公共服务项目与其他指标相比之下差异化程度的大小。

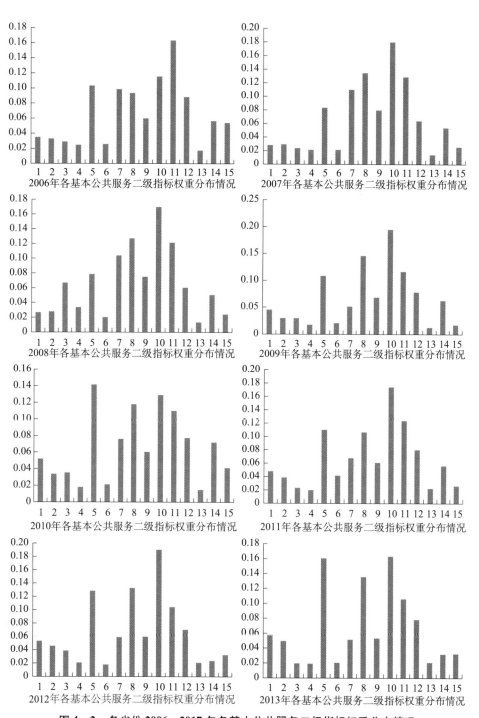

图 4－2　各省份 2006～2017 年各基本公共服务二级指标权重分布情况

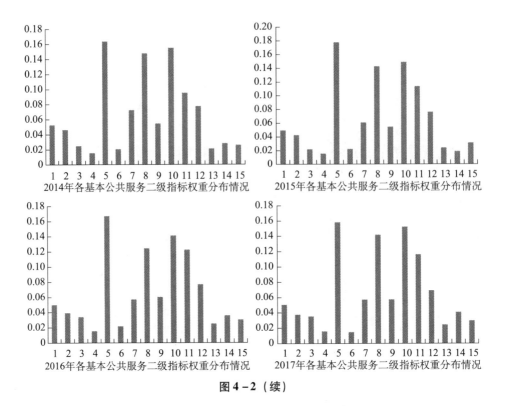

2014年各基本公共服务二级指标权重分布情况

2015年各基本公共服务二级指标权重分布情况

2016年各基本公共服务二级指标权重分布情况

2017年各基本公共服务二级指标权重分布情况

图 4-2（续）

（1）基本公共教育存在一定程度差异化。在评价我国基本公共教育均等化情况时，选用的二级指标是每十万人口小学平均在校人数和每十万人口初中平均在校人数。在观察 2006～2017 年各基本公共服务二级指标权重分布情况柱形图时可以看出：这两项指标权重于图中的高度在 2011 年之前基本处于中等以下位置，而在 2011 年之后所占权重有所提高，且大致处于中等位置。说明对于基本公共教育这一指标而言，我国各省份之间在 2011 年之前每年差异化程度较小，而在 2011 年之后各省份之间的非均等化程度有所扩大。

（2）基本医疗卫生均等化水平较高。在对此项基本公共服务均等化情况进行评价时主要根据孕产妇死亡率和围产儿死亡率这两大指标。从图 4-2 中可以观察到，这两项指标每年所附权重都处于较低水平，尤其是围产儿死亡率这一指标。说明我国在基本医疗卫生方面各省份 2006～2017 年差距程度较小，特别是围产儿死亡率各省份接近均等化水平。

（3）基本公共文化体育非均等化程度较大。在评价我国基本公共文化体育这一项目均等化情况时涉及的二级指标较多，包括每十万人口公共图书馆年流通人次、广播电视综合人口覆盖率、每十万人口博物馆年参观人次、人均地方财政文化体育与传媒支出这几项。在观察这几项指标的权重高度变化时可以发现：除了广播电视综合人口覆盖率这一指标每年权重较小之外，其余指标每年权重都较大，尤其是人均地方财政文化体育与传媒支出、每十万人口公共图书馆年流通人次这两项指标。由此可见，我国基本公共体育这一基本公共服务各省份间每年非均等化程度较大。

（4）基本社会服务非均等化程度较大。在对我国基本社会服务这一基本公共服务差异化水平衡量时，选取的二级指标为每十万人口卫生机构床位数和社区服务机构覆盖率这两项。从图 4 - 2 中两项指标历年的高度水平可以说明，我国在基本社会服务方面各省份每年度的非均等化程度较大，特别从社区服务机构覆盖率这一指标最能反映出这一情况。

（5）基本住房保障非均等化程度较大。本书只选取了人均地方财政住房保障支出这一项二级指标作为衡量我国基本住房保障差异化分析工具。从这一二级指标每年在图 4 - 2 中的高度可以看出，我国各省份每年度在基本住房保障方面的非均等化程度较高。

（6）基本就业保障存在一定程度差异化。在评价我国各省份 2006 ~ 2017 年基本就业保障非均等化情况时，主要依据的是每十万人口城镇新增就业人数和城镇登记失业率这两项具体指标。从图 4 - 2 中可明显发现，两项指标每年高度水平各有不同，其中，城镇登记失业率的高度每年基本上保持在柱形图底端位置，意味着各省份在此方面差异化水平较小，但每十万人口城镇新增就业人数这一指标的高度则每年基本处于柱形图中等偏上位置，说明相比之下，各省份在就业保障这一方面存在一定程度非均等化现象。

（7）基本社会保险存在一定程度差异化。在对此项基本公共服务差异化水平进行衡量时选用的指标为基本养老保险参保率和基本医疗保险参保率。从图 4 - 2 中两项指标高度的变化情况可以看出，我国在基本社会保险这一基本公共服务方面存在一定的差异化程度，尤其是在基本养老保险服务方面，相比而言，各省份差异化程度较大。

通过对我国各省份 2006 ~ 2017 年不同指标下基本公共服务非均等化程度

进行分析表明：不同指标所对应的基本公共服务各省份之间差异化水平不同。其中，基本医疗卫生公共服务方面我国各省份基本保持较高均等化水平；而在基本公共教育、基本就业保障和基本社会保险这几项基本公共服务方面，我国各省份在此期间存在一定程度的非均等化现象。至于基本公共服务的其他方面，如基本社会服务、基本公共文化体育和基本住房保障，我国各省份在此期间明显存在较高的差异化水平，由此可知，这几项基本公共服务项目也是我国各级政府今后的工作重心。

4.3.3.2　根据各指标每年度方差对其在各年度间的差异化趋势进行分析

（1）基本公共教育差异化程度呈下降趋势。通过观察表 4 - 12，C_1 每十万人口小学在校人数和 C_2 每十万人口初中在校人数两项指标在表中的数据变化，如 C_1 每十万人口小学在校人数这一指标方差从 2006 年的 7122638.49 波动下降至 2017 年的 3888389.92，C_2 每十万人口初中在校人数这一指标方差从 2006 年的 1510374.60 波动下降至 2017 年的 762969.72，可以看出：我国各省份基本公共服务 2006～2017 年差异化程度总体上呈现出下降趋势。

（2）基本医疗卫生差异化程度呈下降趋势。通过观察表 4 - 12 中这一基本公共服务项目具体衡量指标 C_3 孕产妇死亡率和 C_4 围产儿死亡率的数据变化情况，即 C_3 孕产妇死亡率这一指标方差从 2006 年的 535.29 直线下降至 2017 年的 51.88，C_4 围产儿死亡率这一指标方差从 2006 年的 14.15 波动下降至 2017 年的 4.39，同样反映出：我国各省份基本医疗卫生 2006～2017 年差异化程度总体同样呈现出下降趋势。

（3）基本公共文化体育差异化程度整体呈上升趋势。从表 4 - 12 中可以看出：表示基本公共文化体育服务的具体指标 C_5 每十万人口公共图书馆年流通人次的方差自 2006 年的 223215838.2 上升至 2017 年的 1322812463，且在前几年中略有波动，但该方差从 2011 年起呈直线上升趋势；指标 C_6 广播电视综合人口覆盖率的方差则呈相反变化趋势，自 2006 年的 11.4 直线下降至 2017 年的 0.96；指标 C_7 每十万人口博物馆年参观人次的方差则在 2010 年出现了分水岭，2010 年之前该指标方差呈现出下降趋势，自 2006 年的 364128491.9 下降至 2009 年的 92760750，但从 2010 年起，该指标方差开始呈直线上升趋势，并在 2017 年达到 988470777；指标 C_8 人均地方财政文化体育与传媒支出的方差也基本呈直线上升趋势，且从 2006 年的 1885.02 上升至 2017 年的 39307.02。这些指标在各年度的方差变动情况表明：我国各省份基本公共文化体育 2006～2017 年差异化程度总体上呈上升趋势。

（4）基本社会服务差异化水平整体呈上升趋势。通过观察表 4-12 中指标 C_9 每十万人口卫生机构床位数和指标 C_{10} 社区服务机构覆盖率的方差变动情况，可发现该项基本公共服务差异化趋势明显与前几项有所不同。首先，对于 C_{11} 每十万人口卫生机构床位数这一指标而言，其方差的变化同样存在分水岭，即 2012 年之前该指标方差呈现出下降形式，从 2006 年的 6434.16 下降至 2012 年的 3098.27，但从 2012 年起，该指标方差开始不断上升，并从 2013 年的 3194.35 上升至 2017 年的 5493.46。其次，对于 C_{10} 社区服务机构覆盖率这一指标而言，其方差在各年度间的变化波动较大，且呈上下来回波动形式。通过这两项指标方差的变动情况，可以看出，我国各省份在基本社会服务方面的差异化程度 2006～2017 年的变化趋势不如前几项明显，但考虑到 C_{10} 社区服务机构覆盖率这一指标的方差整体上从 2006 年的 632.37 上升至 2017 年的 931.58，因此，本书认为，我国在基本社会服务方面各省份差异化程度整体呈上升趋势。

（5）基本住房保障差异化程度整体呈上升趋势。衡量这一基本公共服务项目的指标较为单一，只涉及 C_{11} 人均地方财政住房保障支出这一指标。从表 4-12 中可发现，这一指标的方差变化情况同样不规律，2006～2011 年，其方差变动呈上升趋势，且在 2011 年上升幅度明显较大，而在接下来的几年里，该方差则呈现出上下波动形式。同样，出于该指标方差整体上从 2006 年的 13041.00 上升至 2017 年的 65258.26，本书认为，我国各省份在基本住房保障方面差异化程度 2006～2017 年整体呈上升趋势。

（6）基本就业保障两项衡量指标呈相反变动趋势。通过观察表 4-12 中 C_{12} 每十万人口城镇新增就业人数和 C_{13} 城镇登记失业率两项指标的数据变化，其中，C_{12} 每十万人口城镇新增就业人数这一指标方差在 2011 年之前呈波动下降趋势，自 2011 年之后则呈现直线下降趋势；而 C_{13} 城镇登记失业率这一指标方差在 2011 年之前基本呈直线上升趋势，2011 年之后则呈现波动下降趋势，但整体上依然保持上升趋势，且从 2006 年的 0.3570 上升至 2017 年的 0.41。

由此可见，我国各省份在促进就业公共服务方面的差异化程度日渐缩小，但在失业保障服务方面的差异化程度则存有扩大趋势。

（7）基本社会保险差异化程度整体呈下降趋势。从表 4 – 12 中可以发现：衡量基本社会保险的两项具体指标 C_{14} 基本养老保险参保率和 C_{15} 基本医疗保险参保率，其各自的方差 2006～2017 年呈现出上下不断波动状态，但整体上表现出下降状态。其中，C_{14} 基本养老保险参保率的方差从 2006 年的 136.03 下降至 2017 年的 123.33，C_{15} 基本医疗保险参保率的方差从 2006 年的 259.89 下降至 2017 年的 75.97，从而反映出我国各省份在基本社会保险方面差异化程度 2006～2017 年整体呈下降趋势。

表 4 – 12　　　　　　　　各指标 2006～2017 年各年度方差

指标	2006 年	2007 年	2008 年	2009 年	2010 年	2011 年
C_1	7122638.49	6498063.01	5598073.74	5042410.17	4524266.73	4104611.60
C_2	1510374.60	1622513.77	907375.94	925021.65	963893.98	907648.75
C_3	535.29	346.88	222.89	149.07	126.77	99.10
C_4	14.15	11.02	10.74	7.89	7.72	8.26
C_5	223215838.20	205053251	267845342	314535901	272692902	307081454
C_6	11.40	10.17	8.37	7.50	5.76	3.24
C_7	364128491.90	237085228.10	175634896	92760750	162877931.40	190263420
C_8	1885.02	3753.26	5534.12	6144.15	5899.84	6722.00
C_9	6434.16	5350.02	4432.08	3966.25	3564.28	3308.88
C_{10}	632.37	3074.57	3033.73	2989.43	416.09	902.08
C_{11}	13041.00	16249.95	21342.56	32529.06	33999.84	106906.34
C_{12}	468704.55	530693.42	475645.56	420568.91	454288.31	429562.94
C_{13}	0.3570	0.3258	0.3342	0.3520	0.3729	0.4387
C_{14}	136.03	142.49	274.48	285.72	210.84	173.25
C_{15}	259.89	73.28	158.25	70.87	75.50	106.57
指标	2012 年	2013 年	2014 年	2015 年	2016 年	2017 年
C_1	4268218.32	3630743.13	3419673.32	3472845.20	3640312.98	3888389.92
C_2	988419.05	911383.50	841269.25	820870.11	770281.40	762969.72
C_3	81.52	70.62	69.51	63.67	50.96	51.88
C_4	5.95	5.40	4.94	5.69	5.64	4.39
C_5	340257065	764531425	908925176	1153005128	1456381758	1322812463
C_6	3.81	3.20	2.23	1.93	1.65	0.96
C_7	218571719.90	342443845	454305960	556842844	803582336	988470777

续表

指标	2012 年	2013 年	2014 年	2015 年	2016 年	2017 年
C_8	14516.53	17860.75	21037.87	24783.70	26777.63	39307.02
C_9	3098.27	3194.35	3674.76	3950.62	4550.74	5493.46
C_{10}	1504.00	1789.01	1782.75	2728.87	823.46	931.58
C_{11}	85407.79	56613.82	76387.35	59155.80	88146.30	65258.26
C_{12}	339134.29	334042.10	321350.13	316866.76	312202.02	305668.37
C_{13}	0.40	0.44	0.42	0.44	0.45	0.41
C_{14}	186.63	114.82	148.78	152.29	123.17	123.33
C_{15}	98.81	115.45	312.22	104.34	93.09	75.97

通过上述对各基本公共服务具体项目 2006～2017 年差异化趋势的分析表明，各省份在不同的基本公共服务项目上其差异化程度变化趋势各有不同。其中，对于基本公共教育、基本医疗卫生和基本社会保险这几项基本公共服务，我国各省份在此期间的差异化程度呈现出下降趋势，表明我国近年来不断加大对中、西部落后地区教育、医疗、社会保障方面的投入和建设取得了一定的成效。而对于基本公共文化体育、基本社会服务和基本住房保障这几项基本公共服务，我国各省份在此期间差异化程度总体上呈现出上升趋势，表明我国政府对于这几项基本公共服务均等化的支持性工作开展仍不够到位或投入效率较低。除此之外，对于基本就业保障这一公共服务而言，我国当前明显出现各级政府在促进就业服务和失业保障服务两方面的成效存在差别现象，且在促进就业服务方面，其工作成效相较于失业保障服务更好。

4.3.3.3 基本结论

综上所述，通过对我国各省份不同指标下的差异化程度及各年度变动趋势的分析可得出基本结论：对于不同基本公共服务项目的政策倾向应有所不同。

我国当前虽存在基本公共服务非均等化现象，但对于不同基本公共服务项目，这种非均等化程度以及发展趋势的表现是不同的，因此，在解决我国当前基本公共服务非均等化问题时切忌"一刀切"，而应当有重点地开展相关工作。即对于某些基本公共服务项目，如基本医疗卫生，其均等化程度及差异度变化趋势都保持较好的状态，故而可继续保持或适当减少当前投入，而将更多的政策倾向投入到均等化程度低且这种差异度变化是呈上升趋势的基本公共服务项目上，如基本社会服务、基本公共文化体育服务和基本住房保障，且在今后工作中更加注重效率的提高。对于基本公共教育、基本就业保障和基本社会保险这几项基本公共服务项目，一方面存在一定程度的非均等化问题，另一方面这种非均等化程度的变化趋势呈现较好的状态，因此，各级政府在今后开展相关工作时应继续保持当前水平，从而将这些基本公共服务项目的差异化现象进一步改善。

4.3.4 不同城镇化水平下基本公共服务差异化分析

对于城镇化水平的衡量，如上所述，本书分别从城镇化的增长速度和质量两个维度加以考虑，其中，在衡量我国30个省份城镇化增长速度时，所采用的工具是城镇化率。

通过对图3-3中各省份在平面图中的位置及表4-4中这30个省份2006~2017年基本公共服务最终得分历年平均值的对比观察可以发现：地区的高城镇化水平有利于其基本公共服务的发展。一是城镇化率和城镇化质量都高的省份，如北京、上海、浙江、福建等省份，其基本公共服务的得分也普遍较高。二是城镇化率和城镇化质量都低的省份，如海南、山西、广西等省份，普遍基本公共服务水平也较低。三是城镇化率低但城镇化质量高的省份，如山东、河北、陕西、湖南等省份，普遍基本公共服务水平较高。四是城镇化率高但城镇化质量低的省份，所表现的基本公共服务水平差异化程度较大。其中，既有基本公共服务高于全国平均水平的省份，如辽宁、重庆，也有像内蒙古、黑龙江、吉林等基本公共服务水平低于全国平均水平的省份，其余省份基本公共服务水平则位于全国中等水平。由此可见，城镇化建设层次与基本公共服务水平之间虽然仍存有一定联系，但也存在与一般设想不符的情况，将这些情况综合考虑可以看出，城镇化质量的提高更有助于基本公共服务水平的提升。

通过上述对城镇化水平下我国30个省份基本公共服务差异化情况的阐述表明：我国需继续推进新型城镇化建设的步伐。一方面，就城镇化速度来看，较高的城镇化率有利于提高本地方基本公共服务水平，但在提高本地方城镇化率的同时，应避免盲目追求过快的增长率，从而导致当地出现城市拥堵、环境问题日益恶化、大量进城农民无法真正享有本地区均等化的基本公共服务等问题。另一方面，对于城镇化质量而言，其质量越高大部分情况下越有利于促进当地基本公共服务水平的提升，故我国在新型城镇化建设中切忌单纯追求城镇地域的扩张和城镇人口的增长。因此，解决我国当前所存在的各省份基本公共服务非均等化问题时，要从提高我国各省份的城镇化质量角度加以考虑。

以上结果与一般设想基本吻合，即各地区城镇化建设层次会对该地区基本公共服务水平产生一定程度的影响，且这种影响很可能为正向促进作用，下一章中城镇化与基本公共服务均等化之间的互动分析对该影响将做进一步验证。

4.4　本章主要结论与政策启示

通过上述从不角度对我国当前基本公共服务差异化进行分析可以得出以下重要结论以及相关政策启示。

（1）我国基本公共服务存在非均等化问题，且须从中央和地方两手抓。我国地区间基本公共服务的确存在差异化现象，而这种现象随着时间的推移也有所改变。从原先的东、中、西部的地区差异，即从东部地区基本公共服务水平普遍较高，中、西部地区尤其是西部省份基本公共服务水平普遍较低，转变为各省份之间的差异，即东、中、西部各地区均有基本公共服务水平较高者和较低者。其次，不同地区的省份，其不同基本公共服务项目的发展水平也有所不同，东部地区居民对基本公共服务的需求层次较高，故而该地区大部分省份更倾向于文化体育、社区服务等较高层次基本公共服务方面的建设。而中、西部地区居民对基本公共服务的需求层次较低，故而这些地区的大部分省份更注重义务教育、住房保障等方面的投入。除此之外，东部地区在义务教育、社会保障、住房保障方面发展的欠缺，不可避免有户籍问题的原因。因此，对于我国各地区政府而言，在提供本地方基本公共服务时，应更加注重从需求方考虑。而从中央政府角度考虑时，一是要加快我国各地区经济协调发展，让中、西部地区居民的生活层次得以提高的同时对基本公共服务的需求层次有所提升，从而促进较高层次的基本公共服务均等化实现；二是要加快户籍制度的改革，使得那些跨省流入人口量大的地区的非户籍居民得以享有本地方的基本公共服务。

（2）今后在开展相关工作中要有的放矢，且要加强效率。我国各省份在不同指标下所对应的基本公共服务差异化程度不同。如在基本医疗卫生公共服务方面，我国各省份近年来已达到较高的均等化水平，而在基本公共文化体育、基本社会服务等方面，我国各省份差异化程度依然较高。说明我国当前在部分基本公共服务项目上的均等化推进工作已取得了一定成效，且在今后应当将工作重心放在非均等化程度大的项目上。与此同时，各项基本公共服务的差异化变动趋势也存在不同，有些项目呈现良好发展形势，如基本公共教育、基本社会保险等，而有些项目的非均等化程度日益恶化，如基本公共文化体育服务、基本社会服务等。因此，我国各级政府在今后继续促进我国基本公共服务均等化过程中，不仅要继续加大相关工作力度，更要注重政策成效和执行效率。

（3）我国要加快新型城镇化建设。一方面，高的城镇化率和良好的城镇化质量下的地区的基本公共服务水平普遍较高；另一方面，保持过快的城镇化增长率的地区，有时往往会在本地区基本公共服务水平方面存在劣势。因此，我国中央及各级地方政府在今后继续推进城镇化进程中，应把当前的任务重点从过分注重加快某些地区的城镇化增长率转为在适当提高该地区城镇化率的同时更加注重其城镇化质量的改善，将城镇化建设推入新型城镇化建设阶段，使其呈现良好的发展态势，促进我国基本公共服务水平较低的省份扭转这种发展劣势，进而促使我国基本公共服务得以达到均等化目标。

第 5 章

不同模式下新型城镇化
与基本公共服务均等化的互动性分析

通过前面对我国当前新型城镇化现状和基本公共服务均等化水平的测定和阐述，以及对我国新型城镇化进程中不同区域的基本公共服务均等化情况进行的分析，我们初步得出新型城镇化的发展有助于推动本地方基本公共服务均等化水平的提升这一基本结论。但这一结论是否适用所有地区？影响是单向还是双向？这还需要通过实证方法来进行检验。这也就成为本章的研究内容。

5.1 不同区域模式下新型城镇化与基本公共服务均等化的协调状况一般分析

为了验证新型城镇化水平对均等化存在影响这一基本判断，我们根据本书的第 3 章和第 4 章分别测算出的 30 个省份新型城镇化质量得分与基本公共服务水平得分作为维度，建立不同区域模式下两者关系协调状况图，观察分析两者的协调匹配状态。其中，以城镇化质量为横轴、以基本公共服务均等化水平为纵轴，将城镇化质量历年得分的全国平均数为横轴分界线，将基本公共服务均等化历年得分的全国平均数为纵轴分界线，从而将整个平面图分成四大象限，再将 30 个省份分别放入不同的平面图内，得出图 5-1，以此分析两者之间在不同类别下的关系形式与影响状况。

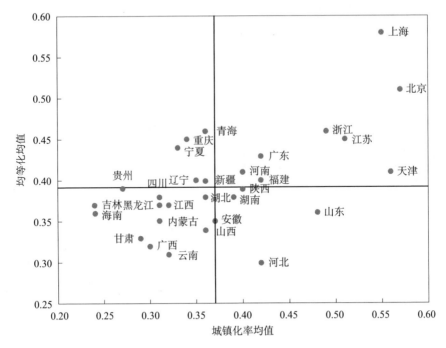

图 5 – 1　新型城镇化与基本公共服务均等化的协调状态

这一研究视角与第 4 章在对不同城镇化水平下基本公共服务差异化进行分析时采用的角度有所不同。前者在针对这一部分内容分析时，是以城镇化质量和城镇化率为维度，或分别以城镇化质量和城镇化增长率为维度建立平面图，借以分析不同的城镇化质量、不同的城镇化率和不同的城镇化增长率对基本公共服务均等化的影响。换言之，第 4 章主要站在城镇化的视角上，将城镇化建设中的种种成果作为因，而将基本公共服务均等化水平作为果，在单向角度下分析一方对另一方的影响情况。本章则是通过同时选用城镇化和基本公共服务作为维度，站在双向的角度下分析城镇化质量与基本公共服务均等化水平之间的相互关系，这使得城镇化与基本公共服务均等化相互关系的探讨与剖析往前推进了一步。

从图 5 – 1 中可以看出，大部分省份分别位于双高和双低两大象限内，其中，双高象限的省份有：广东、江苏、浙江、河南、福建、上海、北京、天津；双低象限的省份有：四川、湖北、安徽、江西、广西、云南、内蒙古、黑龙江、山西、吉林、贵州、甘肃和海南。其余省份则分别位于城镇化质量与基本公共服务均等化一高一低和一低一高两个象限之中,湖南、河北、陕西、山东属于城镇化质量高但基本公共服务水平低的情况,重庆、新疆、辽宁、宁夏、青海则属于城镇化质量低但基本公共服务水平高的情况。

5.1.1　城镇化质量与基本公共服务均等化双高象限

透过观察我们发现,除了河南省之外,这一象限其他省份都属于我国东部发达地区。表 5 - 1 分别描述了双高象限中各省份城镇化质量和基本公共服务均等化水平 2006 ~ 2017 年平均分得分情况。从表 5 - 1 及图 5 - 1 中可以看出,基本上城镇化平均得分较高的省份基本公共服务均等化得分也较高,两者之间近似于一条向右上方倾斜的直线关系,这明显体现出这一象限中的各省份城镇化质量发展情况与其基本公共服务均等化之间存有相互促进的关系。

表 5 - 1　　　　　双高象限各省市城镇化和均等化平均得分情况

得分情况	北京	上海	浙江	江苏	广东	河南	福建	天津
城镇化平均得分	0.5740	0.5496	0.4949	0.5094	0.4212	0.4029	0.4226	0.5604
均等化平均得分	0.5008	0.5847	0.4573	0.4475	0.4258	0.4096	0.3995	0.4147

一方面,新型城镇化进程推动了基本公共服务需求层次和提供水平的提高。在建设新型城镇化的过程中,必然伴随着城镇范围的扩大和城镇人口的增加,这与传统城镇化过程是一致的。此外,基本公共服务的提供与社会管理的层次也必然达到新的高度,这一点对于新型城镇化发展尤为重要。根据结构转换理论,产业结构势必会在城镇化进程中由第一产业向第三产业过渡并促使大量劳动力得以释放,同时,在此过程中,人民的生活水平与收入会不断上涨,这就要求政府部门在进行经济基础建设的同时,更加关注与民生密切相关的基本公共服务,提升政府的社会服务职能,以便满足公众在就业、文化、生活环境、社会保障等方面不断增长的现实需求。与此同时,新型城镇化发展要求我国大中小城市及乡镇的协调乃至一体化发展,这必然会促使我国基本公共服务的辐射范围不断扩大,同时也会使得相应的质量不断提高。其中,教育体制的优化、社会保险的改善,以及住房、就业保障渠道的拓宽等已然成为优先解决的问题,随着这些情况的逐步改善,无不体现着基本公共服务均等化的理念。因此,这一象限中城镇化质量表现较高的省份必然在本地方城镇化进程中更加

注重城市设施建设，优化城乡统筹发展，注重整个社会成员共同进步，改善居民生活水平，提升本地方各居民之间基本公共服务均等化水平，使得本地方基本公共服务均等化得分在全国排名中同样处于优先水平。

另一方面，基本公共服务均等化水平的提升也推进了新型城镇化的进一步发展。在城镇化进程中，提高基本公共服务水平已然被纳入新型城镇化的内涵之中，作为衡量城镇化发展水平的一项重要考核指标，如本书在对我国 30 个省份城镇化质量得分情况进行计算时所设置的指标体系中包含的二级指标——医疗卫生机构数、非农产业就业比等就体现了部分具体基本公共服务项目均等化的思想。所以，在这一象限中的省份由于基本公共服务均等化得分较高，也就意味着会对其部分城镇化质量的衡量指标得分产生提升效应。此外，通过完善本地方基本公共服务均等化水平的提升，会让当地居民的满意度和幸福感增加，进而不断吸引城市周边人群的流入，加快城镇化的进程，这又会对城镇化质量的衡量指标——城镇人口增长率的得分有着提升作用。因此，该象限中的省份会由于其基本公共服务均等化的较高水平促进本地方城镇化质量的得分排名领先于其他省份。

5.1.2 城镇化质量与基本公共服务均等化双低象限

对于该象限我们能够清晰发现：一是目前我国大多数省份还位于这一象限之中。说明我国当前不论是新型城镇化的推行进度，还是基本公共服务均等化实现情况，都不容乐观。二是位于这一象限的省份大多属于我国中、西部地区。从表 5-2 和图 5-1 中可以发现，这一象限中的各省份城镇化得分情况与基本公共服务均等化得分情况之间甚至隐约呈现出一条向右下方倾斜的直线关系，说明这些地区的城镇化与基本公共服务均等化之间无法发挥出相互促进的积极影响，且在某种程度上还会对对方的进一步发展产生一定的制约。

表5-2　　　　双低象限各省区城镇化和均等化平均得分情况

得分情况	四川	湖北	安徽	江西	广西	云南	内蒙古	黑龙江
城镇化平均得分	0.3056	0.3610	0.3713	0.3176	0.2987	0.3227	0.3097	0.3107
均等化平均得分	0.3811	0.3756	0.3470	0.3658	0.3160	0.3122	0.3523	0.3698

续表

得分情况	山西	吉林	贵州	甘肃	海南
城镇化平均得分	0.3581	0.2411	0.2688	0.2917	0.2376
均等化平均得分	0.3371	0.3697	0.3899	0.3343	0.3552

一方面，农村转移人口难以享有城镇居民的基本公共服务同等待遇，必然制约新型城镇化的推进。该地方基本公共服务非均等化程度过高时，造成大量的进城农民无法享有本地方居民同等的基本公共服务待遇，在就业无法得到保障、子女无法进入当地学校接受教育、医疗住房成本过高等情况下，会逐渐打消他们留在城市的想法，甚至导致进城农民返乡情况的出现，即城镇化的倒退，导致该象限中的省份城镇化得分情况只能位于全国落后水平。

另一方面，部分地区新型城镇化模式的落后加剧了地区和城乡基本公共服务水平的差异。我国目前正面临着城乡公共需求全面快速增长与农村公共服务供给严重匮乏的突出矛盾。随着我国城镇化进程的发展，并逐步过渡到如今的新型城镇化，许多地区这一矛盾并未得到完善的解决。与此同时，另一矛盾，即城镇化发展过程中广大居民需求的全面、快速增长与基本公共服务不到位的矛盾日益突出。而该象限的省份若一味走传统城镇化的老路，只注重城镇土地的扩张、城镇人口的增加，在过度消耗本地资源、破坏本地耕地、污染本地环境的同时，也无法解决这些在城镇化发展中的突出矛盾，更无法保障本地方基本公共服务均等化水平摆脱落后地位。

5.1.3　城镇化质量与基本公共服务均等化高低象限

在这两个象限内可以看出：一是从表 5 - 3、表 5 - 4 和图 5 - 1 中明显反映出，这些省份的城镇化得分情况与基本公共服务均等化得分情况之间几乎无对应关系，即从这两个象限中无法直接看出城镇化与基本公共服务均等化之间的关系。

二是城镇化质量低但基本公共服务均等化水平高的省份，除辽宁外同属于我国西部地区。其基本公共服务均等化的高水平，一方面是人口因素。由于本书在一开始设定相关指标体系时采取的都是相对数指标，西部地区人口较少，且人口流入量也极少，因此，在该指标体系下不免具有一定优势。另一方面是政策因素。随着我国已经进入经济发展新常态，党中央要求各级政府在努力保持本地区经济快速发展的同时，也要逐步加大对本地区基本公共服务的投入，推进我国整体在基础教育、医疗卫生、社会保障等方面的均等化，以确保城乡居民享有大致相当的基本公共服务水平，并努力推行城镇化，让大量农村人口向城镇化聚集的同时，使得原来由于交通、信息等基础设施落后而无法享受基本公共服务的农民居民得以享受与城镇居民相类似的基本公共服务，从而缩小居民享受基本公共服务权利的差距，提高我国基本公共服务均等化水平。在这一发展战略下，再加上考虑到西部部分地区难以依靠自身实现本地区基本公共服务水平的提高，国家近年来不断加大对西部地区教育、医疗等方面的投入，使其各项基本公共服务水平都有所改善。故而，这一象限由于存在一定的外部干扰，无法直接反映出城镇化与基本公共服务均等化之间的内在关系。

三是城镇化质量高但其基本公共服务均等化水平低的省份相比于其他象限的地区数量最少。这也间接地说明了在不存在外在因素干扰的情况下，城镇化与基本公共服务均等化关系模糊或两者之间不存在关系的情况并不多见，因此，如何发挥出二者之间相互提升的效应依然是探究的重点。

表5-3　城镇化质量低但均等化水平高的象限各省市城镇化和均等化平均得分情况

得分情况	重庆	新疆	辽宁	宁夏	青海
城镇化平均得分	0.3380	0.3646	0.3519	0.3294	0.3552
均等化平均得分	0.4473	0.4038	0.3983	0.4373	0.4649

表5-4　城镇化质量高但均等化水平低的象限各省份城镇化和均等化平均得分情况

得分情况	湖南	河北	陕西	山东
城镇化平均得分	0.3880	0.4248	0.3968	0.4808
均等化平均得分	0.3764	0.3007	0.3859	0.3585

5.2　新型城镇化与基本公共服务均等化互动性的典型分析

根据以上对不同区域模式下新型城镇化与基本公共服务均等化水平协调状

况的直观观察和分析，我们进而初步判断我国新型城镇化与基本公共服务均等化总体上存在着相互促进、相互制约的关系，但仍不排除在部分省份这两者关系并不明确。考虑到这样结论的得出主要是基于主观定性的分析与总结，尚不完全具有科学性和说服力。为此，本节将在以上研究的基础上，从不同象限选择样本地区采用定量分析的方法进行进一步经验，以确保研究的严谨与可信。

5.2.1　典型地区的选择与概况

对于新型城镇化与基本公共服务均等化互动性分析，所选择的典型地区是在上一节的基础上分别从双高象限里选择了河南、北京；在双低象限里选择了广西和山西；在两个高低象限里分别选择了山东和新疆作为典型地区代表。在对典型地区进行选取时，一是要让所选地区能够覆盖上述四个象限，使得所选对象具有完备性；二是在每一象限进行选择时要让所选代表地区具有随机性，不能有人为因素涵盖其中，使得所选对象能够更加客观反映新型城镇化与基本公共服务均等化之间的互动关系。为了在各象限随机选择相应典型地区，本书采取了抽样里常用的随机数法，即给每个地区标上不同的数字，再利用计算机产生的随机数进行抽样，从而分别在各象限内选择了河南、北京等在内的六个省份作为研究对象。而这六个省份因所属地区、经济发展层次、资源拥有水平的不同等，各自的新型城镇化发展和基本公共服务均等化水平也都存有一定差别。

5.2.1.1　"双高"象限典型地区概况

双高象限所选择的河南和北京分别所属我国中部和东部地区，虽然都属于双高象限，但地区发展却存有很大区别。

（1）河南省：大城市与大农村并存，欲形成以郑州为核心大城市的大都市圈。河南省是我国中部地区唯一一座城镇化质量与基本公共服务均等化水平双高的省份，其城镇化发展概况可通过观察表 5 - 5 看出：各项指标基本上每年都有所改善。如城市设施中人均城镇道路面积从 2006 年的 10 平方米提高到 2017 年的 13.9 平方米，城市用水普及率从 2006 年的 87.16% 上升至 2017 年的 95.88%，资源环境中城市污水日处理能力从 2006 年的 323.1 万立方米提升至 2017 年的 743.8 万立方米，工业污染治理完成投资从 2006 年的 247335 万元增加至 2017 年的 504559 万元，而反映社会进步的文盲率也从 2006 年的 8.64% 下降到 2017 年的 5%。此外，在上章分析中也提到该省的城镇化增长率一直在全国位于领先水平，2006～2017 年河南省平均城镇化增长率在 30 个省份位于第二位。

除了城镇化发展状况较为良好外，河南省的基本公共服务水平与其他省份相比也较为出色。如在基本公共教育方面，2006 年、2011 年和 2017 年基本保持在全国前两位；基本就业保障服务在 2006 年、2011 年和 2017 年也位于全国中等以上水平。而在各年间纵向比较时，通过表 5－6 中的数据可以看出：除少数指标外，大部分基本公共服务具体项目保持快速的发展态势。如孕产妇死亡率从 2006 年的 41.21% 大幅下降至 2017 年的 10.4%；每十万人口公共图书馆年流通人次从 2006 年的 8305 人次快速提高至 2017 年的 30870 人次；每十万人口卫生机构床位数也从 2006 年的 238 张大幅增加至 2017 年的 585 张。最令人注目的是，基本养老保险参保率在 2006 年仅为 14.09%，到了 2017 年，整个河南省养老保险参保率已达到了 99.53%。可见，河南省的基本公共服务均等化水平近年来得到了极大的提升。

虽然河南省目前不论是城镇化还是基本公共服务均等化水平都能位于全国前列，但河南省目前依然保持着二元化现象明显的大城市与大乡村并存的现象，且在过去的城镇化发展过程中，虽然城镇化增长率很快，但其速度还远不及工业化发展速度，其城镇化进程仍较为落后。2017 年，河南省城镇化率为 50.16%，低于全国平均水平的 59.27%，位于 30 个省份中的 24 位。其小城镇的发展也并不理想，主要表现为基础设施建设较为落后。此外，为了满足城镇化的扩张下对农村剩余劳动力的需求，也引发了当地大量耕地遭到破坏的现象。目前，河南省也在探索城镇化发展规律的基础上逐渐形成新的城镇化发展模式，并通过对其流动人口动态和趋势的分析，考虑在其北方形成以郑州为核心大城市的大都市圈，在其南方形成分散化的小城市形态并逐渐扩张其人口规模。① 与此同时，为民营企业和第三产业的发展形成良好的产业基础，以就业吸引更多城市周边的人群迁移至城市内部。

---

① 刘岱宁. 传统农区人口流动与城镇化模式研究——以河南为例 [D]. 开封：河南大学，2014.

表 5－5　　　　　　　　　　河南省城镇化相关指标数据

年份	经济发展			城市设施					人口优化
	第二产业人均增加值	第三产业人均增加值	城镇固定资产投资增长率（%）	城市人口密度（人/平方公里）	人均城镇道路面积（平方米）	城市用水普及率（%）	每万人拥有公共交通车辆台数（标台）	城市建成区绿化覆盖率（%）	城镇人口增长率（%）
2006	0.72	0.40	39.86	5306	10.00	87.16	7.09	32.79	6.09
2007	0.88	0.48	36.53	5902	10.81	88.63	7.80	34.34	5.38
2008	1.09	0.54	31.96	5967	9.90	85.56	7.98	35.38	5.69
2009	1.16	0.60	31.35	4886	10.44	88.34	8.15	36.29	5.30
2010	1.41	0.70	21.65	5178	10.25	91.03	7.58	36.56	1.23
2011	1.64	0.85	21.53	5124	10.83	92.64	8.68	36.64	5.19
2012	1.77	0.97	21.40	4964	11.08	91.76	8.60	36.90	4.78
2013	1.78	1.22	22.52	4982	11.57	92.16	9.07	37.60	3.31
2014	1.89	1.37	19.15	5149	11.67	92.99	9.75	38.32	3.44
2015	1.89	1.57	16.46	5155	12.06	93.10	10.14	37.69	4.13
2016	2.02	1.77	13.74	5056	12.97	93.42	10.88	39.33	4.10
2017	2.21	2.02	10.41	4871	13.90	95.88	12.28	39.44	3.72

年份	资源环境			社会进步				生活质量	城乡统筹	
	城市污水日处理能力（万立方米）	生活垃圾无害化处理率（%）	工业污染治理完成投资（万元）	城镇登记失业率（%）	文盲率（%）	医疗卫生机构数（个）	专利申请受理数（项）	居民人均可支配支出（消费支出）（元）	非农产业就业比（%）	乡城人均收入比（%）
2006	323.10	46.30	247335	3.50	8.64	75965	11538	3676.31	46.70	33.20
2007	395.60	54.90	338132	3.40	7.91	72680	14916	4444.90	49.40	33.60
2008	423.50	67.30	246110	3.40	7.36	73582	19090	5131.35	51.20	33.70
2009	448.30	75.30	154242	3.50	6.59	75722	19589	5718.03	53.50	33.50
2010	488.40	82.60	125120	4.25	75741	25149	6437.43	55.50	34.70
2011	498.30	84.40	213728	3.40	5.70	76128	34076	7572.50	56.90	36.30
2012	527.80	86.40	148347	3.10	5.36	69258	43442	8723.93	58.20	36.80
2013	537.80	90.00	439720	3.10	4.88	71464	55920	10002.50	59.90	37.80
2014	562.80	92.80	554592	3.10	4.54	71154	62434	11000.40	59.30	42.10
2015	649.80	96.00	330143	3.00	5.25	71394	74373	11835.70	61.00	42.40
2016	679.70	98.80	651538	3.00	5.65	71271	94669	12712.30	61.60	42.90
2017	743.80	99.70	504559	2.80	5.00	71089	119240	13729.60	63.10	43.00

表 5-6　　　　　　　　　　河南省基本公共服务相关指标数据

年份	基本公共教育		基本医疗卫生		基本公共文化体育			
	每十万人口小学平均在校人数（人）	每十万人口初中平均在校人数（人）	孕产妇死亡率（0.01‰）	围产儿死亡率（‰）	每十万人口公共图书馆年流通人次（人次）	广播电视综合人口覆盖率（%）	每十万人口博物馆年参观人次（人次）	人均地方财政文化体育与传媒支出（元）
2006	10616	5756	41.21	9.14	8305	96.47	7681	47.00
2007	10884	5419	28.82	7.62	9135	96.91	7822	35.70
2008	11075	5173	21.00	8.37	9757	97.08	10897	50.90
2009	11157	5030	16.90	6.23	10655	97.26	15911	61.80
2010	11284	4948	15.20	5.09	10906	97.35	19077	58.50
2011	11620	4976	10.20	4.22	21966	97.75	28718	61.30
2012	11495	4834	9.20	3.98	17411	97.90	36413	74.00
2013	9993	4094	10.30	3.92	18965	98.10	44417	85.80
2014	9865	4242	11.20	3.98	20857	98.25	48029	96.60
2015	9931	4290	10.50	3.92	23557	98.35	49873	111.20
2016	10186	4386	9.40	3.99	26633	98.50	52077	102.10
2017	10303	4502	10.40	3.68	30870	98.70	57987	102.00

年份	基本社会服务		基本住房保障	基本就业保障		基本社会保险	
	每十万人口卫生机构床位数（张）	社区服务机构覆盖率（%）	人均地方财政住房保障支出（元）	每十万人口城镇新增就业人数（人）	城镇登记失业率（%）	基本养老保险参保率（%）	基本医疗保险参保率（%）
2006	238	6.89	18.21	1484	3.50	14.09	71.70
2007	256	7.60	26.60	1503	3.40	14.67	73.04
2008	279	8.13	47.80	1325	3.40	15.44	93.64
2009	319	7.80	60.20	1231	3.50	15.91	99.69
2010	348	7.40	82.10	1405	3.40	33.33	103.09
2011	372	6.10	151.90	1503	3.40	65.32	105.74
2012	419	6.00	197.40	1517	3.10	87.30	108.31
2013	457	5.70	203.00	1520	3.10	89.22	109.86
2014	487	5.70	262.40	1528	3.00	90.94	111.90
2015	517	10.40	255.30	1524	3.00	91.88	112.18
2016	547	3.10	281.80	1522	3.00	95.61	111.24
2017	585	4.70	259.60	1509	2.80	99.53	108.91

（2）北京市：城镇化发展与基本公共服务均等化都保持全国领先水平。北京市作为我国首都，政治与文化的中心城市，多年来不论是城镇化率还是城镇化质量都位于全国领先地位，在此过程中也形成了产业聚集效应，先后吸引了大量规模雄厚的大企业入住，推动了北京市工业和服务业的迅速发展。

首先，就其城镇化发展现状，通过观察表 5-7 可以发现：北京市大多项指标的提升或下降幅度虽不如有些省份明显，但各年度都保持全国领先地位。如与同是双高象限的河南省相比，其城市用水普及率各年度虽没有变化，但一直保持 100%，并高于河南省最高水平 95.88%；其每十万人拥有公共交通车辆台数从 2006 年的 22.19 台增加至 2017 年的 26.55 台，增加幅度 4.36 台，低于河南省的增幅 5.19 台，但其 2006～2017 年各年度水平都高于河南省；其非农产业就业比从 2006 年的 93.4% 上升至 2017 年的 96.1%，上升幅度 2.7% 远小于河南省的涨幅 16.4%，但其各年度水平都远超河南省。而北京市某些指标在此期间也有突出的进展，如第三产业人均增加值从 2006 年的 3.65 提高至 2017 年的 10.40，提高幅度明显高于其他地区；专利申请受理数从 2006 年的 26555 项大幅增加至 2017 年的 185928 项；居民人均可支配支出（消费支出）从 2006 年的 16541.81 元增长至 2017 年的 37425.3 元。

其次，北京市的基本公共服务水平不论是总体还是单个服务项目的发展水平，都基本保持在全国领先水平。如北京市城镇登记失业率 2006 年、2011 年和 2017 年都在全国保持最低，人均地方财政文化体育与传媒支出 2006 年、2011 年和 2017 年都位于全国第一位。通过表 5-8 观察北京市各年度各项指标发展趋势也反映出其各项基本公共服务项目的发展势头较好，如北京市围产儿死亡率从 2006 年的 6.85% 下降至 2017 年的 3.21%；人均地方财政文化体育与传媒支出从 2006 年的 253.03 元上升至 2017 年的 962.64 元；人均地方财政住房保障指支出从 2006 年的 256.56 元提高到 2017 年的 681.81 元；其基本养老保险参保率同河南省一样，涨幅最为突出，从 2006 年的 29.3% 提高至 2017 年的 93.95%。此外，北京市社区服务机构覆盖率的增长幅度也十分明显，从 2006 年的 33.89% 上升至 2017 年的 94.5%。

但北京市的发展依然存有一些缺陷：一是人口与土地的城镇化，以及城镇化与工业化速度失衡，如据2012年统计，北京的土地城镇化率为80.9%，同时，其城市人口的城镇化率只达到了51.7%。[①] 二是二元化体制下的一些弊端依然存在，城乡居民在教育、收入、社会保障等方面仍有差异，如北京市的基本公共教育2006~2017年基本都位于全国落后水平。三是城镇化过程中对环境的考虑尚有欠缺，尤其考虑到北京市如今人口密度较大，已经快要突破其环境资源承受极限，上下班高峰期交通拥堵、环境污染、资源消耗过快等问题屡见不鲜。面对这些情况，北京市需依据自身城镇化特色，调整当前产业特色，从以传统工业化为城镇支持性产业尽快转向高新技术产业、现代服务业等领域，以产业改造带动城镇化建设进入良性发展阶段。此外，打破各个行政区界限，进行资源整合，提高资源利用率。当然，"人"的城镇化，尤其是人思想上的城镇化，更是一个不可忽视的问题。

表5-7　　　　　　　　　　北京市城镇化相关指标数据

年份	经济发展			城市设施					人口优化
	第二产业人均增加值	第三产业人均增加值	城镇固定资产投资增长率（%）	城市人口密度（人/平方公里）	人均城镇道路面积（平方米）	城市用水普及率（%）	每万人拥有公共交通车辆台数（标台）	城市建成区绿化覆盖率（%）	城镇人口增长率（%）
2006	1.37	3.65	16.07	1094	7.40	123.36	22.19	42.39	-12.22
2007	1.50	4.32	19.42	1132	5.60	100	21.56	34.78	4.89
2008	1.48	4.73	2.12	1181	6.21	100	24.67	37.15	6.21
2009	1.54	4.94	17.86	1224	6.15	100	24.75	47.69	5.12
2010	1.73	5.40	18.48	1383	5.57	100	14.24	46.60	6.64
2011	1.86	6.12	12.27	1428	5.26	100	22.38	45.60	3.20
2012	1.96	6.61	9.88	1464	7.57	100	23.43	46.20	2.53
2013	2.03	7.26	12.08	1498	7.61	100	24.39	47.10	2.30
2014	2.11	7.73	1.12	1525	7.44	100	24.84	47.40	1.81
2015	2.09	8.44	8.33	1541	7.62	100	24.58	48.40	1.02
2016	2.28	9.48	5.95	1145	7.62	100	24.31	48.40	0.16
2017	2.45	10.40	5.31	1144	7.44	100	26.55	48.42	0.11

① 张鑫洋. 北京特色城镇化模式研究 [D]. 北京：首都经济贸易大学，2014.

续表

年份	资源环境			社会进步				生活质量	城乡统筹	
	城市污水日处理能力（万立方米）	生活垃圾无害化处理率（％）	工业污染治理完成投资（万元）	城镇登记失业率（％）	文盲率（％）	医疗卫生机构数（个）	专利申请受理数（项）	居民人均可支配支出（消费支出）（元）	非农产业就业比（％）	乡城人均收入比（％）
2006	383.20	92.48	101397	2.00	4.47	7639	26555	16541.80	93.40	41.42
2007	353.40	95.73	81207	1.80	3.34	9044	31680	18610.10	93.50	42.93
2008	370.40	97.71	78475	1.80	3.11	9620	43508	19974.00	93.60	43.12
2009	376.70	98.22	34421	1.40	2.75	9734	50236	21774.90	93.80	43.64
2010	376.90	96.95	19340	1.40	1.70	9411	57296	23703.20	94.00	45.62
2011	381.60	98.24	10946	1.40	1.73	9495	77955	27365.00	94.50	44.79
2012	400.50	99.12	32840	1.30	1.46	9632	92305	29982.10	94.80	45.18
2013	401.00	99.30	42768	1.20	1.52	9683	123336	29175.60	95.20	38.37
2014	442.00	99.59	75695	1.30	1.48	9683	138111	31102.90	95.50	38.88
2015	461.70	78.75	99958	1.40	1.72	9771	156312	33802.80	95.80	38.91
2016	630.90	99.84	98770	1.40	1.56	9773	189129	35415.70	95.90	38.95
2017	687.60	99.88	156666	1.40	1.23	9976	185928	37425.30	96.10	38.84

表5-8　　　　　　　　北京市基本公共服务相关指标数据

年份	基本公共教育		基本医疗卫生		基本公共文化体育			
	每十万人口小学平均在校人数（人）	每十万人口初中平均在校人数（人）	孕产妇死亡率（0.01‰）	围产儿死亡率（‰）	每十万人口公共图书馆年流通人次（人次）	广播电视综合人口覆盖率（％）	每十万人口博物馆年参观人次（人次）	人均地方财政文化体育与传媒支出（元）
2006	2954	1799	15.00	6.85	46658	100	17608	253.03
2007	3979	1987	16.50	4.98	47494	100	19224	319.93
2008	4039	1991	10.50	4.36	45344	100	23056	378.54
2009	3818	1881	8.50	4.96	44272	100	24704	401.88
2010	3722	1766	7.70	4.13	39524	100	25459	404.49
2011	3468	1541	10.20	4.34	35971	100	26413	430.96
2012	3560	1513	6.60	4.57	41797	100	25557	683.28
2013	3815	1501	9.90	3.75	48860	100	23688	731.49
2014	3883	1451	13.10	4.05	53245	100	23133	761.62

续表

年份	基本公共教育		基本医疗卫生		基本公共文化体育			
	每十万人口小学平均在校人数（人）	每十万人口初中平均在校人数（人）	孕产妇死亡率（0.01‰）	围产儿死亡率（‰）	每十万人口公共图书馆年流通人次（人次）	广播电视综合人口覆盖率（%）	每十万人口博物馆年参观人次（人次）	人均地方财政文化体育与传媒支出（元）
2015	3951	1317	15.00	4.05	58233	100	26689	868.46
2016	4000	1236	18.20	3.69	64515	100	29862	912.79
2017	4031	1226	8.00	3.21	71651	100	84456	962.64

年份	基本社会服务		基本住房保障	基本就业保障		基本社会保险	
	每十万人口卫生机构床位数（张）	社区服务机构覆盖率（%）	人均地方财政住房保障支出（元）	每十万人口城镇新增就业人数（人）	城镇登记失业率（%）	基本养老保险参保率（%）	基本医疗保险参保率（%）
2006	508	33.89	256.56	2148	2.00	29.30	58.76
2007	501	38.80	251.85	2429	1.80	36.60	88.90
2008	497	41.72	247.34	2354	1.60	85.00	92.90
2009	484	47.66	241.68	2282	1.40	90.00	95.70
2010	473	64.60	233.49	2275	1.40	92.00	96.70
2011	469	139.10	270.23	2213	1.40	95.00	97.70
2012	484	152.00	216.48	2121	1.30	78.06	98.10
2013	492	154.00	229.22	2027	1.20	82.38	98.00
2014	510	154.00	311.15	1982	1.30	86.82	99.50
2015	514	166.80	482.33	1964	1.40	87.30	99.30
2016	538	95.00	1482.24	1970	1.40	95.53	78.64
2017	556	94.50	681.81	1949	1.40	93.95	81.59

5.2.1.2 "双低"象限典型地区概况

双低地区的广西和山西分别位于我国的西部和中部地区，两者不论是在城镇化建设上还是在基本公共服务发展水平上，都在全国或本地区保持落后地位，但两者也有各自的特色。

（1）广西壮族自治区：城镇集约水平较低，产业薄弱且城乡差距大。广西地处我国西部地区，河流众多，水力资源丰富，且矿产资源种类多、储量大，尤以铝、锡等有色金属为最，是全国十大重点有色金属产区之一。其城镇化建设也在近年来取得了良好的成效,城镇规模不断扩张,城镇人口不断增加,截至 2017 年末,城镇常住人口达 2404 万人,占广西总人口 49.21%,比 2006 年上涨了 14.56%,每年平均上涨 1.21%。① 且与上述城镇化质量和基本公共服务均等化程度双高的河南省和北京市相比,某些城镇化衡量指标发展的更为出色。如表 5-9 所示,城市设施中的人均城镇道路面积从 2006 年的 10.77 平方米提高到 2017 年的 17.56 平方米,涨幅 6.79 平方米,高于河南省的涨幅 3.9 平方米,更高于北京市的涨幅 0.04 平方米;城镇人口增长率每年保持稳定态势;生活垃圾无害化处理率从 2006 年的 57.5% 提高至 2017 年的 99.9%,也同时高于河南省 2017 年的 99.65% 和北京市 2017 年的 99.88%。

　　广西各项衡量基本公共服务均等化的具体指标 2006~2017 年发展的势头也较为显著。如表 5-10 所示,反映基本公共文化体育的每十万人口博物馆年参观人次由 2006 年的 3460 人次增加至 2017 年的 37418 人次,人均地方财政文化体育与传媒支出从 2006 年的 43.72 元提高到 2017 的 131.75 元;反映基本住房保障的人均地方财政住房保障支出从 2006 年的 36.21 元增长到 2017 年 287.37 元,与双高象限中的河南和北京相比,反映基本社会保险的基本医疗保险参保率上涨幅度最为明显,由 2006 年的 32.14% 上升至 2017 年的 105.90%,涨幅为 73.76 个百分点,高于河南省的涨幅 37.21 个百分点,更高于北京市的涨幅 22.83 个百分点。

　　但与全国整体水平相比,不论是城镇化建设还是基本公共服务均等化水平,都较为滞后,其城镇化率 2017 年末位于 30 个省份的第 26 位,比全国平均水平低 10.06 个百分点。农民工市民化进程偏慢,截至 2017 年末,常住人口的城镇化率为 49.21%,而以户籍人口计算的城镇化率只有 31.23%,两者相差了 17.98 个百分点,仍有 715 万常住人口没有城镇户籍。② 同时,土地城镇化速度也快于人口城镇化速度,使得城镇人口密度和建设用地集约水平下降。除此之外,广西城镇基础设施建设薄弱、产业支撑不强、城乡差距较大等问题依然突出。而其基本公共服务水平 2006~2017 年平均得分只能位于 30 个省份的第 28 位,基本养老保险参保率、社区服务机构覆盖率、人均地方财政

---

① 数据来源于《中国统计年鉴》。
② 数据来源于《2017 年广西壮族自治区国民经济与社会发展统计公报》。

文化体育与传媒支出等服务项目都处于劣势地位。为扭转这一不良局面，广西2014 年出台了《广西壮族自治区新型城镇化规划（2014—2020）》，对其新型城镇化发展的总体要求和推动农业转移人口享有城镇基本公共服务等方面都进行了规划，力求 2020 年户籍人口城镇化率达到 34.5%，与常住人口城镇化率之间的差距缩小 2 个百分点左右，同时，稳步推进义务教育、就业服务、基本养老等基本公共服务覆盖全部常住人口。

表5-9　　　　　　　　　广西壮族自治区城镇化相关指标数据

年份	经济发展			城市设施					人口优化
	第二产业人均增加值	第三产业人均增加值	城镇固定资产投资增长率（%）	城市人口密度（人/平方公里）	人均城镇道路面积（平方米）	城市用水普及率（%）	每万人拥有公共交通车辆台数（标台）	城市建成区绿化覆盖率（%）	城镇人口增长率（%）
2006	0.40	0.39	31.10	1618	10.77	79.85	7.41	32.90	4.34
2007	0.51	0.45	31.70	1464	11.28	91.89	8.13	32.10	5.69
2008	0.63	0.53	27.40	1461	11.83	92.87	8.43	32.70	6.37
2009	0.70	0.60	53.90	1391	13.98	94.43	9.94	33.70	3.59
2010	0.98	0.73	38.80	1498	14.31	94.65	8.07	35.00	3.15
2011	1.22	0.86	29.40	1569	14.34	93.91	8.90	37.40	5.31
2012	1.33	0.99	24.80	1528	14.74	95.30	9.18	37.50	4.94
2013	1.43	1.15	21.80	1543	15.53	95.91	9.42	37.70	3.78
2014	1.54	1.25	16.70	1684	15.75	94.40	9.19	39.30	3.40
2015	1.61	1.36	17.80	1823	16.28	97.50	9.10	37.60	3.20
2016	1.71	1.50	12.80	1891	17.06	97.70	9.77	37.60	3.10
2017	1.53	1.68	12.80	1950	17.56	97.63	10.74	39.10	3.35

年份	资源环境			社会进步				生活质量	城乡统筹	
	城市污水日处理能力（万立方米）	生活垃圾无害化处理率（%）	工业污染治理完成投资（万元）	城镇登记失业率（%）	文盲率（%）	医疗卫生机构数（个）	专利申请受理数（项）	居民人均可支配支出（消费支出）（元）	非农产业就业比（%）	乡城人均收入比（%）
2006	622.40	57.50	86604	4.20	6.01	30800	2784	4357.76	44.89	27.99
2007	657.70	68.40	181940	3.80	5.82	30259	3480	5037.56	40.67	26.43
2008	714.40	82.30	149751	3.80	5.61	31636	3884	6180.78	45.40	26.09
2009	1205.50	86.30	117118	3.70	5.06	32355	4277	6941.79	45.20	25.76

续表

年份	资源环境			社会进步				生活质量	城乡统筹	
	城市污水日处理能力（万立方米）	生活垃圾无害化处理率（%）	工业污染治理完成投资（万元）	城镇登记失业率（%）	文盲率（%）	医疗卫生机构数（个）	专利申请受理数（项）	居民人均可支配支出（消费支出）（元）	非农产业就业比（%）	乡城人均收入比（%）
2010	1110.40	91.10	92845	3.70	2.71	32741	5117	7724.20	45.86	26.62
2011	705.70	95.50	86230	3.50	4.07	34026	8106	9274.16	46.70	27.74
2012	720.20	98.00	85644	3.40	3.75	34152	13610	10623.14	46.90	28.28
2013	642.20	96.40	183218	3.30	3.42	33943	23251	10240.37	46.50	29.14
2014	672.20	95.40	178909	3.20	3.60	34667	32298	10525.70	48.11	35.20
2015	689.60	98.70	247152	2.90	4.66	34439	43696	11694.64	49.39	35.84
2016	718.00	99.00	130433	2.90	3.79	34253	59239	12638.64	49.39	36.57
2017	696.60	99.90	75847	2.20	3.30	34008	56988	13822.17	50.20	37.13

表 5 - 10　　　　广西壮族自治区基本公共服务相关指标数据

年份	基本公共教育		基本医疗卫生		基本公共文化体育			
	每十万人口小学平均在校人数（人）	每十万人口初中平均在校人数（人）	孕产妇死亡率（0.01‰）	围产儿死亡率（‰）	每十万人口公共图书馆年流通人次（人次）	广播电视综合人口覆盖率（%）	每十万人口博物馆年参观人次（人次）	人均地方财政文化体育与传媒支出（元）
2006	9874	4920	29.00	11.29	29265	91.10	3460	43.72
2007	9589	4706	26.03	10.35	31355	92.25	6112	44.90
2008	9329	4445	21.70	10.22	28567	93.00	8245	58.34
2009	9069	4289	23.50	9.40	22657	94.05	12698	60.28
2010	8856	4127	20.70	8.67	29128	95.50	16141	71.08
2011	9262	4356	18.70	8.28	26496	96.12	20976	80.69
2012	9182	4233	17.40	7.97	29185	96.90	24027	97.22
2013	9104	4167	14.20	8.05	31161	97.12	26552	105.64
2014	9150	4134	14.10	7.74	42027	97.40	31717	144.13
2015	9258	4129	14.20	7.19	43061	97.52	34518	164.72
2016	9411	4144	12.70	6.60	42724	97.65	36658	146.92
2017	9586	4206	14.00	6.36	47990	97.88	37418	131.75

续表

年份	基本社会服务		基本住房保障	基本就业保障		基本社会保险	
	每十万人口卫生机构床位数（张）	社区服务机构覆盖率（%）	人均地方财政住房保障支出（元）	每十万人口城镇新增就业人数（人）	城镇登记失业率（%）	基本养老保险参保率（%）	基本医疗保险参保率（%）
2006	205	8.54	36.21	579	4.20	13.49	32.14
2007	221	6.64	48.84	721	3.80	13.97	66.34
2008	256	7.68	65.23	807	3.80	15.04	85.35
2009	271	7.58	98.90	880	3.70	15.96	94.67
2010	312	7.50	127.83	989	3.70	19.76	102.96
2011	327	7.80	230.03	1147	3.50	37.40	106.24
2012	360	6.30	287.04	1154	3.40	61.13	106.50
2013	397	47.00	230.71	1082	3.30	63.08	107.88
2014	424	47.00	241.21	1003	3.20	64.98	109.18
2015	447	80.80	362.72	930	2.90	66.34	109.13
2016	464	10.40	383.53	865	2.90	51.64	99.30
2017	494	14.20	287.37	913	2.20	70.51	105.90

（2）山西省：大城市发展不足，基本公共服务均等化水平落后。山西省位于我国中部地区，拥有丰富的矿产资源，其中，煤气层、铝土矿、耐火黏土、镁矿、冶金用白云岩五种矿产储量居全国第一。目前，城镇群已成为推动山西省城镇化发展的主要动力，并已形成五种具有特色的城镇化模式，分别为：以上党城镇群、临汾汾河百里新型经济带、沁河小城镇群为典型的"城镇集群发展模式"；以孝义、侯马、怀义、平鲁等县（市、区）为典型的"大县城统筹城乡发展模式"；以太原长风文化区、太原南客站片区亦即晋中高校新区为典型的"新区带动城市发展模式"；以平遥、介休等历史文化名城名镇为典型的"小城镇特色化发展模式"；以昔阳大寨村、榆次后沟村等为典型的"旅游乡村发展模式"①，使山西省城镇化水平在平稳中逐步提高。截至2018年末，山西省常住人口为3718.34万人，其中，城镇常住人口为2171.88万

---

① 贺俊果. 山西省城镇化发展特征及对策建议［J］. 北方经济，2013（19）：74-75.

人，占总常住人口比重58.41%，比上年末提高了1.07%；户籍人口城镇化率为40.85%，比上年末提高了0.79%。[①]从表5-11中衡量山西省历年各项城镇化质量的指标数据中也能反映出这一点，其第三产业人均增加值由2006年的0.55提高到2017年的2.17；城市建成区绿化覆盖率从2006年的31.9%扩大至2017年的40.6%；城镇人口增长率除2010年外，其余年份基本保持稳定；工业污染治理完成投资由2006年的367603万元增加至2017年的515241万元；与其他指标相比更为突出的是非农产业就业比虽逐年呈下降趋势，但基本保持在91%以上，高于双高象限的河南省和同一象限的广西壮族自治区。

山西省的基本公共服务也保持每年稳定发展的趋势。如表5-12所示，其反映基本医疗卫生的孕产妇死亡率从2006年的39.3%下降至2017年的13.5%，围产儿死亡率由2006年的10.84%减少到2017年的6.25%；反映基本社会服务的每十万人口卫生机构床位数由2006年的332张增加至2017年的534张；反映基本社会保险的基本医疗保险参保率由42.23%提高到2017年的86.82%，基本养老保险参保率也由2006年的28%逐步提高到2017年的65%。

但与全国整体水平相比，山西省依然处于滞后水平：一是城镇化率常年在全国平均水平以下。以2017年为例，山西省城镇化率为57.3%，低于全国平均城镇化率59.27%的水平，其城镇化滞后于工业化发展。同时，由于山西省大中城市过少，小城镇发展力低下，造成本地城镇经济聚集力不强，无法发挥中心城镇的辐射功能。二是基本公共服务水平落后，2006~2017年，其基本公共服务均等化平均得分排名位于30个省份的第26位。其中，社会服务机构覆盖率、基本医疗保险参保率、每十万人口公共图书馆年流通人次等基本公共服务项目明显位于全国劣势水平。在此形势下，山西省政府推出《山西省新型城镇化规划（2015 2020年）》，努力让山西省走上绿色低碳、高效集约、城乡一体化发展的新型城镇化道路，力求到2020年提升各项基本公共服务覆盖率。

表5-11　　　　　　　　　　　　山西省城镇化相关指标数据

年份	经济发展			城市设施					人口优化
	第二产业人均增加值	第三产业人均增加值	城镇固定资产投资增长率（%）	城市人口密度（人/平方公里）	人均城镇道路面积（平方米）	城市用水普及率（%）	每万人拥有公共交通车辆台数（标台）	城市建成区绿化覆盖率（%）	城镇人口增长率（%）
2006	0.82	0.55	24.80	2488	9.06	89.58	5.73	31.90	2.69
2007	1.02	0.67	25.70	2914	8.55	92.96	6.62	32.60	2.96
2008	1.24	0.81	23.70	2918	9.54	93.27	6.85	35.20	3.01
2009	1.17	0.84	39.50	2931	10.02	95.38	7.09	36.50	2.40
2010	1.46	0.95	26.40	2890	10.66	97.26	6.83	38.00	8.95
2011	1.85	1.10	27.30	2977	11.21	97.48	7.87	38.30	3.96
2012	1.86	1.30	24.50	3028	11.79	97.64	8.47	38.60	3.70
2013	1.82	1.46	22.10	3526	12.88	98.14	9.9	40.00	3.08
2014	1.73	1.56	11.50	3974	13.34	98.54	8.85	40.10	2.83
2015	1.42	1.85	14.80	3920	13.52	98.85	8.53	40.10	2.75
2016	1.37	1.97	0.80	3908	14.77	99.29	9.42	40.50	2.68
2017	1.83	2.17	6.30	3454	15.92	97.81	9.74	40.60	2.56

年份	资源环境			社会进步				生活质量	城乡统筹	
	城市污水日处理能力（万立方米）	生活垃圾无害化处理率（%）	工业污染治理完成投资（万元）	城镇登记失业率（%）	文盲率（%）	医疗卫生机构数（个）	专利申请受理数（项）	居民人均可支配支出（消费支出）（元）	非农产业就业比（%）	乡城人均收入比（%）
2006	155.00	23.10	367603	3.20	4.42	31899	2824	4843	99.13	31.72
2007	170.20	38.20	457241	3.20	4.26	34318	3333	5525	98.85	31.70
2008	175.90	47.50	529370	3.30	4.24	31512	5386	6187	99.97	31.23
2009	174.20	62.90	386711	3.90	4.08	39917	6822	6854	97.29	30.32
2010	187.80	73.60	279574	3.60	2.13	41098	7927	8159	97.32	30.27
2011	196.00	77.50	279450	3.50	2.90	40339	12769	9746	96.77	30.91
2012	190.10	80.30	323269	3.30	2.33	40192	16786	10829	96.23	31.14
2013	179.80	87.90	555609	3.10	2.09	40281	18859	10118	92.55	35.71
2014	208.50	92.10	311477	3.40	2.89	40777	15687	10864	91.79	36.60
2015	244.90	97.20	278738	3.50	2.98	41002	14948	11729	91.52	36.60
2016	257.90	94.60	300742	3.50	2.52	42204	20031	12683	91.20	36.86
2017	257.10	94.90	515241	3.40	1.78	42490	20697	13664	91.31	37.03

表5-12　　　　　　　　　　山西省基本公共服务相关指标数据

年份	基本公共教育		基本医疗卫生		基本公共文化体育			
	每十万人口小学平均在校人数（人）	每十万人口初中平均在校人数（人）	孕产妇死亡率（0.01‰）	围产儿死亡率（‰）	每十万人口公共图书馆年流通人次（人次）	广播电视综合人口覆盖率（%）	每十万人口博物馆年参观人次（人次）	人均地方财政文化体育与传媒支出（元）
2006	10067	5714	39.30	10.84	7615	94.20	14433	63.85
2007	9879	5557	33.89	10.76	8134	94.35	17362	79.02
2008	9471	5286	28.80	10.04	8757	94.50	23146	80.45
2009	8934	5110	17.30	8.88	10203	94.65	29180	81.62
2010	8492	5004	14.60	9.28	10463	95.40	30260	87.41
2011	7756	4597	16.60	9.01	11077	95.65	30700	134.07
2012	7285	4182	11.70	7.85	13159	96.75	34538	166.71
2013	6359	3576	15.60	7.86	16607	97.60	28375	183.72
2014	6185	3358	14.40	7.22	18524	98.50	33485	175.30
2015	6221	3089	13.10	6.95	22661	98.90	39999	199.45
2016	6198	2982	12.10	7.48	26653	99.00	39641	197.28
2017	6196	2940	13.50	6.25	32133	99.20	66654	194.27

年份	基本社会服务		基本住房保障	基本就业保障		基本社会保险	
	每十万人口卫生机构床位数（张）	社区服务机构覆盖率（%）	人均地方财政住房保障支出（元）	每十万人口城镇新增就业人数（人）	城镇登记失业率（%）	基本养老保险参保率（%）	基本医疗保险参保率（%）
2006	332	6.44	61.10	1262	3.20	28	42.23
2007	320	6.12	77.06	1335	3.20	28	65.56
2008	367	7.14	95.35	1324	3.50	30	77.34
2009	422	6.93	127.99	1231	3.90	41	86.35
2010	436	6.90	149.13	1388	3.60	31	86.48
2011	437	6.20	236.15	1392	3.50	67	88.33
2012	458	6.70	237.19	1415	3.30	64	89.64
2013	475	10.10	263.44	1419	3.10	66	90.00
2014	486	10.10	255.98	1409	3.40	65	89.89
2015	500	10.60	345.55	1406	3.50	33	89.29
2016	515	8.20	403.86	1262	3.50	64	90.10
2017	534	8.10	373.28	1399	3.40	65	86.82

5.2.1.3 "高低"象限典型地区概况

"高低"象限选择的省份分别是山东和新疆，两者不论是所处地理环境还是发展方式都存有很大不同。

（1）山东省：小城镇发展不足，部分基本公共服务项目发展滞后。山东省位于我国东部地区，也作为我国粮食作物和经济作物重点产区，素有"粮棉油之库，水果水产之乡"之称。山东省的城镇化建设发展迅速，并取得了较大的成果，其常住人口城镇化率由 1953 年的 7.3% 提高到 2018 年的 61.18%，设市城市、建制镇分别由 1981 年的 9 个和 110 个增加至 2018 年的 43 个和 1092 个，并形成了 2 个特大城市、8 个大城市、7 个中等城市、80 个小城市、1092 个建制镇协调发展的城镇格局。山东省自党的十八大以来，为了实现"以人为本"的新型城镇化发展，先后编制实施了山东半岛城市群总体规划、黄河三角洲城镇发展规划、济南都市圈发展规划、鲁南地区城镇发展规划等一批高层次、高水平的城镇发展规划，使得山东省目前不论是城镇比率还是城镇化质量，都高于全国平均整体水平，且反映其城镇化发展质量的各项指标都保持良好的势态。特别是与其他几个典型地区相比，体现经济发展的第二产业人均增加值、体现资源环境的城市污水日处理能力和工业污染治理完成投资，以及具体体现社会进步的专利申请受理数等指标，近年来表现最佳（见表 5-13）。其中，第二产业人均增加值从 2006 年的 1.35 提高至 2017 年的 3.29，超过其他各典型省份 2017 年数值；城市污水日处理能力从 2006 年的 629.3 万立方米提升到 2017 年的 1156.4 万立方米，工业污染治理完成投资从 2006 年的 596643 万元增长至 2017 年的 1130995 万元；这两项指标的发展远超过其他典型省份；专利申请受理数由 2006 年的 38284 项增加到 2017 年的 204859 项，除北京外，远超过其他典型省份 2017 年完成情况。

但在此过程中，其基本公共服务均等化问题并未得到良好解决（见表 5-14）。虽然，山东省大多数基本公共服务项目 2006~2017 年都有一定提升，如基本公共文化体育中的每十万人口公共图书馆年流通人次从 2006 年的 14330 人次提高到 2017 年的 39698 人次，每十万人口博物馆年参观人次从 2006 年的 4698 人次增加到 2017 年的 67596 人次；基本社会服务中的每十万人口卫生机构床位数由 2006 年的 278 张增长到 2017 年的 584 张；基本社会保险中的基本养老保险参保率和基本医疗保险参保率也都有较大的提升，分别从 2006 年的 32.72% 和 53.47% 扩大到 2017 年的 92.42% 和 92.9%。但其基本公共服务在此期间的平均得分位于 30 个省份的第 22 位，其中，广播电视综合人口覆盖率、人均地方财政住房保障支出等基本公共服务项目 2006 年、2011 年和 2017 年都处于全国劣势地位。而其城镇化的发展中也存有一些问题，如小城镇发展较慢、功能缺失、产业结构不合理、不足以转移农村剩余劳动力等。

表 5 – 13　　　　　　　山东省城镇化相关指标数据

年份	经济发展			城市设施					人口优化
	第二产业人均增加值	第三产业人均增加值	城镇固定资产投资增长率（%）	城市人口密度（人/平方公里）	人均城镇道路面积（平方米）	城市用水普及率（%）	每万人拥有公共交通车辆台数（标台）	城市建成区绿化覆盖率（%）	城镇人口增长率（%）
2006	1.35	0.77	19.80	1860	18.14	97.17	10.50	37.50	3.10
2007	1.56	0.92	16.50	1449	18.66	98.79	11.42	38.60	2.05
2008	1.87	1.10	23.39	1413	19.60	99.39	12.19	39.80	2.37
2009	2.00	1.24	23.23	1415	20.94	99.47	10.34	41.20	2.07
2010	2.22	1.50	22.06	1389	22.23	99.57	10.18	41.20	4.13
2011	2.49	1.80	37.48	1389	23.62	99.74	12.41	41.50	3.04
2012	2.66	2.06	17.03	1349	24.70	99.85	12.76	42.10	3.42
2013	2.82	2.39	18.33	1361	25.34	99.85	13.54	42.60	3.03
2014	2.94	2.64	15.95	1426	25.77	99.92	13.17	42.80	2.92
2015	2.99	2.90	13.90	1452	25.82	99.95	14.43	42.30	4.77
2016	3.15	3.19	10.52	1502	24.65	99.78	15.88	42.30	4.58
2017	3.29	3.48	3.57	1554	25.13	99.82	16.36	42.10	3.25

年份	资源环境			社会进步				生活质量	城乡统筹	
	城市污水日处理能力（万立方米）	生活垃圾无害化处理率（%）	工业污染治理完成投资（万元）	城镇登记失业率（%）	文盲率（%）	医疗卫生机构数（个）	专利申请受理数（项）	居民人均可支配支出（消费支出）（元）	非农产业就业比（%）	乡城人均收入比（%）
2006	629.30	70.10	596643	3.30	9.13	57806	38284	6647.71	60.90	35.83
2007	684.60	80.70	673420	3.30	8.21	59765	46849	7641.27	62.70	34.95
2008	779.80	79.40	844159	3.20	7.96	61791	60247	8748.58	62.60	34.60

续表

年份	资源环境			社会进步				生活质量	城乡统筹	
	城市污水日处理能力（万立方米）	生活垃圾无害化处理率（%）	工业污染治理完成投资（万元）	城镇登记失业率（%）	文盲率（%）	医疗卫生机构数（个）	专利申请受理数（项）	居民人均可支配支出（消费支出）（元）	非农产业就业比（%）	乡城人均收入比（%）
2009	797.70	90.50	515832	3.70	7.50	63885	66857	9555.61	63.50	34.35
2010	824.10	91.90	456759	3.40	5.72	66967	80856	10534.07	64.50	35.05
2011	895.40	92.50	624466	3.40	6.62	68275	109599	12470.15	65.90	36.60
2012	954.00	98.10	670633	3.30	6.20	68840	128614	13725.60	66.90	36.68
2013	872.20	99.50	843493	3.20	5.31	75426	155170	11896.77	68.30	39.75
2014	935.10	100.00	1416464	3.30	5.54	77012	158619	13328.90	69.30	40.66
2015	1004.20	100.00	945934	3.40	6.65	77259	193220	14578.36	70.40	40.99
2016	1069.90	100.00	1264063	3.50	6.56	76997	212911	15926.36	70.90	41.03
2017	1156.40	100.00	1130995	3.40	6.07	79050	204859	17280.69	71.70	41.09

表 5 - 14　　　　　　　　山东省基本公共服务相关指标数据

年份	基本公共教育		基本医疗卫生		基本公共文化体育			
	每十万人口小学平均在校人数（人）	每十万人口初中平均在校人数（人）	孕产妇死亡率（0.01‰）	围产儿死亡率（‰）	每十万人口公共图书馆年流通人次（人次）	广播电视综合人口覆盖率（%）	每十万人口博物馆年参观人次（人次）	人均地方财政文化体育与传媒支出（元）
2006	6712	3861	15.70	7.44	14330	96.23	4698	55.83
2007	6784	4265	16.04	6.70	19195	97.29	8378	47.09
2008	6757	3563	12.30	7.02	18234	97.58	9145	66.01
2009	6656	3630	12.80	6.83	16927	97.96	11847	74.34
2010	6644	3681	11.50	6.25	17910	98.00	14439	77.21
2011	6718	3600	9.70	4.84	19874	98.05	16547	95.02
2012	6513	3405	10.10	4.78	21014	98.15	39683	117.99
2013	6463	3283	9.30	4.73	24196	95.35	44550	131.03
2014	6662	3234	8.00	4.51	26333	98.60	49221	130.50
2015	6892	3175	8.50	3.92	27714	98.65	52095	139.39
2016	7021	3208	9.60	4.69	36630	98.80	58669	138.20
2017	7122	3311	9.00	4.30	39698	99.00	67596	141.82

续表

年份	基本社会服务		基本住房保障	基本就业保障		基本社会保险	
	每十万人口卫生机构床位数（张）	社区服务机构覆盖率（%）	人均地方财政住房保障支出（元）	每十万人口城镇新增就业人数（人）	城镇登记失业率（%）	基本养老保险参保率（%）	基本医疗保险参保率（%）
2006	278	10.99	4.91	1153	3.30	32.72	53.47
2007	298	11.49	8.13	1175	3.20	33.92	77.88
2008	321	12.89	17.56	1156	3.30	35.99	87.13
2009	367	16.86	24.31	1116	3.40	38.38	94.82
2010	399	24.50	36.76	1203	3.40	35.25	97.20
2011	432	28.30	70.10	1232	3.40	70.87	64.21
2012	489	29.60	127.58	1238	3.30	84.28	98.78
2013	503	29.50	130.01	1233	3.20	87.09	103.02
2014	511	29.50	185.06	1211	3.30	88.70	40.74
2015	527	34.40	207.31	1186	3.30	90.08	93.80
2016	544	13.80	250.07	1216	3.50	91.15	92.38
2017	584	13.10	309.70	1282	3.40	92.42	92.90

（2）新疆维吾尔自治区：城镇化发展水平低，基本公共服务整体排名较好，但部分项目仍需改善。新疆位于我国西北边陲，也是我国五个少数民族自治区之一，面积为166万平方千米，是我国陆地面积最大的省级行政区，占我国国土总面积1/6，并拥有丰富的森林资源、生物资源、矿产资源等。但新疆城镇化进程明显滞后，截至2017年底，其常住人口达2480万人，其中，城镇常住人口1207万人，占总常住人口比重48.67%，比上年末提高0.94个百分点，而全国平均城镇化率达60.24%，比上年末提高1.4个百分点。[①] 因此，无论从城镇化率还是增长率，新疆都低于全国平均水平，2017年全国城镇化率排名中，新疆位于第25位。而反映新疆城镇化质量发展情况的某些指标与其他典型地区相比也明显处于劣势，如表5－15所示，城市污水日处理能力不论是从2006～2017年的涨幅程度还是2017年达到的情况，都远远落后于其他省份；生活垃圾无害化处理率从2006年的27%提高到2017年的88.6%，其

---

① 数据来源于《中国统计年鉴》。

提升幅度虽然较大，但到 2017 年达到的水平也在六个典型省份中位于最后；专利申请受理数于 2017 年完成了 14260 项，同样远低于其他典型省份完成数量。此外，新疆的城镇化进程中问题明显：一是新疆各地区城镇化水平高低不齐，差异很大，基本呈现出北部城镇化水平较高，东部居于之后，南部最低的格局。二是城市数量存有不足。截至 2013 年底，其拥有特大城市 1 座，大城市 3 座，中等城市 11 座，小城市 8 座，其余均为小城镇。[①] 三是城镇人口密度低，生态环境脆弱，对土地、生态环境的破坏较为严重。

相比而言，新疆的基本公共服务均等化水平完成得较好，该自治区基本公共服务均等化水平 2006~2017 年平均得分位于 30 个省份的第 11 位，且大多数基本公共服务项目发展情况良好（见表 5－16）。尤其是基本社会服务中的每十万人口卫生机构床位数从 2006 年的 406 张增加到 2017 年的 685 张；人均地方财政住房保障支出由 2006 年的 34.08 元大幅提高到 2017 年的 959.02 元，超过了其他典型省份发展情况；而基本就业保障中的每十万人口城镇新增就业人数虽从 2006 年的 2093 人减少到 2017 年的 1945 人，但与其他典型省份相比，除北京外，基本处于优势地位。但部分基本公共服务项目仍需加强，如基本医疗卫生中孕产妇死亡率和围产儿死亡率 2006 年、2011 年和 2017 年均在全国达到最高；基本公共文化体育服务中除人均地方财政文化体育与传媒支出外，其他指标 2006 年、2011 年和 2017 年均位于全国落后地位。

表 5－15　　　　　　　　新疆维吾尔自治区城镇化相关指标数据

年份	经济发展			城市设施					人口优化
	第二产业人均增加值	第三产业人均增加值	城镇固定资产投资增长率（%）	城市人口密度（人/平方公里）	人均城镇道路面积（平方米）	城市用水普及率（%）	每万人拥有公共交通车辆台数（标台）	城市建成区绿化覆盖率（%）	城镇人口增长率（%）
2006	0.71	0.52	17.19	5403	12.13	90.50	13.41	30.00	4.15
2007	0.79	0.60	17.01	4836	13.32	99.12	15.60	32.00	5.40
2008	0.97	0.67	22.09	4987	12.47	92.82	13.23	31.90	3.05
2009	0.89	0.74	20.17	4922	12.55	99.03	12.22	36.03	1.78

①　李莉，吴晓琳．新疆城镇化建设的现状及存在问题［J］．新经济，2016，35：48－49．

续表

年份	经济发展			城市设施					人口优化
	第二产业人均增加值	第三产业人均增加值	城镇固定资产投资增长率（%）	城市人口密度（人/平方公里）	人均城镇道路面积（平方米）	城市用水普及率（%）	每万人拥有公共交通车辆台数（标台）	城市建成区绿化覆盖率（%）	城镇人口增长率（%）
2010	1.19	0.81	25.92	4977	13.19	99.17	11.66	36.40	9.30
2011	1.46	1.02	45.02	4563	13.74	99.17	13.46	36.60	2.34
2012	1.56	1.21	31.79	4312	14.16	99.13	13.91	35.90	2.08
2013	1.58	1.52	25.83	4361	15.69	98.08	14.35	36.40	2.55
2014	1.72	1.65	23.02	4280	16.46	98.15	15.54	36.80	5.16
2015	1.52	1.77	16.07	2557	17.69	98.81	16.08	37.50	5.29
2016	1.52	1.82	5.15	2456	18.35	98.86	15.24	38.50	3.95
2017	1.77	2.04	18.15	2436	19.78	98.75	14.58	40.00	4.14

年份	资源环境			社会进步				生活质量	城乡统筹	
	城市污水日处理能力（万立方米）	生活垃圾无害化处理率（%）	工业污染治理完成投资（万元）	城镇登记失业率（%）	文盲率（%）	医疗卫生机构数（个）	专利申请受理数（项）	居民人均可支配支出（消费支出）（元）	非农产业就业比（%）	乡城人均收入比（%）
2006	149.80	27.00	45229	3.90	6.66	13507	2256	4173.85	48.94	31
2007	170.10	28.20	66748	3.90	4.29	14440	2270	4869.24	49.70	31
2008	160.80	52.00	88878	3.70	4.64	13129	2412	5539.41	50.29	31
2009	167.80	60.60	143497	3.80	3.40	14244	2872	5952.92	50.65	32
2010	158.70	70.60	66813	3.20	2.36	16000	3560	7541.98	51.03	34
2011	197.60	79.50	106276	3.20	3.58	17412	4736	8923.07	51.34	35
2012	214.20	78.70	79106	3.40	3.42	18320	7044	10701.28	51.27	36
2013	233.30	78.10	220054	3.40	4.04	18663	8224	11391.84	53.83	37
2014	234.40	81.90	316542	3.20	3.25	18873	10210	11903.71	54.62	38
2015	241.30	80.90	158263	2.90	4.46	18798	12250	12867.40	55.92	36
2016	255.30	83.30	146370	2.50	3.79	18825	14105	14066.46	56.52	36
2017	257.50	88.60	134775	2.60	3.19	18724	14260	15087.30	59.12	36

表5-16　　　　　　　　**新疆维吾尔自治区基本公共服务相关指标数据**

年份	基本公共教育		基本医疗卫生		基本公共文化体育			
	每十万人口小学平均在校人数（人）	每十万人口初中平均在校人数（人）	孕产妇死亡率（0.01‰）	围产儿死亡率（‰）	每十万人口公共图书馆年流通人次（人次）	广播电视综合人口覆盖率（%）	每十万人口博物馆年参观人次（人次）	人均地方财政文化体育与传媒支出（元）
2006	10438	5822	92.10	19.77	8146	93.24	2566	84.39
2007	10043	5442	73.71	17.92	16706	93.51	20138	111.46
2008	9604	5083	62.00	19.17	16801	93.51	18934	134.78
2009	9264	4823	41.40	16.77	16874	94.59	12682	154.42
2010	8968	4648	43.20	16.35	16038	95.10	16769	155.24
2011	8785	4469	39.10	16.31	19240	95.10	23087	215.93
2012	8606	4270	34.10	14.38	28865	95.45	27183	305.55
2013	8484	4113	33.80	13.89	22163	95.85	28092	329.64
2014	8581	4025	39.10	14.27	23657	96.70	28373	323.41
2015	8916	3949	38.50	14.20	20072	96.80	32034	334.58
2016	9150	3792	31.90	14.77	22079	97.05	28607	323.64
2017	9534	3761	30.90	12.94	22559	97.40	28671	328.83

年份	基本社会服务		基本住房保障	基本就业保障		基本社会保险	
	每十万人口卫生机构床位数（张）	社区服务机构覆盖率（%）	人均地方财政住房保障支出（元）	每十万人口城镇新增就业人数（人）	城镇登记失业率（%）	基本养老保险参保率（%）	基本医疗保险参保率（%）
2006	406	9.84	34.08	2093	3.90	—	44.40
2007	431	13.88	56.96	1957	3.90	21.62	57.15
2008	435	17.37	84.35	1964	3.80	22.28	61.87
2009	497	18.20	183.92	1973	3.80	23.05	76.23
2010	532	16.10	272.31	2365	3.20	36.73	81.32
2011	568	17.90	769.76	2639	3.20	54.84	83.39
2012	589	18.30	893.19	2093	3.40	59.32	85.29
2013	606	18.70	884.23	2032	3.40	59.97	86.33
2014	622	18.70	867.32	2045	3.20	60.30	86.80
2015	637	22.40	886.40	1949	2.90	59.87	85.73
2016	654	17.90	754.88	1898	2.50	67.40	84.36
2017	685	17.50	959.02	1945	2.60	70.85	87.52

5.2.2　实证方法的选择与简介

在对典型地区选择后，就要通过利用这些地区 2006～2017 年均等化得分结果和城镇化得分结果，对两者之间的互动关系进行实证分析。本章将运用以下一些方法对新型城镇化与基本公共服务均等化之间的关系进行具体分析，所采用的方法包括：平稳性检验、协整性检验、Granger 因果关系检验以及脉冲响应分析等，通过这些检验方法的运用，能够对二者之间的关系科学合理地进行验证。

首先，需采取平稳性检验。这是其他检验分析的前提条件，验证变量之间的相关性，只有先检验了其平稳性，才能保证其他检验分析的科学性。因为有时数据的高度相关仅仅是因为二者同时随时间有向上或向下的变动趋势，并没有真正联系，这就是我们常说的"伪回归"现象，平稳性检验为拒绝伪回归现象提供了理论基础。

其次，将采用协整性检验。通过协整性检验对变量之间的长期平稳关系加以验证。一般验证变量协整性有两种方法，一种是 E-G 两步检验法，另一种是 Johansen 检验法，前者主要是以回归残差为基础，后者主要是以回归系数为基础。本章将在后续检验中采用前者。

在对六大地区新型城镇化与基本公共服务均等化之间的长期关系验证后，紧接着采用 Granger 因果关系检验法，该种检验方法是由曾获得诺贝尔经济学奖的克莱夫·格兰杰所开创的，主要是为了验证哪个变量为因，哪个变量为果，经过了 Granger 检验才能更加具体判断两个变量之间的因果关系。

以上几个检验主要是从静态的角度对变量进行分析和研究，为了能从长远的角度对其进行深入探讨，最后还需要对两个变量进行动态分析，即脉冲响应分析。脉冲响应分析主要是研究在一段时间内一个变量对另一个变量的影响程度，本章分别检验了新型城镇化和基本公共服务均等化对其自身和对方的影响程度。

5.2.3 实证分析具体过程

5.2.3.1 平稳性检验

由于伪回归问题的存在，在进行回归模型的构建时应当避免直接使用非平稳变量，因此检验变量的平稳性是一个必须要进行的过程。一般情况下，一个平稳的时间序列的时序图应该围绕某个常数上下波动，不能有某种趋势，如果某个时序图出现明显的升降趋势，则该序列是非平稳的。表示非平稳性的另一种形式是单位根，本书使用的是较为严格的统计检验方法，即单位根检验。单位根检验是检验序列的特征方程是否存在特征根，如果存在特征根，则说明序列非平稳。

本书使用的单位根检验的方法是 ADF 检验，其检验公式为：$\Delta x_t = \alpha + \gamma x_{t-1} + \sum_{i=1}^{\mu} \beta_i x_{t-1} + \varepsilon$（包含截距项和趋势项，可根据实际情况进行删减）。下面将 ADF 检验的结果以（c，t，p）格式表示，其中"c = 1"表示带有常数项，"c = 0"表示不带常数项；"t = 1"表示带有趋势项，"t = 0"表示不带趋势项，而 p 表示滞后阶数。ADF 检验的结果对于滞后阶数 p 很敏感，因此对于滞后阶数 p 的确定是个实际问题，施沃特（Schwert）建议，取最大滞后阶数为 $P_{max} = [12 \cdot (T/100)^{1/4}]$，其中 T 为样本容量，[·] 表示取整数部分；然后使用由大到小的序贯 t 原则看 ADF 检验中最后一阶回归系数是否显著。

本节将河南、北京、广西、山西、山东、新疆 6 个省份的均等化指标体系以及城镇化指标体系的时间序列进行平稳性检验，将城镇化指标体系记为 X_i（i = 1，2，…，5，6），均等化指标体系记为 Y_j（j = 1，2，…，5，6）（见表 5 – 17）。

表 5 – 17　　　　　　　　　平稳性检验结果

变量	ADF 值	检验方式（c，t，p）	10%临界值	P 值	结论
X_1	− 6.159047	（1，0，0）	− 1.601144	0.0000	I（1）
X_2	− 7.280789	（1，1，0）	− 3.420030	0.0008	I（0）
X_3	− 5.135445	（0，0，0）	− 1.601144	0.0002	I（1）
X_4	− 4.238348	（0，0，0）	− 1.601144	0.0007	I（1）
X_5	− 4.334951	（1，1，0）	− 3.420030	0.0290	I（0）

续表

变量	ADF 值	检验方式（c, t, p）	10% 临界值	P 值	结论
X_6	− 3.342461	(1, 0, 0)	− 2.728985	0.0385	I（0）
Y_1	− 2.368014	(0, 0, 0)	− 1.601144	0.0239	I（1）
Y_2	− 2.918577	(1, 0, 0)	− 2.728985	0.0747	I（0）
Y_3	− 3.786911	(0, 0, 0)	− 1.601144	0.0016	I（1）
Y_4	− 5.921399	(0, 0, 0)	− 1.601144	0.0001	I（1）
Y_5	− 4.317624	(0, 0, 0)	− 1.601144	0.0006	I（1）
Y_6	− 3.576420	(0, 0, 0)	− 1.601144	0.0024	I（1）

其中，I（0）表示序列平稳，I（1）表示序列一阶差分后平稳。表 5 - 17 中结果说明，在 10% 的显著性下，X_2、X_5、X_6、Y_2 均为零阶单整的平稳序列，其余时间序列均为一阶单整。即北京、山东、新疆 3 个省份的城镇化指标体系以及北京市的均等化指标体系的时间序列均为平稳序列；河南、广西、山西 3 个省份的城镇化指标体系的时间序列以及河南、广西、山西、山东、新疆 5 个省份的均等化指标体系时间序列在一阶差分后使得序列平稳。

5.2.3.2　协整性检验

本节所做的协整性检验为双变量之间的协整检验，检验方法是 EG 两步检验（见表 5 - 18）。检验过程的第一步主要为借助 OLS（最小二乘法）对方程 $y_t = \alpha + \beta x_t + e_t$ 进行回归，则可得到方程的回归残差（e_t）；第二步对其残差的平稳性进行检验，若该回归残差平稳，即 I（0），则存在协整关系，该残差的检验方法为单位根检验法，其检验公式为：$\Delta e_t = \mu_0 e_{t-1} + \sum_{i=1}^{k} \mu_i e_{t-1} + \nu_t$（不含截距项）。其中，因为 Y_5、Y_6 与 X_5、X_6 均为非同阶序列，因此将 X_5、X_6 与 Y_5、Y_6 的一阶差分序列进行协整检验。

表 5 - 18　　　　　　　　　　协整性检验结果

变量（协整方程的残差项）	ADF 值	10% 临界值	P 值	结论（原序列协整关系）	
e_{01}	− 2.489659	− 1.601144	0.0189	平稳	X_1、Y_1 存在协整关系
e_{02}	− 3.108166	− 1.602074	0.0053	平稳	X_2、Y_2 存在协整关系

续表

变量（协整方程的残差项）	ADF 值	10% 临界值	P 值	结论（原序列协整关系）	
e_{03}	-3.129141	-1.602074	0.0051	平稳	X_3、Y_3 存在协整关系
e_{04}	-4.206385	-1.602074	0.0006	平稳	X_4、Y_4 存在协整关系
e_{05}	-4.584127	-1.601144	0.0004	平稳	X_5、ΔY_5 存在协整关系
e_{06}	-3.847081	-1.601144	0.0014	平稳	X_6、ΔY_6 存在协整关系

河南、北京、广西、山西 4 个省份的城镇化与均等化之间存在着长期稳定的协整关系，而山东、新疆的城镇化与其每期均等化的增加量存在着长期稳定的协整关系，因此接下来要对其影响方向进行一个检验。

5.2.3.3 Granger 因果关系检验

Granger 因果关系检验就是检验一个随机变量 X_t 对于预测另外一个随机变量 Y_t 是否有帮助（即 X 的变化会对下一期的 Y 有影响），如果没有任何帮助，则称变量 Y_t 不是变量 X_t 的 Granger 原因。

格兰杰因果检验的公式为：$Y_t = c + \sum_{i=1}^{p} \alpha_i X_{t-i} + \gamma X_t + \sum_{i=1}^{p} \beta_i X_{t+j} + e_t$。然后对下述原假设进行 F 检验 $H_0 : \beta_1 = \beta_2 = \cdots = \beta_p = 0$，这表示现在变量 X 对变量 Y 的预测没有帮助，因此当该假设被拒绝时，代表 X_t 是 Y_t 的格兰杰原因。检验结果见表 5 - 19。

表 5 - 19　　　　　　　　Granger 因果关系检验结果

原假设	F 统计量	P 值	F 统计量	P 值	F 统计量	P 值
	滞后期为 1		滞后期为 2		滞后期为 3	
X_1 不是 Y_1 的格兰杰原因	7.26032	0.0273	2.78570	0.1538	4.15870	0.1999
Y_1 不是 X_1 的格兰杰原因	0.13603	0.7218	12.29950	0.0117	3.22067	0.2459
X_2 不是 Y_2 的格兰杰原因	0.30497	0.5959	0.21989	0.8100	1.39720	0.4430
Y_2 不是 X_2 的格兰杰原因	0.05598	0.8189	5.79052	0.0499	24.96670	0.0388
X_3 不是 Y_3 的格兰杰原因	0.75281	0.4109	0.24907	0.7886	0.02425	0.9934
Y_3 不是 X_3 的格兰杰原因	3.62853	0.0933	0.52179	0.6226	1.40703	0.4411
X_4 不是 Y_4 的格兰杰原因	1.42982	0.2660	0.32675	0.7356	5.98054	0.1466
Y_4 不是 X_4 的格兰杰原因	8.73789	0.0183	15.66600	0.0070	241.68700	0.0041

续表

原假设	F 统计量	P 值	F 统计量	P 值	F 统计量	P 值
	滞后期为 1		滞后期为 2		滞后期为 3	
X_5 不是 ΔY_5 的格兰杰原因	0.15204	0.7082	0.00974	0.9903	3.33654	0.3778
ΔY_5 不是 X_5 的格兰杰原因	0.11583	0.7436	0.26951	0.7766	0.33140	0.8192
X_6 不是 ΔY_6 的格兰杰原因	0.71351	0.4262	1.56298	0.3151	13.80460	0.1947
ΔY_6 不是 X_6 的格兰杰原因	2.31848	0.1717	1.11837	0.4113	13.89750	0.1941

通过表 5 - 19 的检验结果可以得到以下结果。

（1）河南在滞后期为 1 期、5% 的显著性水平下，城镇化是均等化的格兰杰原因，反映出此时城镇化水平的提高会对该省的均等化产生较大的影响；而在滞后期为 2 期、5% 的显著性水平下，均等化是城镇化的格兰杰原因，说明之后均等化水平的提升对该省的城镇化建设同样产生影响。

（2）北京在 5% 的显著性下、滞后期为 2、3 期，均等化都是其城镇化的格兰杰原因，说明北京的城镇化发展需要基本公共服务均等化水平的提升得以带动。

（3）广西在显著水平为 10%、滞后期为 1 期的情况下，城镇化是均等化的格兰杰原因，这一结果反映出此时城镇化的建设会促进广西的基本公共服务均等化水平的提高。

（4）山西在显著性 5% 以下无论滞后期为多少，城镇化都是均等化的格兰杰原因，说明该省基本公共服务均等化的提高是在城镇化的发展下带动的。

（5）山东以及新疆两省份城镇化与均等化的增加值之间不存在着格兰杰因果关系，说明这两省份不存在城镇化增加量的变化影响均等化增加量，或均等化增加量的变化影响城镇化未来变化的关系。

5.2.3.4　脉冲响应分析

脉冲响应函数是基于 VAR 模型，在利用 VAR 模型进行分析时往往考虑某个变量的扰动项的变动对其本身以及系统中其他变量的影响情况，这就是所谓的脉冲响应分析。由于在上述检验分析中我们发现：河南、北京、广西和山西的城镇化与其基本公共服务均等化之间存有格兰杰因果关系，而山东和新疆两省份则不存有这种关系，因此，本节在进行脉冲响应分析时只针对前 4 个省份展开。

（1）河南省脉冲响应验证结果。图5-2分别代表对于河南省，在本期给城镇化和基本公共服务均等化一个正向冲击后，其自身和对方的反应情况，且图中横轴表示被冲击后的反应期数，纵轴表示被冲击后的反应变化（下同）。其中，从（a）图可以看出，均等化水平对其自身的影响在第1期非常明显，从第3期开始不断下降，在第6期之后处于负相关状态，并在第9期之后开始向零回升。从（b）图可以看出，当在本期给城镇化一个正冲击后，均等化会在短期内呈负向反应，在第2期达到最高峰，然后负向反应开始减少，直到第7期开始呈现正向反应但冲击程度较弱。从（c）图可以看出，当在本期给均等化一个正冲击后，城镇化会呈上下波动状态，直到第5期开始稳定上升，随着时间的推移这个反应会逐渐减弱趋近于零。从（d）图可以看出，城镇化对自身的影响在第4期之前处于上下波动的状态，从第4期之后，这个反应一直表现为负向反应，并不断趋向于零。这表明对于河南省，基本公共服务均等化对其自身和城镇化建设都呈现出趋向于微弱作用；而城镇化对自身也呈现出微弱作用，但对均等化水平依然有较小的推动作用。

（2）北京市脉冲响应验证结果。图5-3分别代表对于北京市，在本期给城镇化和基本公共服务均等化一个正向冲击后，其自身和对方的反应情况。在（a）图中，当给北京市本期的基本公共服务均等化一个正向冲击后，对其自身的影响在第1期非常明显，但这种影响力不断下降，从第2期之后处于负相关关系，第5期开始处于正向相关，并在上下波动中趋近于零。从（b）图可以看出，当在本期给城镇化一个正冲击后，均等化会呈上下波动状态，但波动程度较小，到第6期之后随着时间的推移这个反应会逐渐减弱趋近于零。从（c）图可以看出，当在本期给均等化一个正冲击后，城镇化在第1、2期有微弱的负向反应，之后在2、3期中产生的正向反应渐进最大，而后开始减缓到第6期于无，在开始重新波动，趋势与之前类似，但反应程度较低。在（d）图可以看出，城镇化对自身的影响不断下降，并趋向于零。因此，对于北京市，基本公共服务均等化对其自身和城镇化发展的影响会趋于平稳，但总体上对城镇化会有一个正向促进作用；城镇化对其自身和均等化水平的影响会趋于微弱。

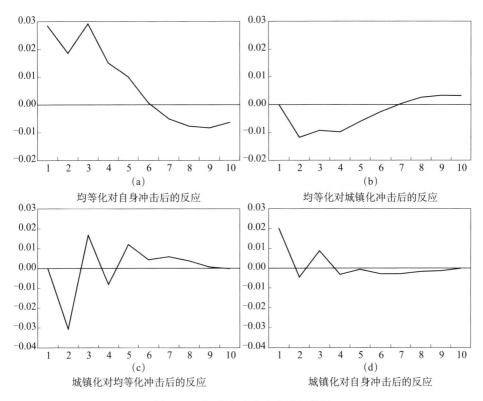

图 5-2 河南省脉冲响应验证结果

（3）广西壮族自治区脉冲响应验证结果。图 5-4 分别代表对于广西壮族自治区，在本期给城镇化和基本公共服务均等化一个正向冲击后，其自身和对方的反应情况。在（a）图中可以看出，基本公共服务均等化对其自身的影响开始很高，但不断下降，并趋近于零。从（b）图可以看出，当在本期给城镇化一个正冲击后，均等化会呈负向反应，但在第 2 期达到最低，之后负向反应的程度会越来越低直至为零。从（c）图可以看出，当在本期给均等化一个正向冲击后，城镇化同样会呈负向反应，但在第 2 期达到最低，之后负向反应的程度会越来越低直至为零。从（d）图可以看出，城镇化对其自身的影响同（a）图一样开始很高，但也不断下降，并趋向于零。图 5-4 表明，对于广西，其城镇化和基本公共服务均等化对自身和对方的作用都会趋于微弱。

（4）山西省脉冲响应验证结果。图 5-5 分别代表对于山西省，在本期给城镇化和基本公共服务均等化一个正向冲击后，其自身和对方的反应情况。在

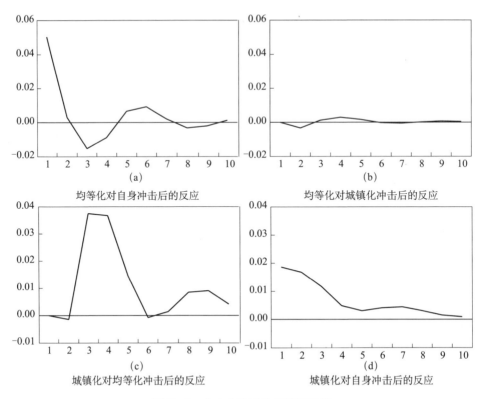

（a）
均等化对自身冲击后的反应

（b）
均等化对城镇化冲击后的反应

（c）
城镇化对均等化冲击后的反应

（d）
城镇化对自身冲击后的反应

图 5 - 3　北京市脉冲响应验证结果

（a）图中可以发现，基本公共服务均等化对其自身的影响在波动中不断下降，且波动趋势逐渐减弱，趋向于零。从（b）图可以看出，当在本期给城镇化一个正冲击后，均等化呈上下波动反应，随着时间的推移，这个反应会逐渐减弱趋近于零。从（c）图可以看出，当在本期给均等化一个正向冲击后，城镇化呈上下波动反映，其反应程度比均等化对于城镇化反应的程度要大很多，随着时间的推移，这个反应会逐渐减弱最终会趋近于零。在（d）图中发现，城镇化对其自身的影响同样在上下波动中趋向平缓并接近于零。图 5 - 5 反映出，对于山西省，在本期不论给城镇化还是基本公共服务均等化一个正冲击后，对其自身或对方的影响会不断波动，并在波动中不断平缓趋近于零。

　　通过上述对河南、北京、广西、山西 4 个省份城镇化和基本公共服务均等化的脉冲响应验证分析中可以看出：河南省城镇化建设的提高对其基本公共服务均等化将有较小的正向推动作用；北京市基本公共服务均等化对其城镇化总体上有一个正向促进作用；广西壮族自治区和山西省的城镇化和基本公共服务均等化之间的相互作用趋向于零，且在此过程中伴随有负向作用的存在。

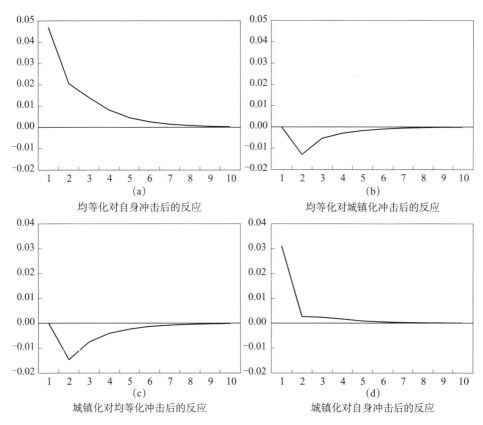

图 5 – 4　广西壮族自治区脉冲响应验证结果

5.2.3.5　基本结论与评述

首先，通过平稳性和协整性检验，发现基本公共服务均等化和城镇化建设水平之间存在长期的均衡关系。但在之后的检验中，则出现不同的省份情况有所不同，其中，通过 Granger 因果关系检验发现：河南省城镇化和基本公共服务均等化之间存在双向的、互为因果的关系；北京市基本公共服务均等化水平会对其城镇化发展产生影响；广西壮族自治区和山西省的城镇化发展会对该两省基本公共服务均等化产生影响；而山东省和新疆维吾尔自治区的城镇化和基本公共服务均等化的增量之间不存在相互影响的关系。

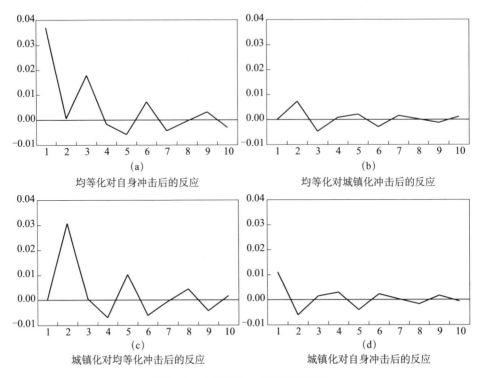

（a）均等化对自身冲击后的反应

（b）均等化对城镇化冲击后的反应

（c）城镇化对均等化冲击后的反应

（d）城镇化对自身冲击后的反应

图 5 - 5 山西省脉冲响应验证结果

其次，通过对河南、北京、广西、山西 4 个省份的城镇化和基本公共服务均等化的脉冲响应验证分析可以看出：河南省城镇化建设的提高对其基本公共服务均等化有较小的正向推动作用；北京市基本公共服务均等化对其城镇化总体上也有一个正向促进作用；广西壮族自治区和山西省的城镇化和基本公共服务均等化之间的相互作用趋向于零，且广西的城镇化和基本公共服务均等化在本期给予一个正向冲击时，对对方反而产生了一个负向作用的冲击。

在上述各检验下的结论中可以看出：城镇化建设与基本公共服务均等化之间的关系在不同省份之间呈现出不同情况，且检验之后的结论与上一节中的分析结果也较为相似。即：某些省份两者之间的关系更为密切，并表现为一方给予另一方正向推动的关系，如河南省、北京市——基本公共服务均等化与新型城镇化双高象限代表省份；某些省份两者之间虽存在一定联系，但呈现出的却是相互制约关系，如广西壮族自治区、山西省——基本公共服务均等化与新型城镇化双低象限代表省份，尤其是广西，在对其城镇化和基本公共服务均等化进行脉冲响应验证分析时，出现了两者之间互为产生负向作用的结果；还有些省份城镇化建设与其基本公共服务均等化之间不存在或只存在弱相关关系，如山东省、新疆维吾尔自治区——基本公共服务均等化与新型城镇化一高一低和一低一高象限代表省份。这一结果反映出，城镇化建设和基本公共服务均等化只有在各自达到一定满意度时，两者之间才更能体现出相互促进的关系。因此，要继续走新型城镇化道路，尤其对于那些长期在传统城镇化道路中质量较低的省份，要避免传统城镇化中的一些弊端，提高城镇化质量，并在此过程中不断完善基本公共服务均等化水平，以使得双方都能在达到一定程度时对对方的进一步提高发挥推动作用。

5.3　新型城镇化进程中基本公共服务均等化存在的矛盾与难点

通过第4章对我国基本公共服务差异化状况分析和本章对新型城镇化与基本公共服务均等化互动关系的实证分析，表明我国新型城镇化进程中实现基本公共服务均等化还面临一系列的矛盾和难点。

（1）各地新型城镇化进程与基本公共服务均等化并不完全同步。从对相关研究的梳理中能够发现，多数学者认为，新型城镇化的发展与基本公共服务均等化之间存有互为影响、相互促进的关系，但在实证分析中我们发现两者之间的关系并非传统意义上的那样简单。如上所述，对于城镇化水平与基本公共服务均等化双高的地区，其两者之间相互促进的关系更为明显，但对于其他象限的地区，两者之间互为促进的关系并不显著。

出现这种矛盾的原因可能是：地方政府依靠"土地财政"一面获取财政收入，一面推动本地方城镇化发展，导致城乡间、城市内部不同人群间福利差异的日益扩大。在这一过程中，一方面，政府用该收入推动地方城镇化发展和城镇居民生活水平提高，使得城乡之间差距不断拉大；另一方面，地价的上升导致城市房价不断上涨，造成城市人群之间差距的扩大。这些现象造成一些省份在积极推进城镇化过程中本地方居民之间所享有的基本公共服务差距逐渐加深。因此，必须扭转这一现象，让基本公共服务在新型城镇化的进程下逐步达到均等化的同时推动新型城镇化的步伐和质量的提高。

（2）农村流动人口市民化仍然面临许多障碍。我国各区域、各省份之间的发展不平衡，导致我国某些地区成为主要人口流入地，而某些地区则成为主要人口流出地。其中，在跨省流动人口中，主要流入东部经济发达地区，北京、上海、江苏、福建、广东、浙江六省份一直都是人口主要流入地，2016年跨省流入这六省份的人口占全国跨省流入人口总量的87.6%，但近年来流入幅度有所减少。中、西部地区，尤其是中部各省，则一直是主要人口流出地，安徽、江西、河南、湖北、湖南、四川六省2016年跨省流出人口占全国跨省流出人口总量的58%，且与以往年度相比流出幅度也有所减少。① 通常情况下，流入地区比其他地区具有更高的吸引力，如更多的就业机会、更好的工资待遇等。通过制定更加完善的新型城镇化相关制度，促进迁移人口更好地融入城市，是挖掘农村劳动力资源、促进城市劳动力市场发展和经济增长的重要举措。但由于我国户籍制度的不完善，使得这一想法始终成为在解决基本公共服务均等化时的一项难题。我国的户籍改革开始于20世纪80年代，并逐渐从以解决流动就业为特征的小城镇户籍制度过渡到现如今的以渐进解决社保待遇为特征的统一居民户籍制度改革。在此期间，其改革的主要难点便是确定户籍准入的各种标准以及相应户籍所带来的各种社会保障和福利。户籍制度的改革，将原本保留在效率较低的农业部门中的富有劳动力向效率较高的工业部门释放，从而促进了我国劳动力投入到提高经济增长当中。但目前我国仍未拥有妥善到位的户籍制度，主要表现为由于外来人口进入城市难以解决当地户口问题，以至于在社会福利及待遇方面与本地城市居民差别甚大，极大阻碍了城镇化进程中同一城镇中不同人群之间基本公共服务均等化的实现。

除了户籍制度上的缺陷导致城镇流入人口无法很好地融入当地生活外，观念上的固化也是一大难题。经济发达城市同时有着更为成熟的劳动力市场，就业延展性也更好，故而会吸引更多低技能劳动者进入，而这些人口往往自身素质偏低，且缺乏相关就业技能的培训，同时，在社会管理中的意愿表达渠道不畅等，导致了这些人群的基本公共服务保障难以落实，也难以融入当地生活。由此可见，只是简单提高当地各类人群收入是无法解决这一问题的，必须改善

---

① 国家卫生和计划生育委员会流动人口司. 中国流动人口发展报告2017年［M］. 北京：中国人口出版社，2017.

本地居民对外来人口，以及外来人口对其自身的观念，提高他们各方面的素质和能力，才能更好地让他们融入当地城镇。

（3）城乡间基本公共服务差距始终存在。我国早期在"先城市，后农村"的发展格局下，大量的人力、物力和财力都集中于城市发展，使得城市的各项基础设施建设水平都远远高于农村，对于基本公共服务而言也不例外，这就造成了我国城乡间基本公共服务差距的不断拉大。虽然党的十六大就提出了要统筹城乡协调发展，但"城乡有别"短期内难以消除，城市现在已然成为各地方政治、经济和生活的中心。如今，城市的各项基础设施、各种公共服务项目基本上能够满足城市居民的基本生活需要，各地城市居民几乎都享有就业、养老、入学、就医等方面的社会福利，但是在广大农村地区，特别是西部偏远山区，仍然有相当一部分农民存在各种公共服务缺失的状态。如：在基本医疗卫生方面，2020年城市每万人拥有卫生技术人员为115人，每万人拥有医疗机构床位数有88.1张，相比而言，同年农村每万人拥有卫生技术人员仅52人，每万人拥有医疗机构床位数只有49.5张。[①] 就文化教育而言，2020年我国城镇居民人均教育文化娱乐支出达到2592元，农村居民人均教育文化娱乐支出则为1309元 。[②]

当前，我国各项城乡基本公共服务都存有较大差距，如在基本医疗卫生方面，2017年每万人拥有城市卫生技术人员为109人，城市每万人医疗机构床位数有87.54张，相比而言，同年每万人拥有农村卫生技术人员只有43人，农村每万人医疗机构床位数只有41.87张。就基础设施建设而言，2018年全社会固定资产投资达到645675亿元，其中，城镇固定资产投资达到635636亿元，农村固定资产投资额只有10039亿元。[③] 而城乡居民都较为看重的社会保障服务，农村居民近年来的社会保障水平虽不断得到提高，但与城市居民相比依然存在较大差距。以居民转移性净收入为例，2016年城镇居民人均可支配收入中的转移性净收入为5909.82元，而农村居民人均可支配收入中的转移性净收入只有2328.23元[④]。除此之外，在其他基本公共服务方面城乡居民之间

---

①　数据来源于《中国统计年鉴》。

②　数据来源于中国经济网。

③　数据来源于《中国统计年鉴》。

④　李丹，裴育．城乡公共服务差异对城乡收入差距的影响［J］．财经研究，2019（4）：48－50.

也都存有或大或小的差距，这种情况的出现会成为我国建设和谐社会，促进国家经济可持续发展的极大阻碍。

为了确保我国城乡协调发展，必须推进城乡均等化的基本公共服务。不少学者认为，我国当代城乡之间发展的不平衡，已不仅仅局限于经济总量上的不平衡，更在于农村居民和城市居民相比所享有的基本公共服务上的重大缺失。因此，缩小城乡间基本公共服务差距不仅体现出实现我国整体基本公共服务均等化的一个重要方面，还是保障农村居民基本权益、促进我国社会更加公平和谐发展的基本途径。

（4）全国和各省份基本公共服务标准化的建设有待加强。随着我国基本公共服务均等化工作的推进，不少学者越来越重视基本公共服务标准化的制定。张启春、范晓琳认为，在推进我国基本公共服务均等化的实现过程中的一项重要手段就是标准化的制定，其在实现我国基本公共服务均等化中发挥着十分重要的作用。[1] 田晓平提出，为基本公共服务确立规范、提供方法是标准化产生发展的本源；标准化是基本公共服务均衡化、促进社会公平正义的技术基础；提高基本公共服务效能、建设服务型政府亟待标准化引领支撑。[2] 与此同时，党和国家也深刻意识到标准的制定与实施是加强市场监督和公共服务、建设服务型政府的重要责任和实现路径。党的十八届三中全会中在将基本公共服务均等化的实现作为我国向服务型政府转变的根本任务的同时，也强调了在此过程中对相关政策、标准、部署等的制定和实行。党的十八届五中全会上更是对一些具体基本公共服务项目的标准化建设制定了具体的工作目标。党的十九大报告中再次把以标准化推进基本公共服务均等化作为该目标实现中的关键，并提出要以国际标准提高现有水平的战略任务。由此可见，党的近期各项会议和报告中已然将标准化作为提升我国基本公共服务均等化水平，以及将政府的公共服务职能从粗放型转向精细型的关键手段。将标准化运用到基本公共服务中也就是结合我国当前经济社会发展阶段水平和百姓的现实需求，并考虑到政府当前财政能力，对所提供基本公共服务的数量和质量目标化、指标化和规范化的过程。

---

① 张启春，范晓琳. 以标准化示范促进基本公共服务均等化——基于 H 省 G 县基本公共文化服务标准化示范实践的分析 [J]. 湖北行政学院学报，2017（6）：77－82.

② 田晓平. 以标准化促进基本公共服务均等化 [J]. 中国质量与标准导报，2019（4）：23－25.

自从中央对于基本公共服务标准化发布了各项文件和指导意见后，各地方政府也纷纷投入到本地区基本公共服务标准化的制定工作当中。但是，我国东、中、西部各省份因为经济发展水平的差异、文化思想的差异以及所拥有的资源条件的差异等，使得各地推行的标准呈现"百花齐放"的格局。如广东省所制定的《基本公共文化服务实施标准（2015—2020 年）》中提到对于场馆建设，到 2020 年每万人室内公共文化设施面积不少于 1200 平方米，服务半径不低于城市"十分钟文化圈"、农村"十里文化圈"。对于图书报刊，人均公共藏书不少于 1.2 册；每个村（社区）综合文化服务中心（含农家书屋）藏书量不少于 1200 种、1500 册。对于文艺演出，每年为农村乡镇居民提供不少于 5 场文艺演出，其中地方戏曲不少于 1 场。对于广播电视，通过直播卫星提供 25 套电视节目，通过地面数字电视提供不少于 17 套电视节目，未完成无线数字化转换地区，提供不少于 5 套电视节目。对于人员配置，要求乡镇（街道）综合文化站每站配备有编制人员 1 ~ 2 人，规模较大的乡镇（街道）适当增加。河北省所制定的《基本公共文化服务实施标准（2016—2020 年)》对于场馆建设，则分别按市级、县级、乡镇和村进行了不同的规划标准。对于图书报刊，公共图书馆人均藏书量不少于 0.6 册，人均年新增公共图书馆藏书不少于 0.03 册；农家书屋基本配备图书不少于 1200 种、1500 册，报纸期刊不少于 5 ~ 10 种，音像制品和电子出版物不少于 100 种（张）。对于文艺演出，每个乡镇（街道）每年有 5 场以上戏剧戏曲等文艺演出。对于广播电视，通过直播卫星提供 25 套电视节目，通过地面数字电视提供不少于 15 套电视节目，未完成无线数字化转换地区，提供不少于 5 套电视节目。对于人员配置，乡镇综合文化站每站配备有编制人员 1 ~ 2 人，规模较大的乡镇（街道）适当增加。由此可以看出，我国各省份在制定本地基本公共服务标准化中既有相同之处，也存有一定的差别。

为了更好地促进我国基本公共服务均等化这一目标的实现，标准化已成为重要的手段之一，考虑到我国各地域间风俗文化、自然条件、经济水平差异过大等现实国情，在贯彻国家基本标准的前提下，制定符合当地现实情况的标准应该是一个可取的途径，但全国和各地方在制定标准时如何保障标准体系的可操作性、合理性，以及在实施过程中的程序化和规范化等，无疑是一个大的难点。

第 6 章

我国新型城镇化进程中
基本公共服务均等化影响因素分析

通过第 5 章对新型城镇化与基本公共服务均等化的互动性关系的实证检验可以看出：城镇化建设与基本公共服务均等化之间的关系在不同区域及省份之间呈现出不同的表现。有相互促进的，如以河南省、北京市为代表的基本公共服务均等化与新型城镇化双高象限区域；有相互制约的，如以广西壮族自治区、山西省为代表的基本公共服务均等化与新型城镇化双低象限区域；也有两者并无联系或联系较弱的，如以山东省、新疆维吾尔自治区为代表省区高低组合的象限区域。这样的检验结果也基本证实了第 4 章的初步结论。现在的问题是，为什么城镇化和均等化会呈现出不同的相互关系？除了城镇化，还有哪些因素会对基本公共服务均等化产生影响？所有这些影响因素对不同区域和省份的基本公共服务均等化所产生的作用又有什么差异？这也就构成了本章需要研究和解答的问题所在。

6.1 影响因素与分析方法的选择

6.1.1 影响因素的学理分析

在对基本公共服务均等化影响因素进行分析时，从不同的角度就有不同的变量。结合现有的研究成果和对相关地区均等化问题的实地调研分析，本书将对影响我国新型城镇化进程中基本公共服务均等化的因素归纳为以下几类。

（1）财政体制。政府间财政体制是处理国家各级政权之间财政分配关系与事权关系划分的管理制度。财政体制是否完善，会直接影响到基本公共服务的均等化水平。健全的财政体制会在各级政府事权与财力的合理划分、优化的政府间财政转移支付制度以及财政资金有效配置等基础上协调好中央与地方及地方间的财政关系，从而促使欠发达地区和落后地区财政实力的提高，由此鼓励这些地方政府动用财政资金提供更多更优质的基本公共产品和服务，进而改善我国各地区间、城乡之间的基本公共服务非均等化现象。

（2）管理制度。管理制度在影响我国基本公共服务均等化上的集中体现为户籍制度、土地制度和法律制度等方面。其中，城乡二元化的户籍管理体制长期以来由于导致乡村居民和进城农民工无法享受城市居民同等水平的社会待遇，故而对我国城镇化进程中基本公共服务均等化水平产生抑制作用。对于土地制度，由于我国土地流转过程中农民缺失主体地位、流转体制不健全、流转市场不完善等原因，致使农民无法获取足够的进城资本。而这一切的不合理和不完善，都源自法律体制上的缺陷，即我国目前的法律法规在这些保障基本公共服务均等化制度方面或缺少明文规定，或规定不清晰。

（3）经济水平。地区的经济发展状况直接决定了该地区政府财政收入的高低，也就直接影响了地区政府能在基本公共服务上投入财政资金的高低。由此可见，经济发展水平为提高全国基本公共服务水平提供了物质基础。而不同地区间、城乡间的经济发展状况对我国基本公共服务均等化也产生了重要影响。一方面，地区间的经济水平差异造成了不同省份或地区每年新增的基本公共产品和服务投入量不同；另一方面，导致了各地方所拥有的基本公共服务总量上的不一致。

（4）个人因素。如果上述三个方面是从供给的角度来影响基本公共服务均等化，那么个人因素就是从需求的角度来影响基本公共服务均等化的，其中包括不同地区和城乡间居民的收入水平、文化技能素养和思想观念等方面。首先，随着居民收入水平的增长和分化，各地区和城乡间居民对基本公共服务的需求也会随之增加和差异化，最终表现为我国基本公共服务非均等化的现象。其次，由于不同层次人群所掌握的知识技能不同，例如城市居民文化层次高于乡村居民，致使文化知识层次较低的乡村居民难以融入城市。最后，个人的思想观念会影响其对基本公共服务需求的表达，从而影响不同种群所获取基本公共服务的差异。

（5）城镇化水平。在本书第一章对城镇化与基本公共服务均等化之间的相关关系进行文献梳理中就发现：许多学者认为，新型城镇化建设对我国基本公共服务均等化水平具有推动作用，并从各种理论的角度对这一推动作用的机理加以阐述。本书通过第五章新型城镇化与基本公共服务均等化之间的互动分析，也从实证的角度体现出两者之间存有一定的联系，尤其是当城镇化建设和基本公共服务均等化在各自达到一定满意度时，两者之间更能体现出相互促进的关系。因此在研究均等化发展状况时，城镇化水平是不可或缺的重要考量因素。

6.1.2　分析方法及变量的选择

定量分析方法中最常见的是多元回归分析法，其通过数据间的客观数量规律，把需研究的对象用数学方程表现并建立计量模型。本章采用多元回归模型分别对全国 30 个省份整体均等化影响因素、四个区间各自均等化影响因素、各典型省份均等化影响因素以及各因素对我国基本公共服务均等化的影响效应展开分析。

为了通过多元回归模型更好地说明上述几项因素是否确实对我国基本公共服务均等化水平产生影响，需进一步选取具体指标作为研究变量。根据相关数据的可获得性、可操作性、模型体系的合理性，本章以上述各省份基本公共服务均等化得分水平作为被解释变量（equ2），并假设我国财政体制、相关管理制度、经济水平、个人因素、城镇化水平均会对各地区基本公共服务均等化产生影响。与此同时，确定选择农村人口占比（ruralpop）、人均GDP（avegdp）、人均税收收入（avetax）、人口净流入（popinflow）、乡城收入比（ruurincomeratio）、中央补助收入（subincome）作为影响均等化的解释变量。

其中，人均税收收入（avetax）和中央补助收入（subincome）表示各地区获取财政资金以建设本地区基本公共服务的能力，即代表财政体制这一影响因素；农村人口占比（ruralpop）代表我国不同地区下城镇化发展水平；各地区经济发展水平由人均 GDP（avegdp）表示；乡城收入比（ruurincomeratio）代表个人因素；人口净流入（popinflow）则表示相关管理制度这一影响因素。

最终将多元回归模型设定为：

$$equ2 = \beta_0 + \beta_1 ruralpop + \beta_3 avegdp + \beta_4 avetax + \beta_5 popflow$$
$$+ \beta_6 ruurincomeratio + \beta_7 subincome \qquad (6-1)$$

接下来，采用上面多元回归模型从不同的视角对我国基本公共服务均等化影响因素进行实证分析。

6.2　全国整体基本公共服务均等化影响因素分析

6.2.1　影响因素的回归分析结果

通过回归模型运行得出结果见表 6-1。从中可以看出，各项解释变量对基本公共均等化的影响效应如下。

（1）人均税收收入回归系数为正，其值为 3.90×10^{-6}，P 值为 0.011，通过了 5% 的显著性水平，表明人均税收对均等化具有显著正向影响，当人均税收每增加 1 元，均等化水平将提升 3.90×10^{-6} 个单位。

（2）人口流动回归系数为正，但 P 值为 0.239，影响不显著。

（3）乡城收入比回归系数为负，但 P 值为 0.822，影响不显著。

（4）人均 GDP 回归系数为正，但 P 值为 0.833，影响不显著。

（5）农村人口占比回归系数为负，P 值为 0.000，通过了 1% 的显著性水平，表明农村人口比重对均等化具有显著负向影响，当农村人口比重每增加 1%，均等化水平降低 0.0029106 个单位，即城镇化水平对均等化具有显著的正向促进作用。

（6）中央补助收入回归系数为正，P 值为 0.000，在 1% 水平下显著，表明中央补助收入的增加对均等化水平具有显著的正向促进作用。当中央补助收入每增加 1 元，均等化水平提高 8.43×10^{-6} 个单位。

表6-1 全国整体回归结果

被解释变量	解释变量	回归系数 β	T 值	P 值
equ2	avetax	$3.90e^{-6}$ **	2.55	0.011
	popinflow	0.0000709	1.18	0.239
	ruurincomeratio	-0.0001536	-0.23	0.822
	avegdp	$5.4e^{-8}$	0.21	0.833
	ruralpop	-0.0029106 ***	-4.50	0.000
	subincome	$8.43e^{-6}$ ***	9.17	0.000

注：**、*** 分别表示回归系数在5%、1%的水平上显著。

由此可见，当以全国30个省份为研究对象时，人均税收收入、中央补助收入和农村人口占比这几项都对基本公共服务均等化的提升有显著影响。其中，人均税收收入和中央补助收入有显著正向影响，符合一般经济检验，说明当提高地方获取财政收入的能力以及具有更加完善的财政转移支付时，会有效提高我国整体基本公共服务均等化水平。而农村人口占比有显著负向影响，也符合一般经济检验，占比越高，说明该地区城镇化水平越低，越制约了当地基本公共服务均等化程度。

6.2.2 相关变量因素影响作用的实践检验

通过对全国整体基本公共服务均等化影响因素的回归分析可以得知，相比于其他各项指标，人均税收、农村人口占比及中央补助支出对基本公共服务均等化的影响更为显著。要验证这一结果的准确性，还需要结合各地实际情况进行检验。

表6-2、表6-3和表6-4分别反映了这几项指标与所对应省份的基本公共服务得分情况。其中，为了更好地反映出两者之间的对比情况，各个表格的省份都是分别以各影响因素具体指标的升序或降序加以排列的，且考虑到篇幅问题，本节依然只选取2006年、2011年和2017年的相关数据。下面各部分中的类似表格也采取相同方法处理和展示。从以上相关影响因素与基本公共服务均等化得分的对比表格（表6-2、表6-3和表6-4）可以得出以下结论。

首先，人均税收收入和农村人口占比在分别单独与基本公共服务得分对比中更能体现出与基本公共服务水平之间的对应关系。即人均税收收入较高的上海、北京、浙江、江苏、广东等发达省份，其基本公共服务水平得分也普遍保持领先水平。而人均税收收入较低的广西、安徽、云南、甘肃等中西部欠发达省份，其基本公共服务水平得分也基本保持在落后水平。同样地，上述中基本公共服务水平得分较高的上海、北京、浙江等地，其农村人口占比也较低，即城镇化水平较高。而基本公共服务水平得分较低的云南、甘肃等地，其农村人口占比普遍较高于其他省份。

其次，中央补助收入虽然总体上对基本公共服务均等化影响显著，但具体到某一个省份，其对应程度并不完全符合。如这三年中获得中央补助收入较少的北京、上海、宁夏、青海等地，其基本公共服务水平得分却在全国位于领先地位，但某些省份，如内蒙古、云南、河北等地在同一时期获取了较多中央补助的情况下，其基本公共服务水平反而未达到应有的水平。这其中的原因可能是：（1）各地均等化水平是各种影响因素共同作用的结果，而且不同的影响因素产生的作用也有所不同。各地在进行回归检验时，本章采用的是多元回归法，即同时考察各个解释变量对被解释变量的影响结果，因此，在对表中数据进行观察时也无法只从单张表格角度便可看出各指标与基本公共服务水平之间的关系。如以河南、四川两省为例，两省在此期间不论是人均税收收入还是农村人口占比，都明显在全国处于劣势地位，但其基本公共服务得分排名却未处于同样的劣势水平，这便是中央补助在其中发挥了作用，从表中明显反映出在此期间两省获得了大量的中央补助，从而提高了基本公共服务供给能力。（2）现行的转移支付制度在设计上和实际运用中仍然存在完善的空间。例如，当前的转移支付制度中一般性转移支付的比重和均等化效果不理想，专项转移支付项目过多、分配方式不够科学，且往往要求资金配套，所以也会形成总的中央补助支出没有能够真正体现向老少边穷地区倾斜的政策意图。

表6-2　　　　　30个省份人均税收收入与基本公共服务得分对比情况

2006 年			2011 年			2017 年		
省份	人均税收收入（元/人）	基本公共服务得分	省份	人均税收收入（元/人）	基本公共服务得分	省份	人均税收收入（元/人）	基本公共服务得分
上海	7098	0.6971	北京	14139	0.5105	上海	24258	0.6514
北京	6726	0.5185	上海	13518	0.5318	北京	21542	0.5137
天津	3187	0.4824	内蒙古	7618	0.3231	天津	10353	0.4012

续表

2006 年			2011 年			2017 年		
省份	人均税收收入 （元/人）	基本公共服务得分	省份	人均税收收入 （元/人）	基本公共服务得分	省份	人均税收收入 （元/人）	基本公共服务得分
浙江	2297	0.4441	天津	7413	0.4018	浙江	8612	0.5120
内蒙古	2120	0.3286	浙江	5390	0.4306	内蒙古	8550	0.3709
广东	1960	0.4030	江苏	5222	0.4604	江苏	8076	0.5007
江苏	1814	0.4161	辽宁	4506	0.3973	广东	7943	0.4999
福建	1568	0.3315	广东	4330	0.4074	海南	5872	0.4001
辽宁	1466	0.4606	福建	3372	0.3650	福建	5248	0.4149
山东	1113	0.3193	海南	3370	0.3311	重庆	4801	0.5134
山西	979	0.3410	重庆	3018	0.5216	山东	4417	0.4114
河北	850	0.2243	宁夏	2770	0.4192	辽宁	4148	0.3567
新疆	846	0.3016	山东	2701	0.3186	宁夏	3965	0.5076
黑龙江	790	0.3971	新疆	2686	0.4361	陕西	3874	0.3961
海南	789	0.3430	陕西	2495	0.4134	新疆	3862	0.4443
重庆	767	0.2937	山西	2429	0.3713	湖北	3809	0.4001
宁夏	756	0.3895	吉林	2271	0.3626	山西	3775	0.3111
陕西	738	0.3458	青海	2110	0.4582	贵州	3295	0.5647
云南	668	0.2183	黑龙江	1935	0.3493	江西	3278	0.4010
吉林	657	0.3441	四川	1910	0.3645	安徽	3151	0.3616
湖北	612	0.3259	云南	1904	0.2912	吉林	3143	0.3595
四川	568	0.3114	河北	1862	0.3068	青海	3076	0.4895
青海	539	0.4280	安徽	1857	0.3787	四川	2927	0.4329
安徽	511	0.2678	湖北	1853	0.3892	河北	2925	0.3603
湖南	509	0.2763	江西	1731	0.3627	云南	2570	0.3512
河南	501	0.3399	贵州	1494	0.2688	湖南	2564	0.4393
江西	481	0.2685	广西	1388	0.3215	河南	2437	0.4716
广西	477	0.2548	湖南	1388	0.3840	黑龙江	2380	0.3592
贵州	454	0.2634	河南	1345	0.4336	广西	2165	0.3147
甘肃	435	0.3163	甘肃	1108	0.3349	甘肃	2084	0.3696

注：因表格排列篇幅所限，表中所有自治区名称均采用简称。下同。

表 6-3　　　　　　　30 个省份中央补助收入与基本公共服务得分对比情况

| | 2006 年 | | | 2011 年 | | | 2017 年 | |
省份	中央补助收入（亿元）	基本公共服务得分	省份	中央补助收入（亿元）	基本公共服务得分	省份	中央补助收入（亿元）	基本公共服务得分
河南	791.50	0.3399	四川	2664.51	0.3645	四川	4343.81	0.4329
四川	769.92	0.3114	河南	2509.00	0.4336	河南	4008.75	0.4716
湖南	653.05	0.2763	湖南	2068.44	0.3840	湖南	3290.57	0.439
湖北	637.85	0.3259	湖北	1924.20	0.3892	云南	3012.93	0.3512
辽宁	619.10	0.4606	黑龙江	1864.07	0.3493	黑龙江	3006.98	0.3592
河北	614.08	0.2243	河北	1833.48	0.3068	湖北	2974.73	0.4001
黑龙江	612.37	0.3971	安徽	1814.62	0.3787	安徽	2910.98	0.3616
山东	577.58	0.3193	云南	1733.20	0.2912	河北	2893.92	0.3603
广东	531.34	0.4030	山东	1717.91	0.3186	贵州	2748.80	0.5647
安徽	530.45	0.2678	陕西	1594.89	0.4134	广西	2640.42	0.3147
云南	513.16	0.2183	广西	1594.89	0.3215	山东	2632.55	0.4114
内蒙古	489.45	0.3286	内蒙古	1569.26	0.3231	新疆	2612.94	0.4443
江苏	474.40	0.4161	贵州	1528.99	0.2688	内蒙古	2523.15	0.3709
新疆	470.14	0.3016	辽宁	1505.77	0.3973	江西	2328.29	0.4010
陕西	466.70	0.3458	新疆	1502.13	0.4361	辽宁	2319.79	0.3567
吉林	464.33	0.3441	江西	1486.52	0.3627	陕西	2256.96	0.3961
广西	445.56	0.2548	广东	1315.23	0.4074	甘肃	2178.93	0.3696
江西	425.14	0.2685	吉林	1309.54	0.3626	吉林	2065.43	0.3595
山西	404.20	0.3410	甘肃	1300.68	0.3349	江苏	1753.47	0.5007
贵州	391.37	0.2634	江苏	1220.69	0.4604	广东	1730.99	0.4999
甘肃	385.84	0.3163	山西	1144.02	0.3713	重庆	1720.20	0.5134
上海	371.63	0.6971	重庆	1138.07	0.5216	山西	1682.19	0.3111
浙江	337.21	0.4441	浙江	905.68	0.4306	福建	1283.59	0.4149
重庆	336.05	0.2937	福建	818.16	0.3650	浙江	1127.75	0.5123
福建	233.09	0.3315	青海	812.57	0.4582	青海	1117.21	0.4895
北京	229.37	0.5185	上海	614.36	0.5318	北京	920.28	0.5137
天津	181.22	0.4824	北京	505.99	0.5105	宁夏	817.99	0.5076

续表

2006 年			2011 年			2017 年		
省份	中央补助收入（亿元）	基本公共服务得分	省份	中央补助收入（亿元）	基本公共服务得分	省份	中央补助收入（亿元）	基本公共服务得分
青海	180.26	0.4280	宁夏	472.99	0.4192	上海	781.62	0.6514
宁夏	142.84	0.3895	天津	423.22	0.4018	海南	701.59	0.4001
海南	104.52	0.3430	海南	415.48	0.3311	天津	592.48	0.4012

表 6-4　　30 个省份农村人口占比与基本公共服务得分对比情况

2006 年			2011 年			2017 年		
省份	农村人口占比（%）	基本公共服务得分	省份	农村人口占比（%）	基本公共服务得分	省份	农村人口占比（%）	基本公共服务得分
上海	11.30	0.6971	上海	10.70	0.5318	上海	12.30	0.6514
北京	15.68	0.5185	北京	13.82	0.5105	北京	13.50	0.5137
天津	24.27	0.4824	天津	19.50	0.4018	天津	17.07	0.4012
广东	37.00	0.4030	广东	33.50	0.4074	广东	30.15	0.4999
辽宁	41.02	0.4606	辽宁	35.96	0.3973	江苏	31.24	0.5007
浙江	43.50	0.4441	浙江	37.70	0.4306	浙江	32.00	0.512
黑龙江	46.50	0.3971	江苏	38.10	0.4604	辽宁	32.50	0.3567
吉林	47.03	0.3441	福建	41.90	0.3650	福建	35.20	0.4149
福建	49.60	0.3315	内蒙古	43.38	0.3231	重庆	35.92	0.5134
江苏	50.90	0.4161	黑龙江	43.50	0.3493	内蒙古	37.98	0.3709
内蒙古	51.36	0.3286	重庆	44.98	0.5216	山东	39.42	0.4114
重庆	53.30	0.2937	吉林	46.60	0.3626	黑龙江	40.60	0.3592
山东	53.90	0.3193	湖北	48.17	0.3892	湖北	40.70	0.4001
海南	53.90	0.3430	山东	49.05	0.3186	海南	41.96	0.4001
湖北	56.20	0.3259	海南	49.50	0.3311	宁夏	42.02	0.5076
山西	56.99	0.3410	宁夏	50.18	0.4192	山西	42.66	0.3111
宁夏	57.04	0.3895	山西	50.32	0.3713	陕西	43.21	0.3961
青海	60.74	0.4280	陕西	52.70	0.4134	吉林	43.35	0.3595
陕西	60.88	0.3458	青海	53.78	0.4582	河北	44.99	0.3603
河北	61.23	0.2243	江西	54.30	0.3627	湖南	45.38	0.4393

续表

2006 年			2011 年			2017 年		
省份	农村人口占比（%）	基本公共服务得分	省份	农村人口占比（%）	基本公共服务得分	省份	农村人口占比（%）	基本公共服务得分
湖南	61.29	0.2763	河北	54.40	0.3068	江西	45.40	0.4010
江西	61.32	0.2685	湖南	54.90	0.3840	安徽	46.51	0.3616
新疆	62.06	0.3016	安徽	55.19	0.3787	青海	46.93	0.4895
安徽	62.90	0.2678	新疆	56.46	0.4361	四川	49.21	0.4329
广西	63.36	0.2548	四川	58.17	0.3645	河南	49.84	0.4716
四川	65.70	0.3114	广西	58.20	0.3215	新疆	50.62	0.4443
河南	67.53	0.3399	河南	59.43	0.4336	广西	50.79	0.3147
甘肃	68.91	0.3163	甘肃	62.85	0.3349	云南	53.31	0.3512
云南	69.50	0.2183	云南	63.20	0.2912	甘肃	53.61	0.3696
贵州	72.54	0.2634	贵州	65.04	0.2688	贵州	53.98	0.5647

因此，在考虑促进我国整体基本公共服务均等化水平时，绝不能只单方面考虑一种实施政策。虽然，根据回归结果，今后的相关工作重点应放在完善我国财政体制和政策，以及加快各地新型城镇化道路的步伐上，但在此过程中更需加强政策之间的相互配合。

一方面，要发挥城镇化与均等化重点工作之间的互动作用，通过改善我国财政转移支付手段、完善我国地方税体系、合理划分中央地方财权与事权责任等财政措施，保障各地方政府拥有充足且均衡的财力水平，以进一步推动各地新型城镇化发展，同时提高各地间的基本公共服务均等化水平。而新型城镇化的建设，尤其对于落后地区的城市改造、产业调整、资源优化也会促进其经济水平的发展，从而使该地方政府获得更多税收及其他资金以改善当地基本公共服务水平。

另一方面，全面关注各项影响因素的现实作用。尽管在回归检验中，一些其他指标如人口流动、乡城收入比和人均 GDP 未通过显著性检验，但并不表明其没有影响，它只是反映与其他指标比较而言其影响力相对有限。因此，在实际工作当中，这些因素的影响作用仍不可完全忽略。其中，人口流动，特别是对于人口稀少的西部偏远地区，如新疆、青海等地，这几年在中央政府财政资金的大力支持下，其基本公共服务水平虽已不断提升，并已赶超了很多其他地区省市，但"授人以鱼不如授人以渔"，这些落后地区若要真正摆脱长期以来财政资金缺乏，以至于无法向居民提供应有的基本公共服务的局面，就必须在提供各种税收优惠等类似财政政策的同时，还需优化各种管理制度，如落户政策的改进、人才引进计划的实施等，从而加快本地经济发展，提高人均GDP，从根本上改变落后面貌。而从乡城收入比中能很好地反映出城乡居民统筹发展情况，基本公共服务均等化就是要保障各地区、各人群以及城乡间的基本公共服务达到均等化水平，而鉴于我国当前不论是发达地区还是落后省份，其城乡间基本公共服务显然存有较大的差异化，故而，各地区的城乡统筹发展必然是其中非常重要的一环。

6.3 不同象限下基本公共服务均等化影响因素分析

在第 5 章对新型城镇化和基本公共服务均等化之间的协调状况进行一般分析时，根据我国 30 个省份城镇化质量得分和基本公共服务均等化得分分别作为维度建立了评价两者关系的平面图，该平面图又分别被城镇化均值和我国基本公共服务均等化均值划分了四大象限，分别为城镇化和基本公共服务均等化双高、双低象限，城镇化质量和基本公共服务均等化一高一低及一低一高象限。本节将在全国总体分析的基础上，进一步就这四类不同象限下的地区基本公共服务均等化的影响因素展开探讨，揭示不同影响因素在其中发挥的作用。

6.3.1 双高象限区域影响因素的回归分析结果及其现实检验

（1）双高象限下的地区回归结果：城镇化水平具有积极的影响作用。通过回归结果得出表 6-5 结果，由此可以看出，对于城镇化和基本公共服务均等化双高省份，各项解释变量对基本公共均等化的影响效应如下。

①人均 GDP 对基本公共服务均等化影响系数为负，回归结果 P 值为0.314，因此影响不显著。

②人均税收对基本公共服务均等化影响系数为正，P 值为 0.120，其影响不显著。

③人口净流入的回归系数为负，P 值为 0.125，其影响不显著。

④乡城收入比的回归系数为正，P 值为 0.548，其影响不显著。

⑤农村人口占比的回归系数为负，P 值为 0.043，在 5% 的显著性水平下对均等化具有显著负向影响，且当农村人口比重每增加 1%，均等化水平降低 0.0023443 个单位，所以城镇化水平对均等化具有正向推动作用。

⑥中央补助收入的回归系数为正，P 值为 0.873，影响不显著。

表 6 - 5　　　　　　　　　　双高地区回归结果

被解释变量	解释变量	回归系数 β	T 值	P 值
equ2	avegdp	$-3.97e^{-7}$	-1.01	0.314
	avetax	$4.01e^{-6}$	1.57	0.120
	popinflow	-0.0001754	-1.55	0.125
	ruurincomeratio	0.0012756	0.60	0.548
	ruralpop	-0.0023443 **	-2.05	0.043
	subincome	$1.48e^{-6}$	0.16	0.873

注：** 表示回归系数在 5% 的水平上显著。

从上述结果中可以看出：当以双高象限中的省份上海、北京、浙江、江苏、广东、天津、福建、河南为研究对象时，只有城镇化水平对该地区基本公共服务均等化的提升有显著影响，且符合一般经济检验。说明对城镇化质量和基本公共服务均等化水平双高地区而言，影响其基本公共服务均等化最重要的一大因素就是城镇化水平，且继续推动该地区新型城镇化进程有助于本地区基本公共服务均等化程度的提高。这与第五章的相关结论一致，即双高象限中城镇化质量与基本公共服务均等化相互促进。

相比而言，其他因素如财政体制、制度等对于该象限地区基本公共服务均等化水平的影响并不明显。这可能是由于该象限中的省份基本属于东部发达地区，这些省份的经济发展在我国始终保持领先地位，其地方政府获取收入改善当地基本公共服务水平的能力强于其他省份地方政府，当地居民的思想意识水平也高于其他地区居民，因此，继续加强这些方面的改善已无法更进一步推动本地方基本公共服务均等化水平，而需要通过继续改善城市设施建设、提高当地居民生活质量、加强城乡统筹发展等方式加快新型城镇化的发展脚步，以实现本地区早日实现基本公共服务均等化这一目标。

（2）双高象限下的地区影响因素的现实检验。以上回归结果与该象限所属省份的均等化现实影响结果是否完全符合？本节就此作了进一步的分析。表6-6反映了这些省份2006年、2011年和2017年的农村人口占比情况。从中可得出以下结论。

一是双高象限中的省份这几年不论是人口城镇化情况还是基本公共服务水平得分情况，都普遍优于全国平均水平。由此更加证明了农村人口占比这一解释变量对基本公共服务均等化这一被解释变量的影响效应。

二是存在例外情况。这里也出现了一个特殊省份——河南省。从表6-6中数据可发现，河南省在此期间的基本公共服务得分水平虽基本上都超过了全国平均水平，但其农村人口占比也始终高于全国平均水平。这一特殊现象在对我国整体基本公共服务均等化影响因素的分析中已作出了说明，即河南省近年来得到了中央政府大量的财政补助资金，从而使其地方政府拥有了更多的财政收入为当地提供基本公共服务。这也同时验证了上述分析中的一项观点：某些解释变量虽然在此回归检验中未通过显著性检验，但在实践中对于基本公共服务均等化的实现依然发挥着作用。如财政政策的实施，对于双高象限中地区的基本公共服务均等化的影响效应虽不显著，但对于一些特殊省份在完善其基本公共服务均等化的过程中仍然存有推行的必要性。

表6-6　　　　　双高象限省份农村人口占比情况

2006 年			2011 年			2017 年		
省份	农村人口占比（%）	基本公共服务得分	省份	农村人口占比（%）	基本公共服务得分	省份	农村人口占比（%）	基本公共服务得分
上海	11.30	0.6971	上海	10.70	0.5318	上海	12.30	0.6514
北京	15.68	0.5185	北京	13.82	0.5105	北京	13.50	0.5137
天津	24.27	0.4824	天津	19.50	0.4018	天津	17.07	0.4012
广东	37.00	0.4030	广东	33.50	0.4074	广东	30.15	0.4999
浙江	43.50	0.4441	浙江	37.70	0.4306	江苏	31.24	0.5007
福建	49.60	0.3315	江苏	38.10	0.4604	浙江	32.00	0.5123
江苏	50.90	0.4161	福建	41.90	0.3650	福建	32.50	0.4149
河南	67.53	0.3399	河南	59.43	0.4336	河南	49.84	0.4716
全国平均水平	52.92	0.3551	全国平均水平	46.85	0.3882	全国平均水平	40.08	0.4294

6.3.2　双低象限区域影响因素的回归分析结果及其现实检验

（1）双低象限下的地区回归结果：财政体制和制度因素具有积极影响作用。通过回归结果得出表 6-7。从中可以看出，在城镇化和均等化同属双低省份中，各项解释变量对基本公共均等化的影响效应如下。

①人均 GDP 回归系数为负，P 值为 0.653，影响不显著。

②人均税收回归系数为正，P 值为 0.816，影响不显著。

③人口净流入回归系数为正，其值为 0.000162，P 值为 0.026，影响显著，说明人口净流入每提高 1%，均等化水平将提高 0.000162 个单位。

④乡城收入比回归为正，P 值为 0.447，影响不显著。

⑤农村人口占比系数为负，P 值为 0.151，影响不显著。

⑥中央补助收入回归系数为正，且其值为 0.0000117，P 值为 0.000，影响显著。说明在双低区域，中央补助收入每提高 1 元，均等化水平将提高 0.0000117 个单位。

表 6-7　　　　　　　　　　　　　双低地区回归结果

被解释变量	解释变量	回归系数 β	T 值	P 值
equ2	avegdp	$-3.82e^{-6}$	-0.45	0.653
	avetax	$1.48e^{-6}$	0.23	0.816
	popinflow	0.000162 **	2.24	0.026
	ruurincomeratio	0.0006431	0.76	0.447
	ruralpop	-0.0014263	-1.44	0.151
	subincome	0.0000117 ***	9.46	0.000

注：** 、*** 分别表示回归系数在 5%、1% 的水平上显著。

以上结果表明：当以双低象限中的省份海南、吉林、贵州、四川、甘肃、云南等为研究对象时，相比于其他因素，我国的财政体制和制度安排对该地区基本公共服务均等化的提升有着更明显的影响效果，且在财政体制中财政转移支付的效果更为显著。

这一回归结果不仅与第五章的相关结论一致，即双低象限中城镇化质量与基本公共服务均等化之间无法发挥出相互推动的积极影响，而且也与本地区实际情况相符合。这一象限中的省份大部分来自我国中西部欠发达地区，经济水平常年落后于其他地区，地方政府无法获取充足的税收去提升本地基本公共服务水平，主要依靠于中央每年大量的补助去维持。同时，这些省份通常流出人口较多，而流入人口较少。故而，为了实现这些地区的基本公共服务均等化程度的提高，更要从完善我国当前财政体制和相关制度安排着手，包括优化财政转移支付制度、合理安排财政支出结构、因地制宜开展落户政策等。

（2）双低象限下的地区回归结果的现实检验。为进一步检验以上回归结果，本节通过对表6-8和表6-3对双低象限中的省份2006年、2011年和2017年人口净流入情况和中央补助情况进行了分析。从表中数据观察可以得出以下结论。

在人口净流入方面，一是全国平均人口流动呈逐渐递减的趋势，从2006年的8.49万人减至2017年的0.06万人。二是双低象限中的各省份整体人口净流入有所回升。如贵州省从2006年的人口流出量66.79万人减至2017年的0.42万人；四川省从2006年的人口流出量66.36万人转为2017年的人口流入量4.88万人。且与全国平均水平相比时，2006年只有广西人口净流入超过了全国平均水平，到了2017年，已经有包括安徽、广西、海南等在内的五省份超过了全国平均水平。这两点充分说明了，我国中西部地区通过近年来的发展和基本公共服务水平的提高，减少了这些地区的居民大量迁移至东部发达地区的情况。但依然可以看出，双低象限中省份的人口净流入情况与全国平均水平相比还是处于劣势状态，这也说明了双低象限省份的基本公共服务的较低水平的确与其同样不佳的人口净流入相关。

表6-8　　　　　　　　双低象限省份人口净流入情况

2006 年			2011 年			2017 年		
省份	人口净流入（万人）	基本公共服务得分	省份	人口净流入（万人）	基本公共服务得分	省份	人口净流入（万人）	基本公共服务得分
贵州	-66.79	0.2634	贵州	-32.13	0.2688	吉林	-16.70	0.3595
四川	-66.36	0.3114	安徽	-26.72	0.3787	湖北	-16.00	0.4001
安徽	-48.49	0.2678	四川	-18.99	0.3645	黑龙江	-8.75	0.3592
湖北	-34.82	0.3259	甘肃	-11.51	0.3349	江西	-5.64	0.4010

续表

	2006 年			2011 年			2017 年	
省份	人口净流入（万人）	基本公共服务得分	省份	人口净流入（万人）	基本公共服务得分	省份	人口净流入（万人）	基本公共服务得分
甘肃	− 13.89	0.3163	江西	− 7.66	0.3627	云南	− 2.89	0.3512
黑龙江	− 6.14	0.3971	黑龙江	− 3.10	0.3493	山西	− 0.77	0.3111
江西	− 5.80	0.2685	吉林	− 0.80	0.3625	内蒙古	− 0.43	0.3709
吉林	− 0.27	0.3441	广西	− 0.63	0.3215	贵州	− 0.42	0.5647
海南	0.59	0.3430	云南	− 0.41	0.2912	甘肃	0.19	0.3696
山西	0.59	0.3410	海南	0.13	0.3111	海南	0.93	0.4001
云南	2.07	0.2183	内蒙古	1.29	0.3231	广西	3.43	0.3147
内蒙古	2.44	0.3286	山西	1.54	0.3713	四川	4.88	0.4329
广西	19.64	0.2548	湖北	4.78	0.3892	安徽	7.90	0.3616
全国平均水平	8.49	0.3551	全国平均水平	0.09	0.3882	全国平均水平	0.06	0.4294

在中央补助收入方面，一是该地区 2006 ~ 2017 年获得了中央政府不断增加的财政补助资金。如内蒙古从 2006 年的 489.45 亿元增加至 2017 年的 2523.15 亿元；黑龙江从 2006 年的 612.37 亿元增加至 2017 年的 3006.98 亿元。二是此期间该象限中的省份与其他省份相比时所获取的中央补助收入也明显更多。如 2006 年全国 30 个省份中央补助收入中前 15 位的省份中双低象限中的省份占了六位，到了 2017 年双低象限中的省份已占到了九位，即中央将更多的补助资金投入了这些地区。同时，观察表中这些地区的基本公共服务均等化得分情况时也能发现：这些地区在中央补助的支持下，其基本公共服务水平也有所提高，其中，四川省的基本公共服务排名从 2006 年的第 21 位提升至 2017 年的第 13 位；贵州省随着中央补助的连年增加，其基本公共服务排名也有了显著提高，从 2006 年的第 26 位提升至 2017 年的第 2 位；江西省的基本公共服务水平同样有所提高，从 2006 年的第 25 位提升至 2017 年的 17 位。但也有某些省份的基本公共服务水平并未在获得大量中央补助的情况下有所好转，如黑龙江省、云南省和广西壮族自治区等地。这其中很大的原因可能是来自于这些省份受到了人口流动的制约，从表 6 - 8 中可以清晰发现，这些省份

在此期间人口净流入量都处于下滑的势态,故而未能发挥出中央补助资金对其地区基本公共服务水平的提升效应。由此可见,在进一步改善这些地区基本公共服务均等化程度时,不仅要从财政体制和相关制度安排出发,更要使两者相互配合以发挥出各自更大的作用。

6.3.3 一高一低象限区域影响因素的回归分析结果及其现实检验

(1)城镇化质量高而均等化程度低象限下的地区回归结果:财政体制和个人因素具有一定的影响作用。通过回归模型运行得出结果见表6-9。从中可以看出,在一高一低象限区域的省份中,各项解释变量对基本公共均等化的影响效应如下。

①人均 GDP 回归系数为正,P 值为0.185 影响不显著。

②人均税收回归系数为负,P 值为0.209,影响不显著。

③人口净流入回归系数为负,P 值为0.493,影响不显著。

④乡城收入比回归系数为负,P 值为0.035,影响显著。说明在一高一低地区,乡城收入比每提高1%,均等化将下降0.0031027 个单位。

⑤农村人口占比回归系数为负,P 值为0.598,影响不显著。

⑥中央补助收入回归系数为正,P 值为0.000,中央补助对均等化水平具有显著影响,中央补助每增加1 元,均等化水平将提高0.0000264 个单位。

表6-9　　　　　　　城镇化质量高均等化程度低的地区回归结果

被解释变量	解释变量	回归系数 β	T 值	P 值
equ2	avegdp	$3.27e^{-6}$	1.35	0.185
	avetax	-0.0000275	-1.28	0.209
	popinflow	-0.0001321	-0.69	0.493
	ruurincomeratio	-0.0031027 **	-2.18	0.035
	ruralpop	-0.002583	-0.53	0.598
	subincome	0.0000264 ***	4.38	0.000

注: ** 、*** 分别表示回归系数在5% 、1% 的水平上显著。

上述结果反映出:在以高低象限中的省份陕西、湖南、山东、河北为研究对象时,财政体制和个人因素与其他因素相比而言对该象限各省份的基本公共服务均等化的影响更为显著。其中，中央补助收入具有显著正向影响，说明对这几大省份增加中央财政转移支付力度有助于推动其基本公共服务均等化水平的提升，且符合一般经济检验。

但更引起注意的是，乡城收入比具有显著负向影响。意味着对于这几大省份而言，统筹城乡收入，提高当地乡村居民收入的同时反而对其基本公共服务均等化有着负面作用，这与一般设想存有差异。

（2）一高一低象限下的地区回归结果的现实检验。为了对该区域回归结果进行检验，本节通过表6-10、表6-11和表6-3进行了深入分析。观察该象限中的各省份2006年、2011年和2017年相关显著性指标数据及变化趋势中可以得出以下结论。

在乡城收入比方面，首先，全国总体水平稳步提高。从全国平均水平来看，我国乡城收入比已从2006年的33.66%逐渐提高到2017年的39.97%，说明我国整体上在新型城镇化发展中对于统筹城乡发展的工作取得了一定的成效。其次，该区域省份乡城收入比增长与均等化增长并不完全同步。从该象限中各省份这三年乡城收入比的变化来看（见表6-10），这四个省份在此期间这一比例也在不断上升，如河北省从2006年的36.89%提高到了2017年的42.14%，湖南省从2006年的32.27%提高到了2017年的38.10%。且河北和山东两省的乡城收入比始终高于全国平均水平。但从该表中同样发现与回归检验中相同的结果，即本应随着乡城收入比的提升而提高基本公共服务均等化的设想却与数据结果大相径庭。特别是从2011年的数据中显然反映出随着河北省在内的四省乡城收入比的下降所对应的各省基本公共服务得分却在不断提高，这也进一步检验了回归检验中的结果。

表6-10   城镇化质量高均等化程度低的地区乡城收入比情况

2006年			2011年			2017年		
省份	乡城收入比（%）	基本公共服务得分	省份	乡城收入比（%）	基本公共服务得分	省份	乡城收入比（%）	基本公共服务得分
河北	36.89	0.2243	河北	38.92	0.3068	河北	42.14	0.3603
山东	35.83	0.3193	山东	36.60	0.3186	山东	41.09	0.4114
湖南	32.27	0.2762	湖南	34.85	0.3840	湖南	38.10	0.4393

续表

	2006 年			2011 年			2017 年	
省份	乡城收入比（%）	基本公共服务得分	省份	乡城收入比（%）	基本公共服务得分	省份	乡城收入比（%）	基本公共服务得分
陕西	24.38	0.3458	陕西	30.74	0.4134	陕西	33.32	0.3961
全国平均水平	33.66	0.3551	全国平均水平	36.27	0.3882	全国平均水平	39.97	0.4294

对于这一结果的可能原因是：由于该地区城镇化水平较高，且城镇化增长率也较快（见表 6-11），其中，山东省 2006～2017 年城镇化增长率平均水平为 1.3%，河北省为 1.44%，湖南省为 1.47%，陕西省为 1.63%，除山东省位于全国中等水平外，其余三省都位于我国城镇化增长率前列，尤其是陕西省，位列第一。在此过程中，大量农民进入了城市，其收入水平也必然有所提高，但该象限省份基本公共服务均等化程度低，说明这些进城农民只是纯粹收入上的增加，在户籍制度的约束下，无法与城市居民享有同等水平的基本公共服务。加上这些进城农民思想意识的淡薄和文化层次的不足，无法对其该项有的基本公共服务权力加以维护，导致了伴随当地乡城收入比的提高，其基本公共服务均等化水平反而降低的现象出现。

表 6-11　　　　2006～2017 年 30 个省份城镇化增长率平均水平

省份	海南	上海	北京	吉林	黑龙江	天津	辽宁	广东	浙江	新疆
增长率	-0.52	-0.12	0.24	0.34	0.53	0.65	0.73	0.76	1.00	1.01
省份	青海	内蒙古	山西	福建	山东	广西	宁夏	甘肃	湖北	云南
增长率	1.15	1.23	1.27	1.28	1.30	1.30	1.31	1.33	1.34	1.43
省份	河北	湖南	江西	四川	安徽	江苏	重庆	贵州	河南	陕西
增长率	1.44	1.47	1.47	1.48	1.50	1.52	1.57	1.60	1.63	1.63

在中央补助收入方面，这 4 个省份所获取的中央补助资金不断增加，且各年所获取的中央补助资金在全国 30 个省份中基本位于前 15 位。但这些中央补助资金却没有充分有效地使用在建设本地的基本公共服务等相关领域，以至于这四大省份在这三年中的基本公共服务得分水平基本都落后于全国平均水平。这也再次说明了这些省份在今后的相关工作开展中，不应对城镇化的发展急于求成，而应注重在城镇化建设的同时，多将政府补助资金用于本地区基本公共

服务水平的提高上。同时，加快进城农民的社区化管理和需求渠道的建立，从而使得所提供的基本公共服务切实满足当地居民的需求，减少基本公共服务供给和需求之间的差异化程度。

6.3.4 一低一高象限区域影响因素的回归分析结果及其现实检验

（1）城镇化质量低而均等化程度高象限下的地区回归结果：财政体制和制度因素具有积极的影响作用。通过回归模型运行得出结果见表 6-12。从中可以看出，对于城镇化质量低而基本公共服务均等化水平高的省份，各项解释变量对基本公共均等化的影响效应如下。

①人均 GDP 回归系数为负，P 值为 0.192，影响不显著。

②人均税收回归系数为正，P 值为 0029，说明人均税收在该地区对均等化具有显著正向影响。当人均税收增长 1 元，均等化将提升 0.0000425 个单位。

③人口净流入回归系数为正，P 值为 0.056，通过了 10% 的显著性水平。说明人均净流入在一低一高地区对均等化水平具有显著正向影响，人口净流入增加 1%，均等化提高 0.001657 个单位。

④乡城收入比回归系数为负，P 值为 0.266，影响不显著。

⑤农村人口占比回归系数为负，P 值为 0.308，影响不显著。

⑥中央补助收入回归系数入为正，P 值为 0.000，中央补助对均等化具有显著正向影响。当中央补助增加 1 元，均等化将提高 7.48×10^{-6} 个单位。

表 6-12　　　　　　　　城镇化质量低均等化程度高的地区回归结果

被解释变量	解释变量	回归系数 β	T 值	P 值
equ2	avegdp	$-2.68e^{-6}$	-1.32	0.192
	avetax	0.0000425^{**}	2.24	0.029
	popinflow	0.001657^{*}	1.96	0.056
	ruurincomeratio	-0.0041106	-1.12	0.266
	ruralpop	-0.0018096	-1.03	0.308
	subincome	$7.48e^{-6***}$	4.55	0.000

以上结果表明：在以一低一高象限中的省份重庆、新疆、辽宁、宁夏、青海作为研究对象时，财政体制和制度安排相较于其他因素而言更有可能对这些

省份的基本公共服务均等化水平产生显著影响。

一是，人均税收具有显著正向影响。意味着当提高当地政府税收能力可以获取更多财政收入时，会提高这些省份基本公共服务均等化程度。

二是，作为反映财政体制的中央补助收入也对当地基本公共服务均等化的提升具有显著正向影响。即对当地更高比重的财政转移支付力度有利于实现其基本公共服务均等化目标。但从影响系数中也能发现，人均税收回归系数要高于中央补助收入回归系数。这体现出对于我国西部地区，虽然通过每年不断加大对这些地区省份的中央财政补助会对其基本公共服务建设有着一定的改善作用，但相比而言，提高当地基层政府的税收能力，解决其长期财政困境更能对本地基本公共服务的发展有着促进作用。

三是，人口净流入对当地基本公共服务均等化水平也具有显著的正向影响。即人口净流入会促进当地基本公共服务均等化水平的提高。这一结果反映出，随着我国西部地区近年来不断发展，各项管理制度安排趋向于合理化、规范化、适宜化，在促进了本地基本公共服务建设提高的同时，也吸引了跨省人口的流入。

（2）一低一高象限下的地区回归结果的现实检验。为检验以上回归结果的准确性，本节通过表6-2、表6-3、表6-13，对城镇化质量低而均等化程度高象限中的省份2006年、2011年和2017年各显著性指标的对比情况和发展趋势进行了分析。由此得出以下基本判断。

首先，人均税收对均等化有积极影响。除青海省外，该区域其余各省份的人均税收在这三年中基本都位于全国中等及以上水平，且大部分省份随着各年度人均税收收入的增长，其基本公共服务均等化得分排名也呈递增趋势。如宁夏回族自治区的人均税收收入从2006年的756元/人上升到2017年的3965元/人，其相应的基本公共服务均等化得分排名也从2006年的第10位提高到2017年的第6位；重庆市的人均税收收入从2006年的767元/人上升到2017年的4801元/人，其相应的基本公共服务均等化得分排名也从2006年的第23位提升至2017年的第4位；而在此期间唯一存在人均税收收入减少情况的是辽宁省（从2011年的4506元/人减少至2017年的4148元/人），其基本公共服务也出现了较大的下降趋势（从2011年的第13位下降至2017年的第27位），表明两者的关联度也依然存在。

其次，中央补助收入有助于均等化水平的提升。该区域所属省份近年来都获得了来自中央的大量财政补助，从而使得这些省份的基本公共服务水平得到了较大的提高。尤其是重庆市，其基本公共服务均等化程度排名的大幅提升除了得益于其地方政府税收能力的提高外，也同时得益于每年从中央政府处获取的大量财政补助资金。

最后，人口净流入对均等化影响明显。青海、宁夏和新疆三省份在此期间的变化幅度并不明显，而重庆和辽宁在此期间却有着显著改变。其中，重庆市的人口净流入从 2006 年的 0.45 万人增加至 2017 年的 14.98 万人；同一时期的辽宁省人口净流入却从 45.3 万人转为人口净流出 7.08 万人。与此同时，这两个省份也是此期间基本公共服务得分排名相应变化幅度最大的两个地区。

表 6 – 13　　　城镇化质量低均等化程度高的地区人口净流入情况

2006 年			2011 年			2017 年		
省份	人口净流入（万人）	基本公共服务得分	省份	人口净流入（万人）	基本公共服务得分	省份	人口净流入（万人）	基本公共服务得分
青海	0.084	0.4280	宁夏	0.27	0.4192	辽宁	−7.08	0.3567
重庆	0.45	0.2937	青海	0.28	0.4582	青海	0.07	0.4895
宁夏	1.54	0.3895	新疆	0.65	0.4361	宁夏	1.07	0.5076
新疆	17.94	0.3016	辽宁	9.49	0.3973	重庆	14.98	0.5134
辽宁	45.30	0.4606	重庆	24.75	0.5216	新疆	19.13	0.4443
全国平均水平	8.49	0.3551	全国平均水平	0.09	0.3882	全国平均水平	0.06	0.4294

通过对表中相应数据的分析也能验证回归检验所得到的结果，即人均税收收入、中央财政补助收入和人口净流入都会对该象限下的省份的基本公共服务均等化产生显著的影响效应。

6.3.5　总体结论

通过以上对不同象限下各省份基本公共服务均等化影响因素的分析，可以得出以下结论。

（1）对于不同象限中的分布，对其基本公共服务均等化水平具有显著影响效应的因素不同。如对于双高象限省份而言，城镇化水平的影响效果更加明显；对于双低象限以及城镇化质量低而均等化程度高的象限中的省份而言，财政体制和相关制度安排的作用更为显著；对于城镇化质量高但均等化程度低的省份而言，财政体制和个人因素更加具有影响作用。因此，在面对不同城镇化和基本公共服务均等化发展水平下的地区，所需施加的改善政策应更加具有针对性，从而确保各项政策的实施过程中更有效率。

（2）大部分地区中财政体制的完善都对其基本公共服务均等化的提升具有明显影响。从上述分析中可知，除双高象限中的少数省份外，其余象限中的地区基本公共服务均等化水平的提高都受到来自我国财政体制的影响，且这种影响的方向都体现为正向积极的促进作用。但也要同时注意到，不同的地区由于其经济发展水平、地理环境等现实状况的不同，对于财政体制的改革方向也有所区别。如对于双低象限中以及城镇化和均等化程度一高一低象限中的地区而言，财政转移支付制度的完善效果更为明显；对于城镇化质量和均等化程度一低一高象限中的地区而言，提高当地政府税收能力的作用更为显著。因此，改善我国基本公共服务均等化过程中所实施的财政政策也应根据不同地区因地制宜地推行。

6.4　各典型省份基本公共服务均等化影响因素分析

在分析了解不同象限区域省份均等化影响因素的作用差异之后，本节进一步聚焦典型省份的影响状况，试图检验不同区域及典型省份城镇化和均等化互动关系，并在城镇化以外更大范围地寻求影响因素，最终为完善城镇化模式优化均等化提供方向。在第5章对新型城镇化与基本公共服务均等化互动性的典型分析中，分别在四大象限中随机选取了河南省、北京市、广西壮族自治区、山西省、山东省和新疆维吾尔自治区作为典型地区代表，本节将继续以其为样本，在区域分析的基础上对它们各自基本公共服务均等化的影响因素加以阐述。

6.4.1　双高象限典型省份（河南及北京）均等化影响因素分析

（1）城镇化水平是影响北京和河南均等化水平的最显著因素。通过第5

章分析可知，河南和北京都位于四大象限中的双高象限中，在对双高象限中的地区进行回归检验时已发现只有城镇化水平对本象限下的省份基本公共服务均等化水平有显著影响，且通过回归系数反映出该影响为正向促进作用。由此可知，对于该象限中的典型省份河南省和北京市而言，城镇化水平依然是对其基本公共服务均等化的提升中最为显著的一项因素。

（2）北京与河南的基本公共服务均等化水平及影响因素的作用存在差异。值得注意的是，虽然河南省与北京市同属一个象限，但各自不论是城镇化水平还是基本公共服务均等化程度，依然存在差距。从2006～2017年的平均值看，北京的城镇化水平和均等化水平得分分别为0.57和0.51，在该象限分列第一和第二；而河南这两项水平得分分别为0.40和0.41，在该象限其城镇化水平排倒数第一，均等化则为倒数第二，分别略高于全国平均水平0.3786和0.3942。

通过6-14、表6-15河南省和北京市2006～2017年各影响指标变化情况可以清晰地看到这两个省份均等化差异的由来。

其一，河南的农村人口占比高于北京。观察两者各自显著性指标——农村人口占比可看出，河南省近年来的农村人口占比与北京市相比在城镇化的快速建设下虽有较大幅度的减少，但农村人口比重依然较大，且远高于北京市的农村人口比重。

其二，河南人均GDP和人均税收收入远低于北京市。其他指标也充分展现了同一象限的河南省与北京市在各个可能影响基本公共服务均等化因素方面的较大差别。如河南省的人均GDP和人均税收收入在此期间都远低于北京市，这两项指标对于这一象限地区的影响效应虽未能在回归模型中通过显著性检验，但在实际工作中必然会影响两省市政府的财力水平，进而影响各自地方政府提供基本公共服务的能力。

其三，河南的中央补助支出远远高于北京。12年间，河南获得的中央补助支出最高年份达4008.75亿元（2017年），最低年份也有791.5（2006年），是作为中部省份能够跻身于双高象限区域的重要作用因素。而北京获得中央补助支出最高达到920.28（2017年），最低只有229.37（2006年）。该因素对其基本公共服务均等化的实现作用有限。

其四，河南为人口净流出省份，而北京则为人口净流入城市。12 年间除了 2008 年和 2009 年，河南其他各年份人口流动均为净流出。而北京正好相反，除了 2016 年和 2017 年外，其他年份均为人口净流入。在这个区域的回归分析中，人口净流入的回归系数为负，其影响虽不显著，但也一定程度说明了为什么经济发展相差较大的两个地方在基本公共服务均等化水平上却能同属一个区域。

表 6－14　　　　　　河南省 2006～2017 年各影响指标变化情况

指标	2006 年	2007 年	2008 年	2009 年	2010 年	2011 年
人均税收（百元/人）	5.01	6.68	7.87	8.66	10.81	13.45
中央补助收入（亿元）	791.50	1053.30	1309.60	1746.50	1963.10	2509.00
人口净流入（万人）	－37.97	－78.24	22.14	10.66	－128.55	－63.38
乡城人均收入比（%）	33.24	33.56	33.66	33.45	34.67	36.30
农村人口占比（%）	67.53	65.66	63.97	62.3	61.5	59.43
人均 GDP（元）	13279	16012	19181	20597	24446	28661
指标	2012 年	2013 年	2014 年	2015 年	2016 年	2017 年
人均税收（百元/人）	15.62	18.75	20.68	22.16	22.64	24.37
中央补助收入（亿元）	2848.06	3014.80	3198.31	3469.95	3746.05	4008.75
人口净流入（万人）	－30.53	－44.87	－31.54	－9.56	－6.62	－30.16
乡城人均收入比（%）	36.81	37.84	42.10	42.43	42.95	43.03
农村人口占比（%）	57.57	56.20	54.80	53.15	51.50	49.84
人均 GDP（元）	31499	34211	37072	39123	42575	46674

表 6－15　　　　　　北京市 2006～2017 年各影响指标变化情况

指标	2006 年	2007 年	2008 年	2009 年	2010 年	2011 年
人均税收（百元/人）	67.26	85.66	100.26	102.9	114.76	141.39
中央补助收入（亿元）	229.37	248.94	275.52	367.72	485.53	505.99
人口净流入（万人）	60.93	69.30	88.94	82.49	95.98	48.88
乡城人均收入比（%）	41.42	42.93	43.12	43.64	45.62	44.79
农村人口占比（%）	15.68	15.51	15.08	15.00	14.02	13.82
人均 GDP（元）	50704	58752	62761	65339	71935	80495

续表

指标	2012 年	2013 年	2014 年	2015 年	2016 年	2017 年
人均税收（百元/人）	151.03	166.17	179.43	196.40	204.92	215.42
中央补助收入（亿元）	568.41	526.55	533.81	526.74	738.60	920.28
人口净流入（万人）	40.19	36.67	26.61	11.97	−6.45	−10.46
乡城人均收入比（%）	45.18	38.37	38.88	38.91	38.95	38.84
农村人口占比（%）	13.82	13.71	13.66	13.50	13.48	13.50
人均 GDP（元）	86416	92201	99121	106497	118198	128994

因此，在发挥城镇化提升这两个省份的基本公共服务均等化水平所产生的影响作用时，还应因地制宜。例如，针对河南省城镇化进程滞后、小城镇基础设施建设较为落后等不良局面，发展的重点应放在加快城镇化发展速度上同时注重南方分散化的小城市的良好产业基础的形成，以此改变大城市与大农村并存的现象。北京市方面，不论城镇化还是基本公共服务均等化都位于全国领先水平，但在城镇化过程中依然有城乡居民基本公共服务存有差异、对环境尚欠考虑等问题，今后的政策倾向应加快"人"的城镇化，通过产业调整给予进城人群更多更好的就业机会和生活保障，同时提高各项资源利用率，保障进城人群得以享有同等的各项资源。

6.4.2　双低象限典型省份（广西及山西）均等化影响因素分析

（1）人口流动和转移支付是影响广西和山西均等化水平的最显著因素。广西和山西同属于城镇化和均等化双低象限区域，在这个区域城镇化与均等化呈现出相互制约的关系。其中，广西壮族自治区城镇化平均得分为 0.29，均等化平均得分为 0.32；山西省两项平均值分别为 0.36 和 0.34，均低于全国平均水平。通过对双低象限中的省份进行回归分析，已明确反映出人口净流入和中央补助收入对其基本公共服务均等化的提升具有显著的正向促进影响。因此，对于该象限中的典型地区广西壮族自治区和山西省而言，这两项因素会是改善其地区基本公共服务均等化水平的重要作用因素和力量。

从全国看，广西、山西两省份常年在发展中处于劣势地位，地方政府财力水平远不及东部发达省份，无法提供与发达地区同等水平的基本公共服务。因此，必要的财政转移支付资金的投入势必会在弥补该地区政府财力水平不足的同时提高其基本公共服务供给能力，以缩小与发达省份之间的差距。从表6－16、表6－17中各指标数据可以看到，广西和山西两省份常年受到来自中央政府的大力财政补助。2017年，广西获得的中央补助收入为2640.42亿元，为2006年445.56亿元的6倍；山西12年间中央补助收入由404.20亿元提高到1682.19，增长了4倍多。

人口流动指标作为影响双低象限区域均等化水平的重要因素，同样对广西和山西的基本公共服务均等化发挥着重要作用。12年间，无论是广西还是山西，总体上看均属于人口净流入状况，人口虽然有流入也有流出，但总量仍属于净流入。这样的人口流动状态尽管也会带来当地基本公共服务提供的压力，但由于人口的流入，也会通过增加劳动力进而促进生产发展和经济增长，继而增强政府的公共供给能力。

表6－16　　广西壮族自治区2006～2017年各影响指标变化情况

指标	2006年	2007年	2008年	2009年	2010年	2011年
人均税收（百元/人）	4.77	5.93	7.19	8.60	11.58	13.88
中央补助收入（亿元）	445.56	621.91	790.86	995.25	1164.82	1594.89
人口净流入（万人）	19.64	9.90	6.10	－1.42	－285.88	－0.63
乡城人均收入比（%）	27.99	26.43	26.09	25.76	26.62	27.74
农村人口占比（%）	63.36	63.76	61.84	60.80	60.00	58.20
人均GDP（元）	10240	12277	14652	16045	20219	25326
指标	2012年	2013年	2014年	2015年	2016年	2017年
人均税收（百元/人）	16.28	18.56	20.57	21.51	21.42	21.65
中央补助收入（亿元）	1786.65	1823.40	1945.31	2207.03	2429.45	2640.42
人口净流入（万人）	0.06	－0.42	－2.37	4.11	3.92	3.43
乡城人均收入比（%）	28.28	29.14	35.20	35.84	36.57	37.13
农村人口占比（%）	56.47	55.19	53.99	52.94	51.92	50.79
人均GDP（元）	27952	30741	33090	35190	38027	38102

表 6-17　　　　　　　　　山西省 2006~2017 年各影响指标变化情况

指标	2006 年	2007 年	2008 年	2009 年	2010 年	2011 年
人均税收（百元/人）	9.79	12.69	16.61	16.98	19.38	24.29
中央补助收入（亿元）	404.20	516.10	619.95	815.33	927.08	1144.02
人口净流入（万人）	0.59	-0.08	-0.11	-0.76	128.06	1.54
乡城人均收入比（%）	31.72	31.70	31.23	30.32	30.27	30.91
农村人口占比（%）	56.99	55.97	54.89	54.01	51.95	50.32
人均 GDP（元）	16738	20494	24100	26180	30808	36302
指标	2012 年	2013 年	2014 年	2015 年	2016 年	2017 年
人均税收（百元/人）	28.95	31.32	31.09	28.84	28.16	37.75
中央补助收入（亿元）	1262.45	1252.5	1297.33	1419.84	1620.8	1682.19
人口净流入（万人）	0.41	-0.02	-0.20	-0.08	0.32	-0.77
乡城人均收入比（%）	31.14	35.71	36.60	36.60	36.86	37.03
农村人口占比（%）	48.74	47.44	46.21	44.97	43.79	42.66
人均 GDP（元）	39874	43684	47005	50028	53680	59201

（2）广西与山西的基本公共服务均等化水平及影响因素的作用存在差异。在城镇化和均等化双低的区域中，广西和山西各自的城镇化水平和均等化水平也仍存在一定的差异。广西的城镇化水平平均得分是 0.29，基本公共服务均等化水平的平均得分为 0.32，在该区域 13 个省份中分别排在第 9 位和第 12 位；山西两项的平均得分分别为 0.36 和 0.34，各排在第 2 位和第 10 位。两者的城镇化差距远大于均等化差距，而这样的结果显然也与相关影响因素的差异化作用有关。

首先，广西的中央补助支出水平高于山西。相比而言，山西由于经济发展（人均 GDP）和地方政府财力水平（人均税收收入）都高于广西，甚至高于双高象限中的河南，因此在 2006~2017 年所获取的中央财力补助都低于广西。与此同时，河南所得到中央补助收入远高于广西和山西，2017 年高于广西 1368.33 亿元，高于山西 2326.76 亿元。这也说明对于同样自我发展能力不足的地区，中央的财政补助资金的支持对其基本公共服务的建设有着十分重要的作用。

其次，人口流动对两省份的影响也有所不同。在被观察的 12 年里，广西人口净流入的年份为 7 年，山西为 5 年，对均等化的影响作用广西无疑更大。另外，从表 6 - 16、表 6 - 17 中还能够清晰看出：广西和山西两省份 2006 ~ 2017 年人口净流入出现下滑趋势。其中，广西的人口净流入从 2006 年的 19.64 万人下降到 2017 年的 3.43 万人；山西的人口流动情况同样不乐观，在此期间从人口净流入的 0.59 万人转为人口净流出 0.77 万人。大量的人口尤其是人才流失，自然不利于两省份本地的发展，更说明了当地基本公共服务建设滞后，无法留住更多更好的人力资源。

最后，人口城镇化的水平也给两省份的均等化水平带了不同的影响。2006 ~ 2017 年，广西虽然农村人口占比稳步下降，但仍然保持在 64% ~ 50% 之间；反观山西，同期这一占比则在 57% ~ 43% 之间，人口城镇化水平显然更高。

纵观以上分析，两省份不能一味依靠中央财政补助去维持基本公共服务的零星改善，而更应该注重自身管理制度的提升，如加强对土地流转的监管、减少城镇化过程中对"土地财政"的过度依赖、维护进城农民的合理权益、稳定本地房价。同时，积极推动本地区落户政策，让流入人群尽快享有本地居民同等的基本公共服务待遇，从而促进外来人口的流入，改善本地发展滞后的现状。

6.4.3　一高一低象限典型省份（山东）均等化影响因素分析

总体而言，高低象限中的山东省，一方面，城镇化水平发展较好，不论是城镇化增长率还是城镇化质量都保持良好的发展态势；另一方面，其基本公共服务水平却较为落后，部分基本公共服务项目明显处于全国劣势地位。两者没有形成相互促进的关系，良好的城镇化发展并没有带来基本公共服务均等化有明显的推动作用。通过上述对该象限的基本公共服务影响因素的回归检验可以看出，这个象限区域的省份其基本公共服务均等化受到的主要影响因素为财政体制和个人因素。

首先，中央补助收入回归系数为正。从山东省历年获得的中央补助支出看一直保持较高水平，表明一定的财政转移拨付资金的支持是维持该省基本公共服务均等化水平的重要因素。从表 6 - 18、表 6 - 3 中可观察到，2006 ~ 2017

年山东省每年都从中央政府获取的补助资金呈现递增态势，且高于大部分其他省份。与此同时，山东的基本公共服务均等化得分也从 2006 年的 0.32 上升为 2017 年的 0.41。当然，从总的 12 年均等化水平得分的平均值看，尚略低于全国的平均水平，其基本公共服务未出现应有的良好状态。为此，就需要进一步考虑中央补助支出在山东的使用结构和效率。该省基本公共服务均等化的实现，不仅需要政府的资金支持，更需要将这些财政资金用到基本公共服务的短板项目中，并在此过程中不断提高财政补助资金的使用效率，切实发挥其在基本公共服务均等化中的作用。

其次，乡城收入比回归系数为负。表 6-18 中数据也展示出山东省在此期间的乡城收入比呈现出逐年递增趋势，由 2006 年的 35.83% 提高至 2017 年的 41.09%，且高于除河南省外的其他典型省份 2017 年的乡城收入比，表明城乡居民的收入差距有所缩小。然而，该指标回归分析中的负相关性表现在现实中是山东省的基本公共服务水平得分排名在此期间却没有相应的改善，某些年份的排名反而相当落后，如 2008 年位于全国 30 个省份的第 24 位，2011 年和 2014 年都只位于第 26 位。在上述分析中也已提到，这一现象的原因很有可能是该地区不断加快城镇化发展的同时，基本公共服务没有得到同步发展，使得进城农民在其收入不断增加的同时却由于户籍以及个人思想、素质层次上的限制无法享受同等的基本公共服务待遇。

此外，2006~2017 年山东省人口流动收入有进有出，但从总体看，净流入量远高于流出量。而且农村人口占比也由 2006 年的 53.9% 下降为 2011 年的 49.05%，继而进一步下降为 2017 年的 39.42%。农村转移人口的不断增加和城镇居民数量的不断提升，无疑都在加大现有基本公共服务供给的拥挤性，影响均等化水平的更好实现。

表 6-18　　　　山东省 2006~2017 年各影响指标变化情况

指标	2006 年	2007 年	2008 年	2009 年	2010 年	2011 年
人均税收（百元/人）	11.13	13.97	16.28	18.17	22.42	27.01
中央补助收入（亿元）	577.58	680.74	839.89	1141.60	1324.78	1717.91
人口净流入（万人）	9.80	11.17	2.07	-0.22	66.32	-0.15
乡城人均收入比（%）	35.83	34.95	34.60	34.35	35.05	36.60

续表

指标	2006 年	2007 年	2008 年	2009 年	2010 年	2011 年
农村人口占比（%）	53.90	53.52	52.40	51.68	50.30	49.05
人均GDP（元）	23546	27604	32936	35894	41106	47335

指标	2012 年	2013 年	2014 年	2015 年	2016 年	2017 年
人均税收（百元/人）	31.49	36.30	40.51	42.68	42.35	44.17
中央补助收入（亿元）	1943.98	1975.45	2021.16	2209.10	2428.58	2632.55
人口净流入（万人）	0.06	-0.76	-16.34	0.26	-7.99	-42.63
乡城人均收入比（%）	36.68	39.75	40.66	40.99	41.03	41.09
农村人口占比（%）	47.57	46.25	44.99	42.99	40.98	39.42
人均GDP（元）	51768	56885	60879	64168	68733	72807

因此，在加快山东省城镇化水平步伐的同时，对于该省的进城农民不应只注重其收入水平的提高，而更应切实了解其对基本公共服务的真实需求，从而将基本公共服务的供给与当地实际需求相匹配，切实提高本地基本公共服务服务供给层次，这也进一步提高了对该省财政转移资金的使用效率。

6.4.4　一低一高象限典型省份（新疆）均等化影响因素分析

相比于山东省，处于一低一高象限区域的新疆维吾尔自治区则呈现相反的发展态势。一方面，城镇化不论是其增长率还是发展质量均位于落后地位；另一方面，在中央各项政策的大力支持下，其基本公共服务整体发展水平却在全国有较好的排名。两者关系并不同向，没有形成良性互动作用。也就是说，其城镇化发展的滞后并没有能够抑制均等化水平的提升。根据上述对该象限区域基本公共服务均等化影响因素的回归检验，可以证明财政体制和管理制度相较于城镇化等其他因素更能对该地区基本公共服务均等化水平产生显著的积极作用。具体到新疆，这种影响作用同样适用。

在财政体制方面，一方面，从表6-19中的数据可以发现，新疆的人均税收收入和中央补助收入2006~2017年都在不断提高。其中，人均税收收入由2006年的846元/人增加至2017年的3862元/人；中央补助收入也从2006年的470.14亿元递增至2017年的2612.94亿元。另一方面，从表6-2、表6-3中的数据也能看出，新疆与其他省份相比在人均税收和中央补助收入方面基本位于全国中等水平。但与其他象限的地区相比，中央补助收入虽然也发挥出显著的正向影响，但人均税收的增长更有助于提升本地区基本公共服务均等化水平。这意味着对于新疆而言，在今后继续开展相关工作时，比起单方面的完善财政转移支付手段，加大对该地区财政转移资金投入力度外，更要从完善我国地方税体系着手，缩小与其他地区的地方政府财力差距，以促进我国不同地区间基本公共服务均等化。

在管理制度方面，人口净流入的回归系数为正且显著，体现了人口净流入对均等化的正向影响。且通过数据的对比也能发现，新疆 2006 ~ 2008 年人口净流入都维持在较高水平，同时，基本公共服务均等化排名也从 2006 年的第22 位提升至 2008 年的第 5 位。但随后其人口净流入的大幅减少，新疆的基本公共服务均等化得分排名也相应在 2009 年和 2010 年回落到了第 15 位。直到2015 ~ 2017 年其人口净流入的再次大幅回升，使其基本公共服务均等化得分排名又提高至 2017 年的第 11 位。实践证明，通过各项良好制度的建立以吸引大量外来人口的流入，尤其吸引更多人才资源的流入，有助于新疆发展本地优势产业，从而推动经济更好地发展。同时，也能使本地政府获得更多的税收收入，以进一步提升当地基本公共服务均等化水平。

表 6 - 19　　新疆维吾尔自治区 2006 ~ 2017 年各影响指标变化情况

指标	2006 年	2007 年	2008 年	2009 年	2010 年	2011 年
人均税收（百元/人）	8.46	10.53	13.45	13.95	19.05	26.86
中央补助收入（亿元）	470.14	551.54	685.55	927.74	1125.42	1502.13
人口净流入（万人）	17.94	20.32	12.20	5.20	2.93	0.65
乡城人均收入比（%）	31	31	31	32	34	35
农村人口占比（%）	62.06	60.85	60.36	60.15	56.99	56.46
人均 GDP（元）	14871	16999	19797	19942	25034	30087
指标	2012 年	2013 年	2014 年	2015 年	2016 年	2017 年
人均税收（百元/人）	31.30	36.50	38.63	36.51	36.25	38.62
中央补助收入（亿元）	1719.78	1852.11	2007.01	2368.71	2515.35	2612.94
人口净流入（万人）	-0.21	6.28	7.64	35.58	11.70	19.13
乡城人均收入比（%）	36	37	38	36	36	36
农村人口占比（%）	56.02	55.53	53.93	52.77	51.65	50.62
人均 GDP（元）	33796	37553	40648	40036	40564	44941

6.5 基本结论与思考

6.5.1 基本结论

通过上述从不同的视角对我国基本公共服务均等化影响因素的分析，可以得出以下结论。

（1）除人均 GDP 外，其余解释变量都对基本公共服务均等化产生一定的影响。如以全国整体的角度进行回归检验时，人均税收收入、农村人口占比和中央补助收入都通过了显著性检验；以双低象限中的地区进行回归检验时，人口净流入和中央补助收入两项解释变量通过了显著性检验；而以城镇化质量高而均等化程度低象限中的地区加以回归检验时，乡城收入比和中央补助收入两项解释变量通过显著性检验。由此可以看出，检验的结果与开始的假设基本相符。即通过对我国当前财政体制的改革、管理制度的完善、新型城镇化脚步的继续推进等，都会对我国基本公共服务均等化的实现起到积极的作用。

人均 GDP 虽未通过显著性检验，但并不代表它没有影响，只是在回归分析中相对其他影响指标其影响力不突出而已。在实践中，各地区经济发展水平的不同必然会引起不同地区政府财力间的差距，进而影响我国不同地区间的基本公共服务均等化程度，因此经济因素也不可就此忽略。

同样，在以不同的角度去对分析各种情况下基本公共服务均等化的影响因素时，虽然每一角度下都有一些指标无法通过显著性检验，但在实际相关工作的开展中所发挥的作用也是不可忽视的。如对于双高象限、双低象限、一高一低象限而言，人均税收收入在回归检验中都未对该地区基本公共服务均等化产生显著的影响效应。但现实中，各地区实现基本公共服务均等化的一项必要条件就是拥有大致相当的财力能力，而人均税收收入就是对各地方政府财力水平的一项最佳衡量工具。因此，人均税收收入对各区间基本公共服务均等化的实现必然发挥着一定的作用。其他假设因素在实践中的重要性也同样不可忽略，模型所得出的各个结果说明的是从不同的角度各影响因素的重要性程度，明确不同地区进一步开展各自工作的重点。

（2）不同视角的回归检验结果存有差别。不论是以全国整体为研究对象加以回归检验时，还是以不同象限中的地区为研究对象加以回归检验时，所得出具有显著影响的解释变量都各不相同。这意味着当从我国整体角度考虑实现各地区间基本公共服务均等化时，财政体制的改革和新型城镇化发展脚步的推进是必然的途径。其中，包括地方税体系的完善、中央和地方财权与事权的合理划分、财政转移支付手段的科学设计、各地区以"人"为核心的新型城镇化建设等方面，都是实现我国整体各区域基本公共服务均等化过程中所必须采取的措施和手段。

但从不同发展状况和不同地域下的省份内部基本公共服务均等化的角度考虑时，所需采取的政策倾向又会有所不同。如对于城镇化和基本公共服务均等化发展水平都较好的东部发达省份而言，继续推进各地新型城镇化的发展，从而在与基本公共服务均等化的互动作用中相互发展将成为该地区今后的工作重点。而对于城镇化与基本公共服务均等化双低相互制约的中西部落后省份而言，继续加大对该地各省份的财政转移支付力度，并提高财政资金使用效率，以及通过管理制度上的优化以引进更多优势人力资源，将成为中央和该地区政府日后的工作着眼点。

（3）检验结果显示财政体制的改进与完善对于实现我国整体以及各地区内部基本公共服务均等化都必不可少。财政转移支付手段的科学设计和合理运用，在实现我国基本公共服务均等化过程中发挥着十分重要的作用。特别是对于城镇化和基本公共服务均等化双低象限中的地区以及城镇化质量高但基本公共服务均等化水平低的地区而言，财政转移支付所发挥的作用更为突出。除此之外，在实现我国基本公共服务均等化这一目标过程中，财政政策的运用中还需其他配套措施的配合，如户籍制度、土地制度的改革，居民需求意愿表达渠道的建立与落实，城乡二元体制的突破与各方协调发展等，都需要相互配合以发挥出更大的作用。

6.5.2　基于影响因素分析下的思考

基于以上对我国基本公共服务均等化影响因素的分析，进一步提出相关改善政策时必然要思考如何应对以下问题。

（1）解决我国当前财政体制上的不完善。主要表现为：①政府间的事权与支出责任划分尚待进一步明晰。合理划分各级政府财政事权和支出责任是政府有效提供各项公共服务的前提和保障。从现代财政体制设计的总体逻辑关系来看，事权规定了一级政府承担社会经济事务的性质和范围，而政府从事社会经济事务需要相应的财政支出作为物质保障，同时，财政支出总是以相应的财力所体现出的财政收入为前提。因此，这种联系表现为事权与支出责任的适当划分，最终决定一级政府所需获取的财力水平。换言之，在实现基本公共服务均等化过程中，合理的财政资金分配机制前提是需要保障上下级政府间的权责清晰划分。根据财政分权理论，在提供公共服务时，中央应承担全国性的公共服务的供给，地方应承担本地区的公共服务供给，而对于具有外部性的公共服务可采取由几个地方政府共同提供或中央与地方联合提供的方式。但在现实实施过程中效果并不理想，各级政府事权的划分存在交叉重叠，支出责任重点不明确，缺乏规范性。

②政府间收支不对称。我国的基本公共服务支出重心设置偏低，呈现"金字塔"形，而财权划分则呈现倒"金字塔"形，导致地方政府尤其是基层政府在提供本地基本公共服务时往往缺乏相应的财力保障。随着农业税的取消、"营改增"的全面实施等，进一步导致地方政府缺乏主体税种，不利于地方财政收入稳定增长，以应对本地居民不断增长的基本公共服务需求。

③财政转移支付制度的不完善。自分税制改革后，如何通过建立起行之有效的转移支付机制以平衡政府间的财政关系一直是中央极力推进的工作任务。但是，我国转移支付制度依然存有较多问题：一是转移支付资金的拨付不够科学合理。近年来，中央不断加大一般性转移支付在转移支付总额中的比例，尤其是均衡性转移支付，这是转移支付中唯一完全按照规范化的公式进行资金分配的转移支付方式。参照各地区标准财政收入和标准财政支出的差额及可用于转移支付的资金规模等客观因素，按照统一标准公式计算确定的均衡性转移支付更具规范性，也更能科学、公正地分配财政资金，以切实弥补各地区财力缺口，在均等化地区间财力这一政策目标的实现中发挥着不可替代的作用。但这种不均衡的现象并没有得到有效解决，究其原因固然是多方面的，然而不可忽视的是，均衡性转移支付的公式设计还存在诸多问题，如目标不明确、因素选取不科学、支出标准设置不合理等，使之均衡各地区财政差距的作用发挥十分

有限。二是转移支付总额中还有不少为应对短期改革而产生的转移支付，如体制补助、税收返还等。这种以地区间既得利益为依据的支付方式不仅未能解决因历史原因所造成的财力分配不均和公共服务水平差距大的问题，还会扩大新体制下各地区收入分配不合理、不均衡的问题。此外，我国转移支付制度缺乏法律的支撑和保障，法律约束和监督机制不健全，尤其是我国目前还缺乏一套完善的评估考核体系，以至于在财政转移支付过程中对资金的使用效率、分配方式、产生的经济效益等方面反馈不足。

（2）尽快打破我国城乡二元结构。根据计算公式 $R = P1/P2$，其中 R 为二元对比系数，P1、P2 分别为农业部门和非农业部门的比较劳动生产率，R 处于 0～1 之间，且越接近 1，表示两部门差别越小，经济二元性越不显著，反之，越接近 0，则说明两部门差距很大，经济二元性突出。我国 2013 年城乡二元对比系数仅仅为 0.2，而按照国际上的惯例，发展中国家的二元对比系数正常区间范围是 0.31～0.45。① 由此可见，我国目前存在很明显的城乡二元经济结构，包括本章所选取的典型地区也存有这种情况。

城乡二元的经济结构决定了我国城乡间基本公共服务供给制度的不同。在工业迅速发展的推动下，城市发展的脚步也不断加快，其经济得到了有效增长，相比之下，农村地区依靠传统自给自足的生产方式，致使经济长期无法迅速发展，自此，我国形成了城乡二元经济结构。与此同时，由于享有优先的财政拨款和受到严格的制度规定，使得城市自改革开放以来在基础设施、义务教育、住房和医疗保障等基本公共服务方面得到了强有力的保障，而农村则主要依靠村民自发去满足其部分公共服务的需求，在此过程中，虽然财政在农业上的补贴每年也有所增加，但依然无法填补漏洞。由于缺乏一个真正统一的城乡公共服务供给制度，以致农村的基本公共服务水平远不及城市。

（3）协调各地区经济发展。我国地区之间经济发展的差距很大，而我国目前在基本公共服务供给方面各地区效率差异并不显著，即"投入—产出"效率普遍偏低，因此，各地区间在基本公共服务建设上的差异主要体现在其经济发展水平上的差异所导致的投入不同。除地区间存在经济发展的差异

---

① 黄露. 湖南省基本公共服务的城乡差异及其均等化路径研究［D］. 长沙：湖南师范大学，2015.

外，各地区间城乡之间经济发展水平差异也是十分明显的。2018 年，全国居民人均可支配收入 28228 元，其中，城镇居民人均可支配收入 39251 元，农村居民人均可支配收入 14617 元。[①] 由此可见，我国农村经济发展明显落后于城镇，导致乡村政府财政收入不足，更进一步导致对农村基本公共服务提供上的缺乏。

---

① 数据来源于《中国统计年鉴》。

第 7 章

新型城镇化进程中优化
基本公共服务均等化的对策建议

基于以上各部分实证分析可知，新型城镇化和基本公共服务均等化作为两项重要的政府发展战略相互影响，并且在人口市民化和转移支付等财政政策方面高度关联，理应构成合力互相成就。但我们同时看到，不同类型的新型城镇化实现路径和方式也呈现出对基本公共服务均等化影响的显著性差异。除了城镇化，均等化在实践中还受到诸如经济发展水平、财政能力和体制、户籍制度等其他重要因素的影响。因此，就如何进一步优化基本公共服务均等化，本书将以完善财政政策为视角，以实现城镇化和均等化相互促进关系为基础，针对不同新型城镇化实现路径下均等化优化的重点和难点，深入思考并积极探讨解决方向和有效对策。

7.1 科学准确地确立均等化原则、目标及实现机制

原则与目标的确定旨在为新型城镇化进程中优化基本公共服务均等化的实现提供明确的指导思想和标杆，而实现机制的设计则为目标的具体落实提供运行模式、实施路径，以确保对策选择具有更强的针对性。

7.1.1 我国基本公共服务均等化实现原则

基于我国基本公共服务需求不断增长和供给能力所受经济发展水平和财政能力制约等基本国情的制约，进一步推进基本公共服务均等化应该坚持以下基

本原则。①

7.1.1.1 保住底线与提高水平相结合原则

保住底线就是要底线公平,机会均等。底线就是要明确基本公共服务均等化的最低标准,以确保一个国家的公民无论居住在哪,都有权平等获得国家最低限度的基本公共服务。用保底来实现像义务教育、社会救济和基本社会保障等基本公共服务政府最低限度的供给。但这个标准并不是唯一且静态的,它只是代表着一个起点或基础。

提高水平指的是基本公共服务均等化是一个动态过程,其实施路径是从最初的低水平保障,然后逐渐提高到中等水平,最终目标是取得均等的结果。目前,考虑到我国财政资源有限和基本公共服务均等化程度较低等具体因素,政府应在基本公共服务均等化过程中设定最低水平,并为基本公共服务均等化建立最低保证线,以实现现实条件下基本公共服务最低层面上的均等化。但这并不意味着同一时期经济发展水平不同的地区只能按照相同的标准提供基本的公共服务,而是在实现最低水平的公共服务均等化目标之后,政府应在进一步改善经济发展和财政资源的基础上,进一步提高基本公共服务均等化水平,使居民更好地享受改革和发展的成果。

7.1.1.2 突出重点与动态调整相结合原则

突出重点就是要以需求为导向,着力解决当前最基本最迫切的公共需求。而动态调整则基于基本公共服务均等化是一项系统工程,不可能一蹴而就,其实现需要一个渐进而长期的过程。而在这一过程中,随着社会公共需求和供给能力的变化,基本公共服务的范围和重点也必然发生改变。

因此,政府在提供基本公共服务的过程中,一方面要结合供求实际状况,突出重点,解决当前最紧迫、最关键的服务项目。客观地说,基本公共服务的各个方面都是不可或缺的。其中,义务教育事关居民的素质和能力养成,是其进一步发展的基础;社会保障则关乎每个人的基本权利,以抵御生老病死等社会风险;公共卫生与居民健康及身体素质密切相关;而公共基础设施是保障居民生活的重要物质基础,也是经济发展必要的外部条件;等等。但受到现实

---

① 程岚.公共财政视角下基本公共服务均等化研究 [M].北京:经济科学出版社,2010.

经济发展水平和财政状况的制约，在实现均等化的基本公共服务的过程中，每一个具体项目并不可能做到齐头并进、同等对待，而是应该从地区和农村发展的实际情况出发，区分基本公共服务需求的轻重缓急，体现重点和优先安排。

另一方面，在不同的发展阶段，政府应密切关注社会经济发展动态，适时地对均等化的实现目标、实现范围和实现标准作出动态调整，循序渐进，有步骤有层次的不断提升社会成员的公共服务水平。这其中需要考量的因素包括：一是公共资源有限性（财力有限）的约束；二是居民承担公共服务供给成本的能力和与发达地区社会成员心理的承受度；三是不同阶段社会公众对公共服务的偏好存在差异。只有通过长时间的信息搜集和公共选择过程中的博弈，力求基本公共服务供给结构与需求结构一致，才会逐步实现公共服务基本均等化。

7.1.1.3　资源配置与制度建设相结合原则

如果说均衡的人财物资源配置是确保基本公共服务实现均等化必备的硬件条件的话，那么科学完备制度建设则是保证这硬件条件具备且有效作用的重要基础。随着政府职能的转变，为了满足人们日益增长的基本公共服务的需要，我国公共财政职能被充分认识并不断强化，各级政府对于公共服务的财政投入力度也在进一步加大。然而从实际情况来看，无论是其投资结构的分布，还是随之带来的人才及基础设施建设配置的结果并不理想，直接导致城乡之间、地区之间的居民在享有的教育、医疗、社会保障及道路交通等各方面的基本公共服务的可及性、可得性以及消费质量都存在一定的差距。归其原因，就在于当前缺乏一套行之有效的能够保证基本公共服务均等化实现的制度体系。这其中包括：一是中央与对方财政事权与支出责任相匹配的制度安排。解决不同级次间政府基本公共服务承担责任的划分及相关财力的分配与保障。二是政府间转移支付制度的设计与安排。既确保一般性转移支付增长在提升基本公共服务均等化方面的作用，同时也能使得专项转移支付在实现对特定地区、特定领域的均等化方面发挥更加精准、更加有效的作用。三是统一规范的基本公共服务供给标准和绩效评价机制。其意义在于，首先为各地政府提供基本公共服务确定标准依据，避免在服务数量、服务对象甚至是服务质量上的主观随意性；其次实现上级对下级在基本公共服务提供过程及结果的评价与考核，更好地发挥宏观调控作用；最后最大限度地保障人民群众在享有基本公共服务上的权益，确保政策与贯彻落实的透明与公开。此外，与基本公共服务均等化相关的各项制度，如新型城镇化、社会保障、土地流转、人才流动等，都需要统筹设计与安排。就当前来看，企业职工基本养老保险中问题需要创新制度设计；农村居民的养老保险问题需要制度设计和资金支持；经济落后地区及广大农村优质教育、医疗人才缺乏，人才流动不畅等问题需要现实需要设计合理的保障与激励制度。只有在实践中，把基本公共服务均等化的资源配置合理安排与相关的制度性建设和创新结合起来，才能够切实提高我国基本服务均等化水平。

7.1.1.4 政府主导与多方参与相结合原则

虽然基本公共服务均等化目标重在实现社会公平，追求的是社会效益和政治效益，但就其具体的供给行为来看，也与私人产品一样需要关注资源配置效率。实践证明，如果完全由政府提供所有的基本公共服务，既有可能因为政府财力的限制，进而影响到供给规模和水平；也可能因为信息的不对称，造成供求结构性的矛盾，最终影响基本公共服务的供给效率。但是，如果完全市场化，由于市场价格机制的作用，也容易导致基本公共服务在不同社会阶层的不公平分配。因此，在基本公共服务均等化过程中，应尽量摒弃政府或市场的单一模式，力求两者结合，积极探索基本公共服务的多元化供给结构，并促进市场竞争机制的形成。

从政府角色看，其主导性应该表现在：根据社会与经济发展水平，合理确定一定时期基本公共服务的供给与消费边界；科学制定各项基本公共服务均等化实现目标的规划并合理分配财力。而从多方参与的角度看，首先，政府应大力培育社会合作组织，支持社会组织发育与拓展。提高社会公共管理方面自治能力和公益性自愿性公共服务水平，缓解政府公共服务的供给压力以及可能集中的公共风险倾向。其次，应根据不同基本公共服务的性质，明确政府的不同程度责任和提供方式。有的必须政府直接提供，有的则可以通过公私协作提供，或是政府付费向社会购买公共服务，而有些则只需要政府发挥监督作用。最后，积极探索政府资金与社会资金在基本公共服务提供中的融合，解决政府财力不足的局限。一方面，在政府控制公共服务安排权的前提下，可以允许社会资本和私人部门进入部分基本公共服务领域，充分发挥市场机制的作用；另一方面，也可以创新基本公共服务的融资方式，大量引入社会资本，在政府主导的基础上使得基本公共服务生产和提供有更广泛的资金来源，提高基本公共服务供给效率。

7.1.2 新型城镇化中基本公共服务均等化优化目标

在我国，基本公共服务均等化的终极战略目标是要消除地区差别、城乡差别和居民身份差别，确保不同区域之间、城乡之间、居民个人之间享受的基本公共服务水平一致。它要求在基本公共服务面前，每个人都受到平等对待，既有机会接近基本公共服务（可及性均等），得到的最终结果也是大致相等的（可得性均等）。而这显然是一个长期的过程，因为这样一种基本公共服务均等化需要建立在高度的城市化和同质性较强的社会结构的基础上。而我国目前所处特殊历史阶段，经济基础薄弱、城镇化程度不高、城乡体制分割为其主要特质，要在这一历史条件下实行基本公共服务均等化，需要加快城市化建设、打破城乡分割、规范政府间职责划分、完善财政体制改革等，这无疑必须历经一个过程，要经历不同的阶段，而每个阶段其具体目标及重点是不同的。①

要明确我国现阶段基本公共服务均等化在新型城镇化进程下优化的目标，必须首先全面了解特定发展阶段新型城镇化标和基本公共服务均等化各自的发展目标，然后在此基础上从两者相互影响关系的角度出发进行总结归纳。只有这样，才能保证基本公共服务均等化目标的确立既符合自身的发展需要，又能体现城镇化发展中的现实要求。

根据《国家新型城镇化规划（2014—2020年）》和《“十三五”推进基本公共服务均等化规划》，截至2020年我国新型城镇化和基本公共服务均等化的目标见表7-1。

---

① 程岚. 公共财政视角下基本公共服务均等化研究 ［M］. 北京：经济科学出版社，2010.

表 7 – 1　　　　　　　我国新型城镇化和基本公共服务均等化 2020 目标

	新型城镇化	基本公共服务均等化
当前问题	①农业转移人口市民化进程相对滞后 ②人口城镇化仍落后与"土地城镇化" ③城镇空间分布和规模结构不尽合理，城乡建设缺乏特色 ④城市管理服务水平不高，公共服务供给能力不足 ⑤体制机制不健全	①城乡区域间资源配置不均衡，服务水平差异较大 ②基层设施不足和利用不够并存，人才短缺严重 ③部分服务项目尚未有效惠及全部流动人口和困难群体 ④体制机制创新滞后，社会力量参与不足
总体目标	全面提高城镇化质量，加快转变城镇化发展方式，走以人为本、四化同步、优化布局、生态文明、文化传承的中国特色新型城镇化道路	基本公共服务体系更加完善，体制机制更加健全，在学有所教、劳有所得、病有所医、老有所养、住有所居等方面持续取得新进展，基本公共服务均等化总体实现
具体目标	①稳步提升城镇化水平和质量，提高户籍人口和常住人口的城镇化率（分别达到 45%、60%） ②城镇化格局更加优化，基本形成"两横三纵"为主体的城镇化战略格局 ③以集约紧凑型开发模式成为主导，促进城市发展科学合理 ④城市生活和谐宜人，稳步推进城镇基本公共服务常住人口全覆盖 ⑤各项相关的城镇化体制机制不断完善	①稳步提高均等化水平。城乡区域间基本公共服务大体均衡，贫困地区基本公共服务主要领域指标接近全国平均水平，广大群众享有基本公共服务的可及性显著提高 ②国家基本公共服务清单及标准体系全面建立，并能够实现动态调整和有效实施 ③巩固健全基本公共服务供给保障机制，夯实基层服务基础和人才队伍，基本形成可持续发展的长效机制 ④各领域制度规范及衔接配套基本成型，基本公共服务依法治理水平明显提升

资料来源：国务院：《国家新型城镇化规划（2014—2020 年)》《"十三五"推进基本公共服务均等化规划》。

　　2018 年 12 月，中共中央办公厅、国务院办公厅印发了《关于建立健全基本公共服务标准体系的指导意见》，明确要从国家、行业、地方、基层四个层面构建基本公共服务标准体系，并明确了"十四五"末和到 2035 年两个时间节点的具体目标。即力争到 2025 年，基本公共服务标准化理念融入政府治理，标准化手段得到普及应用，系统完善、层次分明、衔接配套、科学适用的基本公共服务标准体系全面建立；到 2035 年，基本公共服务均等化基本实现，现代化水平不断提升。[①]

　　纵观新型城镇化发展的近期和远期目标和当前亟须解决的问题，关键还在

---

① 中共中央办公厅、国务院办公厅：《关于建立健全基本公共服务标准体系的指导意见》。

于推进人的城镇化，实现社会福利与改革成果的公平共享，促进城乡统筹发展以及人与自然和谐相处。而这其中相当大的部分都需要在实践中通过实现基本公共服务均等化来完成，如地区间、城乡间的均衡发展，以及农村转移人口市民化的转换等。因此，在新型城镇化发展进程中，明确基本公共服务均等化优化的目标就必须紧密围绕城镇化发展中需要解决的核心问题，同时，充分考虑均等化实践中客观存在的短板，保持与城镇化发展的同步性，稳步提高基本公共服务均等化水平。确保基本公共服务均等化既有利于促进新型城镇化的发展，同时极大地提升社会成员的获得感和幸福感。具体目标如下。

7.1.2.1　推进农村转移人口市民化，逐步实现城镇内居民公共服务均等与共享

随着城镇化的进程，大量农村人口正在不断地向各类城市迁徙，逐步成为农民、市民以外的第三类人群。由于缺乏必要的市民身份，基本公共服务等相关利益难以得到保障。从国情出发，推进农业转移人口市民化应坚持两条腿走路：一方面，加快户籍制度改革，放宽落户条件，让有意愿有能力的农业转移人口在城镇落户定居成为市民；另一方面，推进公共服务均等化，将社会福利与户籍剥离，让暂不符合落户条件或没有落户意愿又有常住需求的农业转移人口，能享有基本公共服务。为此，需加快健全基本公共服务体系，根据不同公共服务项目的轻重缓急，依托居住证制度，梯度推进基本公共服务均等化，逐步实现基本公共服务由户籍人口向常住人口扩展，保障农业转移人口与本地居民平等享有基本公共服务。

7.1.2.2　实现城乡统筹，推进城乡区域基本公共服务大体均衡

基于我们对中国现阶段发展不平衡的判断和认识，其中最大的问题无疑是城乡之间的不平衡。而城乡之间的不平衡又集中体现在城乡居民所享有的基本公共服务水平的差异上。表面看，当前城乡已经实现了基本义务教育全免费和基本医疗保险的统筹，并初步建立起了全面覆盖城乡的社会保障体系。实际上，农村在相关基本公共服务的财政提供能力、人才物资等资源条件以及最终的服务水平和质量上仍与城镇有较大的发展差距，基本公共服务仍然是我国乡村发展中明显存在的短板。要补齐这个短板，真正实现改革发展红利的共享，就必须全面加快实现城乡统筹。现阶段应加大对农村基本公共服务的供给，并

不断增强基本公共服务在城乡间（包括乡村与小城镇、县城以及城市）发展的同步性，逐步提升基本公共服务的资源布局与人口分布的协调性，确保城乡基本公共服务均等化的水平稳步提高。

7.1.2.3 规范健全基本公共服务制度及其配套衔接，保障政策的统一与协调

一方面，根据国家不同时期出台的基本公共服务均等化发展规划和体系标准，地方应及时建立完善具体的符合当地发展需要的实施规划和行动方案。以此构建完备稳定的基本公共服务体系框架和制度标准，并通过实现动态调整的适时性和可操作性，使得基本公共服务的软硬件标准进一步提升，服务范围有序扩大，最终形成基本公共服务可持续发展的长效机制，确保服务提供和享有有规可循、有责可督。

另一方面，促进基本公共服务制度与实现均等化相关领域的制度之间的配套和衔接。这其中既包括义务教育、基本社会保障、住房及就业保障等在内的促进市民化及城乡居民公共服务均等化健康发展的体制机制取得实质性进展，也包括与之匹配的户籍制度、土地管理制度、城市建设融资机制，以及财政、金融体制更加完善，实现基本公共服务依法治理水平明显提升。

7.1.2.4 加强基本公共服务供需连接以及政府、市场与社会联动，全面提高供给水平与效率

考虑到基本公共服务供给所受到的区域经济发展和财政供给能力的局限，以及不同社会层次居民收入水平和需求水平差异的影响，构建新型供给运行机制应成为实现基本公共服务均等化的重要目标。一方面，充分考虑需求的多样性与差异性，将基本公共服务供给与需求作精准对接，明确各级政府的支出责任，合理安排人才队伍、资金调配和服务设施建设，实现资源布局与人口分布协调性明显提升，显著改善居民获取基本公共服务的可及性、便利性。另一方面，打破现行基本公共服务供给的政府主体的单一性与垄断性，构建政府、社会、市场共建共享的多元化供给体系格局，在增强服务提供的竞争性互补性多样性的同时，确保服务资源共享综合利用效率逐步显现，精细化水平进一步提升。

7.1.3　优化基本公共服务均等化实现机制的总体设计

按照基本公共服务均等化的原则要求和具体的目标任务，从实现机制上看，本书认为，一个"政府为主导、多元参与，多规合一，分阶段推进"的基本公共服务均等化实现模式是我国应有的现实选择。

——"政府主导、多元参与"①

就是要通过构建一个利益共享、责任共担的机制，在保持基本公共服务供给政策的"公共利益"取向的同时，力求实现供给效率。由于基本公共服务本身的多样性和广泛性，使得单一的政府治理工具难以有效解决。根据新公共服务理论和国外的成功经验，政府可以有效运用多元化、混合式的治理方式，形成以政府的行政机制为主导、私营部门的竞争机制和社会组织的自治机制共同参与的多种方式并存的供给体制，以此来提升基本公共服务的供给质量、效率和公平。

其应有之义包括：一是要准确定位政府与其他参与主体的关系，在政府基本公共服务的制度框架下建立多元参与的常规模式，构建和疏通参与的渠道。围绕基本公共服务供给这一主题，形成各方利益主体参与、协商互动的多中心政策网络，通过公众参与、多元利益表达和利益博弈机制，尽可能避免政府所掌握的公共权力异化为替少数特殊利益集团服务，允分兼顾到各方面的利益，以求提高政府的服务绩效，逐渐实现基本公共服务供给质量和数量的"帕累托最优"。二是在基本公共服务的资金来源、生产提供途径上，全面体现政府主导下的多元共同参与性和协作性，一方面提升基本公共服务的供给能力；另一方面，凸显市场竞争与激励机制对基本公共服务供给和均等化实现的重要作用。

——"多规合一"②

重在强化规划引导和部门协作。新型城镇化下的基本公共服务均等化涉及城镇体系结构和空间布局、城镇综合承载能力建设和产业发展，涉及户籍、土地和社保政策以及公共服务和社会管理，是一项牵一发而动全身的工作，是与

① 程岚. 公共财政视角下基本公共服务均等化研究［M］. 北京：经济科学出版社，2010.
② 程岚. 财政转移支付同农业转移人口市民化挂钩机制研究［A］. 江西省发展和改革委员会与江西财经大学联合课题组编著. 探索之路——江西省发展和改革委员会与江西财经大学合作课题集［C］. 南昌：江西人民出版社，2014.

农业现代化、新型工业化、新型城镇化和信息化相关联的系统工程。而当前在新型城镇化与基本公共服务均等化之间，特别是在推进农业转移人口市民化的政策措施上，各部门、各地区没有统一的政策指引，政策"碎片化"问题比较突出，相互冲突、相互抵消、相互割裂、互不融通的问题尤为严重。都出台了政策，但这些政策不能产生共振和叠加效应。因此，在新型城镇化进程中，推进农业转移人口市民化、全面提升基本公共服务全覆盖，应加强政策规划引导和相关部门协作。

（1）总体规划引领与统筹。除了国家层面的顶层设计，各省委、省政府应紧紧围绕省情做好新型城镇化建设规划，增强城乡规划的引导和调控作用。建立完善工作机构和运行机制，合理确定各级政府和部门职责分工，加强重大政策的统筹协调，尤其是省发改委的牵头及联系作用。考虑到省内城乡二元分割的户籍制度形成了城乡居民之间权利的不平等、享有公共资源和社会福利的不平等，以及户籍—土地—财政税收制度存在内在联系，在省级规划中，应力求实现户籍—土地—财政税收制度的良性联动机制的设计与规划。如将城镇和工业征用农用地的使用指标与农民工市民制的指标挂钩，使城镇扩张的收益与农民工市民化的真实成本包括子女教育、养老与医疗保险、基本住房保障等公共服务支出之间建立起对应关系，平衡土地城镇化和人口城镇化，有效改变现有城市化进程中只顾使用廉价农民工而不承担相应的经济和社会责任的状况，把土地城镇化和人口城镇化紧密联系在一起，形成户籍—土地—财政税收制度的良性联动机制。

（2）部门规划对接与协作。围绕省政府总体规划，省发改、财政、公安、民政、教育、卫生、人保、人口计生、住建、国土、农业、环保、统计等部门将搞好政策衔接，及时加强专项规划编制、实施以及动态监控。其中，住建部门当前应重点抓紧制定本省城镇体系规划，实现城市近期建设地段控制性规划全覆盖，为农业转移人口市民化优化城镇空间布局，提供合适的载体；财政部门应重点负责本省城镇化和均等化的资金保障规划，并会同省发展改革委、人力资源社会保障厅、住房城乡建设厅、教育厅、公安厅、民政厅、农业厅、省卫生计生委研究制定转移支付与农业转移人口市民化挂钩机制，尤其是省对市县一般性转移支付及专项转移支付安排；省发改委、省委农工委、国土资源厅、住房城乡建设厅、农业厅、林业厅应共同协作，继续巩固和完善农村集体建设用地、宅基地确权登记颁证工作，推动试点县（市、区）完成农村土地承包经营权确权登记颁证和建设农村产权交易平台等工作，并积极推进增加农民财产性收入改革试点；等等。总之，通过部门对接与协作，确保城市（村镇）总体规划、土地利用规划、产业发展规划、公共资源配置规划精准对接，以及合法合规推进实施，促进市民化目标的实现。

——"分阶段推进"

强调的是基本公共服务均等化不是一步到位，而是不断演进的过程。这其中既包括均等化覆盖区域及人群的"分阶段"，也包括推进均等化的工作侧重的"分阶段"。

我国实现基本公共服务均等化目标的分阶段是：近期阶段的目标可能更侧重于区域基本公共服务均等化，主要表现为区域内、区域间的公共服务水平的差距明显缩小（比如，基本社会保障实现地区统筹并积极缩小各地标准的差距）；中期阶段的目标会更多地侧重于城乡基本公共服务均等化，主要表现为不仅在区域内，而且在各区域城乡之间的基本公共服务水平接近（比如，把城镇"低保"扩展到各地农村）；远期阶段的目标则是实现基本公共服务水平在居民间的均等状态。各阶段间目标任务并非完全割裂，而是交错进行。

基本公共服务均等化实现路径的分阶段。从中央到地方，以经济发展阶段为基础，确定不同阶段的发展规划、实现任务以及行动纲领，以确保均等化实现稳步推进。从"十二五"到"十三五"，各地区各部门均等化的工作主要围绕基本建成覆盖全民的基本公共服务制度，持续改善各级各类基本公共服务设施，全面落实国家基本公共服务清单项目，逐步提升保障能力和群众满意度。目前，"十四五"规划前期研究已经启动，未来要推动公共服务更好地融入国家发展战略。到"十四五"末实现基本公共服务标准化理念融入政府治理，标准化手段得到普及应用，系统完善、层次分明、衔接配套、科学适用的基本公共服务标准体系全面建立。到 2035 年实现远期目标，即基本公共服务均等化基本实现，现代化水平不断提升。①

① 中共中央办公厅、国务院办公厅：《关于建立健全基本公共服务标准体系的指导意见》。

7.2 加快转换政府职能，构建服务型政府与民生财政[①]

当前在我国市场化发展过程中，社会政治经济正发生着深刻变化，其中最基本的矛盾体现为经济发展的不充分不均衡与人民日益增长的美好生活需要之间。政府与市场、政府与民众的关系出现新的格局，财政运行机制也面临着效率与公平的挑战。而基本公共服务的不均衡作为改革行进中出现的矛盾，折射出政府角色定位和财政配置模式的缺陷与不足。因此，按照"政府主导、多元参与、多规合一、分阶段推进"的基本公共服务供给模式的要求，尽快转换政府职能、合理选择政府与财政定位，是实现基本公共服务均等化的重要步骤。

7.2.1 积极转变政府执政理念，加快推进服务型政府建设

按照"十三五"规划纲要、《关于建立健全基本公共服务标准体系的指导意见》所提出的 2020 年及"十四五"末和 2035 年实现的基本公共服务均等化目标，以及十九届四中全会所提出的"必须健全幼有所育、学有所教、劳有所得、病有所医、老有所养、住有所居、弱有所扶等方面国家基本公共服务制度体系"[②] 的要求，现阶段我国要不断加强基础性、兜底性民生建设，逐步形成惠及全民的基本公共服务体系。既要不断增加公共服务的总量，向社会提供更多更好的公共产品和公共服务，又要着力优化公共服务的结构与布局，实现基本公共服务的均等化。为此，政府职能转型和再造不可或缺。而政府转型的关键，就是要明确划分政府与市场的活动边界，切实转换政府职能，增强社会发展的责任心和自觉性，提高政府公共服务的能力。

7.2.1.1 树立"以人为本"的服务理念

"以人为本"的理念不仅要求政府在定位自身的职能时要以满足全体人民的利益需求为基本目标，同时还要求政府在公共服务的方式和手段方面实现由

---

① 程岚. 公共财政视角下基本公共服务均等化研究［M］. 北京：经济科学出版社，2010.

② 中国共产党第十九届中央委员会第四次全体会议公报［EB/OL］. 理论网，http：//www. cntheo-ry. com/zggcdzywyhlcqthy/zggcddsjjzywyhlcqthy/202110/t20211008_ 20237. html.

行政控制向人性化公共治理的转变。"以人为本"的政府公共服务手段，是指要在充分尊重公民基本权利的前提下，着力提供居民现阶段必要而迫切的公共服务，透过基础性和普惠性，最大限度地保障全体公民最基本的公共需要得以满足。在推进国家治理体系和治理能力现代化背景下，"人性化公共治理"方式则强调在政府提供基本公共服务中更加注重社会公众的认同和参与程度，给老百姓更多的知情权、选择权、表达权和监督权，并在此基础上建立健全公共利益的实现机制、公平的利益分配机制以及合理的利益补偿机制等。

7.2.1.2 树立协同服务的理念

打破传统典型的公共服务政府主导型供应机制，在公平目标的基础上结合效率原则，拓展多元化、多渠道的公共服务提供主体和资金来源，形成政府与社会良性互动、协同服务的格局。一方面，尽可能地减轻政府的提供压力；另一方面，提升基本公共服务的供给水平，增强社会公众的满足程度。从我国具体国情出发，当前应当建立以政府为主导，社区自治组织、企业、第三部门和志愿者为补充的公共服务供给主体体系，最大限度地调动和发挥各种公共服务的社会力量。政府应通过协商谈判、政策宣传、信息公开、接受监督与质询等方式，力求最大限度地实现政府与市场、社会、企业、公民等不同层次之间的良性互动，充分发挥政府、企业、第三部门和社区在公共服务供给上的协同作用。

7.2.1.3 树立均等有效的公共服务理念

公共服务体系应该无差异地面向全体社会成员开放，以其高效的服务最大限度地满足社会公共利益。应该说，让全体社会成员享有同等的公共产品和服务，体现公正、平等，是基本公共服务的均等化的目标和应有之义。当然，均等并不是要实现绝对的平均主义，而是要让全体社会成员能够享有的基本公共服务在最低程度上一致保持，避免经济发展差异导致不同区域社会成员基本公共服务的差距过大，甚至是权利得不到基本保障。而除了均等，要在公共服务实践中实现有效，还需要保持供给和需求的动态平衡。通过各种渠道和方式，随时把握不同阶段、不同区域和不同人群公共需求的真实状态，根据需求偏好积极主动地做出回应和调整，消除信息不对称下可能出现的公共服务提供的低效和无效，确保政府公共服务的有限资源获得最大可能的有效供给。

7.2.1.4　树立基本公共服务标准化理念

由于基本公共服务具有的公共性、公益性、基础性的特质，如何实现其公平、公正、可及和持续就应该成为其制度安排的价值目标。而要解决当下各地经济社会发展水平及基本公共服务地方供给能力与体制的差异，落实公共治理中所有参与各方承担的相关责任，以实现基本公共服务的可持续有效提供，就需要在基本公共服务的实践中推行标准化建设，这也是实现国家治理体系和治理能力现代化的重要内容。

通过标准化建设，围绕基本公共服务的具体内容、提供机制、服务标准以及评估机制制定共通广泛以及相对统一的标准，以技术理性的方式，解决现实中基本公共服务提供中的价值指引、执行体系构建与分工协调，以及制度规范。实现基本公共服务标准化重在标准的制定过程和标准化的实施机制。根据2018年中央出台的《关于建立健全基本公共服务标准体系的指导意见》，我国已构建了基本公共服务标准体系的总体框架，并从国家、行业、地方、基层服务机构四个层面，明确了相应的责任划分和国家基础标准。而以此为基础如何制定地方标准并且有效实施，无疑是各级政府推进基本公共服务均等化、落实民生底线的重要任务。

7.2.2　聚焦当前基本公共服务的重点和难点，努力打造民生财政

事实上，我国当下突出的民生问题主要集中于基本公共服务供给的总量不足和结构失衡上。这一方面使得公众日益增长的社会公共需求难以得到满足，另一方面则是难以回避的城乡差距、区域差距和社会阶层之间的差距。而要调动更多的财政资金投向公共服务领域，并确保它能向重点区域、重点项目和重点人群倾斜，就必须以公共服务为导向，优化财政支出结构，打造民生财政，使传统财政由主要保障政府运转的经费需要为主，转变为以提供公共服务满足人们公共需要为主。从这个意义上说，民生财政是改革发展成果由人民共享的最重要的保证和最直接的体现，也是实现基本公共服务均等化的根本路径和制度安排。

在我国经济发展所处起飞阶段以及减税降费这一大的社会背景之下，要建立民生财政，促使民生不断改善，首先就需要在财政决策上以民生为导向，突

出当前基本公共服务的重点和难点，合理安排财政支出项目，将区域特色、财力可能和民生需求有机结合，充分体现公共服务的多样性和差异性，最大限度地满足人们对公共服务的消费偏好。其次在有限的财力基础上对现有财政支出结构进行优化，做到有保有压。一方面，政府要逐步减少直至退出对一般性竞争性领域的直接投入，严格控制各级政府的行政成本，努力节约一般性开支，进一步压缩"三公经费"；另一方面，政府要支持各项社会事业协调发展，不断加大对重点领域重点支出的保障力度。透过保压齐下力求实现财政支出的三个转变：一是由重点支持城市转向重点关注农村地区，着力解决农村基本公共服务供给不足的问题，特别是农村基础教育、卫生医疗以及与生产生活相关的基础设施建设。二是由以经济建设为中心转向重点支持社会公共事业发展和环境保护。逐步减少经济性项目支出，重点支持医疗卫生、教育、社会保障与就业、保障性住房建设等各项事业发展，以及天然林保护、退耕还林、风沙治理等环境保护和生态建设；三是由向传统区域板块倾斜转向重点支持区域协调发展，推动包括"一带一路"、粤港澳大湾区建设、京津冀协同发展以及长江经济带发展等在内的国家重大区域战略融合。总体上，体现财政支出向农村倾斜，向社会事业发展的薄弱环节倾斜，向困难地区、困难基层、困难群众倾斜，向区域协调倾斜。结合在城镇化和基本公共服务均等化发展状况的分析中反映出来的与"人的城镇化"相关的薄弱指标和均等化差异中的显著指标，在近期公共支出的具体安排上，应着力体现和保障的当下基本公共服务的重点难点包括以下方面。

7.2.2.1 充分保障基础教育事业发展

考虑到教育效益的外溢性，必须充分明确政府在教育事业发展中的重要责任。一方面，保经费增长。其中包括：教育经费的财政增幅应高于同期经常性收入的财政增幅；以及教育经费所占同期财政支出的比重有所增长。另一方面，保投入重点。积极支持义务教育，特别是西部地区和农村地区的基础教育。

一是，巩固落实中央与地方义务教育经费保障机制，实现城乡统一、重在农村。其中包括：①贯彻城乡义务教育"二免一补"统一政策下中央与地方按其规定负担的项目和支出比例；②落实城乡统一义务教育学校生均公用经费基准定额下东部及中西部确定的定额标准，以及中央和地方各自承担的资金比例；③建立义务教育学校校舍安全保障长效机制，其中农村地区由中央补助，城市公办义务教育学校由地方提供资金；④巩固落实城乡义务教育教师工资政策，中央继续对中西部地区及东部部分地区义务教育教师工资经费给予支持。

二是，在统一城乡义务教育经费保障机制的同时，各省仍应将农村作为义务教育投入的重点。对革命老区、民族地区、集中连片特困地区，按规定应由地方各级政府分担的经费，主要由省级财政承担。

三是，统筹城乡义务教育一体化，解决"城市挤"和"农村弱"的薄弱环节。城镇新建的小区必须同步建设标准化学校，千方百计增加学位，与此同时，保障进城务工人员随迁子女教育。农村加强小规模教学点和乡镇寄宿制学校建设，并同时提高对其公用经费的保障水平。

7.2.2.2 全面提升居民基本医疗卫生服务水平

伴随着我国人民生活水平不断提高，生态环境和生活方式变化以及城镇化、人口老龄化进程加快，健康需求日益增长。但同时，也面临着供给当中卫生资源总量不足、结构和分布不够合理和均衡、供给主体相对单一、基层服务能力相对薄弱等突出问题。为此，深化公共卫生医疗改革，健全卫生经费保障机制，推进健康中国建设，是优化财政支出结构的重点内容。

一是，积极落实《中共中央国务院关于深化医药卫生体制改革的意见》《"健康中国 2030"规划纲要》《"十三五"深化医药卫生体制改革规划》以及各年《深化医药卫生体制改革重点工作任务》，不断强化政府在基本医疗卫生制度中的责任和目标任务。实现医疗、医保、医药"三医联动"改革，发挥政府主导与市场竞争相结合。在基本医疗卫生服务领域，坚持政府主导，强化政府责任，适当引入竞争机制；在非基本医疗卫生服务领域，政府则以规范引导为主，充分发挥市场机制的作用，满足多样化与个性化健康的需求。

二是，明确政府提供的公共卫生服务范围和资金落实责任。"以妇女儿童、老年人、贫困人口、残疾人等人群为重点，从疾病的预防和治疗两个层面逐步向城乡居民统一提供疾病预防控制、妇幼保健、健康教育等基本公共卫生服务。实施国家重大公共卫生服务项目"[①]，加大慢性病和重大传染病防控力

---

① 中共中央国务院：《"健康中国 2030"规划纲要》，2016 年 10 月 25 日。

度，"有效预防控制重大疾病及其危险因素，进一步提高突发重大公共卫生事件处置能力"。[①]

三是，增加政府投入，实现基本医疗保障制度全面覆盖城乡居民。按照保基本、兜底线、可持续的原则，力争城乡居民医保财政补助标准在目前每人每年 520 元的基础上有进一步提高，同时逐步提高个人缴费标准，支持全面建立统一的城乡居民基本医疗保险和大病保险制度。并以基本养老保险支付方式改革为抓手，加强基金监管，提高医保资金使用效率。

四是，增强城乡社区卫生医疗服务体系，提升基层医疗卫生服务能力。逐步加大中央与地方财政补助力度，确保基本公共卫生服务经费人均财政补助标准在现有每人每年 69 元的基础上，逐年有所提高。同时，保证新增基本公共卫生服务财政补助经费全部用于村和社区，改进乡镇卫生院、社区卫生服务中心等基层医疗服务机构的服务能力和业务水平，为在我国推广分级诊疗工作奠定现实基础。此外，必须进一步明确公立医院公益性定位，强化政府责任，优化投入政策，从药品价格、医师人事及薪酬等方面入手深化公立医院综合改革，解决错位逐利、以药补医等不恰当的发展模式，在不断增强基本医疗卫生服务可及性的同时，降低社会居民的看病成本。与此同时，结合国情积极支持中医药事业传承创新发展，加强卫生健康人才培养培训。

7.2.2.3　大力支持就业和社会保障工作

就业是民生之本。在本书的研究中我们发现，虽然各地城镇登记失业率差异不大，但每十万人口城镇新增就业人数这一指标仍存在一定程度非均等化现象。特别是在当前国际国内经济持续下行的大环境下，实施更加积极的就业政策和长效机制就显得尤为重要。其一，继续认真落实中央关于就业和再就业的财税优惠政策。在当前减税降费的背景下，支持就业供给侧结构性改革，各地政府一方面可以通过降低失业保险费率，进一步降低企业成本，支持实体经济发展；另一方面进一步实施稳岗补贴政策，前移预防失业的"关口"。通过把稳岗补贴列入失业保险基金支出范围以及提高稳岗补贴的比例，确保少裁员的企业缴纳的失业保险缴费按比例返还，逐步实现零裁员的企业单位失业保险零

---

① 中共中央国务院：《"健康中国 2030"规划纲要》，2016 年 10 月 25 日。

缴费。使失业保险制度由单纯提供失业生活保障转变为兼具预防失业、稳定就业的政策功效，增强企业在稳定就业岗位上的主体作用和社会责任。其二，完善公共部门就业服务机制，提升社会就业服务能力。一方面，持续充实人力资源信息数据库，加快就业信息化建设，搭建用人单位和求职者的信息桥梁；另一方面，积极开展不同层次不同人群的就业能力培养，包括农村转移人口技能及岗位培训以及失业人员再就业培训，丰富劳动者就业创业技能，提升其市场竞争能力。其三，继续加大对重点就业群体创业的扶持。一方面，重点关注高校毕业生的就业工作。通过开展创业培训、发放创业担保贷款、困难毕业生求职创业补贴等措施，激发全社会创新创业活力。另一方面，努力做好农村劳动力就业服务和转移就业，以及贫困劳动力转移就业。开展各项活动，为农村劳动力外出务工和企业用工搭建对接平台，同时减免吸纳扶贫对象就业的企业相关税费。

社会保障是民生的安全网。本书研究中可以看到，我国各地社会保障的非均衡状况十分突出，因此有必要加大对社会保障的支持力度，提高社保资金管理和使用水平。首先，积极拓宽社会养老资金筹集渠道，提高保障层次与水平。一方面，确保企业和机关事业单位退休人员基本养老金标准的提高与落实（从 2019 年 1 月 1 日起按平均约 5% 的幅度），保障企事业离退休职工养老金的按时足额发放的基础上有所增长；另一方面，逐步提高养老保险的统筹层级，以实现全国统筹为目标，当前应加快推进省级统筹，促使地方进一步统一养老保险政策，实现社会公平。此外，还应不断加大中央财政及省财政的资金补助，积极推进各地城乡居民社会养老保险制度的全覆盖。其次，加强基本住房保障。一是明确保障性住房建设的资金来源及规模。这其中应包括中央及地方各级财政城镇保障性安居工程专项资金及其增长，以及农村危房改造补助资金。二是优化保障性住房建设资金的使用结构。一方面，严把棚改范围和标准以及改造重点（如老城区脏乱差的棚户区，国有工矿区、林区、垦区的棚户区等）；另一方面，加快城镇公租房建设和老旧小区改造，以及农村危房改造，保证建档立卡的各种困难人群得以优先支持。最后，强化民生政策兜底，推进社会救助体系建设。中央与地方共同积极筹措并安排相应困难群众补助资金，一是建立城乡最低生活保障制度，并分别城镇和农村逐年提高低保补助标准，加大资金投入力度，实现应保尽保；二是进一步完善城乡医疗救助制度，适度提高医疗救助水平。三是做好特困人员救助供养（含分散供养和集中供养）、流浪乞讨人员救助及孤儿基本生活保障等工作和资金发放，提高社会救助水平；四是落实困难残疾人生活补贴和重度残疾人护理补贴政策，支持残疾人事业发展①。

7.2.2.4　大力支持生态环境建设

加强生态环境建设是实现人与自然和谐相处的内在要求。作为决胜全面建成小康社会"三大攻坚战"中的一役，打好污染防治攻坚战，有利于增强人民群众的生态环境获得感、幸福感、安全感。习近平总书记在 2018 年中央财经委员会第一次会议上发表的重要讲话指出，污染防治攻坚战的目标任务是，到 2020 年使主要污染物排放总量大幅减少，生态环境质量总体改善。具体来讲，要打好几场标志性的重大战役，即打赢蓝天保卫战，打好柴油货车污染治理、城市黑臭水体治理、渤海综合治理、长江保护修复、水源地保护、农业农村污染治理攻坚战，确保 3 年时间明显见效②。

要进一步加大对农村环境保护、土壤污染防治、饮用水安全等环境保护薄弱环节和涉及人民群众生命健康领域的财政投入。把打赢蓝天保卫战作为重中之重，确保财政大气污染防治资金的安排与增长，并支持北方地区冬季清洁取暖工作的试点与推广；支持全面落实土壤污染防治行动计划，合理安排财政资金，加强土壤污染状况详查、修复治理等各项工作；将消灭城市黑臭水体作为水污染治理的重点，扩大水污染防治方面的资金保障；加大长江经济带、渤海及水源地生态保护及修复奖励政策力度，推动相关区域加快建立区域内和区域之间的横向生态保护补偿机制；继续实施补助奖励政策，推进包括保护天然林、退耕还林还草、湿地保护和恢复等在内的山水林田湖草生态保护修复工程；利用转移支付引导重点生态功能区加强地方生态建设。③

7.2.2.5　加大公益性公共基础设施建设

优化财政支出，不仅要重视社会公共性支出，还必须围绕基本公共服务均

---

①③　财政部：《关于 2018 年中央与地方预算执行情况及 2019 年中央与地方预算草案的报告》，2019 年 3 月 18 日。

②　习近平：《中央财经委员会第一次会议上讲话》，2018 年 4 月 2 日。

等化要求，加大公益性基础设施的建设支出。通过本书研究和实地调查可以了解，我国当下公共基础设施的差异更多地反映在农村地区和西部偏远地区。因此，加大对农村和西部的公益性公共基础设施建设投资，无疑有助于缩小城乡和区域间公共环境服务差距，其重点应该包括以下方面。

一是，大力支持西部地区公共基础设施建设。相比东中部基础设施建设，广大西部地区仍有许多空白，严重制约了当地经济发展和居民的脱贫致富。尤其是西南部地区山岭纵横，道路桥梁、通信电力等基础设施对于促进其经济社会发展意义更为重要。中央和地方政府要发挥共建"一带一路"的引领带动作用，通过专题研究，分不同层次制定规划，并采取多种投资方式，加快建设西部内外通道和区域性枢纽，完善基础设施网络，提高对外开放和外向型经济发展水平。

二是，大力支持乡村建设，因地制宜改善农村基础设施促进提档升级。一方面，大力加强农村生活基础设施建设。以垃圾污水处理、农村饮水安全巩固提升工程、生产废弃物资源化利用、厕所革命、打造农村社区等为重点，改善农村人居环境。另一方面，改善农村生产基础条件。推进农村电网升级改造，水利设施与农村道路等基础设施建设和管护，以及农村卫生室标准化广播电视村村通、中小学校舍安全化等各项建设工程，全面提升乡村公共服务水平。

除了以上基本公共服务在政府支出中应作为必备的重点内容予以持续保障以外，根据本书之前的分析，基本公共文化和基本社会服务由于在各区域各省份的差异化日趋明显并呈现扩大趋势，接下来同样应该在政府的资金分配中引起高度关注，不仅要逐步扩大其支出，同时在今后工作中还应更加注重其效率的提高。这其中需要改善的指标有每十万人口卫生机构床位数、社区服务机构覆盖率、每十万人口公共图书馆年流通人次、每十万人口博物馆年参观人次，以及人均地方财政文化体育与传媒支出。这些项目内容对于不断提升全民文化、体育及健康素质，改善社会福利水平和质量无疑具有十分重要而长远的意义。

总之，通过调整财政支出结构导向，使各级政府的财政支出重点向基本公共服务领域的倾斜、向基本公共服务均等化程度低的中西部地区的倾斜，以保证区域基本公共服务均等化目标的顺利实现。

7.2.3　提高政府公共服务能力与绩效，创造均等化良好的实现条件

政府公共服务能力与绩效水平，是基本公共服务均等化实现的重要条件。为了进一步推进基本公共服务均等化发展进程、强化政府在基本公共服务安排与提供中的主导作用，政府公共服务应切实加强能力建设，努力提升绩效管理水平。

7.2.3.1　以公务员为主体切实提升政府公共服务的能力与水平

保障一国政府的公共服务供给水平，既要有健全的公共服务供给体系和法律法规，还需要有一支高素质的公务员队伍。作为政府提供公共产品和公共服务实施主体，公务员是连接政府与公众的重要桥梁，公务员队伍的整体素质和服务能力直接影响着公众对公共服务享有的体验感和满足感。可以说，伴随着政府部门绩效管理的目标和要求不断提高以及管理工作的日趋复杂与规范，公务员队伍本身已经成为政府效率实现的决定性因素。为此，一方面应不断强化公务员的服务意识、责任意识和法律意识。首先，公务员必须树立全心全意为人民服务的正确思想和"公仆"形象，明了自己的权力和职责是为社会公众提供优质的公共服务，实现人的全面发展。其次，加强法律约束和社会监督以及行政管理，确保公务员的公共服务职责在法律的授权范围内进行，行为受到法律法规及制度的规范和约束，并接受社会监督。最后，还应建立完善相应的公务员录用及考核机制，在选人和用人方面加强从服务理念、服务态度、服务能力及服务效率以及廉政建设等全方位考察和管理，保障公务员的制度建设持续长效。另一方面，强化教育激励，着力提高公务员素质和能力。考虑到公共服务内容的多样性和专业性，以及服务对象构成的复杂性，必须与之相适应培养具备职业化素养和专业化能力的公务员队伍，以提高政府公共服务的质量。为此，各级政府及其相关部门应当适时抓好公务员的教育培训工作，积极拓展公务员的知识结构和综合素养，提高公务员进行公共服务的决策能力和执行能力，积极应对提供公共服务过程中出现的新情况、新问题，化解一切可能出现的矛盾和困难。

7.2.3.2　以网络为平台实现政府公共服务电子化和"一站式"

在互联网广泛运用的今天，网络已成为信息互换的重要场所。而要解决公

共服务供需之间信息的不对称，提高政府提供公共服务的有效性和针对性，其一，政府应全面推行政府公共服务办公电子化。通过建立健全政府门户网站等相关政府公共服务信息系统，搭建政府与公众之间的信息桥梁和沟通平台。一方面，通过全天候的在线服务，确保政府能够向社会公众及时、准确地传递服务信息，切实保障公共服务的有效提供，改善政府的公共服务水平；另一方面，社会公众也可以通过门户网站向政府有关部门表达对公共服务需求的诉求与偏好，了解其提供公共服务的职责、工作流程以及政策法规等相关信息，并监督政策落实的公开性与公正性。其二，利用信息平台实现一站式服务，提升公共服务效能。为了减少政府行政条块分割所带来的协调成本和社会公众面临多头管理所造成的额外负担，政府可以通过建立网上办公系统，联合线下不同部门同时参与，为企业和公众提供更加便捷而经济的公共服务，保障用户一站式完成从申请到获取甚至还有事后评价等全部服务环节的各项内容。

7.2.3.3 改进基层政府公共服务供给决策机制，提高公共服务效率

从制度上确立由辖区居民、辖区内部需求决定的公共服务投资范围和投资方向的机制。一方面，要建立辖区内公共服务的民主参与机制，使多数人的需求意愿得以体现。这就需要在近年来实施的以村民自治为主的基层民主建设的基础上，扩大农民和社区居民在基层政府公共服务供给过程中的参与决策权。另一方面，建立基层辖区公共服务项目的科学决策机制。应结合辖区居民对公共服务偏好的优先序，合理拟定拟建的公共服务项目，并加强项目的可行性研究，避免不切实际的"形象工程"和"政绩工程"。同时，加强对基层政府公共服务提供活动的社会与公众监督。

7.2.3.4 以制度化建设为路径确保政府公共服务的持续性和有效性

要确保政府的服务性行为的持续性，克服人为因素的干扰，并努力提高政府服务的绩效水平，加强制度建设尤为关键。这些公共服务制度应当包括以下方面。

一是，民意表达的畅通机制。政治市场和政府行为中存在的一个重要缺陷便是公共服务供需信息的不对称。而要解决这一不对称、实现政府对公共利益的追求，就需要打通政府与公众之间的信息屏障，建立起公众民意的表达机制。一方面，使得社会公众能够真实表达对公共服务的诉求，为政府公共服务

决策提供广泛民意基础，避免信息阻隔下可能出现的民怨和对政策执行产生的抵触。另一方面，政府要保证最大限度地满足社会公共需要就必须充分了解公众对公共服务的偏好。这对地方政府而言尤其重要，因为它直接面向基层面向社会公众，而提供公共品和公共服务好坏的最重要的一个判断标准就是它为不为公众所需要。因此，一个畅通有效的民意表达机制就是在政府与公众之间建立起一个沟通平台，确保公共利益的实现。

二是，政府回应的有效机制。当社会公众就公共服务向政府有关部门表达诉求、进行咨询、谋求帮助以及提出质疑等一系列活动时，政府能否及时有效回应，体现出政府对服务对象的关注态度以及对相关公共事务处理和协调能力。一个有效的政府回应机制，要求政府在公共管理中对公众的各种需求关切和疑惑都能做出积极的反应和回复。这本身就是政府服务的重要组成部分，也是公众评价政府公共服务满意度的考核指标。

三是，信息公开的长效机制。公开政务、公开政情、公开预算是政府有效履行公共服务职能的重要保障。通过建立法律法规，明确公共服务相关信息的公开主体、公开的具体内容和要求、公开的时间及相关法律责任，都有助于使得信息公开有长效的保障机制。而它将政府提供公共服务的活动置于公众的监督之下，能有效地规避和减少政府服务可能出现的营私舞弊或对公众利益的损害。

四是，评价与问责的联动机制。考虑到实践中的每一项公共服务都需要动用一定的财政资金，并以实现一定的公共需求为目标，因此其成本效益的考核以及责任的落实与追究就应该是公共服务制度中不可缺少的重要内容。为此，一方面，各级政府应以公共利益为导向，围绕各部门承担的提供公共服务的职责，有针对性地设计可量化易操作的绩效评价体系。在绩效评价体系中，既采用包括反映客观事实、有确定的数量属性的硬性指标，也应该有反映公众的满意度的软性指标。为增加可比性，对软性指标也可以相对"硬化"，即划分若干等级如满意、比较满意、不满意，并折成相应分数，再与硬性指标分数加总，合成测评总分。另一方面，建立严格的行政问责机制。对于政府行政机构和公务人员在提供公共服务过程中出现的失职及违反相应法律法规的各种行为，如不及时回应公众诉求、不公开相关信息与政策、随意安排和处置相关预算资金以及存在廉政问题等，严格按照法律法规追究其相应的法律和行政责任。

7.3 推进新型城镇化模式的升级，优化基本公共服务均等化实现机制①

作为围绕我国经济与社会发展的政府两项重要战略，新型城镇化与基本公共服务均等化在实践中相互影响相互作用是人们形成的基本共识。但通过本书的研究分析，不同象限区域模式下的城镇化与基本公共服务均等化的关系并不完全相同，有相互促进的，比如双高区域；也有相互制约的，如双低区域；也有两者关系并不显著或影响性较弱的，如一高一低和一低一高区域。但总体看，属于相互促进或相互制约的省份占多数，而目前尚未形成相互影响关系的区域未来如何破解这一现实，这都使得如何探求新型城镇化的模式升级和内涵发展，以进一步优化和完善基本公共服务均等化的实现机制成为必要。

7.3.1 确立新型城镇化模式优化升级的目标

我国已经进入全面建成小康社会的关键性阶段，而经济转型和新型城镇化的建设已经成为我国目前社会经济发展中重要任务所在。根据《中共中央关于制定国民经济和社会发展第十三个五年规划的建议》和《国家新型城镇化规划（2014—2020 年)》，我们必须高度认识新型城镇化的建设发展的总体目标，积极做好对策措施，以应对城镇化进程中可能遇到的困难和风险。

7.3.1.1 实现新型城镇化模式升级与区域特色相结合

从我国现有的城镇化发展实践看，各地主要采用的是通过工业化带动城镇化的发展模式，而这无疑也是有效的实现路径。借助于工业化和城镇化两者相互影响、相互制约关系，一方面，通过提升工业化水平，优化产业结构，增强经济发展的动力和物质基础，扩大第二产业对劳动力的需求，进而带动城镇化

---

① 尹靖强. 基本公共服务均等化视角下的城镇化模式的优化及对策研究 [D]. 南昌：江西财经大学，2017.

建设进程；另一方面，可以通过加快城镇化的发展，整合优化产业结构升级的外部环境，在拓展消费市场、增加劳动力供给等各方面促进工业化的实现。

当然，除了工业化带动的发展模式，新型城镇化模式的升级可以面临更多的选择，如通过农村人口转移、基础设施的完善、第三产业、旅游业等产业带动等。而这就要求在促进各区域城镇化模式升级与发展过程中，既要符合我国新型城镇化发展的总体目标，同时又要体现区域差异并融合地方区域特色。这其中包括不同地域经济发展所处不同阶段、自然资源的禀赋差异、地理环境和交通条件、历史遗迹与文化的分布及传承、产业结构与发展优势等。这些差异与特色的存在要求新型城镇化发展中不同区域应紧密结合实践科学地选择不同的路径。符合当地特色的新型城镇化的升级将有助于促进当地经济的城乡统筹发展和政府财政能力的不断提高，增强为当地居民提高基本公共服务的能力。

7.3.1.2　全面实现人口城镇化水平提升和城镇化格局的优化

要真正意义上实现城镇化水平的提升和城镇化格局的优化，就必须按照以"人"为核心的新型城镇化的发展要求。一方面，要实现人口的真正城镇化。按照国务院《国家新型城镇化规划（2014—2020 年)》的要求，政府 2020 年的目标是达到"60%的常住人口城镇化率和45%的户籍人口城镇化率"。但截至 2018 年末，我国常住人口城镇化率为 59.58%，户籍人口城镇化率为 43.37%，两者仍相差 16.21%。[①] 因此，未来还需要尽力缩小常住人口城镇化率和户籍人口城镇化率之间的差距，努力实现人口从农村转移到城市，解决农村人口在城市的落户问题和就业问题。另一方面，必须科学合理地优化城镇化的格局。我国主要以"两横三纵"为城镇化长期战略的整体格局，东部地区（即主要为新型城镇化质量与速度"双高地区"）的经济实力和城镇化水平明显提高，而我国目前的目标主要放在与东部差距较大的中西部地区（即主要为新型城镇化质量与速度"双低"和"一高一低"及"一低一高"地区），这些地区是我国我实现新型城镇化建设的重要增长极。我国对城镇化格局的主要目标是完善城市的整体规模结构，让发达城市带动作用更加明显，重点增加我国中小市的数量以及利用中小城市的发展带动小城镇的服务能力。

---

① 国家统计局：《2018 年国民经济和社会发展统计公报》，2019 年 2 月 28 日。

只要全面实现人口的城镇化和城镇格局的优化，才能促使社会居民收入水平的不断增长，提升社会成员对基本公共服务需求的层次和成本负担能力。

7.3.1.3 逐步实现基本公共服务均等化

归根到底，新型城镇化就是"人"的城镇化，实现基本公共服务均等化是新型城镇化建设的重要社会目标。在实现这一目标的过程中，新型城镇化有其特有的路径和模式选择。这主要包括有：一是不断提高人口城镇化率。通过缩小城乡居民收入差距，减少基本公共服务需求差距。二是实现科学的城镇化布局。引导合理的人口流动，避免区域间基本公共服务供求的不平衡。三是加快农民工市民化进程的转化。最大限度地解决农村转移人口的身份转换，确保城市内部所有居民享有同等的基本公共服务的待遇。四是积极改善城市基础设施和公共服务。在促进城市发展的过程中，政府应着力解决城市的空气质量和饮水安全，增加教育和医疗卫生投入，提高养老及保障性住房的供给水平，通过提高城市化水平和社会发展直接加快基本公共服务均等化的实现进程。

需要特别强调的是，除了总体目标的确定，各地的城镇化呈现的差异性也决定了各地城镇化升级优化的目标也应该各有侧重。从我国各区域新型城镇化发展的现实格局看，城镇化和均等化水平的"双高"地区，其发展的目标是要继续发挥其城镇化优势，并提升其对周边地区的辐射带动作用；"双低"地区应高度重视新型城镇化的内涵发展，谋求优化人口的城镇化、产业结构的合理配置，促使城镇化对均等化释放更大的积极作用；而"一高一低"和"一低一高"的地区则应该充分把握城镇化与均等化关系形成中的特定影响因素，并通过城镇化发展中的有差异特色化的发展，实现两者关系的良性转换。

7.3.2 以内涵建设为基础加快新型城镇化步伐

新型城镇化是社会发展的必然趋势，它是经济、文化、社会以及生产方式的一次根本性革命。新型城镇化建设涉及的内涵有多方面的内容，包括人口的真正城镇化、传统产业的继承和新兴产业的发展、整个社会的基本公共服务的建设、资源环境的维护和管理等。由此可见，以内涵建设为基础加快新型城镇化步伐是所有地区促进基本公共服务均等化的重要条件。

7.3.2.1　充分认识城镇化发展的规律

要确立新型城镇化科学的发展路径，政府必须充分认识城镇化发展规律，以杜绝长官意识、防止资源浪费，城镇化的发展规律包括以下方面。

第一，城镇化建设应与所在城市的资源承载力相匹配。一个城市的资源包括土地、水、能源和生态环境等各方面。它们不仅是整个城市经济发展的基础，也关乎城市的长远发展。因此，城镇化发展的长期目标的确立应建立在对城市的资源承载能力的充分认知和科学评估的基础上。一方面，注重处理好资源开发和环境保护的关系。一个良好的生态环境和合理的资源开发对于改善城市的绿化质量、空气质量，以及确保城市可持续发展都有非常重要的现实意义。另一方面，注重资源开发与人的保护之间的关系。良好的生态环境是人类生存的重要条件，新型城镇化必须把"人"的健康发展的要求放在首位。在城镇化发展中，政府应积极制定措施来保护城市的空间与环境，构建绿色环保的城市空间，提高人民的生活幸福感。

第二，城镇化发展应与城市空间发展能力相协调。除了城市资源，城镇化发展还受到城市空间开发能力的影响。现实中，一个城市交通线路的布局和走向、城市土地可利用程度以及城市主体功能区的定位都会成为城市空间开发能力的影响因素，进而影响城镇化发展的水平。因此，城市化发展的长远战略必须遵循城市空间开发能力，充分考虑城市功能的定位，结合空间布局和道路交通现实条件。只有这样，才有可能充分挖掘城市的发展潜力，同时避免城市资源过度消耗和社会发展失衡。

第三，城镇化建设应符合国家主体功能区规划发展要求。作为重要的区域发展战略，我国全国主体功能区的要求是，根据不同城市的资源环境承载能力、现有开发密度和发展潜力，统筹谋划未来的人口分布、经济布局、国土利用和城镇化格局，将国土空间划分为优化开发、重点开发、限制开发和禁止开发四类，明确主题功能的定位，掌握开发的方向，控制开发的强度，协调开发秩的序，遵循开发的政策，逐步形成人口、经济、资源环境相协调的空间开发格局。① 根据这一区域规划，不同城市的发展必须体现各自的功能定位和发展

---

① 国家发改委：《全国主体功能区规划》，2011 年 6 月 8 日。

目标，真正实现差异化发展。它要求城镇化应从盲目单一的扩张型路径逐步向科学有序的质量型转变；从单纯注重工业的发展逐步向综合全面发展的格局转型，经济甚至不再成为考量地区发展和城镇化水平的唯一指标，环境的保护和人民生活幸福指数都成为追求的目标。

7.3.2.2 重视发展质量，推动新型城镇化循序渐进地发展

随着工业化进入高质量发展阶段，我国城镇化发展也应该由过去更多地关注扩张性发展开始转向关注存量效能的提升和结构优化。从本书研究的结论看，在过去13年中我国30个省份城镇化质量超过平均水平的只有12个，而其中质量和速度均超过平均水平的只有7个（北京、天津、上海、江苏、浙江、福建和广东），均为东部经济发达地区。整个新型城镇化发展的水平仍然报告且存在较大的不均衡。因此，提高我国城镇化发展水平，提高发展质量尤为重要。

其一，以可持续发展为目标，打造"紧凑城市"。从我国各地已经推广的城镇化建设来看，重增量轻存量、重建设轻服务、重形式轻内涵等现象普遍，造成了城镇化初期增量无序扩张下出现的产城融合低、土地使用浪费大、"城市病"突出等一系列问题。紧凑城市理念强调的是土地资源的节约和集约利用、城市功能要素的集中布局，以及城市空间增长的有效管理，抑制"土地财政"下可能出现的盲目开发和建设。城市的可持续发展旨在以人为本，促进城市相关发展的综合指标均衡长期的实现，而不是仅限于经济增长指标。它意味着产城一体更加紧凑有机的城市格局，为居民提供高质量的交通设施和便利的公共服务、更多活动功能齐全的公共开放空间，以及注重对城市历史文化遗产的保护和继承。

其二，根据不同区域条件差异，分类引导城市产业布局。从本书研究中可以看出，各地的城镇化发展与经济水平呈现出较高的关联性，发展的不均衡性已不仅反映在传统的中、东、西部间，更反映在各区域当中的各省份之间。因此，要提高我国整体的新型城镇化发展水平，应该从城市入手，打破区域界线，以提升城市产业竞争力和要素流动吸引力为导向，建立区域间协同发展的体制机制。各地区应立足自身经济发展所处阶段及其具备的优势，明确产业定位，实现城际间的经济合作与互补，实现互利共赢。大城市因为拥有雄厚的经

济基础和成熟的市场优势，在技术创新和吸纳人口流动方面具有更强的竞争力，产业布局上应更倾向于发展高端制造业和生产性服务业，并通过产业集群，对周边地区产业进行辐射和引导。中小城市则应该充分发挥其要素成本低、资源禀赋各异的优势，在产业分局上聚焦基础性制造业和消费性服务业，推动特色化差异化发展。同时，加强劳动力技能培训，创造更多的就业岗位，在增强承接产业转移能力的同时，也为消化更多的当地居民就业提供条件。①

其三，提升城市品质，打造城市软实力。一个城市的品质固然与它的发展规模、空间布局、产业结构相关，但其风格特色、文化传承、优质服务、生态环境等同样也是塑造城市品质的重要内容。前者是城市的"表"，后者是城市的"里"，两者缺一不可。为了促使两者有机统一，在新型城镇化发展中，应贯彻城市绿色发展的理念，借助现有自然条件塑造城市生态风貌，打造宜居环境；同时在城市发展与改造中，最大限度地保护历史文化遗产，保留城市形态的多样性与文化特色，增强人的归属感和自豪感；大力推广新型智慧城市建设，优化提升政府提供公共服务的能力和水平，让人们在城市发展中享受更加便利优质的服务，提高幸福指数。

在建设新型城镇化进程中，应当积极总结经验教训，立足长远，循序渐进地改进城镇化发展质量，增强城镇化作为地方经济增长的外在动力。从我国城镇化整体规划和建设进程的角度出发，应当将其分为三个阶段。

第一个阶段是经济发展较快、基础设施较齐全的区域优先发展。比如前文提到的"双高"地区，一方面利用自身的经济优势，另一方面利用政府倾斜政策，鼓励优先发展，在全国范围内树立良好的典范。

第二阶段主要针对"双高"以外的其他区域，结合地方经济发展水平和文化特色，国家给予一定的财政补贴，做好新型城镇化建设的升级试点工作，为以后在其他地区的推广工作打好基础。如山西、广西为代表的"双低"区域，如何作为资源枯竭地区和边贸地区，通过发展城镇化带动基本公共服务均等化的水平提升；而新疆虽然在城镇化中代表的属于质量和速度"双低"区域，但其基本公共服务均等化却高于全国平均水平，因此在城镇化优化升级中

---

① 国家发展改革委：《2019 年新型城镇化建设重点任务》，2019 年 3 月 31 日。

应将重点放在如何将均等化优势转化城镇化发展的动力；山东城镇化发展中属于其质量高于全国平均水平但速度却低于平均水平的"一高一低"的区域，同时基本公共服务均等化水平也在全国平均水平以下，显然其城镇化升级的主要方向应聚焦在解决如何合理地引导农村转移人口流动，以及实现转移人口市民化的转化上面。

第三阶段全面推广第二阶段试点地区的成功发展模式及经验，全面提升新型城镇化发展水平。高度重视我国的贫困落后的地区，政府应当做好财政补贴政策，让全体人民享受新型城镇化建设带来的利益。

7.3.2.3 传承传统文化，彰显地方差异性

各级政府在进一步推进城镇化建设中，应紧密结合当地经济及城镇化所处发展阶段，从省情地情出发，体现新型城镇化建设的区域多样性。不同地方都具有不同的区域特色和优势，在城镇化进程中，不应千篇一律，采用统一模式。地方应扬长避短，根据自身的自然、历史及文化特性，创立符合自己长期发展的城镇化策略，并形成具有丰富的地域特色、历史传承、文化鲜明的城镇化发展模式。

比如作为新型城镇化质量与速度均高于全国平均水平的"双高"区域的代表城市，北京、上海，天津的城镇化发展更应与自身的经济实力、大城市发展格局紧密结合起来，凸显它们在全国政治、经济、文化中心的地位，以特大城市的优势与辐射力，带动周边区域的城镇化的发展；而广东、福建、江苏、浙江的新型城镇化一直秉承城乡一体化的发展路径，在以乡镇为中心进行城镇化扩展中，充分发挥其东部沿海地区的地理、技术、产业、服务及资本优势，打造中国经济重镇。

对于所处新型城镇化质量与速度低于全国平均水平的"双低"或"高低"不一致区域的更多省份而言，则应该正视其经济发展的现实条件，在新型城镇化过程中，避免"一市独大"，实现均衡发展。力求充分发挥其在资源、地理、产业及文化等方面的各种优势，打造特色小镇，搭建经济结构调整新平台，促进产业和地区转型升级。对一些自然环境恶劣的地区，可以通过移民政策来改善区域的城镇化发展水平，将移民政策、政府扶持和城镇化建设三者结合起来，开创属于这类地区的城镇化发展的新道路；而对于承载自然资源保护

功能的区域，可以通过完善区域的基础设施建设，改善当地居民的生活水平，做到基础设施的扩展范围带动城镇化的建设范围，形成具备地方特色、环境优美的宜居城镇；如果城市具备旅游的地理资源，可以以旅游业作为突破口，通过发展旅游产业，来带动区域的城镇化建设进程。如内蒙古、新疆、青海的西部少数民族地区新型城镇化应以生态旅游、现代农牧业为主要路径选择；贵州可以依托云计算大数据；海南、广西的生态宜居；江西、湖南、陕西红色教育基地及旅游。此外，还有沿边贸易、商贸物流以及加工制造等都可以成为不同地区各具特色的新型城镇化发展的抓手。

总之，我国在新型城镇化的建设道路上，应当形成区域的多样性，将地方的特色与城镇化建设巧妙结合起来。

7.3.2.4　合理规划并优化城镇化布局

城镇化的实现有两大重要因素不可忽略，一是土地，二是人口。而新型城镇化的优化升级也主要体现在这两大因素的合理利用和规划安排上。"按照统筹规划、合理布局、分工协作、以大带小的原则，立足资源环境承载能力，推动城市群和都市圈健康发展，构建大中小城市和小城镇协调发展的城镇化空间格局。"[①]

首先，各地应贯彻科学的规划理念，实现科学规划，确保城镇化规划水平和质量。根据区域资源环境承载能力，科学确定城市发展的定位、形态和最终规模，实现生产、生活、生态资源布局"三位一体"统筹规划。各省市政府相关部门（如发改部门、自然资源部门、财政部门、住房城乡建设部门、交通运输部门、住房城乡建设部门等）在构建城市总体规划、产业发展规划以及土地利用总体规划、生态环境保护规划过程中，应加强统筹衔接，鼓励和支持县（市）域推进"多规合一"，避免政出多门。实现城市发展与自然资源保护相融合；城市建设用地和生态及农村生产用地相协调；城市发展与历史文化继承相同步；工业园区与居住及商业区分布合理。

其次，充分利用城市空间，着力推进城市群建设和都市圈培育。为了提高城市群的密度和利用效率，一方面，按照国家统一部署和安排，分层次分步骤

---

① 国家发展改革委：《2019 年新型城镇化建设重点任务》，2019 年 3 月 31 日。

实现城市群建设，加快区域协调发展。这其中包括加快京津冀协同发展、长江三角洲区域一体化发展、粤港澳大湾区建设，推进成渝、哈长、长江中游、北部湾、中原、关中平原、兰州—西宁、呼包鄂榆等城市群发展规划实施，以及出台天山北坡、滇中城市群规划。[1] 实现从沿海东部地区优先发展，到中西部的重点推进与辐射。另一方面，积极培育发展现代化都市圈。随着我国城镇化由高速发展转向高质量发展，按照城市聚集力和中心经济理念，积极培育和打造都市圈无疑有助于加强城市发展的新动力。通过推行"国家中心城市"和"区域中心城市"试点，在国家、省、市、县等不同层次构建具有超强集聚辐射能力的新经济中心，发挥要素集聚、区域发展以及产业生态圈的构建等方面的重要作用。现代都市群建设的核心重在构建以中心城市为主导的圈内覆盖城市整体协调发展的推进机制，这其中包括：推进交通基础设施一体化；促进产业分工协作以及承接转移；实现圈内统一开放的市场和互利共赢的税收分享与征管政策；倡导都市圈内城市公共服务的共建共享；允许都市圈内城乡建设用地增减挂钩节余指标跨地区调剂；创新都市群投融资模式，鼓励社会资本参与建设与运营。[2]

最后，不同规模层级城市的协调发展，形成合理的人口流动。在城镇化建设中需要合理安排大中小城市发展的优先序，其重心放在如何实现人口的高效转移上，科学合理地引导人口的流动。对于特大超大城市，应着力缓解中心城区拥挤性问题和巨大规模带来的城市管理的压力，疏解非核心功能，促进产业和人口向一小时交通区域延伸。例如雄安新区，就是北京非首都功能疏解集中承载地，作为一座现代新型城区，正成为承接特大城市非核心功能转移的区域发展样板。而大城市则以完善城市精细化管理为主，通过全面提升其高端服务和科技创新和人才资本等要素的聚集能力，充分发挥其经济的外部影响和辐射作用。要特别重视中小城市的发展，提高其产业支撑能力和公共服务质量，吸引更多人口当地就近工作生活，实现人口城镇化。[3]

7.3.3 以基本公共服务为抓手提升新型城镇化水平

依照本书对我国新型城镇化与基本公共服务均等化所存在相互关系的研究

---

[1][2][3] 国家发展改革委：《2019 年新型城镇化建设重点任务》，2019 年 3 月 31 日。

分析，我们不仅可以通过以内涵建设为基础的新型城镇化的改造与升级来推动基本公共服务均等化目标的实现，也可以通过牢牢抓住基本公共服务均等化这一主线来全面提升新型城镇化的发展水平。而从基本公共服务均等化的影响因素分析来看，处于绝大多数省份比例的"双低"和"一低一高"地区，其人口流动和乡城收入比都显现出显著的影响。因此，要提高基本公共服务均等化来提升新型城镇化，其实现路径有二：一是加快促进农村转移人口市民化；二是推进城乡融合发展。

7.3.3.1　引导促进农村转移人口市民化①

（1）明确我国农业转移人口市民化中长期发展目标。在本书研究中我们发现，由于我国区域、省份之间经济发展的不平衡，导致人口流动呈现出不同的走向。其中，东部经济发达地区成为跨省流动人口的净流入地，如北京、上海、江苏、福建、广东、浙江六省份一直以来就占全国跨省流入人口总量达到80％以上；而中、西部地区则成为主要人口流出地。这一方面可能会有利于流入地经济的更好发展，但同样也会带来流入地流动人口市民化的压力。从国情出发，推进农业转移人口市民化应坚持两条腿走路：一方面，加快户籍制度改革，放宽落户条件，让有意愿有能力的农业转移人口在城镇落户定居成为市民；另一方面，推进公共服务均等化，将社会福利与户籍剥离，让暂不符合落户条件或没有落户意愿又有常住需求的农业转移人口能享有基本公共服务。从我国国情出发，结合城镇化发展规划，农业转移人口市民化的主要发展目标如下。

一是，总量水平持续提高，质量稳步提升。坚持存量优先，因地制宜，分类推进的原则，把有意愿且符合落户条件的农业转移人口逐步转为流入地市民；引导农村富余劳动力和外出务工人员就近就业和返乡创业，在省内实现市民化，使落户定居的农业转移人口稳定增长。常住人口城镇化率年平均提高1.6 个百分点，力争户籍人口城镇化率与常住人口城镇化率差距缩小 5 个百分点。

①　程岚.财政转移支付同农业转移人口市民化挂钩机制研究［A］.江西省发展和改革委员会与江西财经大学联合课题组编著.探索之路——江西省发展和改革委员会与江西财经大学合作课题集［C］.南昌：江西人民出版社，2014.

二是，城镇布局不断优化，人口聚集合理均衡。适应各省份产业布局调整的客观趋势，按照主体功能区和城镇化规划的布局要求，引导农业转移人口向适宜开发的区域集聚，提升中小城市、小城镇的产业支撑能力和人口吸纳能力，吸纳更多人口，逐步形成农业转移人口在大中小城市合理分布的格局。

三是，基本公共服务体系健全，体制机制逐步完善。一方面，根据不同公共服务项目的轻重缓急，依托居住证制度，梯度推进基本公共服务均等化，逐步实现基本公共服务由户籍人口向常住人口扩展，保障农业转移人口与本地居民平等享有基本公共服务；另一方面，包括户籍制度、社会保障、住房保障、义务教育等在内的促进市民化健康发展的体制机制取得实质性进展，城乡土地管理制度、金融体制、财税体制和城市建设融资机制更加完善。从阶段上力争实现：第一步，在2020年前，农业转移人口市民化全面推进，实现1/3的农业转移人口落户，基本健全保障性住房、低保、学前教育和高中阶段教育等与城市户籍紧密挂钩的公共服务项目，全面落实覆盖所有未落户的农业转移人口；第二步，到2030年，实现2/3的农业转移人口落户，城镇基本公共服务覆盖常住人口；第三步，到21世纪中叶，彻底破除城乡二元体制，实现城乡一体化。①

（2）有序推进农业转移人口市民化的基本公共服务保障重点。在以"人的城镇化"为核心积极有序推进农业转移人口市民化过程中，应坚持"因地制宜、分步推进，存量优先、增量带动"基本原则，在具体方式上，各省份应以省内落户定居和公共服务均等化为重点，区分不同城市、不同群体、不同公共服务项目，有序推进。当前，其重点保障内容应包括以下五个方面。

一是，农民工随迁子女教育服务。结合农民工分布和城市发展状况，将农民工随迁子女的义务教育统筹纳入各级城市政府教育规划当中，合理安排学校布局师资力量，并在财政资金上予以确保。在提供义务教育服务中应坚持以流入地公办中小学为主体，实现就近免费接纳入学，不足的部分可以选择采取政府采购教育服务或是民办公助等方式，以拓宽农民工随迁子女接受义务教育的渠道。并逐步将这样的教育服务延伸至中等职业教育和学前教育，最终实现农

---

① 欧阳慧. 加快农业转移人口市民化稳步推进新型城镇化建设［EB/OL］. 宣讲家网，2018 - 05 - 11.

民工随迁子女能够在流入地参加中考和高考。

二是，农民工的平等就业服务。建立完善省、市、县、乡四级公共就业服务体系和就业信息平台建设，为农民工提供免费的就业信息、就业指导和政策咨询。加强农民工职业技能培训，整合财政培训资金的使用，采用补贴、奖励等多元化经济手段鼓励高等院校、各类职业院校、培训机构与企业开展合作，提高培训的针对性和实用性。同时，建立完善农民工职业技能认定体系，鼓励农民工取得职业资格证书和专项职业能力证书，全面提升农民工职业技能和社会认可度。健全农民工权益保障机制，清理和取消各种针对农民工进城就业的歧视性规定和不合理限制，保障农民工平等获得就业机会的权利。改善劳动关系、工资待遇和劳动条件，实现农民工与城镇职工同工同酬。

三是，农民工城镇社会保障服务。引导和鼓励农民工及早参保和连续参保，提高农民工城镇社会保障参保率，扩大农民工参加各项社会保险覆盖面。将与企业建立稳定劳动关系的农民工纳入城镇职工基本医疗保险，并实现城乡居民养老保险制度的整合。完善城镇职工医保、城乡居民医保、城乡救助体系之间的衔接，统筹城乡居民基本医疗保险制度，农民工可根据其常住地就近选择参加城镇居民基本医疗保险。强化企业缴费责任，逐步实现农民工与城镇职工平等参加工伤保险、失业保险、生育保险并享受相应待遇。完善社会保障关系转移接续办法，推进社会保险跨区域信息共享、业务协同办理和省内就医即时结算，以及跨区域异地就医住院费用网上结算比例。

四是，农民工同等的公共卫生服务。按照与户籍人口同等待遇原则，将农民工及其随迁家属纳入社区医疗卫生服务体系，免费提供健康教育、妇幼保健、预防接种、传染病防控、职业病防治等公共卫生服务。根据常住人口规模合理配置公共卫生服务资源，新增医疗资源向城市社区和农村倾斜，提高农业转移人口接受医疗卫生服务的可及性。加强农民工及其随迁家属疾病预防控制和医疗救助，逐步提高医疗救助经费补助标准，加强农民工聚居地的疾病监测、疫情处理和突发公共卫生事件应对。

五是，农民工基本住房保障服务。鼓励城市政府根据自身财力和常住人口需要，有效扩大保障性住房供给规模、优化供给结构。将符合条件的农民工纳入城镇住房保障体系，通过廉租房、公租房、租赁补贴等多种形式改善农民工居住条件。农民工集中的开发区和工业园区，可集中建设单元型或宿舍型公共租赁住房。农民工数量较多的企业，可在符合规定标准的用地范围内建设农民工集体宿舍。城乡结合部可探索由集体经济组织利用农村集体建设用地建造保障性农民工公寓，面向农民出租。探索将稳定就业的农民工纳入住房公积金制度覆盖范围。

7.3.3.2 加快推进城乡融合发展

从本书关于我国新型城镇化发展水平的研究可以看出，作为评价指标的经济发展、生活质量、城乡统筹等各指标因素在我国各省份之间差异化程度依然较高。而均等化的研究分析同样显示，当前我国基本公共服务差异更多的是集中在城乡之间。也就是说，城市的各项基础设施、各种公共服务项目基本上能够满足城市居民的基本生活需要，但是在大量的农村地区，特别是西部偏远山区，仍然有相当一部分农民存在各种公共服务缺失的状态。而要改善这些指标和状况，提高新型城镇化发展水平、推进城乡融合发展就成为当前选择的必经之路。而其中的关键就是要逐步缩小城乡经济发展和居民收入差距，促进基本公共服务均等化。在长期存在的城乡二元结构的作用下，我国城乡之间的差异有两个重要表现：一是生产要素的流动不对等，呈现出农村对城市的单向低价流动，导致农业发展基础薄弱，可持续发展的动力不足，农民收入低下；二是基本公共服务的享有不均衡，呈现出重城市轻农村的结果。针对这一现状，2019年5月国务院出台了《关于建立健全城乡融合发展体制机制和政策体系的意见》（下面简称《意见》），对促进城乡的融合发展进行了全面的部署与安排，为各地推进城乡融合发展指明了方向。

（1）建立共享普惠的体制机制，缩小城乡基本公共服务差距[1]。农村基本公共服务是农村社会经济发展的短板，也是基本公共服务均等化的薄弱环节。只有统筹城乡基本公共服务，才能让广大农民与城市居民一样享受到同等水平的待遇与服务。

首先，应构建城乡基本公共服务统筹的部门协同机制。各省市县级政府应会同包括发展和改革部门、财政部门、教育部门、人力资源和社会保障部门等

---

[1] 中共中央、国务院：《关于建立健全城乡融合发展体制机制和政策体系的意见》，2019年5月5日。

在内的相关部门，积极贯彻落实国务院《意见》精神，加强部门统筹协调和政府各层级之间协调，构建工作协调机制，促进部门与上下工作联动，形成合力。一方面，明确界定各级政府城乡统筹的基本公共服务的内容。将《意见》中统筹的义务教育、医疗卫生、公共文化及社会保障等相关内容进行细化，明确各级政府的供给清单，统一服务标准，推进城乡制度并轨。另一方面，落实相关主体的事权责任。厘清各级政府及相关部门在统筹城乡基本公共服务中的事权责任，划分并落实基本公共服务供给、支出和监管的不同职能，力求事权与支出责任相匹配。

其次，推进城乡基本公共服务统筹的体制机制建设。具体包括以下方面。

第一，统筹教育机制，实现教育资源的均衡分布。确立农村教育事业优先发展的地位，在此基础上，解决体制机制建设中的三个重点：一是教育资源的动态分布机制。以人口动态监测为依据，合理分布城乡教育资源，通过调动财政教育支出投入、校舍及设备建设与购置以及师资配置等资源安排，实现向农村教育的倾斜。二是师资流动与保障机制。师资水平是农村教育发展的制约性因素，为此，各省份应从工资薪酬、福利待遇、职称评定等多方面进行制度规划，鼓励引导更多的大学毕业生去农村学校就业；同时，通过建立校长和教师的轮岗交流机制，促进县域内优质教育资源的共享。三是城乡教育资源的共享机制。利用信息化平台建设，实现城乡教育联合发展。促进城乡教育一体化发展。加强城乡一体化的教育规划，优化教育布局。按照就近入学的原则，进一步完善以常住人口为准的教育服务体系，按照人口动态监测情况布局教育资源，并通过财政拨款、设备添置和教师配置等向农村学校倾斜。积极推动优质教师资源在城乡的合理流动。

第二，统筹医疗卫生机制。为不断满足广大农民群众日益增长的对公共医疗服务的需求，改变农村公共医疗服务长期供给不足、质量低下的状况应成为统筹城乡医疗卫生发展的重点。一是解决农村医疗卫生人才队伍的问题。针对当前人才的稀缺与层次不足，应通过相应的制度建设，一方面，增加农村医疗人才的吸引力度，另一方面，加大对现有医疗人员的业务培训和学习交流，提升业务水平。二是实现优质医疗卫生资源的城乡共享。一方面，实现县乡之间医疗机构的联合共同发展，另一方面，鼓励城市与农村医院对口帮扶和巡回医疗机制，此外，还可以通过网络平台建设，推进远程医疗机制，全面促进优质医疗资源的城乡共享。三是加大农村卫生医疗硬件设施建设，改善医疗服务条件。按城市社区标准建立配备农村标准化的村卫生室，切实保障农民就近就地解决基本医疗问题。

第三，统筹公共文化服务机制。城乡公共文化服务均等化是实现文化小康的重要标志。为此，一是要完善城乡基层文化设施建设。依托图书馆、文化馆站和文体中心、文体活动广场的标准化建设，构建覆盖市、县、乡镇（社区）、村四级的公共文化服务设施网络。二是改进公共卫生服务的管理模式。鼓励城乡居民参与项目决策、运营的监督和绩效评价，减少公共文化服务提供中信息的不对称，满足公众偏好。三是加强农村优秀传统文化的挖掘和保护。就农业遗迹、古迹和传统村落划定文化保护线，避免在乡村建设中损毁破坏。四是积极开展文化惠农活动，鼓励城市文化工作者和志愿者文化下乡，让农民能够享有更多更好的公共文化产品和服务。

第四，统筹社会保险和救助机制。以建立更加公平和可持续的社会保障制度为目标，加快城乡一体的社会保障体系建设。一是结合国情省情科学选择社会保障城乡统筹模式。在总结各地社会保障并轨的实践及成果的基础上，考虑到我国地区间经济发展的不平衡和不同主体筹资能力的差异，现阶段一体多层的城乡社会保障体系更符合实际。在城乡一体的框架内，在同一项目下根据实际情况建立不同层次的制度设计以及衔接机制，实现层次间制度的动态调整和转换。二是明确不同社会保险的城乡统筹重点。医疗保险统筹以推进跨地域异地就医和联网结算为主；养老保险重在建立动态的待遇水平的增长机制和基础水平的调整机制。三是夯实城乡社会救助的保底功能。关爱照顾特定人群，如城乡特困人员、留守儿童与老人妇女、残障人员等，积极构建城乡统筹的低保制度和动态管理机制，确保基本的生活需要得到保障。

（2）规划、建设、管护"三位一体"，构建城乡统筹的基础设施体系。在新型城镇化发展过程中，三大产业的融合发展和城乡经济的相互促进是其重要的经济目标。而现实的状况是，农村经济和农业产业发展受制于落后的基础设施影响成为了短板。因此，无论是进一步推进新型城镇化的发展需要，还是实现党的十九大提出的乡村振兴战略的要求，构建城乡一体化的基础设施体系都成为了一个重要的支撑基础。

首先，应明确基础设施城乡统筹的重点和方向。按照新型城镇化的发展要求，基础设施统筹的目标是要实现城乡一体化和均等化，重点显然应放在农村基础设施的建设上。具体的方向在于：一是通过持续加大财政投入，在扩大农村基础设施增量的同时，实现存量的提档升级。既改善农村生产、生活条件，又促进同等水平上的城乡基础设施互联互通。二是着力解决农村基础设施供给中的资金问题和管护中体制机制矛盾，从根本上优化供给，提高管理质量。三是以需求为导向，提升基本设施决策和供给的民主化，最大限度地注重并满足农民和农村产业对基础设施的主体需要。①

其次，按照《意见》要求，推进城乡统筹基础设施"三位一体"的机制建设。② 一是一体化规划机制。统筹规划以市县域为整体，规划的内容包括作为生活条件的基础设施和作为生产条件的基础设施。一方面，规划改善城乡生活条件，提升人居环境质量。将更多的基础设施延伸到农村，实现城乡供水、供电、广播电视、垃圾污水等基础设施的共同建设，全面网络覆盖，全民利益共享。推行水、电和广播电视统城乡统一管理办法，同网同价。加快城市垃圾分类试点及推广。与此同时，农村应围绕农村垃圾、厕所革命、污水治理以及村容村貌的提升，加强对现有人居环境的基础设施整治改造。另一方面，规划改进城乡生产条件，促进城乡经济融合。其重点是推动城乡路网、信息基础设施和防洪基础设施的一体规划设计。畅通交通运输及物流在城乡之间、中心城市与辐射地之间、县乡村（户）之间连接。

二是一体化建设机制。机制内容概括为：明确属性—划分事权—落实支出责任。"明确属性"指的是要明确乡村基础设施的广义上的公共产品属性，其提供存在着市场失灵。"划分事权"是指根据农村基础设施的属性定位，并以这一产品的公益性与非公益性作为标准，划分政府与市场以及各级政府之间的事权。其中，公益性基础设施提供责任由政府承担，营利性部分的提供责任则交由市场。而由政府承担的部分又必须在各级政府之间进行责任划分，总体形

① 马晓河. 完善乡村基础设施建设和公共服务供给［N］. 光明日报, 2018 – 10 – 11（04）.

② 中共中央、国务院：《关于建立健全城乡融合发展体制机制和政策体系的意见》, 2019 年 5 月 5 日。

成"中央支持、省级统筹、市县负责"的机制。① 明确基层地方政府作为供给主体的地位，其中，省级政府负责统筹规划，市县具体执行落实，而中央更多是政策支持和顶层设计。"落实支出责任"是指在明确属性和事权划分的基础上健全分级分类投入机制，落实农村基础设施建设的筹资模式。对于公益性强经济性弱的基础设施项目（如乡村道路、水利、渡口等），建设资金以政府财政投入为主；对于有一定经济收益的基础设施项目（如乡村供水、垃圾污水处理和农贸市场等），政府在投入的同时应积极发挥市场的力量，引导社会资本的加入；而对经营性为主的基础设施（如乡村供电、电信和物流等），建设投入则主要应该以市场为主，政府不再介入。

三是一体化管护机制。主要解决乡村地理分散所带来的基础设施运营和管护成本高这一难题，合理确定运行模式。其基本思路是拓展市场化手段。对管护运营纳入一般公共预算的公益性基础设施，政府也可以引入专业化企业提供相应服务，然后通过政府购买的方式提高其市场化程度。而对城市众多事业单位性质的基础设施运营管护机构，政府应积极推进其市场化改革，提高管理效率。

7.4 理顺中央与地方财政分配关系，优化财税体制

通过本书的研究分析可以看出，除了城镇化发展指标，人均税收收入、中央补助收入同样对基本公共服务均等化有显著的正相关作用。具体看：人均税收水平越高的地区其均等化水平相对也就越高，表明一个地方的财政收入水平直接影响到其提供基本公共服务的能力和水平。而中央补助收入虽然总体上对基本公共服务均等化影响显著，但具体到某一个省份，其对应程度并不完全符合。这其中有符合正常状况的，即转移支付制度的重要功效就是调节地区发展差异。如北京、上海，中央补助收入不多但均等化水平却很高，表明其均等化的发展更多的是由其经济发展水平和财政能力所决定的；有些地方如新疆、宁夏、青海、辽宁，经济发展水平并不高，甚至落后，却因为享有了中央补助，

---

① 中共中央、国务院：《关于建立健全城乡融合发展体制机制和政策体系的意见》，2019 年 5 月 5 日。

其均等化高于全国平均水平，表明中央补助对其均等化产生了显著效果。但也有结果并不符合正常状况的，有一些地方如内蒙古、云南、河北等，它们虽然在同一时期获取了较多中央补助，其基本公共服务水平并未达到应有的水平。这表明现行的转移支付制度在实现基本公共服务均等化方面既有积极的作用，但在设计上和实际运用中仍然存在完善的空间。

因此，如何完善现行的财政体制与政策，理顺中央与地方财政分配关系，一方面，逐步提高地方财政收入的能力，另一方面，不断完善财政转移支付制度，当前已成为我国实现基本公共服务均等化目标的重要基础。

7.4.1　以基本公共服务为重点，进一步规范中央与地方事权与支出责任[①]

在实现基本公共服务均等化的进程中，完善现行的财政体制与政策、理顺中央与地方财政分配关系的重要基础就是要以基本公共服务为重点，进一步规范中央与地方事权与支出责任。

7.4.1.1　把握中央与地方事权与支出责任划分的总体目标和思路

首先是明确目标。一个科学的财税体制应该是在明确划分各级政府事权的基础上合理地划分各自的财力与财权，实现事权与支出责任的相匹配。从提供公共服务的角度看，其优劣的评判标准有二：一是是否有助于实现区域间公共服务均等化；二是是否有利于确保政府提供的公共服务能最大限度地满足当地居民的需求和偏好。而现实的体制矛盾是，在一个多级政府运行框架下，由于中央与地方所处的地位不同，在体制构建中其追求的社会经济目标和实现路径也有所不同。就中央而言，更倾向于实现区域间公共服务均等化目标，因此在财力分配上也倾向于集中更多的财力，增强调控能力；而就地方而言，效率是其最高目标，希望掌握更加自主的财力和财权，以期最大限度地满足居民公共服务需求。因此说，财政体制建立及优化的总体目标就是要正确处理好中央与地方集权与分权关系，以及财力分配当中集中与分散的关系，建立中央、省、

---

① 国务院办公厅：《基本公共服务领域中央与地方共同财政事权和支出责任划分改革方案》，2018 年 2 月 8。

市县三级政府间事权划分体系，实现事权与支出责任相匹配。结合我国实际，党的十九大报告进而把当前这一目标概括为"建立权责清晰、财力协调、区域均衡的中央和地方财政关系"①，为进一步梳理中央与地方财政关系指明了方向。

其次是确立思路。就我国目前的国情来看，虽然1994年确立的分税制以税种为核心对中央与地方的收入和支出责任进行划分，确保了两者关系摆脱了包干体制下所产生的不规范及中央调控能力薄弱状况，有效地促进了市场经济转型和社会经济快速的增长。但随着市场经济推进的深化和改革中不断出现的新问题，中央与地方事权和支出责任纵向失衡问题日益凸显，减税降费背景下地方财政的困难和债务风险日渐加剧，中央与地方的财政关系的调整面临调整的必要性和紧迫性。

而要调整中央与地方的财政关系，结合我国当前财政体制存在的问题，一个可行思路选择就是要在中央与地方的政策目标和政策主张之间寻求某种程度的平衡，以调动中央与地方的积极性。具体而言，现阶段是以基本公共服务事权为主要依据，由中央确定具体的项目范围和全国最低实现标准，然后在中央与地方政府之间划分承担任务和支出责任。其中，基本公共服务的事权范围和最低标准的确定实行动态调整机制，以此保证中央与地的集权与分权关系的调整有助于实现公共服务提供的公平与效率。而未来的目标一定是事权范围的进一步扩大，以及地方政府在实现公共服务最低标准提供基础上有更大的提升和优化空间。

7.4.1.2 统筹规划分步推进基本公共服务领域中央与地方事权划分

理论上看，基本公共服务要得以有效提供并最终实现均等化，就必须根据基本公共服务的产品属性及受益面的层次，科学合理地确定其提供主体及支出责任。原则上，事权的划分首先应符合效率的原则，凡属事关国家全体公众利益公共服务，都应该作为中央的事权；而与地方民众利益相关的服务则应划作地方事权；其次还应该遵循共同负担的原则，对某些边界不够清晰有一定外部

---

① 习近平：《决胜全面建成小康社会夺取新时代中国特色社会主义伟大胜利》，2017年10月18日。

效益的公共服务，则应该作为中央和地方的共同事权，由中央与地方政府共同生产提供。最后，应坚持公共风险最小原则，尽量减少在事权决策和执行中可能出现的风险。

实践上看，"建立权责清晰、财力协调、区域均衡的中央和地方财政关系"①，首先就是要解决事权明晰的问题。目前，我国在财政事权划分中属于中央事权和地方事权的部分相对清晰，政策也较为明确，而总体看仍存在各级政府间事权分布下沉的现象。此外，事权划分中更多的矛盾和难点表现为以下几种情况：划分过于原则笼统；与市场边界不清晰；临时性的政策项目和上级行政摊派的事项。② 而这些恰恰构成了当下调整完善中央与地方事权的重要部分。完善调整的基本途径包括③：一是在确保中央依法履职的基础上，适度上收一部分事权。如生存类与兜底类的基本公共服务事权、关系国家战略的资源环境类事权以及跨区域法律类事权等。在地方各级政府间，事权则应该适当向省级上移，减少市县级承担的事权。二是合理确定中央与地方共同财政事权。重点解决效益外溢、界限不清以及多级政府交叉和重叠的服务和事项的责任细化和落实，以确保基本公共服务的有效提供。三是建立中央与地方事权划分的动态调整机制。考虑到划分事权与支出责任的改革与经济发展水平、中央与地方财政能力以及相关政策的调整与改变都有着密切的关联，所以中央与地方的事权划分不能一步到位，而必须是循序渐进分步推进。因此，必须建立动态调整机制，保证事权范围能够得到及时调整，从一部分基本公共服务事权到全部公共服务服务；从基本公共服务事权到财政事权；从财政事权再到事权，逐步增强政府满足公共需求的能力。四是赋予地方政府充分的自主权。在坚持中央行使划分中央与地方的事权决定权力的基础上，允许地方有权按照中央政策和精神就省以下的各级政府的事权的范围和归属进行自主调整和划分，以符合地方的实际需要。

---

① 习近平：《决胜全面建成小康社会夺取新时代中国特色社会主义伟大胜利》，2017 年 10 月 18 日。

② 【CAFS 专家视点】新时期中央与地方财政事权与支出责任划分改革思路探讨［EB/OL］. 中国财政科学院，2018－11－22.

③ 中国财政科学研究院 2017 年 "地方财政经济运行" 东北调研组. 东北地区政府间事权与支出责任划分改革研究［J］. 财政科学，2018（3）：31－43.

目前，关于中央与地方的事权划分我国已初步实现了中央的顶层设计，完成了三个层次的初步框架，即统领性质的指导意见①、基本公共服务领域共同事权的划分②以及分领域的事权划分。整个中央与地方财政事权与支出责任的划分改革不仅有了总体的目标任务和要求，而且首先在基本公共服务领域确立了八类十八项共同事权划分事项，确立了国家标准，并实现了分领域事权划分改革稳步的跟进。

接下来的主要目标：一是应积极推进基本公共服务领域事权与支出责任划分的落实；二是加快建立省以下基本公共服务领域和分领域的事权划分方案，确保各项改革内容落地；三是逐步扩展分领域事权改革的进程，在现有国防、外交、医疗卫生、科技、教育及交通运输领域的基础上继续扩大范围，分步推进。

7.4.1.3 制定落实基本公共服务的保障标准及支出分担方式③

如果说基本公共服务事权范围的确定是要解决向社会公众提供什么样的服务的话，那确定保障标准和支出分担方式就是要解决提供到什么样的水平以及资金如何筹措的问题。考虑到现实中中央与地方的主体目标的差异以及各地经济发展的不平衡，如何确定合理的标准和分担方式，直接关系到中央宏观调控作用发挥和地方自主性和积极性的调动，同时也关乎国家财力与社会公共需求之间的矛盾的协调。而标准和分担方式的确定应遵循"中央决定为主、地方执行为辅"的基本准则。

一是中央分项目制定国家标准。由中央制定标准首先体现在调整政府间财政关系上中央的主导性和把控性，有助于保持"全国一盘棋"的通盘考量以及与相关新型城镇化建设等区域发展战略的协调；其次，中央确定的标准其实也是一个国家的最低标准，它表明政府提供公共服务的最低要求和兜底的保障，有助于避免地区经济发展水平的差异可能带来的基本公共服务差距过大和可能出现的死角，保障社会公众的最基本的权益。当然，理论上讲中央确定的

---

① 国务院办公厅：《关于推进中央与地方财政事权和支出责任划分改革的指导意见》，2016 年 8 月 25 日。

②③ 国务院办公厅：《基本公共服务领域中央与地方共同财政事权和支出责任划分改革方案》，2018 年 2 月 8 日。

最低标准越高意味着中央的调控职能越强，集中的财力也可能越多，而地方自主的空间也会受到一定程度的挤压。因此，一个科学的国家标准是正确处理中央与地方财政关系的重要衡量指标。从已经出台的基本公共服务的国家保障标准看，主要集中在义务教育、基本养老、基本公共卫生计生等最基本最迫切且易于操作的九项服务项目中。

二是地方根据国家最低标准结合当地实际制定地方分项标准。一方面，在确保中央制定的国家标准充分落地的基础上，可以结合当地经济发展和财力的可能制定地方标准，且标准只能高于基础标准而不能低于这一底线，最大限度地保障基本公共服务的有效实现，以及随地方经济发展带来的福利改善。另一方面，对目前尚未制定国家标准的共同事权由地方因地制宜地制定地方标准。对各地政策不统一、指标口径不一致、内涵不清晰的服务指标，一时难以形成国家标准但又必须给予保障，这就需要地方先行制定地方标准，并通过对相关指标的合并和口径上的统一，积极推进国家标准的建立。就我国目前出台的基本公共服务均等化共同事权的责任归属划分看，仍有九个项目属于这一类型。

三是合理安排资金，落实基本公共服务领域共同财政事权的支出分担责任。对中央制定国家标准的共同事权建立分项目分地区类别实现中央与地方的财力分担机制。类别的划分以地方经济发展的状况及财政能力为标准，打破传统的中、东、西部划分惯例，使支出分担更加科学更体现地区差异。通常的原则是，越是必要的项目中央分担的比例越高；越是落后的地方中央承担的比例也越高，为基本公共服务均等化提供财力上的保障。目前出台的基本公共服务共同事权的支出责任划分就较好地体现了一个原则，具体实施的标准和支出分担详见《基本公共服务领域中央与地方共同财政事权清单及基础标准、支出责任划分情况表》[①]。

四是推进省以下的保障机制的改革与完善。首先，地方应将按照国家标准承担的支出比例在地方各级政府之间进行进一步的划分，保障地方提供基本公共服务的责任落实。其次，对地方制定标准地方承担的项目也应该在地方现有体制框架内确定提供主体和资金来源。把握的基本原则是，按照基本公共服务

---

① 国务院办公厅：《基本公共服务领域中央与地方共同财政事权和支出责任划分改革方案》，2018 年 2 月 8 日。

的重要性、受益范围以及均等化要求，在划分中促进基层地方政府事权和支出责任适当上移，加强省级政府在地方基本公共服务提供中的统筹能力和作用。而市县级政府则应以承担具体的基本公共服务提供的组织落实责任为主，同时确保本级财力和上级补助在基本公共服务事权中的优先安排和使用。

7.4.2　以调整中央和地方收入划分为契机，夯实地方基本公共服务财政基础

本书的研究结果显示，作为地方财政收入的重要指标，地方人均税收收入对全国地方基本公共服务均等化影响显著，有着明显的正相关。无论是经济发达地区的基本公共服务高水平提供，还是经济落后地区基本公共服务的差强人意，地方政府的财政能力直接决定着基本公共服务的提供能力和水平。然而，一个地方的财政能力固然与其经济发展水平有关，同时，现行的财政体制在财力分配中的作用同样不可小觑。而现实情况是，一方面，现行体制在财力分配上仍然存在不合理的状况；另一方面，区域间经济发展水平仍然存在较大差异，尤其表现在城乡经济发展的不平衡。这也客观上从基本公共服务的供给和需求两个方面对基本公共服务均等化产生了影响。为此，要强大地方提供基本公共服务的能力，完善现行财政体制尤为关键，特别是随着中央与地方事权和支出责任划分的进一步调整和明确，有必要重新调整和规范中央和地方的收入划分。与此同时，促进地方经济发展、缩小地方与城乡发展差距，也是促进基本公共服务均等化实现的重要道路。

7.4.2.1　加强全口径预算管理，确保地方财政收入充分有效配置

随着新预算法的出台，预算的完整性有了法律的保障。但在实践中，"四本账"的统一管理仍然存在着管理标准和要求不一致，"四本账"资金的统筹安排还缺乏完整性和有效性。更多的关注点都集中在一般公共预算上，尤其是税收资金的使用安排上，而对于国有资本经营收益、政府基金和社会保险资金的管理和使用仍缺乏有效的预算管理和统筹运用。因此，在增强地方财政收入方面，应跳出只着眼于税收这一单一收入途径的局限，从全口径角度全面调动地方一切可用财力，并从实际出发全面实施中央和地方的收入划分。使全口径预算管理的改革从保持预算管理的完整性这一单一目标逐步转向全面划分中央

与地方收入，扩大政府间收入划分的覆盖面。

7.4.2.2　完善分税制改革，调整中央与地方收入划分

一是，深化税制改革，完善地方税收体系。按照党的十九大"建立权责清晰、财力协调、区域均衡的中央和地方财政关系"的要求，在明确事权的基础上核心是要解决财力协调的问题。而当前财力不协调的主要矛盾是地方财力的不足，因此，深化税收制度改革、完善地方税收体系，显然有助于优化和稳定中央与地方的财力格局。党的十八届三中全会以来，我国一直在大力推进税制改革，构建现代税收制度。就地方税收体系而言，除了在共享税方面全面推进了"营改增"，改革了个人所得税，还出台了环境保护税，推进了资源税由从量计征向从价计征的改革，促进了地方经济的发展和税收收入的增加。接下来，完善地方税的重点有二：其一是稳步推进房产税改革与立法。通过房地产的改革，将与土地、房产建设与保有阶段的相关税费合一，打造成重要的地方主体税种，发挥对地方财政收入的支撑作用。其二，加强对非税收入的征管和立法工作，对符合"费改税"的条件的项目加以培育与完善，逐步扩大地方税的范围。[①]

二是，调整收入归属，提高地方税收收入水平。将部分规模恰当且具备一定属地特征的中央税种划归地方所有成为改革财力分配的新选择。一方面，稳步推进消费税征税环节由生产后移至消费，并将消费税下放给地方。这项改革目前正在推进（具体见《实施更大规模减税降费后调整中央与地方收入划分改革推进方案》），其积极意义不仅在于能通过中央对地方的财力转移直接增加地方财政收入，而且通过征税环节的改变，有助于拉动消费，培育壮大地方税源。另一方面，视财力平衡的需要积极研究探索其他中央税化转地方的可行性，如车辆购置税费，为进一步增强地方财政能力作预先的准备。

三是，优化共享税分成比例，兼顾中央与地方双方利益目标。经过多年的分税制运行与完善，我国已基本形成了以增值税、企业所得税和个人所得税构成的共享税为主、以中央固定税和地方固定税为辅的政府间收入体系。其中，

---

① 张斌. 深化税收制度改革健全地方税体系 [N]. 经济日报, 2017 – 12 – 18.

共享税不仅收入总量大、占比高，而且对企业与个人的生产生活影响极大。因此，优化共享税的分成比例，不仅有利于稳定中央与地方的财力格局，而且还有助于确保中央的宏观调控需要以及地方实现基本公共服务的能力。2019 年10 月出台的《实施更大规模减税降费后调整中央与地方收入划分改革推进方案》，一方面，将共享税中最大的税种——增值税的分享比例固定为中央与地方"五五分成"，取消了之前的 2～3 年的过渡期。稳定了地方的收入预期，有利于地方促进产业结构的优化与调整，增强地方经济的造血功能。另一方面，完善了增值税留抵退税分担机制，实现了地方政府之间的合理负担，减轻了财政压力。

当然，共享税的比例优化不只限于增值税，也不只限于现有分成比例这一种选择。在未来，无论面临进一步调整中央与地方财力分配关系、促进区域均衡的需要，还是满足地方执行相关的发展规划对资金的需要，调整优化共享税的分享方式和分享比例，包括采取地区差异化的分享比例，都会成为财税体制改革中的重要抓手。

四是，下放部分地方税权，实现地方财政的合法增收。在中央与地方明确划分事权与支出责任的基础上，地方政府获得相应的资金保障主要有两条途径：其一，财力分配。市场经济条件下主要是通过分税来实现，如地方固定税、共享税的比例分享，不足的部分还可以通过上级政府的财政资金转移加以补充。其二，财权分配。即在法律框架内地方被允许获得的取得财政收入的权力，如税收的立法权、税种的开征停征权、税率税目的调整权、税收的减免权，此外，举债权和收费权也是财权的有机构成。为缓解地方基层财政压力，同时有效管控土地和债务风险，适当地下放财权具有一定的必要性。可以考虑将一些税的税基和税率的调整权下放给地方；如果条件成熟，可以考虑在中央管控的前提下将个别影响力仅限于本地的地方小税的开征权下放给地方，以确保地方增收有稳定的税收收入来源。此外，应该赋予地方在非税收入方面更大的决策权，同时积极推进地方债市场化进程。

7.4.3 以均等化为目标，强化完善转移支付制度的调节功能

解构党的十九大提出的"建立权责清晰、财力协调、区域均衡的中央和

地方财政关系"[①] 的政策精神，其实不难看出，科学的央地关系"权责清晰"是前提，它必须建立在明确各自事权和支出责任的基础上，解决做什么、需要多少资金的问题；"财力协调"是条件，它是保障事权完成和支出责任落实的财政支撑，解决资金从哪里来；而"区域均衡"则是目标，确立事权和支出责任落实应该达到的效果，即实现基本公共服务在区域间的均等化，解决当下面对社会公众不断增长的公共需求与现实存在的不平衡不充分的矛盾。要围绕这一目标，在事权与支出责任划分的基础上"财力协调"是关键。这其中在现有体制下中央与地方的收入已明确划分的前提下，转移支付的调节机制的作用就显得尤为重要。

而纵观分税制以来我国历次进行的转移支付制度改革，因为都没有触及中央与地方的事权和支出责任的划分，因此转移支付的构成存在较大的不合理。历史遗留的税收返还无法发挥区域均等化效果；一般性转移支付虽说为均等化目标而设，但所占比例仍显不足，而且种类层次不清，既有属于中央事权的基本公共服务均等化[②]（均衡性转移支付），也有配套改革解决资金的"打补丁"项目，因为目标多元无法聚焦，因此呈现出"大而无效"的非理想状态；而作为反映中央委托地方的公共服务和效益外溢性的公共服务的专项转移支付也存在政出多门、资金分散且分配不科学、地方配套压力大、管理薄弱等一系列问题，分散了基本公共服务均等化资金的凝聚性和统筹作用。[③] 随着与基本公共服务均等化相关的各项改革的不断推进，特别是在中央与地方基本公共服务领域的事权与支出责任得以明确划分之后，以均等化为目标调整完善转移支付制度，增强其作为现有收入划分补充的财力调节机制的作用，实现财力与支出责任相匹配无疑到了最紧要的节点。

7.4.3.1 建立基本公共服务共同事权分类分档转移支付，优化转移支付结构

鉴于一般性转移支付主要承担的弥补地区财力缺口、促进基本公共服务均

---

① 习近平：《决胜全面建成小康社会夺取新时代中国特色社会主义伟大胜利》，2017 年 10 月 18 日。

② 缪小林．完善央地转移支付制度［J］．新理财（政府理财），2017：61 – 64.

③ 国务院：《国务院关于改革和完善中央对地方转移支付制度的意见》，2015 年 2 月 3 日。

等化的功能，如何构建一般性转移支付的增长机制、加大对老少边穷等重点地区的转移支付力度，就成为当前转移支付制度改革完善的目标，而设立基本公共服务共同分类分档的转移支付是其中重要的改革内容，各级政府应积极落实，大力推进。

一是，整合分散在一般性转移支付和专项转移支付中由中央与地方共同承担的基本公共服务财政事权。近年来，中央和地方分别出台并在专项转移支付之下安排了一系列直接满足社会成员基本公共服务需要的项目，但由于这些项目的事权和支出责任没有得到清晰的划分，在管理上也缺乏统一的规范和要求，因此不仅使这些基本公共服务无法在预算中得到优先安排，而且往往也因缺乏监管难以保证其使用效果。因此，将改革前一般性转移支付和专项转移支付安排的基本公共服务领域共同财政事权事项，统一纳入共同财政事权分类分档转移支付，有利于完整反映和切实履行中央承担的基本公共服务领域共同财政事权的支出责任。[①]

二是，提高一般性转移支付的规模和占比，凸显均等化功效。一般认为，一般性转移支付的均等化效果要优于专项转移支付，因此提高一般性转移支付的比重是优化转移支付制度的重要指向。值得关注的是，不断增加的专项转移项目所导致的专项转移支付占比和体系的庞大与其减并的改革目标形成了逆向推动。以 2019 年为例，通过共同事权分类分档转移支付的设立，一般性转移支付的比重达到了 90%，而专项转移支付只占 10%。[②] 而这样的结果并不是因为增加了一般性转移支付的投入，而只是由于口径的变化和科目的调整，便到达了优化转移支付结构的目的。

三是，实现一般性转移支付由保"吃饭"转向保"均等"。在一般性转移支付中真正体现均等化作用的应该是均衡性财力转移支付。它通过因素法公式化测定转移支付的额度以弥补地方实现均等化的财力缺口，由地方统筹安排，不规定具体的资金使用用途。但实践中也容易成为解决财政能力的非均衡而并不是基本公共服务的非均衡手段，也就是说，这部分转移支付可能并未优先用到提供基本公共服务上。因此，这就需要中央或是上级地方政府通过安排一些

①② 杨志勇：中央对地方一般性转移支付提高到 90% 说明了什么？［EB/OL］. 21 世纪经济报道，
2019－04－04.

· 292 ·

具有直接指向和用途的转移支付，进行干预和引导，确保基本公共服务的最低水平能够得以保障。以 2019 年为例，共同财政事权转移支付预算数为 31845.69 亿元，而且每一项转移支付都与具体的基本公共服务相联系，仅与教育相关的项目就有城乡义务教育补助经费、学生资助补助经费、支持学前教育发展资金等①，用途清晰，指向明确。

7.4.3.2　确保农村转移人口权益，构建完善与市民化挂钩的转移支付制度②

基于流动人口在新型城镇化和基本公共服务均等化中的关键地位，关键完善与市民化挂钩的转移支付制度，有利于正确处理好中央与地方、流出地与流入地政府、大中小城市之间的财政平衡关系。

一是，在明确中央政府应负担责任的前提下，建议中央财政通过增加一般性转移支付总额、调整转移支付比例、修订转移支付系数等方式，来调节省际间基本公共服务实际负担水平，促使地方政府的财力与事权相互匹配。鉴于各地财力水平和负担能力的差异，不能随着农村转移人口的自然分布而被动形成相关的基本公共服务支出的畸重畸轻，而需由中央主持调剂。目前，财政部已经完善了均衡性转移支付办法，在测算各地区标准财政支出时适当考虑外来人口的因素，以解决流动人口带来的迁入迁出地公共服务保障规模不相匹配的问题。根据《2012 年中央对地方均衡性转移支付办法》③，在一般公共服务标准财政支出、公共安全标准财政支出、文化体育与传媒标准财政支出、医疗卫生标准财政支出的测算公式中，对各级次总人口有特殊说明：总人口 = 户籍人口 + 外来人口 × 折算比例，其中：外来人口 = 常住人口 − 户籍人口。

下一步建议中央对地方的一般性转移支付，要考虑农业转移人口的公共服务支出因素，与各地吸收和承载外来人口的数量挂钩，与各地提高基本公共服务均等化水平的工作努力程度挂钩，在制度设计中调整为按常住人口规模进行

---

① 杨志勇：中央对地方一般性转移支付提高到 90% 说明了什么？［EB/OL］. 21 世纪经济报道，2019 – 04 – 04.

② 程岚．财政转移支付同农业转移人口市民化挂钩机制研究［A］. 江西省发展和改革委员会与江西财经大学联合课题组编著．探索之路——江西省发展和改革委员会与江西财经大学合作课题集［C］. 南昌：江西人民出版社，2014.

③ 财政部：《2012 年中央对地方均衡性转移支付办法财预》，2012 年 6 月 14 日。

认定，以做到根据地方实际行动来真正合理分配公共资源。一是应以常住人口作为总人口计算的唯一标准；或者对外来人口取消折算比例，以增加中央对地方均衡性转移支付的总额，使其受益覆盖农业转移人口。二是以常住人口规模进行转移支付的具体实施方案应根据不同地区、不同城市，因地制宜实行。如应考虑人口转入地经济发展程度、转入人口质量与规模等多方面因素，确定中央财政转移支付的标准。如上海、北京等大城市，虽然吸收的转移人口规模较高，但因其吸收的多是高素质精英人才，对本地经济有较强促进作用，因此就不应将其划定在转移支付对象之内。反之，西部或是中东部中等城市吸收外来人口时，应对其进行相应补贴。

在此基础上，省对市县一般性转移支付也应按统一依据标准执行。加大省级财政统筹力度，同时改变主要以户籍人口为依据的资金经费划拨方式，加大以常住人口划拨经费系数比例，提高省级财政统筹和转移支付力度，鼓励支持市、县（区）政府接纳农业转移人口。

二是，完善与市民化挂钩的专项转移支付制度。首先，中央应整合各部门同类专项转移支付，并逐步取消地方的资金配套要求，在提高资金的使用效率的同时，增强地方对专项转移支付的可得性。其次，为鼓励地方积极接纳转移人口、合理调整政府间收入划分，在一般性转移支付认定做改变的同时，对专项转移支付认定也应做出相应改变。各类与常住人口相关的公共服务、基础设施建设等专项转移支付，也要与常住人口规模挂钩。最后，中央财政和省级财政可设立农业转移人口市民化专项补助资金，根据城市吸纳农民工落户规模，提供城市基础设施和公共服务设施建设补贴。同时，建立城镇建设专项转移支付制度，对行政级别地级以上的大中城市而言，其城市建设和城镇化的重点在所辖郊区县，在市财政预算制度上需要建立对郊区县的专项转移支付制度，增加资金投入，保证专款专用，加快城镇建设，吸收剩余农业劳动力，推进城镇化进程。对于县辖建制镇，县财政应视本地区财力，建立对所管辖建制镇的城市建设专项转移支付制度，支持小城镇发展，使之成为本地区经济社会发展的增长极，带动地区城镇化进程。

7.4.3.3　鼓励探索建立横向援助及补偿机制，促进区域间均衡的实现①

一个完整的转移支付体系应该既有纵向的转移支付又有横向转移支付。现实中的转移支付制度主要侧重于通过上下级政府财政资金转移调整政府级次间财政关系，解决纵向财力失衡。而作为这一制度的补充，横向转移支付通过政府间的资金分担和帮扶，也应该成为解决政府横向财力失衡的重要力量，特别在具有利益关联的区域间，这样的横向转移支付更有必要性和可行性。例如，区域发展战略中的共同体之间，新型城镇化进程中人口转移的流入地和流出地之间，外溢性基本公共服务覆盖的区域间，重点生态功能区与非生态功能区之间，等等。因此，各级政府应积极鼓励探索建立地区间横向援助及补偿机制，为实现基本公共服务均等化开辟更广泛的路径。

一是，总结长期对口支援的实践经验，拓宽横向援助制度的适用性和可持续性。我国的横向援助实践源自 1979 年对口支援的政策安排②，其初衷就是在经济发达地区与边境及少数民族地区之间搭建一个点对点的帮扶桥梁。后经过1984 年的"全国经济技术协作和对口支援会议"的扩充，得到了各方面的积极响应，继而在全国陆续推广。2008 年 6 月，国务院正式颁布《汶川地震灾后恢复重建对口支援方案》，组织中东部 19 个省市"一省帮一重灾县"，开展为期三年的对口支援，重点解决灾后群众住房、公共服务设施、基础设施等与民生相关的项目③，使对口支援成为在共同抵御大型自然灾害中实行横向援助制度的成功典范。而在实现基本公共服务均等化过程中，广东也因为省内率先制订了一系列区域协调发展方面的相关帮扶政策、制度、措施，为全国贡献了"广东方案"。在 2010 年出台的《关于建立推进基本公共服务均等化横向财政转移支付机制的指导意见》中，广东构建了珠江三角洲地区 7 个财力输出地和14 个财力输入地之间点对点帮扶体系，并明确了帮扶的任务和制度，在实践中取得了显著成效，为全国推广提供的经验。

由此可见，我国在建立地区间横向援助方面已有一定的社会基础和实践经验，只是尚未形成制度的长效机制。因此，在实践中应积极总结经验，一方

---

① 程岚. 基于主体功能区战略的转移支付制度探析［J］. 江西社会科学，2014（1）：67 - 71.
② 中共中央：《加速边疆地区和少数民族地区建设》（1979）52 号文件。
③ 国务院办公厅：《汶川地震灾后恢复重建对口支援方案》，2008 年 6 月 11 日。

面，推进横向帮扶由局部短期的应急性补偿政策向常态化制度化转变，在上级政府的指导协调下建立起省际和省内两个层次的对口横向转移机制，并通过制度设计明确帮扶关系、帮扶任务和责任，减轻中央纵向调节的压力；另一方面，利用城市群发展战略，将横向转移支付的政策从珠三角扩展到长三角、京津冀一体化、成渝、长江中游、北部湾、中原、关中平原等城市群发展当中去，充分发挥一体化发展中相关地区间的横向财力调节作用，进一步推进基本公共服务均等化。

二是，结合功能区建设，围绕外溢性基本公共服务建立区域间横向生态补偿机制。随着主体功能区的建设，各地区在发展功能与目标得到细分的同时，基本公共服务提供能力和享有水平也必然产生差异。因此，一方面，应加大落实对重点生态功能区的一般性转移支付力度，提高专项转移支付在弥补生态区外溢效益和为加强环境保护所增加的成本的作用。另一方面，还应在生态外溢的相关地区之间积极探索建立横向转移支付机制的可行性。根据生态产品效益外溢的显著特点，为实现生态成本在受益区域间的有效交换与分担，可以根据"谁受益谁负担"的原则，在受益的特定区域内建立生态环境受益区和提供区同级政府的生态补偿转移支付制度。在横向生态补偿转移资金的确定中，主要考虑的因素应该是生态效益外溢程度，此外，还需综合考虑人口规模、基本公共服务均等化目标、GDP 总值以及财力状况等因素。而生态补偿转移资金的使用也必须严格限定在生态类基本公共服务的可持续建设和发展当中，包括天然水资源、林木、湿地的保护，植被的恢复和环境污染的治理，外迁企业和人口的补偿等。当然，对于惠及全国、难以明确受益范围的生态保护，或受益区域明确但其却无力进行补偿的区域，则应该考虑实行中央政府全部承担补偿责任。

三是，建立农业转移人口流出地和流入地之间的协调机制。基于新型城镇化发展进程中人口流动对基本公共服务均等化产生的影响，以及促进人口流动的合理分布的必要性，在明确划分各级政府农民工市民化事权和成本分担责任的基础上，一方面，应构建完善与市民化挂钩的转移支付制度，解决纵向事权与财力的匹配问题，另一方面，应积极探索农业转移人口在流入和流出地之间的横向转移支付机制的建设。首先，可考虑由流出地政府向中央政府上交部分土地收益，然后由中央财政专门用于农村转移人口市民化工作，通过转移支付的方式注入农村转移人口的主要流入地区。其次，可考虑在流出地和流入地之间建立土地指标的增减挂钩机制，流出地政府收储的农民转让出来的承包地指标和宅基地指标，可拿出一部分给流入地政府。此举可使流出地政府当期可以不拿钱或者少拿钱出来，并可以在总体上维持全国土地增减的平衡，另外还顺应我国新型城镇化的进程，提高东部人口自然集聚程度，以集约化利用土地。①

7.5　改善基本公共服务均等化配套的社会环境②

以上主要从财政政策的视角对新型城镇化进程中基本公共服务均等化的优化目标和实现路径进行了探究，归根结底是期望通过完善公共财政的制度和政策，从新型城镇化与基本公共服务均等化之间的相互关系入手，解决财政支出结构和政府间财政关系两大基本公共服务均等化实现的关键性制约因素。但通过本书研究我们也了解到，基本公共服务均等化的实现是一个宏大的工程，除了财政因素，还涉及经济发展、城乡二元机制、流动人口、人的自身因素等众多因素的影响。因此，在调整完善公共财政制度和政策的同时，还应注重其社会环境的建设，为基本公共服务均等化实现创造外部条件。

7.5.1　改革户籍制度，创新人口管理

7.5.1.1　改革户籍制度

新型城镇化发展进程中实现基本公共服务均等化的一个重要社会条件就是打破"二元机制"下的户籍制度。2016 年 2 月，国务院出台《关于深入推进新型城镇化建设的若干意见》，从人群类型和城市规模上降低了城市落户标准，进一步放宽落户限制③，为改革我国新型城镇化下户籍制度指明了方向。

---

①② 程岚. 财政转移支付同农业转移人口市民化挂钩机制研究［A］. 江西省发展和改革委员会与江西财经大学联合课题组编著. 探索之路——江西省发展和改革委员会与江西财经大学合作课题集［C］. 南昌：：江西人民出版社，2014.

③ 国务院：《关于深入推进新型城镇化建设的若干意见》，2016 年 2 月 6 日。

其一，针对城镇化和均等化"双高"地区，应加快户籍人口城镇化率提高。鉴于人口城镇化比例对"双高"地区基本公共服务水平的影响要大于其他地区，因此，"双高"地区的落户政策应更加积极推动。其中，重点完善北京、上海等超大城市和特大城市（人口超过 500 万人）的落户政策，控制人口规模。一方面，按功能定位和城市的承载能力实行区域分类落户制度，体现区域差异，放宽非主城区的落户条件；另一方面，按照就业、居住、缴纳社保等条件完善积分落户制度，体现个体差异，重点解决符合条件的普通劳动者的落户问题。①

其二，对于人口少于 500 万人的城市，应着力抓好重点人群落户，提高农业转移人口市民化质量。这其中的重点人群包括：一是在城镇稳定就业居住 5 年以上；二是属于举家迁徙。此外，对建档立卡农村贫困人口以及租赁房屋的常住人口的落户也应积极创造条件实现落户。②

其三，在全面实现居住证制度的基础上，推进基本公共服务常住人口全覆盖。各级政府要做到快速掌握人口流动情况，尽快建立起完善的人口信息库。实现常住人口居住证制度，并通过提高常住人口的基本公共服务服务和标准缩小与户籍人口的差距。

其四，中小城市及县以下建制镇应大力推进农村转移人口就地市民化。在完全放开人口迁移限制的政策之后，中小城市及县以下建制镇政府应积极引导农村人口尤其是优秀农民工、高级技工、急需特殊工种向中小城市和建制镇转移。首先，结合第一代外出农民工将逐步退出城市劳动力市场的这一趋势，鼓励农业转移人口返乡创业和再就业，引导其在家乡城市（城镇）落户定居，使存量农民工中的 80% 在省内实现市民化。其次，引导新增农业转移人口就近就业，在本地实现市民化。通过户籍改革和加快产业布局调整，大力发展中小城市和县域经济，增强中小城市和城镇的吸引力，促进人口就近转移就业，使新增农业转移人口的大多数（60% 以上）在省内转移就业，在本地实现市民化。尤其以举家外出人群为重点，推进跨市农业转移人口在流入地落户定居。

---

①② 国务院：《关于深入推进新型城镇化建设的若干意见》，2016 年 2 月 6 日。

7.5.1.2　创新人口服务管理制度

一是，全面推行流动人口居住证制度，充分发挥居住证在农业转移人口市民化过程中的登记管理和权益保障作用。实行无门槛的流动人口居住证制度，逐步推行凭居住证享受与当地城镇居民同等的公共服务和社会福利。

二是，建立从居住证到落户的制度通道，以办理居住证为计算连续居住年限的依据，符合当地政府规定相关条件的，可以在当地申请登记常住户口。

三是，以居住证登记管理系统为基础，加快建立覆盖全省农业转移人口居住、就业、社保、住房、学籍等基础信息平台建设。全面了解流动人口生存发展状况，建立流动人口动态监测和信息共享机制，整合公安、人力资源和社会保障、人口计生和统计等部门的报表和监测信息，实现联网管理、动态管理和精确管理，为完善相关政策提供数据支持。

7.5.2　开展农村住宅置换，推进土地股份制改革

应保护落户城镇的农民的权益，解决农村转移人口市民化的后顾之忧。继续保留土地承包经营权、宅基地使用权、集体收益分配权。是否放弃宅基地使用权和土地承包经营权，必须尊重农民本人意愿，不得强征或变相强制收回。

鼓励农民通过抵押、转包、转让、互换、出租、股份合作等形式流转土地承包经营权。鼓励发展适度规模经营，对受让面积较大、流转期限较长的，优先安排农田基本建设等建设项目，金融机构优先安排贷款授信额度，支持金融机构开展农村土地承包经营权、集体土地使用权和农民住房所有权抵押贷款试点。

开展农村住宅置换城镇商品房工作。对在城镇有稳定职业且居住一定年限的本省籍农户，在自愿的前提下，各地可选择安排在城镇规划区内的国有土地上新建住房置换其原有农村住房；对自愿退出宅基地并进行复垦为耕地的，其增减挂钩指标纯收益全额归农户所有。

积极开展农村土地股份制改革。2016 年中央 1 号文件《中共中央国务院关于落实发展新理念加快农业现代化　实现全面小康目标的若干意见》明确提出：鼓励农民以承包地土地经营权入股龙头企业和农村合作社，发展农业产业化经营。并通过"保底收益"加上"按股分红"使农户获得收益。实践证

明，这一方式比出租、转包更有利于紧密利益关系，实现可持续流转，同时也能保证土地能得到较好维护和利用，实现规模效益。

7.5.3 谋求多元化协作，激励非基本公共服务融资社会化和供给的市场化

公共服务是基本公共服务和非基本公共服务的总和，两者相辅相成，共同满足社会公共需要。增强公共服务的提供能力，需要打破政府单一融资和垄断供给，区分基本公共服务和非基本公共服务的不同属性，选择不同的融资渠道和提供方式。其中，基本公共服务以政府为主导，聚集财政资金着力于实现均等化目标；而非基本公共服务应该更多地通过多元化的协作模式，实现融资的社会化和供给的市场化，扩大社会供给。

7.5.3.1 建立可持续投融资机制

为解决公共服务建设与提供对资金的需要，在逐步打破地方政府对土地财政的依赖情形下，必须深化可持续投融资体制改革，拓宽城镇建设投融资渠道。

要根据城镇基础设施和公共服务性质的不同，逐步建立政府、企业、个人共同投资的多形式、多元化、多渠道城镇化建设投资体系。一是放宽市场准入，鼓励民间资金进入经营性基础设施领域。二是应强化财政资金和政策引导作用。通过财政奖补、贷款贴息等方式调动社会资本参与城乡基础设施、旧城改造、城中村改造、新型农村社区和教育、医疗、住房保障等社会事业建设的积极性。其中，公益性的项目和服务，应加大财政资金的保障力度和政策性金融的投入力度；而对介于公益性和经营性之间的城镇基础设施项目，则应拓宽融资渠道，通过特许经营、股权融资、项目融资（PPP）等方式，鼓励和吸引社会资金和境外资金参与运营、建设和服务。2019 年，财政部、国家发展改革委等 18 部门鼓励采用 PPP 等模式推动社会领域公共服务补短板提质量，扩大供给。[①] 三是继续发挥省级投融资平台优势，通过统贷统还方式，帮助市县

---

① 国家发改委等18部门：《加大力度推动社会领域公共服务补短板强弱项提质量促进形成强大国内市场的行动方案》。

解决城镇建设资金缺口大、分散融资成本高的难题。

7.5.3.2　激励引导非基本公共服务供给的市场参与与补充

从实践层面看，非基本公共服务的核心是扩大供给合力，强调多元服务、社会参与和市场运作。① 而政府的作用更多的是推进供给改革，激励引导有效供给。

其一，实施必要的激励措施和优惠政策。因为公共服务的效益外溢性，为了激发市场主体的参与意识和积极性，各级政府可以设计覆盖整个公共服务供给全过程的各种激励政策。例如：针对特定公共服务提供所安排的税收优惠、财政补贴等相关财税措施，使公共服务供给者外溢的效益得到弥补，以提高其提供非基本公共服务的积极性。

其二，正确处理好公共服务供给与生产的关系。应该充分认识到政府承担公共服务的提供责任并不意味着政府必须直接生产，而是将公共服务的生产建设、经营服务的责任通过交由市场主体来完成，以提高公共服务的生产效率。这样政府一方面可以通过采购服务、外包、委托生产等方式履行其公共服务的提供责任，另一方面，在公共服务生产方面引入竞争机制，可以探索公共服务私营及发展自主性事业组织和多元组织，利用基本公共服务生产机构之间的竞争，不断提高基本公共服务的质量与水平。

其三，促进共享经济在非基本公共服务中的独特地位。共享经济是依托互联网和大数据发展起来的一种经济业态，它可以通过对大量的资源进行整合和区域配置，实现其覆盖面宽、易获得、信息交换迅速、线上平台线下实体相结合的优势，实现公共服务供需间的精准对接，提高资源配置效率。现实当中，许多公共服务都可以借助共享经济来完成，如教育学习平台的建设、互联网＋医疗健康、家政服务以及社区养老等。当然，在共享经济发展中政府能否提供一个包容创新的制度环境尤为关键，而相关企业是否具有更强的责任心和自律性直接关乎服务提供的品质。②

①② 于凤霞. 非基本公共服务：共享经济巨大的潜力市场［EB/OL］. 人民论坛网，2019 － 03 － 08.

结　语

　　我国正处在全面建设小康社会的关键时期。党的十九届四中全会决议提出：坚持和完善统筹城乡的民生保障制度，满足人民日益增长的美好生活需要，促进人的全面发展，要建立健全幼有所育、学有所教、劳有所得、病有所医、老有所养、住有所居、弱有所扶的国家基本公共服务制度体系。① 这既是我党执政为民的本质要求，也是广大人民群众的共同愿望。在这样一个宏大的主题下，本书聚焦新型城镇化和基本公共服务均等化两大战略，深入揭示我国现阶段新型城镇化和均等化的发展水平和现实中存在的问题，研究探讨两大战略实施的相互影响。通过实证分析和个案分析反映出两大战略在不同区域的差异性的影响效果，并试图找寻共性的影响因素和在不同区域的影响路径，继而围绕着关联的核心影响因素提出解决的思路和对策。

　　正是通过这样的研究，让我们深刻领会到中央提出构建人的全面发展的基本公共服务均等化制度系统的重要意义和实际价值，同时也认识到任务的艰巨性和复杂性。本书的研究只是在这宏大主题下迈出了一小步，但却带给我们对实现我国基本公共服务均等化更热切的关注，以及对这一主题未来需要进一步研究和破解的问题有了更深入的思考和期待。这其中可能包含的方向有：地方基本公共服务标准体系的构建及实施效果评价；乡村振兴背景下流动人口市民化的路径选择及实现；新时代中央与地方财政关系的构建与完善；基于城市圈区域战略下我国政府间横向转移支付机制的建立与完善；地方各级政府基本公

---

① 中共中央中国共产党第十九届中央委员会第四次全体会议公报，2019 - 10 - 31.

共服务共同事权及支出责任划分及财力协调机制构建；健康平等、教育均衡等一系列围绕具体均等化目标的问题研究；等等。而这一切问题都是我国在推进基本公共服务均等化道路上需要解决的难题，也是我们作为研究者努力的方向。

参考文献

［1］阿尔费雷德·韦伯．工业区位论［M］．北京：商务印书馆，1997.

［2］安体富，任强．公共服务均等化：理论、问题与对策［J］．财贸经济，2007（8）：48－53.

［3］安体富，任强．中国公共服务均等化水平指标体系的构建——基于地区差别视角的量化分析［J］．财贸经济，2008（6）：79－82.

［4］庇古．福利经济学［M］．北京：商务印书馆，2006.

［5］曾保根．论基本公共服务均等化的立法基础、模式和内容［J］．湖北行政学院学报，2013（1）：68－72.

［6］曾明，等．地方财政自给与转移支付的公共服务均等化效应——基于中国31个省级行政区的面板门槛分析［J］．经贸研究，2014（3）：82－91.

［7］常修泽．逐步实现基本公共服务均等化［N］．人民日报，2007－1－31（009）．

［8］常秀云，马子博．我国城乡基本公共服务均等化的制度困境及改革路径［J］．西北大学学报（哲学社会科学版），2013（6）：154－159.

［9］常忠哲，丁广文．基于PSR模型的社会保障基本公共服务均等化水平研究［J］．广西社会科学，2015（12）：167－172.

［10］陈昌盛，蔡跃洲．中国政府公共服务：基本价值取向与综合绩效评估［J］．财政研究，2007（6）：20－24.

［11］陈鹤松．以人民为中心视角的中国新型城镇化动力机制与路径重构［J］．改革与战略，2017（1）：113－116.

［12］陈俊梁，等．中国特色新型城镇化道路的生态文明特征［J］．农业

经济，2015（4）：3－6.

［13］陈诗波，等．中国新型城镇化发展的路径选择与对策探讨［J］．理论月刊，2014（4）：174－178.

［14］陈文权，张欣．十七大以来我国理论界关于"基本公共服务均现状等化"的讨论综述［J］．云南行政学院学报，2008（5）：41－45.

［15］陈晓春，蒋道国．新型城镇化低碳发展的内涵与实现路径［J］．学术论坛，2013（4）：123－127.

［16］陈振明，李德国．基本公共服务的均等化与有效供给——基于福建省的思考［J］．中国行政管理，2011（1）：47－52.

［17］陈自强．我国学界近十年来对基本公共服务均等化研究综述［J］．云南行政学院学报，2014（4）：120－124.

［18］程建华，武靖州．我国公共物品低效供给的表现与对策［J］．农村经济，2008（2）：6－10.

［19］程岚基于主体功能区战略的转移支付制度探析［J］．江西社会科学2014（1）：67－71.

［20］程岚．完善公共财政体制实现基本公共服务均等化［J］．中央财经大学学报，2008（10）：7－11.

［21］程岚．公共财政视角下基本公共服务均等化研究［M］．北京：经济科学版社．2010：10.

［22］程遥，等．我国中部地区城镇化发展中的若干特征与趋势——基于皖北案例的初步探讨［J］．城市规划学刊，2011（2）：67－76.

［23］丛茂昆，张明斗．内生型城镇化：新型城镇化的模式选择［J］．南京农业大学学报（社会科学版），2016（3）：30－36.

［24］崔治文，韩清．基本公共服务均等化水平与城镇化互动关系研究［J］．华中农业大学学报（社会科学版），2016（2）：118－125.

［25］邓劲松，等．城市化过程中耕地土壤资源质量损失评价与分析［J］．农业工程学报，2009（6）：261－265.

［26］邓祥征，等．中国西部城镇化发展模式研究［J］．农村金融研究，2012（2）：37－40.

［27］丁焕峰，曾宝福．基本公共服务均等化研究综述［J］．华南理工大学学报，2010（5）：34-41.

［28］丁瑞红．经济新常态下新型城镇化发展的推进路径［J］．经济纵横，2016（9）：58-60.

［29］丁元竹．当前我国的基本公共服务现状及原因［N］．中国经济时报，2008-1-11.

［30］丁元竹．坚持以人为中心的发展观推动我国经济社会全面发展［J］．宏观经济研究，2000（10）：11-14.

［31］杜金金．近五年我国新型城镇化发展认识研究［J］．西南交通大学学报（社会科学版），2018（2）：91-99.

［32］段浩，许偲炜．新型城镇化中的"人地钱"挂钩制度：回应、困境与完善［J］．农村经济，2018（10）：36-43.

［33］樊丽明，郭健．城乡基本公共服务均等化的国际比较：进程与经验［J］．中央财经大学学报，2012（7）：1-8.

［34］范逢春．建国以来基本公共服务均等化政策的回顾与反思：基于文本分析的视角［J］．上海行政学院学报，2016（1）：46-57.

［35］方创琳，王德利．中国城市化发展质量的综合测度与提升路径［J］．地理研究，2011（11）：1931-1946.

［36］付占辉，等．河南省南阳市县域城镇化与基本公共服务时空格局及耦合关系［J］．地域研究与开发，2018（3）：75-79.

［37］高佩义．世界城市化的一般规律与中国城市化［J］．中国社会科学，1990（5）.

［38］高佩义．中外城市化比较研究（增订版）［M］．天津：南开大学出版社，2004：413.

［39］龚征旗，等．新型城镇化发展路径及影响因素实证分析［J］．商业经济研究，2016（18）：140-141.

［40］辜胜阻．推进新型城镇化人是核心钱是关键［J］．中国合作经济，2013（12）：17.

［41］辜胜阻．中国城镇化机遇、问题与路径［J］．中国市场，2013

（3）：49－51.

[42] 辜胜阻，等.民间资本推进城镇化建设的问题与对策 [J].当代财经，2014（2）：5－11.

[43] 辜胜阻，等.中国城镇化的转型方向和配套改革 [J].中国人口科学，2013（3）：2－9.

[44] 管延莲，吴淑君.浙江城乡基本公共服务均等化问题探讨 [J].浙江社会科学，2010（2）：121－124.

[45] 管勇生，等.我国新型城镇化视域下体育公共产品服务治理研究 [J].湖北体育科技，2017（3）：200－203.

[46] 郭世芹.基于新型城镇化质量的财政转移支付研究 [D].成都：西南交通大学，2018.

[47] 郭小聪，刘述良.中国基本公共服务均等化：困境与出路 [J].中山大学学报，2010（5）：150－158.

[48] 郭小聪，代凯.供需结构失衡：基本公共服务均等化进程中的突出问题 [J].中山大学学报（社会科学版），2012（4）：140－147.

[49] 郭小聪，代凯.国内近五年基本公共服务均等化研究：综述与评估 [J].中国人民大学学报，2013（1）：145－154.

[50] 韩清.我国基本公共服务均等化与城镇化互动关系研究 [D].兰州：西北师范大学，2016.

[51] 韩淑梅.基本公共服务均等化问题研究 [J].吉林工商学院学报，2008（1）：70－72.

[52] 韩增林，等.中国城乡基本公共服务均等化及其空间格局分析 [J].地理研究，2015（11）：2035－2048.

[53] 汉斯·范登·德尔，本·范·韦尔瑟芬.民主与福利经济学 [M].北京：中国社会科学出版社，1999.

[54] 何华兵.基本公共服务均等化满意度测评体系的建构与应用 [J].中国行政管理，2012（11）：25－29.

[55] 何莎莎.农村基本公共卫生服务均等化问题研究 [D].武汉：华中科技大学，2012.

［56］和立道，李妍．城乡公共服务均等化影响因素及其路径选择［J］．云南师范大学学报（哲学社会科学版），2012（6）：107－114．

［57］和立道．医疗卫生基本公共服务的城乡差距及均等化路径［J］．财经科学，2011（12）：114－120．

［58］贺小林，马西恒．基本公共服务均等化的财政保障机制与模式探索——经济新常态下浦东改革的实证分析［J］．上海行政学院学报，2016（5）：27－35．

［59］胡均民，艾洪山．匹配"事权"与"财权"：基本公共服务均等化的核心路径［J］．中国行政管理，2009（11）：59－63．

［60］胡仙芝．中国基本公共服务均等化现状与改革方向［J］．北京联合大学学报（人文社会科学版），2010（3）：82－87．

［61］黄桂婵，胡卫东．我国传统城镇化的特征与新型城镇化的路径探讨［J］．农业现代化研究，2013（6）：672－675．

［62］黄亚平，林小如．欠发达山区县域新型城镇化动力机制探讨——以湖北为例［J］．城市规划学刊，2012（4）：44－50．

［63］霍晓英．论新型城镇化战略与城市公共服务供给制度的研究［J］．改革与战略，2014（7）：91－94．

［64］江依妮．中国政府公共服务职能的地方化及其后果［J］．经济学家，2011（7）：78－84．

［65］江易华．县级政府基本公共服务绩效分析——一种理论模型对老河口市的实证检测［J］．华中师范大学学报（人文社会科学版），2009（5）：20－27．

［66］姜晓萍，吴菁．国内外基本公共服务均等化研究述评［J］．上海行政学院学报，2012（9）：4－16．

［67］蒋瑛．公共服务均等化的中国实践［J］．行政论坛，2011（5）：53－57．

［68］焦晓云．新型城镇化进程中农村就地城镇化的困境、重点与对策探析——"城市病"治理的另一种思路［J］．城市发展研究，2015（1）：108－115．

［69］金兰，张秀娥.以人为核心的新型城镇化实现路径［J］.经济纵横，2015（12）：14－17.

［70］金月华.中国特色新型城镇化道路研究［D］.长春：吉林大学，2016.

［71］孔翔云，王小龙.略论我国农村城镇化模式的选择［J］.农村经济，2013（2）：95－99.

［72］莱昂·狄骥.公法的变迁：法律与国家［M］.郑戈，冷静译.沈阳：辽海出版社，春风文艺出版社，1999.

［73］赖扬恩.城镇化进程中推进城乡基本公共服务均等化研究［J］.福建论坛，2014（6）：193－199.

［74］赖扬恩.论新常态下城镇化发展动力机制的转型与重塑［J］.发展研究，2017（10）：63－72.

［75］雷晓康，曲靖.基础教育公共服务均等化问题研究——以陕北几县为例［J］.西北大学学报（哲学社会科学版），2011（1）：20－25.

［76］李斌，等.公共服务均等化、民生财政支出与城市化——基于中国286个城市面板数据的动态空间计量检测［J］.中国软科学，2015（6）：79－90.

［77］李凡.转移支付、财力均衡与基本公共服务均等化［D］.青岛：山东大学，2013.

［78］李红霞.基本公共服务供给不足的原因分析与强化政府财政责任的对策［J］.财政研究，2014（2）：58－61.

［79］李杰刚，李志勇.新中国基本公共服务供给：演化阶段及未来走向［J］.财政研究，2012（1）：13－16.

［80］李楠.以人为本的中国新型城镇化建设研究［J］.改革与战略，2013（8）：7－10.

［81］李若愚.新型城镇化路在何方？［I］.财经界，2013（2）：30－33.

［82］李伟，燕星池.完善财政转移支付制度促进基本公共服务均等化［J］.经济纵横，2014（2）：17－21.

［83］李彦东，刘小新.新型城镇化发展模式及路径选择研究——基于吉林省松原市城镇化建设进程的调查与思考［J］.吉林金融研究，2013（4）：

16 – 21.

［84］李一花. 城乡基本公共服务均等化研究［J］. 税务与经济，2008（4）：33 – 37.

［85］李永红. 以基本公共服务均等化推进"人"的城镇化［J］. 理论导刊，2014（6）：78 – 80.

［86］厉以宁. 关于中国城镇化的一些问题［J］. 当代财经，2011（1）：5 – 6.

［87］廖明月新时代我国横向财政转移支付制度的构建［J］. 当代经济2018（9）：22 – 25.

［88］廖文剑. 基本公共服务均等化研究文献综述［J］. 辽宁行政学院学报，2008（9）：17 – 19..

［89］廖永伦. 就地就近城镇化：新型城镇化的现实路径选择［J］. 贵州社会科学，2015（11）：123 – 127.

［90］林阳衍，等. 基本公共服务均等化：指标体系、综合评价与现状分析——基于我国 198 个地级市的实证研究［J］. 福建论坛，2014（6）：184 – 192.

［91］刘贝贝. 基本公共服务均等化视角下的第二代农民工市民化研究［D］. 武汉：华中师范大学，2012.

［92］刘成军. 城镇化进程中政府的生态责任研究［D］. 长春：东北师范大学，2016.

［93］刘成奎，龚萍. 财政分权、地方政府城市偏向与城乡基本公共服务均等化［J］. 广东财经大学学报，2014（4）：63 – 73.

［94］刘岱宁. 传统农区人口流动与城镇化模式研究——以河南为例［D］. 河南大学，2014.

［95］刘洪，王江涛. 基于非参数方法的城镇化与经济发展的分析［J］. 统计与决策，2013（22）：92 – 94.

［96］刘佳萍. 城乡基本公共服务均等化问题及对策研究［J］. 探求，2018（1）：116 – 120.

［97］刘婧. 关于城镇化发展的"数量"与"质量"——基于复合指标体

系的测度与解读［A］. 中国城市规划学会编. 城市规划和科学发展——2009中国城市规划年会论文集［C］. 2009.

［98］刘敏，等. 多维视角的山西新型城镇化实证研究——以山西省11个地级以上城市为例［J］. 山西财经大学学报，2017（S2）：1 - 10.

［99］刘明中. 推进基本公共服务均等化的重要手段（上）——财政部副部长楼继伟答本报记者问［N］. 中国财经报，2006 - 2 - 7.

［100］刘沛林. 新型城镇化建设中"留住乡愁"的理论与实践探索［J］. 地理研究，2015（7）：1205 - 1212.

［101］刘双柳，等. 新型城镇化背景下城乡环境基本公共服务均等化推进路径［J］. 环境保护科学，2017（5）：1 - 5.

［102］刘跃，等. 信息化与新型城镇化的互动效应与路径［J］. 城市问题，2016（6）：24 - 32.

［103］卢洪友，等. 中国基本公共服务均等化进程报告［M］. 北京：人民出版社，2012.

［104］陆仰渊. 论中国新型城镇化的路径选择［J］. 现代经济探讨，2015（8）：15 - 19.

［105］吕丹，等. 新型城镇化质量评价指标体系综述与重构［J］. 财经问题研究，2014（9）：72 - 78.

［106］马晓河：完善乡村基础设施建设和公共服务供给［J］. 光明日报，2018 - 10 - 11（04）.

［107］倪鹏飞. 新型城镇化的基本模式、具体路径与推进对策［J］. 江海学刊，2013（1）：87 - 94.

［108］潘晔. 新型城镇化背景下公共服务均等化问题研究［D］. 云南财经大学，2015.

［109］潘悦，祝尔娟. 论新型城镇化与推进基本公共服务均等化之关系［J］. 中国经贸导刊，2013（29）：30 - 32.

［110］裴玮，邓玲. 新型城镇化与生态文明建设协同推进的机理与实现路径［J］. 西北民族大学学报（哲学社会科学版），2017（1）：106 - 113.

［111］彭健. 基本公共服务均等化视角下的财政体制优化［J］. 财经问题

研究, 2010 (2): 80 - 84.

[112] 戚建华. 基本公共服务均等化国内研究综述 [J]. 经济论坛, 2012 (4): 123 - 125.

[113] 齐勇. 新型城镇化背景下农业转移人口价值观研究 [D]. 北京科技大学, 2019.

[114] 秦立建, 等. 我国城市化征地对农民健康的影响 [J]. 管理世界, 2012 (9): 82 - 88.

[115] 邱爱军, 等. 中国快速城镇化过程中的问题及其消解 [J]. 工程研究, 2011 (3): 211 - 221.

[116] 萨缪尔森. 经济学 (第17版) [M]. 北京: 人民邮电出版社, 2000.

[117] 山鹿城次. 城市地理学 [M]. 朱德泽译. 武汉: 湖北教育出版社, 1986.

[118] 沈清基. 论基于生态文明的新型城镇化 [J]. 城市规划学刊, 2013 (1): 29 - 36.

[119] 宋汉光. 城镇化与居民消费——基于新供给经济学视角的实证分析 [J]. 金融发展评论, 2013 (9): 147 - 158.

[120] 宋连胜, 金月华. 论新型城镇化视角下的公共服务均等化 [J]. 探索, 2016 (2): 123 - 127.

[121] 隋平. 新型城镇化的模式及路径研究 [J]. 学术论坛, 2013 (8): 144 - 148.

[122] 孙德超, 毛素杰. 农民工群体享有基本公共服务的现状及改进途径 [J]. 吉林大学社会科学学报, 2012 (3): 153 - 158.

[123] 孙红玲, 等. 论人的城镇化与人均公共服务均等化 [J]. 中国工业经济, 2014 (5): 18 - 30.

[124] 孙沛瑄. 基于VAR模型的新型城镇化动力机制研究——以江苏省为例 [D]. 重庆工商大学, 2014.

[125] 孙玉霞, 刘燕红. 农村公共服务非均等化与财政减贫的政策选择 [J]. 地方财政研究, 2014 (5): 71 - 75.

［126］覃丽平．城镇化是中国未来经济增长的引擎［J］．山西财经大学学报，2013（4）：18.

［127］谭浩娟，刘硕．我国公共服务水平评价及影响因素研究［J］．统计与决策，2016（8）：91－94.

［128］汤际澜．我国基本公共体育服务均等化研究［D］．苏州：苏州大学，2011.

［129］唐钧．"基本公共服务均等化"保障6种基本权利［J］．时事报告，2006（6）：42－43.

［130］童光辉，赵海利．新型城镇化进程中的基本公共服务均等化：财政支出责任及其分担机制——以城市非户籍人口为中心［J］．经济学家，2014（11）：32－36.

［131］瓦格纳．财政学（第1卷）［M］．德文版，1872.

［132］拓志超．城乡基本公共服务非均等化原因探析［J］．经济论坛，2011（11）：180－183.

［133］万玲，何华兵．公众参与基本公共服务均等化的制度设计［J］．云南行政学院学报，2013（3）：112－114.

［134］王超．广州新型城市化动力机制探析：党群互动视角［J］．城市观察，2012（3）：41－46.

［135］王发曾．从规划到实施的新型城镇化［J］．河南科学，2014（6）：919－924.

［136］王鹤，等．从传统城市化到新型城市化——我国城市化道路的未来选择［J］．经济体制改革，2013（1）：17－21.

［137］王会，王奇．中国城镇化与环境污染排放：基于投入产出的分析［J］．中国人口科学，2011：57－66.

［138］王慧．区域基本公共服务均等化的测度及影响因素分析［D］．长沙：湖南大学，2012.

［139］王家庭，唐袁．我国区域间城市化水平不平衡的测度研究［J］．城市发展研究，2009（10）：7－12.

［140］王钧超．矿业城市推进新型城镇化的路径探索［J］．中国矿业，

2015（S1）：237-240.

［141］王兰英，杨帆．创新驱动发展战略与中国的未来城镇化建设［J］.中国人口，2014（9）：164-169.

［142］王洛忠，李帆．我国基本公共文化服务：指标体系构建与地区差距测量［J］.经济社会体制比较，2013（1）：184-195.

［143］王明浩，等．天津新型城镇化建设与发展模式研究［J］.城市，2014（11）：3-8.

［144］王谦．基于农民视角的农村公共服务供给合意度和需求程度分析——以山东省三县市的调研为例［J］.山东社会科学，2008（3）：152-155.

［145］王素斋．新型城镇化科学发展的内涵、目标与路径［J］.理论月刊，2013（4）：165-168.

［146］王晓慧．城乡基本公共服务非均等化的原因及路径分析［J］.现代商业，2013（10）：54-55.

［147］王晓玲，安春生．我国新型城镇化发展的对策建议［J］.宏观经济管理，2017（6）：66-70.

［148］王雪．统筹城乡基本公共服务均等化问题研究［D］.北京：首都经济贸易大学，2012.

［149］王雅莉，张明斗．中国民生型城镇化的框架设计与优化路径研究［J］.城市发展研究，2013（5）：62-69.

［150］王桢桢，郭正林．公共服务均等化的影响因素及标准化体系建构［J］.学术研究，2009（6）：59-63.

［151］王志雄．我国基本公共服务均等化研究［D］.北京：财政部财政科学研究所，2006.

［152］魏福成，胡洪曙．我国基本公共服务均等化：评价指标与实证研究［J］.中南财经政法大学学报，2015（5）：26-36.

［153］温来成．加快基本公共服务均等化促进新型城镇化建设［N］.中国经济时报，2013-12-30（010）.

［154］文宏．中国政府推进基本公共服务的注意力测量——基于中央政府工作报告（1954—2013年）的文本分析［J］.吉林大学社会科学学报，

2014（2）：20－26.

［155］文雨辰．基本公共服务均等化影响因素及财政对策的研究——基于不同城镇化模式的视角［D］．南昌：江西财经大学，2017.

［156］沃尔德·克里斯塔勒．德国南部中心地原理［M］．常正文，等译．北京：商务印书馆，1989.

［157］沃纳·赫希．城市经济学［M］．刘世庆译．北京：中国社会科学出版社，1990：22.

［158］吴宾，夏艳霞．地方政府对农业人口市民化注意力的时空差异及演变——基于18个省市政府工作报告的文本分析［J］．地域研究与开发，2019（2）：162－169.

［159］吴根平．我国城乡一体化发展中基本公共服务均等化的困境与出路［J］．农业现代化研究，2014（1）：33－37.

［160］吴秋明，黄灿煌．新型城镇化背景下的基本公共服务水平提升研究［J］．发展研究，2017（11）：63－67.

［161］武力超，等．我国地区公共服务均等化的测度及影响因素研究［J］．数量经济技术经济研究，2014（8）：72－86.

［162］西蒙·库兹涅兹．现代经济增长［M］戴睿，易城译．北京：北京经济学院出版社，1989.

［163］项继权，王明为．新型城镇化：发展战略、动力机制与创新突破［J］．城市观察，2015（5）：5－12.

［164］项继权，袁方成．我国基本公共服务均等化的财政投入与需求分析［J］．公共行政评论，2008（3）：89－123.

［165］项继权．基本公共服务均等化：政策目标与制度保障［J］．华中师范大学学报，2008（1）：2－9.

［166］肖文，王平．我国城市经济增长效率与城市化效率比较分析［J］．城市问题，2011（2）：12－16.

［167］谢波．基本公共服务设施均等化的内涵及其规划策略——基于西方发达国家实践经验的思考［J］．规划师，2014（5）：11－16.

［168］谢波，等．基本公共服务设施均等化的内涵及其规划策略［J］．规

划师论坛，2014（5）：11 - 16.

　　[169] 谢路遥.谢家镇新型城镇化建设发展情况的调查研究 [D].成都：电子科技大学，2014.

　　[170] 谢天成，施祖麟.中国特色新型城镇化概念、目标与速度研究 [J].经济问题探索，2015（6）：112 - 117.

　　[171] 徐选国，杨君.人本视角下的新型城镇化建设：本质、特征及其可能路径 [J].南京农业大学学报（社会科学版），2014（2）：15 - 20.

　　[172] 徐琰超，杨龙见.财政分权、转移支付与地方政府福利性支出效率 [J].金融评论，2014（2）：37 - 49.

　　[173] 徐越倩，彭艳.户籍人口城镇化与基本公共服务耦合协调度研究——以浙江省 11 个地市为例 [J].浙江社会科学，2017（7）：74 - 83.

　　[174] 徐越倩.城乡统筹的新型城市化与基本公共服务均等化 [J].中共浙江省委党校学报，2011（1）：79 - 84.

　　[175] 许恒周，等.京津冀城市圈公共服务资源配置与人口城镇化协调效率研究 [J].中国人口，2018（3）：22 - 30.

　　[176] 许仁家.公共服务非均等化研究综述 [J] 知识经济，2014（4）：9 - 10.

　　[177] 雅诺什·科尔奈，翁笙和.转轨中的福利、选择和一致性——东欧国家卫生部门改革 [M].北京：中信出版社，2003.

　　[178] 亚当·斯密.国富论 [M].武汉：中南大学出版社，2004.

　　[179] 闫春晓，等.推进城乡基本公共服务均等化的思考 [J].北方经济，2014（9）：88 - 89.

　　[180] 闫海龙，胡青江.新疆新型城镇化发展指标体系构建和评价分析 [J].改革与战略，2014（2）：100 - 104.

　　[181] 闫明明.中国新型城镇化的进程及模式研究 [M].北京：中国经济出版社.2017.

　　[182] 杨发详，茹婧.新型城镇化的动力机制及其协同策略 [J].山东社会科学，2014（1）：56 - 62.

　　[183] 杨光.省际间基本公共服务供给均等化绩效评价 [J].财经问题研

究，2015（1）：111 – 116.

［184］杨弘，胡永保．实现基本公共服务均等化的民主维度——以政府角色和地位为视角［J］．吉林大学社会科学学报，2012（4）：13 – 19.

［185］杨静．中国新型城镇化发展路径探析［J］．学术交流，2014（7）：111 – 116.

［186］杨仪青．区域协调发展视角下我国新型城镇化建设路径探析［J］．现代经济探讨，2015（5）：35 – 39.

［187］杨云彦．中国人口迁移与发展的长期战略［M］．武汉：武汉大学出版社，1994.

［188］姚磊．新型城镇化进程中农村体育基本公共服务供给：有限性与有效性［J］．北京体育大学学报，2015（11）：7 – 15.

［189］叶骁军．控制与系统：城市系统控制新论［M］．南京：东南大学出版社，2001.

［190］于凤霞．非基本公共服务：共享经济巨大的潜力市场［EB/OL］．人民论坛网，2019 – 3 – 8.

［191］余淑均．人的全面发展视阈下的中国新型城镇化建设思考［J］．湖北社会科学，2019（1）：42 – 48.．

［192］郁建兴．中国的公共服务体系：发展历程、社会政策与体制机制［J］．学术月刊，2011（3）：5 – 17.

［193］喻新安，等．新型城镇化引领论［M］．北京：人民出版社，2012（10）：39 – 40.

［194］袁丹，等．东部沿海人口城镇化与公共服务协调发展的空间特征及影响因素［J］．经济地理，2017（3）：32 – 39.

［195］袁坤．中西部山区新型城镇化路径选择研究［J］．理论与改革，2016（3）：169 – 173.

［196］约翰·冯·杜能．孤立国同农业和国民经济的关系［M］．北京：商务印书馆，1997.

［197］约翰·穆勒．政治经济学原理及其在社会哲学上的应用［M］．胡企林译．北京：商务印书馆，1991.

［198］詹国辉．区域间公共服务均等化的影响因素分析——基于江苏省 13 个地级市的面板数据［J］．公共管理与政策评论，2017（6）：62 – 71.

［199］詹姆斯·S·鲍曼，等．职业优势：公告服务中的技能三角［M］．张秀琴译．北京：中国人民大学出版社，2005.

［200］张迪．国内基本公共服务均等化问题研究综述［J］．洛阳理工学院学报（社会科学版），2017（4）：55 – 60.

［201］张何鑫．城镇化中公共服务的均等化保障研究——以新市民权益保障为视角［J］．辽宁公安司法管理干部学院学报，2018（10）：1 – 6.

［202］张华，张桂文．城乡基本公共服务均等化的国际经验比较与启示［J］．当今经济研究，2018（3）：60 – 65.

［203］张华．中国城镇化进程中城乡基本公共服务均等化研究［D］．沈阳：辽宁大学，2018.

［204］张杰．新型城镇化研究——一个文献综述［J］．学术论坛，2018（15）：173 – 175.

［205］张开云，等．地方政府公共服务供给能力：影响因素与实现路径［J］．中国行政管理，2010（1）：92 – 95.

［206］张丽琴，陈烈．新型城镇化影响因素的实证研究——以河北省为例［J］．中央财经大学学报，2013（12）：84 – 91.

［207］张明斗．新型城镇化运行中的基本公共服务均等化研究［J］．宏观经济研究，2016（6）：118 – 126.

［208］张明珠．新型城镇化下基本公共服务均等化探讨［J］．宏观经济管理，2016（2）：64 – 69.

［209］张启春，范晓琳．以标准化示范促进基本公共服务均等化——基于 H 省 G 县基本公共文化服务标准化示范实践的分析［J］．湖北行政学院学报，2017（6）：77 – 82.

［210］张启春，山雪艳．基本公共服务标准化、均等化的内在逻辑及其实现——以基本公共文化服务为例［J］．求索，2018（1）：115 – 123.

［211］张启春．区域基本公共服务均等化的财政平衡机制——以加拿大的经验为视角［J］．华中师范大学学报（人文社会科学版），2011（6）：29 – 37.

[212] 张荣天, 焦华富. 中国新型城镇化研究综述与展望 [J]. 世界地理研究, 2016 (1): 59 – 66.

[213] 张赛予. 以城乡公共服务均等化促进新型城镇化 [J]. 宏观经济管理, 2013 (10): 36 – 37.

[214] 张文亮, 等. 我国基本公共文化服务标准化建设研究 [J]. 图书馆学刊, 2019 (2): 6 – 12.

[215] 张向东, 等. 河北省新型城镇化水平测度指标体系及评价 [J]. 中国市场, 2013 (20): 76 – 79.

[216] 张晓杰. 城市化、区域差距与基本公共服务均等化 [J]. 经济体制改革, 2010 (2): 118 – 122.

[217] 张兴龙. 包容性增长视角下农民工市民化与城市公共服务供给研究 [D]. 咸阳: 西北农林科技大学, 2012.

[218] 张秀娥, 李东艳. 新型城镇化的发展模式及路径研究 [J]. 经济纵横, 2015 (4): 27 – 30.

[219] 张艳花. 湖北省新型城镇化发展模式研究 [D]. 武汉: 武汉轻工大学, 2015.

[220] 张占仓. 河南省新型城镇化战略研究 [J]. 经济地理, 2010 (9): 1462 – 1466.

[221] 张长春. 倡导社会公正, 促进公共服务设施配置的均等化 [J]. 中国经贸导刊, 2006 (21): 33 – 35.

[222] 章元, 万广华. 国际贸易与发展中国家的城市化——来自亚洲的证据 [J]. 中国社会科学, 2013 (11): 65 – 84.

[223] 沼尾波子. 从义务教育制度上看中央与地方事权划分及财政保障 [A]. 财政转移支付和政府间事权财权关系研究 [M]. 北京: 中国财经出版社, 2007.

[224] 赵怡虹, 李峰. 中国基本公共服务地区差距影响因素分析——基于财政能力差异的视角 [J]. 山西财经大学学报, 2009 (8): 15 – 22.

[225] 郐庭瑾, 尚伟伟. 新型城镇化背景下义务教育基本公共服务均等的现实困境与政策构想 [J]. 华东师范大学学报 (教育科学版), 2015 (2):

17 – 24.

[226] 周超，黄志亮．三峡库区小城镇基本公共服务设施分布特征研究——以三峡库区重庆段 385 个小城镇为样本［J］．西部论坛，2017（3）：96 – 105.

[227] 周冲，吴玲．城乡统筹背景下中国经济欠发达地区新型城镇化路径研究［J］．当代世界与社会主义，2014（1）：200 – 202.

[228] 周丽娜．新型城镇化背景下社会组织参与社会治理的研究［J］．智库时代，2019（6）：13 – 14.

[229] 周丽雯，崔文辉．城镇化：内涵与特征［J］．经济研究导刊，2015（3）：167 – 168.

[230] 周彦国，等．"新型城镇化"的概念与特征解读［J］．规划师，2013（S2）：5 – 7.

[231] 朱鹏华，刘学侠．新型城镇化：基础、问题与路径［J］．中共中央党校学报，2012（1）：114 – 122.

[232] 朱相宇，乔小勇．2000—2012 年城镇化研究综述［J］．中国经济问题，2014（3）：101 – 108.

[233] 卓勇良．空间集中化战略：产业聚集，人口集中与城市化发展战略研究［M］．北京：社会科学文献出版社，2000.

[234] 邹文杰，蔡鹏鸿．我国城镇化对公共服务均等化的提升效应研究——以重庆户籍人口为例［J］．现代财经（天津财经大学学报），2015（5）：15 – 22.

[235] J. O. 赫茨勒．世界人口危机［M］．何新译．北京：商务印书馆，1963.

[236] K. J. 巴顿．城市经济学［M］．上海社科院城市经济研究室译．北京：商务印刷出版，1984.

[237] Andrew Reschovsky. Fiscal Equalization and School Finance［J］. National Tax Journal, 1994, 47（1）：185 – 197.

[238] Berry, B.. City Classification Handbook：Methods and Application［M］. John Wiley and Sons Inc, 1971.

［239］ Bert Hofman, Susana Cordeiro Gurra. Fiscal Disparities in East Asia: How Large and Do They Matter? ［EB/OL］. http: //siteresources. Worldbank. org / INTEAPDECEN /Resources/Chapter – 4. Pdf, 2005.

［240］ B. Dahlby, L. S. Wilson. Fiscal Capacity. Tax Effort, and Optimal Equalization Grants ［J］. The Canadan Journal of Economics, 1994, 17 (3).

［241］ Chenery, H. B.. Patterns of Development: 1950 – 1970 ［M］. Oxford University Press, 1957.

［242］ E. S. Savas. Privatization: The Key to Better Government ［M］. Chatham, NJ: Chatham House, 1987.

［243］ Fanni, Z.. Cities and Urbanization in Iran after the Islamic Revolution ［J］. Cities, 2006 (23): 407 – 411.

［244］ Friedman J.. The World City Hypothesis is ［J］. Development and Change, 1986, 17 (2): 69 – 84.

［245］ Grand J. L.. The Strategy of Equality: Redistribution and the Social Services ［M］. Allen and Unw in London, 1982.

［246］ Gu, C. L., Wu, F. L.. Urbanization in China: Processes and Policies ［J］. The China Review, 2010, 10 (1): 1 – 10.

［247］ Henderson, V.. Urbanization in Developing Countries ［M］. Oxford University Press, 2002.

［248］ James M. Buchanan. Federalism and Fiscal Equity ［J］. The American Economic Review, 1950, 40 (14): 1583 – 1591.

［249］ John Boyle, David Jacob. The Intracity Distribution of Services: A Multivariate Analysis ［J］. Public Administration science Review, 1982, 76 (2): 371 – 379.

［250］ Johnson N.. The welfare State in Transition: The Theory and Practice of Welfare Pluralism ［M］. Amherst: University of Mas sachusetts Press. 1987: 11.

［251］ Kai-yuen Tsui. Local Tax System, Intergovernmental Transfers and Chinas Local Fiscal Disparities ［J］. Journal of Comparative Economics 2005 (33): 173 – 196.

［252］Kieron Walsh. Public Services and Market Machanism ［M］. Macmillan Press LTD, 1995.

［253］Lee E. S.. A theory of Migration ［J］. Demography, 1966, 3 (1): 47 –57.

［254］Lewis Arthur. Economic Development with Unlimited Supplies of Labour ［J］. The Manchester School, 1954, 11 (2): 139 –191.

［255］Lucas. R. E.. On the Mechanics of Economic Development ［J］. Journal of Monetary Economics, 1988, (1): 3 –42.

［256］L. Wirth. Urbanism as a Way of Life ［J］. American journal Of sociology, 1989, 49: 46 –43.

［257］Malaque, I. R., Alaque & Yokohari, M.. Urbanization Process and the Changing Agricultural Landscape Pattern in the Urban Fringe of Metro Manila, Philippines ［J］. Environment and Urbanization, 2007 (19): 191 –206.

［258］Mclure, Charles E, Jr. The Sharing of Tax on Natural Resources and The Future of The Russian Federalism ［A］. In Christine I. Wallich, ed, Russia and the Challenge of Reform ［C］. Palo Alto, Calif: Hoover Institution Press, 1994.

［259］Murakamia, A., Zain, A. M., Takeuchi, K., Tsunekawa, A. & Yokotad, S.. Trends in Urbanization and Patterns of Land Use in the Asian Mega Cities Jakarta, Bangkok, and Metro Manila ［J］. Landscape and Urban Planning, 2005, 70 (5): 251 –259.

［260］Musgrave, Richard Abel. The Theory of Public Finance: A Study in Public Economy ［M］. New York: McGraw-Hill, 1959.

［261］M. Lipton. Why Poor People Stay Poor: Urban Bias in World Development ［R］. Harvard University Press, 1977: 145 –159.

［262］Northam R M. Urban Geography ［M］. New York: J. Wiley Sons, 1975: 65 –67.

［263］Potts, D.. The Slowing of Sub-Saharan Africa's Urbanization: Evidence and Implications for Urban Livelihoods ［J］. Environment and Urbanization, 2009

（21）：253 - 259.

［264］ Robert B. Denhardt Janet Vinzant Denhardt. The New Public Service： Serving Rather than Steering ［M］. Public Adminisrtation Review， 2000.

［265］ Ronald L. Moomaw. Urbanization and Economic Development： A Bias toward Large Cities? ［J］. Journal of Urban Economics ［J］. 1996 （40）： 13 - 37.

［266］ Rowena Jacobs and Maria Goddard. How Do Performance Indicators Add Up? An Examination of Composite Indicators in Public Services ［M］. Public Money @ Management， 2007 （4） .

［267］ Satty T. L. The Analytic Hieraychy Process ［M］. New York： Mc Graw-Hill， 1980： 20.

［268］ Sebastian Hauptmeier. The Impact of Fiscal Equalization on Local Expenditure Policies-Theory and Evidence from Germany ［J］. Working paper Centre for European Economic Research， 2007.

［269］ T. Prosser. The Limits of Competition Law. Markets and Public Services ［M］. Oxford： Oxford University Press， 2005.

［270］ Vande Walle. Do Services and Transfers Reach Morocco's Poor? Evidence from Poverty and Spending Maps ［R］. World Bank Policy Research Working Paper 2005， 3478.

后　记

"新型城镇化"和"基本公共服务均等化"是我国当下各级政府的重要发展战略和职能目标。随着新型城镇化的推进，一方面，地方经济和城乡社会公共需求正在全面快速增长；另一方面，基本公共服务供给的压力和矛盾也在不断显现。人们开始越来越充分地认识到优化基本公共服务供给、实现基本公共服务均等化对于一国经济、政治、社会发展与稳定等方面的重要性，我国从"十一五"到"十三五"也在不断地加速其实现制度的规划设计和实施安排，并逐步提出更高的要求。与此同时，在地方政府积极探索不同城镇化发展模式的进程中，各地区基本公共服务水平及差异化程度也日益成为社会各界所关注的热点。正是在这样的现实背景下，本团队申报的旨在研究新型城镇化和基本公共服务均等化相互关系的课题《新型城镇化进程中基本公共服务均等化的测度与优化研究》有幸入选国家社会科学基金项目（14BJY160）。本书便是在此基础上进行深入和拓展研究而形成。

从课题申报、课题研究到本书形成的整个过程中，得到了许多前辈、同人和朋友的热情指导和积极参与，他们有：江西社科院院长蒋经法教授，江西财经大学财税与公共管理学院的伍红教授、罗晓华副教授；统计学院陶春海教授及其博士生团队，中央财经大学博士生文雨辰，江西财经大学硕士研究生尹靖强、徐志勇、邹冰宇、张蕊、余蓉。感谢江西大学财经大学科研处刘满凤教授和王金花老师对课题通过所做的工作和帮助。感谢江西财经大学财税与公共管理学院熊小刚教授、汪柱旺教授和经济科学出版社顾瑞兰编辑对此书出版给予的支持和付出。还有书中借鉴参考的各位具名及未能全部具

名的专家学者所奉献的学术观点和思想，在此一并对他们致以崇高的敬意和由衷的谢意。

　　由于水平有限，本书的纰漏、不足之处在所难免，恳请专家、学者及读者们不吝赐教，予以批评指正。